本书系国家社会科学基金项目"少数民族村寨旅游展演的实践逻辑与文化保护、传承意义研究"(项目编号:17BMZ053)成果

村寨旅游展演与文化保护传承研究

Research on
Village Tourism Performance and
Cultural Preservation and
Inheritance

阳宁东 著

中国社会科学出版社

图书在版编目（CIP）数据

村寨旅游展演与文化保护传承研究 / 阳宁东著. —
北京：中国社会科学出版社，2024.12. — ISBN 978-7-5227-4580-0

Ⅰ．F592.3；K928.5

中国国家版本馆CIP数据核字第2024J86U94号

出 版 人	赵剑英
责任编辑	吴丽平
责任校对	李　莉
责任印制	李寡寡

出　　版	中国社会科学出版社
社　　址	北京鼓楼西大街甲158号
邮　　编	100720
网　　址	http://www.csspw.cn
发 行 部	010-84083685
门 市 部	010-84029450
经　　销	新华书店及其他书店

印　　刷	北京明恒达印务有限公司
装　　订	廊坊市广阳区广增装订厂
版　　次	2024年12月第1版
印　　次	2024年12月第1次印刷

开　　本	710×1000　1/16
印　　张	27
插　　页	2
字　　数	365千字
定　　价	139.00元

凡购买中国社会科学出版社图书，如有质量问题请与本社营销中心联系调换
电话：010-84083683

版权所有　侵权必究

目 录

第一章 绪论 ·· 1
  第一节 研究背景与问题提出 ·· 1
  第二节 研究目的与研究意义 ·· 18
  第三节 研究框架与研究方法 ·· 21
  第四节 案例地的选取及原因 ·· 25

第二章 相关研究进展与理论基础 ····································· 41
  第一节 国内相关研究述评 ·· 41
  第二节 国外相关研究述评 ·· 60
  第三节 相关的理论基础 ··· 69

第三章 身体展演：旅游展演的生成与民族文化重构 ············ 78
  第一节 族群的身体现实需求与民族文化优势 ················· 78
  第二节 村民的身体技术生成与民族文化利用 ················· 95
  第三节 村寨的旅游展演实践与民族文化重构 ················· 114

第四章 主客互动：旅游展演的呈现与民族文化交流 …… 141

第一节 为你们表演的我们：旅游展演的"前台"
呈现与互动 …… 142

第二节 受你们鼓舞的我们：旅游展演的"后台"
呈现与互动 …… 164

第三节 听我们讲故事的你们：旅游展演中的情感
共鸣与文化交流 …… 184

第五章 集体效能：旅游展演的延续与民族文化传播 …… 218

第一节 展演实践的拓展与民族文化的传播 …… 218

第二节 对外交流的持续与民族文化的传播 …… 235

第三节 族群成员的成长与集体效能的发挥 …… 245

第六章 社会认同：旅游展演的效应与文化保护传承 …… 268

第一节 地方政府的文化扶贫与组织引领 …… 268

第二节 族群文化的创新利用与扶贫效应 …… 282

第三节 民族传统文化保护与传承的开展 …… 302

第七章 旅游展演与民族文化保护、传承意义的关系探析 …… 318

第一节 旅游展演对于民族文化保护传承的影响机理 …… 318

第二节 旅游展演视域下民族传统文化保护与传承的
问题分析 …… 345

第三节 旅游展演与民族文化保护传承协调发展的
对策建议 …… 362

第八章　结语 ………………………………………………… 397
第一节　研究结论 ………………………………………… 397
第二节　研究不足 ………………………………………… 406
第三节　未来展望 ………………………………………… 406

参考文献 ……………………………………………………… 408

第一章 绪论

第一节 研究背景与问题提出

一 研究背景

伴随着经济全球化而来的文化全球化，一方面，它可以为各民族文化的互相沟通、相互交融提供有利条件；另一方面，它也给民族传统文化的保护与传承带来了前所未有的挑战与诸多机遇。少数民族文化因一个民族的诞生而诞生，随民族的发展而发展，涵盖了一个民族的历史演变和社会发展过程。在这一长期发展过程中，民族传统文化早已深深地熔铸在少数民族的生命力、创造力和凝聚力之中，形成了一个民族的生活中不可或缺的重要部分。

在党中央和国家的坚强领导和大力帮扶下，"脱贫攻坚""乡村振兴""文化繁荣"等政策精神不断传达到我国少数民族地区，促使各级地方政府纷纷对民族地区的产业结构进行调整，合理开发利用当地特色资源，重新选择主导产业，从而促进传统产业转型升级，推动民族经济的快速发展，充分发挥新兴产业的综合效益。在此过程中，我国西部地区一些因地理位置偏远、经济发展水平相对落后但拥有丰富的民族文化资源的少数民族村寨纷纷选择将旅游业作为主导产业发展方向，以民族传统文化资源与旅游业融合发展的方式，助力民族地区的跨越式发展。因此，民族文化旅游成了当前少数民族村寨随处可见的新兴景观，并对地方社会经济发展和民族文化变迁等方面产生了显著影响。其中，以舞台表演形式对民族传统文化进行"活态化"呈现的旅游文化展演，已成为近年来我国大部分少数民族村寨用以向外界展示民族传统文化、增强旅游市场吸引力的主要手段之一。它的出现及其迅速发展，不仅生动地演绎着少数民族文化的表征形象，也深刻地诠释着民族传统文化在现代旅游产业影响下的变迁与发展态势。所以，在全球化与现代旅游消费大潮的裹挟下，少数民族村寨的旅游文化展演已成为族群显性的象征符号和民族传统变迁的缩影之一，它对民族文化保护传承的影响是无法回避的一个重要课题。

（一）国家对"民族文化保护传承与民族文化创新性发展"的双重引领

进入新时代以来，在实现伟大中国梦的道路上，建设社会主义文化强国成为新的历史任务，把握中国特色社会主义文化本质的同时，更加重视少数民族的文化建设和稳定团结是这一时期的核心主题。2009年，国务院召开了全国少数民族文化工作会议，发布了《国务院关于进一步繁荣发展少数民族文化事业的若干意见》，出台了一系列政策措施，包括大力开展群众性少数民族文化活动，加强对少数民族文化遗产的挖掘和保护，尊重、继承和弘扬少数民族优秀传统文化，大力推动少数民族文化创新和少数民族文化对外交流，积极促进少数民族文化产业发展等内容。[①]

[①] 中华人民共和国中央人民政府：《国务院关于进一步繁荣发展少数民族文化事业的若干意见》，中国政府网，https://www.gov.cn/gongbao/content/2009/content_1383261.htm，2009年7月23日。

其中，"积极开展少数民族文化生态保护工作，有计划地进行整体性动态保护""加强少数民族非物质文化遗产发掘和保护工作，加大对列入名录的非物质文化遗产项目保护力度""在有利于社会发展和民族进步前提下，使各民族饮食习惯、衣着服饰、建筑风格、生产方式、技术技艺、文学艺术、宗教信仰、节日风俗等，得到切实尊重、保护和传承"以及"鼓励举办具有民族特色的文化展演和体育活动，支持基层开展丰富多彩的群众性少数民族传统节庆、文化活动，加强指导和管理""充分发挥少数民族文化资源优势，鼓励少数民族文化产业多样化发展，促进文化产业与教育、科技、信息、体育、旅游、休闲等领域联动发展"等具体措施，为民族传统文化的保护传承与现代化发展提供了新的思路。

党的十八大以来，以习近平同志为核心的党中央高度重视中华优秀传统文化的传承发展，从国家战略资源的高度继承优秀传统文化，从推动中华民族现代化进程的角度创新发展优秀传统文化，使之成为实现"两个一百年"奋斗目标和中华民族伟大复兴中国梦的根本性力量。在党的十八大报告中，党中央继续提出"建设社会主义文化强国，关键是增强全民族文化创造活力。解放和发展文化生产力，让一切文化创造源泉充分涌流，开创全民族文化创造活力持续迸发、社会文化生活更加丰富多彩、人民基本文化权益得到更好保障、中华文化国际影响力不断增强的新局面"。进一步地，2014年，习近平总书记在中共中央政治局第十三次集体学习时特别指出："要处理好继承和创造性发展的关系，重点做好创造性转化和创新性发展。创造性转化，就是要按照时代特点和要求，对那些至今仍有借鉴价值的内涵和陈旧的表现形式加以改造，赋予其新的时代内涵和现代表达形式，激活其生命力。创新性发展，就是要按照时代的新进步新进展，对中华优秀传统文化的内涵加以补充、拓展、完善，增强其影响力和感召力。"① 与此同时，2017年中共中央办公厅、国务院办公厅印发了《关于实施中华优秀传统文化传承发展工程的意见》，详细部署了中华优秀传统文化传承发展的总体目标，即"到2025年，中华优秀传统文化传承发展体系基本形成，研究阐发、教育普及、保护传承、创新发展、传播交流等方面协同推进并取得重要成果，具有中国特色、中国风格、中国气派的文化产品更加丰富，文化自觉和文化自信显著增强，国家文化软实力的根基更为坚实，中华文化的国际影响力明显提升"，其重点任务是"深入阐发文化精髓、贯穿国民教育始终、保护传承文化遗产、滋养文艺创作、融入生产生活、加大宣传教育力度、推动中外文化交流互鉴"等。这为我国传统文化的有效建设与传承发展指出了更明确的努力方向。②

2017年，党的十九大报告进一步强调了创新的重要性。党的十九大报告指出，中国特色社会主义新时代的主要矛盾是人民日益增长的美好生活需要和不平衡不充分的发展之间的矛盾。这意味着当代中国从站起来、富起来向强起来的转换中，当代中国人的需求也在发生深刻变化，已经由主要满足物质需求，转化为主要满足精神需求。文化建设的核心就是满足人的精神需求。满足文化需求是满足人民日益增长的美好生活需要的重要内容。"坚持中国特色社会主义文化发展道路，激发全民族文化创新创造活力，建设社会主义文化强国"，就是新时代文化建设的目标，也是推动新时代文化繁荣兴盛的主线。因此，党的十九大报告提出了新时代文化建设的基本要求，即"三个坚持"：坚持为人民服

---

① 中共中央政治局就培育和弘扬社会主义核心价值观、弘扬中华传统美德进行第十三次集体学习：《习近平：把培育和弘扬社会主义核心价值观作为凝魂聚气强基固本的基础工程》，《人民日报》2014年2月26日第1版。

② 中华人民共和国中央人民政府：《关于实施中华优秀传统文化传承发展工程的意见》，新华社，http://www.gov.cn/gongbao/content/2017/content_ 5171322.htm，2017年1月25日。

务、为社会主义服务,坚持百花齐放、百家争鸣,坚持创造性转化、创新性发展。2019年,在全国民族团结进步表彰大会上,习近平总书记再次指出,"推动各民族文化的传承保护和创新交融,是繁荣发展中华文化的客观需要,也是推进社会主义文化强国建设的必然要求""要以铸牢中华民族共同体意识为引领,推动各民族文化的传承保护和创新交融,树立和突出各民族共享的中华文化符号和中华民族形象,增强各族群众对中华文化的认同"[①]。习近平总书记做出的这些重要论述,为文化工作提出了许多新思想、新观点和新要求,不仅阐明了民族文化保护传承与创新发展的辩证关系,也为我们进一步繁荣民族文化建设、推动民族传承发展工作指引着新的方向。

(二)地方对"民族地区脱贫攻坚、乡村振兴、文化繁荣"等话语的积极响应

随着党和国家对民族文化建设工作的日益重视,我国许多资源丰富、经济落后的少数民族地区也面临着"脱贫攻坚、乡村振兴、文化繁荣和中华民族共同体意识培育"等一系列重大政策话语实现的问题。如何积极响应党中央和国家的政策精神,最大限度地利用自身优势资源,克服发展短板,以产业结构调整来带动少数民族地区的经济发展、实现国家相关乡村振兴战略目标,确保少数民族的全面发展和各民族的共同进步,这是各地少数民族地方政府亟待完成的重要历史使命。一方面,脱贫致富成为我国少数民族地区发展的根本性需求。我国民族地区尤其是乡村一直是我国贫困人口集中的地区,生存发展条件差、劳动产出率低、市场竞争力弱、自我发展能力不足等,都是长期制约当地经济发展的主要因素。如何依靠国家相关帮扶政策来实现对其自身脱贫能力的打

[①] 《习近平在全国民族团结进步表彰大会上的讲话》,《人民日报》2019年9月28日第2版。

造，做到"授之以渔"、造血输血协同发展？这是各地方政府响应党中央脱贫攻坚战略部署工作考虑的首要目标。另一方面，乡村振兴关系着民族地区乡村的全面提升和发展。如果说脱贫致富主要致力于民族地区的经济发展目标，那么国家的乡村振兴战略则不仅强调农民经济上的宽裕，更强调生态环境、精神文化、民主权力、教育医疗等各方面生活条件的全面提升。[①] 因此，如何将这两方面的发展目标有机结合起来，并探索和建立能够反映民族特征、融入民族文化、契合民族需求、促进民族和睦的前行之路，是我国民族地区地方政府贯彻执行中央政府相关政策的出发点。

对此，很多地区都根据地方民族特点，选择能够提升贫困群众有效劳动能力的产业式发展道路作为其具体扶贫路径与乡村振兴策略。其中，依靠民族地区丰富的传统文化资源进行文化产业化发展，是西部众多民族村寨选取的主要发展模式之一。2012年，党的十八大报告中明确提出"文化产业成为国民经济支柱性产业、增强文化整体实力和竞争力，坚持把社会效益放在首位、社会效益和经济效益相统一，推动文化事业全面繁荣、文化产业快速发展"的指导思想。进一步地，在《"十三五"促进民族地区和人口较少民族发展规划》文件中，党中央也强调要发挥民族文化资源的比较优势，加快发展特色文化产业，通过不同层次的开发和利用，构建具有民族地区特色的文化产业体系，提高文化产业发展的生命力，实现跨越式发展。与此同时，根据《中华人民共和国文化和旅游部2019年文化和旅游发展统计公报》统计报道，中央财政通过继续实施"三馆一站"免费开放、非物质文化遗产保护、公共文化服务体系建设、旅游发展基金等项目，共补助各地文化和旅游建设

---

① 郭纹廷：《乡村振兴背景下西部民族地区脱贫攻坚的路径优化》，《中南民族大学学报》（人文社会科学版）2019年第3期。

资金 101.00 亿元，比上年增长 22.5%，如图 1-1 所示。

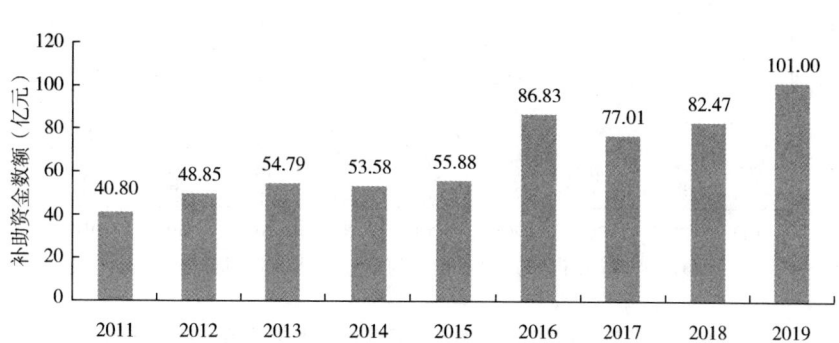

图 1-1　2011—2019 年中央对地方文化和旅游建设项目补助资金情况

资料来源：中华人民共和国中央人民政府：《中华人民共和国文化和旅游部 2019 年文化和旅游发展统计公报》，中国政府网，http://www.gov.cn/xinwen/2020-06/22/content_5520984.htm?utm_soufce=ufqiNews，2020 年 6 月 22 日。

同时，全年全国文化和旅游事业费 1065.02 亿元，比上年增加 136.7 亿元，增长 14.7%；全国人均文化和旅游事业费 76.07 元，比上年增加 9.54 元，增长 14.3%，如图 1-2 所示。

在此基础上，旅游扶贫工作被继续推进，先后推出"三区三州"旅游大环线品牌，开通"三区三州"旅游扶贫专列，会同国家发展和改革委员会通过文化旅游提升工程积极支持"三区三州"等深度贫困地区旅游基础设施建设，全年通过中央预算内投资支持有关项目 329 个，安排中央预算内投资 32.65 亿元。同时，继续助力当地传统工艺振兴和脱贫攻坚，支持 10 个"非遗+扶贫"重点地区推进非遗助力精准扶贫工作，设立非遗扶贫就业工坊 156 家，举办各类非遗助力精准扶贫培训 840 余次，培训学员 1.9 万人。最后，还深化实施乡村旅游精品工程，会同国家发展和改革委员会推出首批 320 个全国乡村旅游重点村。健全乡村旅游金融支撑体系，会同中国农业银行印发了《关于金融支持

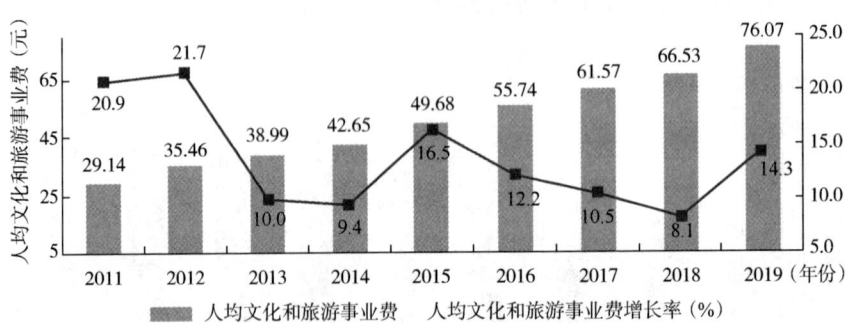

图 1-2　2011—2019 年全国人均文化和旅游事业费及增速情况

资料来源：中华人民共和国中央人民政府：《中华人民共和国文化和旅游部 2019 年文化和旅游发展统计公报》，中国政府网，http：//www.gov.cn/xinwen/2020-06/22/content_5520984.htm? utm_soufce=ufqiNews，2020 年 6 月 22 日。

乡村旅游重点村建设的通知》，未来 5 年将提供 1000 亿元意向性信用额度，用于支持乡村旅游产品建设与推广。培育乡村振兴内生力量，举办 12 期培训班，培训村干部和乡村旅游带头人 1700 余次。①

正因为有国家和各主管部门的大力扶持，我国许多民族地区的地方政府也就纷纷选择"文化扶贫""旅游扶贫""非遗扶贫""以乡村旅游促进乡村振兴"等发展策略来积极响应党和国家有关"脱贫攻坚、乡村振兴、文化繁荣"等政策话语，从而为文化旅游、民族旅游、乡村旅游等不同类型的旅游产业进入少数民族地区提供了前所未有的机遇。

(三) 旅游对民族村寨传统文化资源的开发利用及对旅游目的地的影响

2012 年，国家民族事务委员会在印发的《少数民族特色村寨保护

---

① 中华人民共和国中央人民政府：《2019 年文化和旅游发展统计公报》，中国政府网，http：//www.gov.cn/xinwen/2020-06/22/content_5520984.htm? utm_soufce=ufqiNews，2020 年 6 月 22 日。

与发展规划纲要（2011—2015年）》中，专门从产业结构、民居式样、村寨风貌以及风俗习惯等方面对少数民族特色村寨的民族经济社会发展特点和文化特色给予了定义，认为少数民族特色村寨是指"少数民族人口相对聚居，且比例较高，生产生活功能较为完备，少数民族文化特征及其聚落特征明显的自然村或行政村"。从某种程度上说，这些村寨集中反映了少数民族聚落在不同时期、不同地域、不同文化类型中形成和演变的历史过程，相对完整地保留了各少数民族的文化基因，凝聚了各少数民族文化的历史结晶，体现了中华文明的多样性，是传承民族文化的有效载体，是少数民族和民族地区加快发展的重要资源。但是，由于自然、历史等原因，少数民族特色村寨的保护与发展仍面临许多困难和问题，主要表现在以下几方面：这些村寨多位于边远落后地区，贫困问题突出；受自身条件限制，传统经济转型困难；在工业化、城镇化的背景下，民族文化传承遭受巨大冲击等。对此，该纲要确立了"立足发展、保护利用""因地制宜、突出特色""政府主导、社会参与""村民主体、自力更生"等基本原则，重点提出"以保护和传承民族文化为主线，大力发展民族特色旅游业"，要求"把经济发展与特色民居保护、民族文化传承、生态环境保护有机结合起来"，深入挖掘民族村寨文化，将民族文化元素有机地融入民族村寨旅游产品开发的各个环节中，包括举办少数民族节日庆典、祭祀活动，集中展示村寨文化，丰富游览内容等。[①]

在此语境下，文旅融合得到新的发展契机并在众多少数民族村寨中纷纷亮相。"文化是旅游的灵魂，旅游是文化的重要载体"，文化与旅游密不可分。一方面，文化为旅游赋予深刻的内涵，助推民族地区

[①] 中华人民共和国中央人民政府：《国家民委印发少数民族特色村寨保护发展规划纲要》，中国政府网，http://www.gov.cn/gzdt/2012-12/10/content_2287117.htm，2012年12月5日。

旅游产业转型升级。文化是发展旅游的核心资源，更是旅游的核心价值和基本内涵。通过将民族地区特色文化植入旅游产品和旅游活动环节，实现旅游形式和文化内容的统一，能够有效凸显旅游产品特色，提升区域旅游的竞争力和吸引力，加快旅游业转型升级。另一方面，旅游为文化助力，有利于推动文化繁荣兴盛。作为当今世界最广泛、最大众的交流方式，旅游是展示文化、传播文化、发展文化最适宜和最重要的载体。事实上，文旅深度融合的过程，也是对文化抢救、传承和弘扬的过程。大力发展文化旅游，可以加快文化形态创新，助力文化繁荣兴盛。[①] 所以，地方政府纷纷利用各方社会力量，不断引进外来经济资本，带领各民族传统文化持续加大与地方经济的渗透与耦合，促使民族文化充分发展，从而推动民族经济发展的"富矿"性资源效能，不断推进农业、林业、牧业与旅游、文化、康养、休闲、度假等产业的融合，尝试用合力推动我国"脱贫攻坚""乡村振兴""文化繁荣"等重要目标的完成。在这一过程中，许多少数民族村寨越来越集中于用文旅融合来实现民族传统文化的创造性转化与创新性发展，如新媒体＋民族旅游、审美创意＋民族旅游、非遗扶贫＋民族旅游、新文创新IP＋民族旅游等市场策略，力图通过大力发展少数民族文化经济与旅游来勾勒民族文化的泛文旅化，使得民族文化正朝着另一种更富于旅游价值的文化演进，也成为一个民族开放性与现代性的重要标志与衡量标准。[②]

随着文化旅游产业、文旅融合、旅游开发等在各地方的迅速推广，旅游发展对地方经济、社会结构、文化传统和生态环境等方面产生了广泛的影响。从对影响内容的关注层面来看，主要分为旅游的经

---

① 李胜、邓小海：《文旅深度融合 自然文化共美》，《光明日报》2021年3月1日。
② 郑茜：《一个历史时刻，重启与再造》，《中国民族报》2020年12月28日。

济影响和旅游的社会文化影响。其中，从社会文化意义的角度来看，旅游常常被定义为关乎旅游者和目的地居民双方的社会文化事件，[①]是一种文化体验和文化实践的重要形式，因此，旅游的社会文化影响成为继经济影响之后备受关注的一面，并主要分为居民感知影响、文化变迁影响与社会结构影响等内容。[②] 地方，是社会文化的空间载体。少数民族村寨，作为产生和承载民族传统文化的集中性空间场所，在旅游对村寨传统文化资源开发利用的过程中，常常以文化表征的形式，通过符号的象征作用，向游客展示、诠释和传达民族文化的传统风貌与具体意义。随着现代化和文化全球化进程的加快，旅游成为紧随其后的又一影响民族文化变迁所不可忽视的因素。在全球化、现代化和本土化代表的不同文化相遇、互动和博弈的过程中，它作为一种全球跨文化传播的重要方式，会对目的地民族文化产生多种影响，包括正面影响、负面影响和综合性影响。其中，"旅游开发利用与民族文化保护传承之间的矛盾冲突"成为社会各界关注的主要焦点，并成为"旅游的社会文化影响"内容中的一对核心矛盾关系。在以往的研究过程中，对这一对主要矛盾冲突的探讨，切入最多的就是"文化的商业化与文化的真实性"之争，即发出了"文化的商业化，会造成文化本质意义上的真实性丧失吗？"这一质疑之声。如果从本体论意义上的客观真实性角度去审视，一种声音认为旅游对民族传统文化资源的开发和利用，必然会引起目的地民族文化的商业化、商品化和过度包装化，从而导致经过商业包装的民族文化丧失了原有的文化内涵，主要表现在民族文化的同化、民族文化的商品化、民族文化的庸俗

[①] Murphy P. E., *Tourism: A Community Approach*, London: Routledge, 1985, p. 2.
[②] 姜辽等：《21世纪以来旅游社会文化影响研究的回顾与反思》，《旅游学刊》2013年第12期。

化、民族文化价值观的退化与遗失。① 另一种声音则认为旅游对民族传统文化的影响，不仅有消极影响，其积极影响反而有时候要大于消极影响。因为，伴随着旅游对民族传统文化资源的开发利用，文化的价值开始凸显，会在经济上、文化上、政治上等方面对东道主群体生活的发展发挥重要作用，因此民族文化的商品化反而会在某种程度上增强其民族自信和认同意识，从而有助于实现民族文化的良性变迁，加速民族文化的现代化发展过程。

（四）族群对歌舞艺术文化的积累及民族文化产品"展演化"生产潮流

民族歌舞艺术是民族文化资源的重要组成部分，它的产生与民族的生产生活、宗教信仰、社会关系、信息交流等有着密切的关系。追溯少数民族歌舞的产生和发展，会发现它的出现与早期的自然经济形态相适应，其工具性的存在意义更为明显。由于我国少数民族大多生活在地理位置偏远、自然条件较贫乏的区域，因此，在他们的早期族群社会生活中，其生产方式多为狩猎、农耕或放牧等自然经济形态，人的生存完全靠"天意"，靠"自然的馈赠"，认为自己的生存在冥冥中是被某种神秘的、超越一切的东西支配。于是，他们向着这种神秘的、超越一切的力量呼唤、乞求，从而保证族群生命的延续和繁衍。在此基础上，万物有灵、原始崇拜的宗教信仰开始产生，而民族歌舞作为一种少数族群成员自认为可以"引起神灵重视和愉悦"的重要手段而应运而生，希望以幻化和象征为形式的中介手段来实现心灵的代偿效应。② 这种以歌舞表达来表示他们对神灵的虔敬和侍奉，其背后映射的是对族群生存前途

---

① Smith V, *Hosts and Guests*: *The Anthropology of Tourism*, Philadelphia: University of Pennsylvania Press, 1989, p.2.
② 周凯模：《祭舞神乐——宗教与音乐舞蹈》，云南人民出版社2000年版，第62页。

的忧患与寄托，其特征必然是时间和场合的规定性以及仪式的程序性和表达的严肃庄重性。

如果说为生存需求和宗教崇拜而产生的民族歌舞是对"物"的追求，那么，为适应传统社会关系生产的需要而产生的民族歌舞则是对"人"的尊重。在原始社会和传统小规模社会中，血缘关系、家族关系和集体关系是最重要的社会关系。有关对祖先祭拜和尊崇的现象，以及族群社会中人与人之间的生老病死、婚丧嫁娶等日常习俗，歌舞也成了主要语汇和手段，成为必须经历的仪式程序，并发挥着不断重申和加强社会规范秩序的重要作用。于是，很多少数民族的歌舞类型都是对该族群传统社会生活的记忆和复述，用于生产和维持社会关系。此外，由于少数民族社会在历史发端期大多没有文字，其族群成员受教育程度普遍较低，因此，歌舞也无形中作为类似于语言、文字的符号工具，用于族群内部的知识传播、信息交流和历史文化记录等地方知识生产体系之中。这也是少数民族民间歌舞普遍流行的一个重要原因，即以歌舞的唱词、动作和传统乐器、道具等来总结和传播先辈们的生产生活知识和经验，并在人们之间的情爱表达、征询事情、记录历史等方面扮演着最具代表性的信息传播媒介角色——他们"或以唱歌表达爱情；抒发喜悦之情；或以唱歌进行节日庆祝、丧事悼念；或以唱歌传授某种知识"[①]。

因此，从民族歌舞的产生历程来看，它自一开始就扎根于少数民族的历史社会生活中，是族群成员的历史记忆和文化表达，常通过音乐、舞蹈、服饰等物质载体将民族文化中包括风俗民情、历史文化、观念信仰等内涵外化出来，其表现形式呈现出自娱性、集体性、丰富性、动态性等特点。目前，从民族歌舞文化的存留情况来看，在跨越千年的历史

---

① 张文勋主编：《民族审美文化》，云南大学出版社1999年版，第181—187页。

传承中，受全球化和现代化的影响，部分民族歌舞艺术逐渐淡化了娱神的功能，凸显了娱人的作用。尤其是一些仅适应特定传统生产生活方式需要的、由少量文化精英掌握的一些高技巧性、神秘性的歌舞，在现代文明的冲击下由于其生存环境变化而逐渐消退。但是，与民族日常生产生活密切相关的歌舞艺术形式在很大程度上得到了存续和保留，如婚丧嫁娶、节日庆典中的歌舞艺术和便于民众学习、传承的歌舞形式，并且通过广泛融入当下大众日常生活和狂欢式的娱乐，从而实现新的传承和发展。

伴随着物质生活的日益丰富、文化需求的迅速扩大，大众文化消费成为现代社会城市居民的一种时尚，其旅游业的发展更是驱动着少数民族歌舞从民族民间文化转变为大众消费文化。从现代消费者的视角审视，文化旅游的本质就在于对异质文化的想象与寻找，感受与体验。文化产业与旅游产业的融合发展，使得许多少数民族旅游村寨为丰富当地旅游供给内容、提升旅游产品和服务而不断催生着地方性民族歌舞与大众消费市场的结合，使得民族歌舞艺术从民间走向舞台，从自娱变为他娱，从熟人观看到外来者消费，呈现出民族歌舞文化在旅游场景中的"舞台化""展演化""精品化"和"活态化"等生产潮流。与此同时，这种"展演化""活态化"的供给潮流还扩展到民族传统文化的其他方面，如传统手工艺、非物质文化遗产、民间娱乐项目等，从而方便满足现代旅游者注重体验和参与的消费需求特质。与此同时，民族歌舞的经济价值和文化标志作用得到了突出体现，并在民族群体内部形成了新时代背景下的文化凝聚力和本土文化消费内容。依托现代旅游业发展的平台，各种社会力量始终将民族歌舞艺术作为一种文化资本，把民族演艺业作为地方参与国家乃至世界性政治文化活动的工具，不断将主流社会话语传达到少数民族歌舞的创作和生产过程之中，从而造就民族歌舞艺术的再现与重构，也引发民族传统文化的快速变迁及其对民族文化保护传承工作产生了实际影响。

二 问题提出

基于以上研究背景内容的概述，可以发现，在当前日新月异的新发展格局中，无论是国家政府、地方组织，还是民族成员、现代游客，对我国民族传统文化在市场经济推动下的经济属性和社会价值都在进行不同程度的开发和利用，并以其"舞台化""展演化""修饰化"的方式给予包装和重构。其中，那些能够满足于人类共同精神需求和审美取向的少数民族歌舞文化，因为拥有绚丽的服饰、新颖的乐器、质朴动听的歌曲和奔放富有感染力的舞蹈，包括能给游客带来较强视觉冲击力的不同族群形象，已成为许多少数民族村寨文化旅游产品体系中的重要一环，也成为现代旅游者最能直观感受民族传统文化的主要舞台之一。因此，如何借助旅游展演这一新兴文化景观去透视民族传统文化的变迁演化轨迹以及对文化传承保护的影响和作用，是本书的主要研究对象。

一方面，与一般的艺术展演或文化展演不同，旅游展演更多的是与"旅游"发展语境相连，它可根据旅游业开发的不同层次及不同的空间形式而呈现出不同的类型，其广义概念主要指"旅游目的地在特定的空间中为游客提供的文化观赏、参与和体验的展演实践"，而狭义的概念具体指"旅游场域中借助特殊的时空舞台为游客提供的一种文化表演产品"。[①] 从广义的角度来看，旅游展演不仅包括传统意义上的旅游歌舞艺术表演这一产品，还将传统歌舞表演之外的传统文化展

---

① 光映炯：《认识"旅游展演"：基于"行为—文化—场域"的阐释路径》，《广西民族研究》2017年第5期。

示、观赏、体验和参与等其他类别的展演式产品纳入其中。相应地，狭义的"旅游展演"主要指在旅游目的地范围内，以舞台艺术表演为主要形式的文化展演景观，其中，采用传统歌舞表演形式来向游客展示、参与当地具有特色的传统文化内容是其主要方式。无论是广义还是狭义的概念界定，其文化样貌的选取、构思、设计和呈现，主要是为旅游消费市场服务，有被动性的迎合，也有主动性的创新引领，或者是模仿跟随市场之大流。不可否认的是，无论是从旅游展演被国家主管部门相关政策话语所肯定，还是从大众旅游市场的消费接受和体验认知来看，旅游展演空间的建构、内容的生产以及相关实践活动的开展等，都在某种程度上是对文化传统空间的重现与拓展，也使得文化的活态性得以在此空间内被充分体现。另一方面，在现实中，近年来我国发展旅游业的少数民族村寨，其以歌舞表演形式来进行旅游文化展演的实践活动也普遍盛行，并连同村寨内其他形式的旅游展演产品一起成为民族村寨文化旅游供给的主要内容。从文化的角度来看，民族村寨是民族传统文化积累最深厚、保存最完整、文化特色最鲜明的重要地理单元之一，它不仅是民族地区展示、传承和弘扬民族文化的重要空间和载体，也是旅游者感知、体验和了解民族文化的重要窗口。[①] 相应地，民族村寨的旅游歌舞展演，也包括在民族村寨这个特定地理空间内发生的文化体验活动，其表演地点可以是村寨内专设的舞台空间，也可以是村寨里的其他地方场所；其表演者一般是本村原住民，也可以有外来者等；表演内容主要是向游客呈现展示具有地域特色的本民族传统文化，尤以本民族的传统歌舞艺术表演内容为主。

基于此，为契合本书的研究主题和现实场景，我们特选取狭义概

---

① 罗永常：《民族村寨旅游发展问题与对策研究》，《贵州民族研究》2003年第2期。

念范畴内的旅游展演作为调研对象，但并不完全排斥对广义的旅游展演对象的相关探讨，以便我们可以更全面、深入地研究少数民族村寨旅游展演引发的相关文化变迁、创新、保护与传承等问题。为此，本书要研究的主要问题则是——"在少数民族村寨中，旅游展演的实践逻辑是怎样的？它产生的效应作用有哪些？尤其是对民族文化保护传承的影响效应是怎样的？对此，我们应该如何有效利用其积极效应而遏制其消极影响，以有利于民族传统文化的保护与传承，并促进民族文化的创造性转化和创新性发展？"进一步地，我们拟将研究问题细分为以下几点。

第一，少数民族村寨中旅游展演的生产逻辑。在发展旅游业的少数民族村寨中，其文化展演是如何被生产出来面向游客的？它的生产原理是怎样的？这一生产过程对于民族传统文化变迁与发展产生了哪些影响？这些都是需要我们首先解决的问题。

第二，少数民族村寨中旅游展演的呈现逻辑。旅游展演在被生产出来之后，需要直接搬上舞台用于满足游客消费需求，这是一种旅游地"前台"式的呈现。在这一过程中，东道主与游客之间的相遇和互动过程是怎样的？其形成的主客关系对于民族传统文化的传播有何影响？随之，游客与东道主在"后台"区域的相遇，也会产生间接的展演式场景和主客互动关系，这种不同舞台空间中的互动绩效又如何？对于民族传统文化的交流和认知又有何影响？

第三，少数民族村寨中旅游展演的主体效应。旅游展演实践活动的开展，对于文化持有者本身产生了哪些影响？他们在经营维护和持续管理村寨展演时，其自身个体受到了哪些影响？展演引发的集体效应又是如何？这些影响和效应对于文化主体性的获得和提升是否有所帮助？而这些来自文化主体方面的变化与成长，对于新时代背景下民族传统文化的保护和传承又有何作用？

第四，少数民族村寨中旅游展演的社会效应。旅游展演的生成、呈现和主体效应的获得，都会对展演所在的东道主社会及其传统文化产生一系列影响。这些影响的产生，势必会对民族文化的认知和认同产生作用，进而关系到民族传统文化的保护动力、策略、措施的产生与实施。分析这一过程，有助于我们从社会效应的角度加深对旅游展演中民族文化保护传承问题的研究。

第五，旅游展演与民族文化保护传承的关系。通过对上述内容的调研分析，可以系统总结旅游展演实践对于民族文化保护的影响机制及其传承意义，并批判性地思考旅游展演自身对民族文化保护传承的正、负双向度的作用效应，包括其中产生的成功经验及其存在的主要问题，且重新审视其中问题产生的根源和缘由，以便有效发挥旅游展演对民族文化保护传承的积极作用而规避其消极影响，从而让旅游展演与民族文化保护传承实现双赢式发展。

第二节　研究目的与研究意义

一　研究目的

随着民族传统文化生存和发展的社会环境发生变化，民族传统文化的保护与传承也面临着诸多挑战与困难。其中，以歌舞表演为主要特征的民族旅游展演活动不仅是民族文化再生产的主要形式，也成为当前民族传统文化"活态化"保护与传承的重要载体。在旅游市场经济引领下，少数民族文化正经历前所未有的解构、重构和创新、转化的过程，其内容和形式都已脱离原有的生存语境而转向为一种为现代大众消费凝视所偏好的商品。其中，那些根源于民族传统社会土壤的少数民族歌舞文化，其边界又因在现代多元文化交流的语境中被逐渐打破，自身作为民族传统文化颇具表现力的符号载体，又被渗透进了不同类别和性质的文化基因，面临着更为复杂多样的文化交汇生境。于是，对于以民族歌舞为主要形式的旅游展演，它对我国民族传统文化发展有何影响？这是上自国家、下至社区共同关注的重要问题。基于此，本书尝试从日常生活视角入手，通过对第一手实证调查材料的梳理与解析，来对少数民族村寨中的旅游展演实践活动进行全方位解读，以展演的"旅游化"生存环境为切入点，从旅游展演的实践逻辑和影响效应两个层面进行旅游展演与民族文化保护传承的关系研究，包括身体、关系、效能、认同四个不同维度的"具体而微""互动深描"式透视分析，以此总结现实世界中旅游展演的成功经验及其所存在的主要问题、根源和影响机理，从而力争"跳出文化看文化"，以便能够有效发挥旅游展演对民族传统文化保护传承的正面效应，遏制其负面效应，创新性地从公共性角度对我国民族文化发展政策进行更为深入的思考和批判，帮助寻求我国民族文化保护与传承工作有效开展的调控策略与相关措施。

二　研究意义

（一）现实意义

"弘扬和发展少数民族文化、为中国梦提供强大精神动力"，是国家弘扬和发展中华文化的重要命题和任务之一。切实有效地保护和继承民族优秀文化，促进民族文化现代化，不仅有利于保护民族文化的多样性、保障少数民族的文化权利，也能够促进民族文化创造性转化和创新性发展、促进民族文化产业的健康发展，实现社会效益和经济效益的最佳结合。本书从我国少数民族村寨中的"旅游展演"这一微观文化景观入手，尝试透视民族传统文化在旅游展演语境下的创造性转化和创新性发展过程，并关注由此对民族传统文化保护与传承所产生的影响问题，以便探求旅游展演与文化保护传承的互动关系及其在此基础上的良性活态保护传承机制。这从现实价值的角度来看，不仅有助于我们厘清少数民族村寨中旅游展演的实践规律及其对民族传统文化的作用机理，使得展演实践者更加理性清楚地认识旅游展演及其社会文化效应，从而强化民族传统文化的保护力度和传承韧性，也有利于促进旅游展演与民族文化现代化发展之间的良性互动，增进民族文化优质供给与大众文化消费的无缝对接，以充分发挥民族文化的社会经济效益，为筑牢中华民族共同体提供应尽之义。

（二）理论意义

在民族旅游的社会文化影响研究中，旅游开发利用与民族文化保护传承一直都是理论界最为关注的一对核心矛盾，也是备受争议且热门棘手的重要议题。而少数民族村寨，作为民族文化旅游最常见的物质载体，是民族传统文化的原生地，包含着大量丰富的文化信息，是对外展示民族传统文化的最佳地理单元之一。在此空间中，民族传统文化的旅游展演化和活态呈现化的趋势非常明显，如何从身体实践、主客关系、集体效能、社会认同等多维角度去全面系统地了解、认知和探讨旅游展演实践逻辑及其对民族传统文化保护传承的影响轨迹，以便从旅游展演的微观视角对"旅游开发利用与民族文化保护传承"这一二元对立关系进行本土化案例的研究解析，这不仅有助于破解我国民族旅游地文化展演产品质量始终难以提升的难题，也有利于更深刻地理解民族传统文化商品化的现象及其影响问题，形成对民族旅游理论研究的相关补充和完善，从而丰富和发展我国民族文化保护与传承问题的相关研究。

第三节　研究框架与研究方法

一　研究框架

本书的研究思路是：针对"少数民族村寨旅游展演的实践逻辑及其对民族传统文化保护与传承的影响是怎样的"这一核心问题，从人类学、社会学、文化学、民族学等多学科角度出发，遵循"人—展演—社会—文化"的研究主线，通过对案例所在地的田野调查，获取第一手实证资料，考察案例所在地旅游展演实践中的生产、呈现、交流、传播等不同场景片段的运行特征，深刻剖析旅游展演实践背后隐藏的权力、资本、消费、市场等各种话语形态，并对旅游展演实践产生的利益、关系、情感、认同等内容进行多维度的透视和展现，以期对旅游展演和民族文化保护传承之间的关系进行问题解析和理论探讨，以寻求旅游展演实践与民族文化活态化发展的互动关系，从而获取少数民族村寨旅游展演对民族传统文化保护与传承的影响机理及其面临的主要挑战、发展困境和原因分析等，以便探求更符合我国在新时代文化消费语境之下的民族传统文化活态保护与有效传承的策略意见。

本书的主要研究内容如下。

第一章是绪论。结合国家、地方、社会和市场等多种不同背景因素对本书的研究起源给予论述，提出要研究的问题、研究的目的和意义、研究的框架与方法，以及案例地的选取概况及其原因。

第二章是相关理论基础。主要通过对旅游展演的国内外研究述评，包括旅游展演与民族文化保护传承之间的关系梳理，总结出以旅游展演为主线的相关民族文化发展的概况与问题之所在，对已有研究的不足进行挖掘，据此明确研究方向。同时，本章还对所涉及的日常生活、游客凝视、身体民俗学和情感社会学等理论知识进行了归纳总结及其适用性，为下一步系统分析案例地实证材料提供理论基础条件。

第三章是少数民族村寨中旅游展演的生产逻辑及其对民族文化原生性的影响。根据"文化的主体是人"这一理论观点，从身体实践的角度对少数民族村寨中旅游展演的生产逻辑进行调查分析，通过聚焦于"村民演员"这一群体，对比分析他们作为文化载体的身体，在旅游展演生成之前和之后的变化过程，包括历时性和共时性两个维度的调研，归纳总结出村民演员在这一生产过程中获得的身体技术、身体经验以及身体习惯的变迁结果，尝试从"身体实践"这一角度来反映民族村寨旅游展演的生产逻辑及对当地民族传统文化的影响，从而获得旅游展演背后的现实需求基础及其利益动力机制。

第四章是少数民族村寨中旅游展演的呈现逻辑及其映射出来的文化交流机制。在东道主文化持有者通过旅游展演完成文化身体的演变以后，随之便会在村寨的旅游舞台空间里向游客呈现被重构之后的民族传统文化。当这种展演式的民族文化一旦与游客的凝视相遇之后，主客关系便由此产生。本章主要针对村寨空间里"前台"和"后台"两个不同区域场所中产生的主客关系进行重点分析，包括其中的知识构成、价值观念、情感方式、交流认知等内容，从而探讨旅游展演的呈现逻辑及其对民族传统文化的影响，以获得村寨旅游展演中的互动关系模式和情感动力机制。

第五章是少数民族村寨中旅游展演的主体效应及其对民族文化保护传承的影响。旅游展演从生成到呈现之后，身在其中的文化持有者自身发生了什么变化？又受到了哪些影响？这些影响反过来对于民族传统文化的保护和传承又有何作用？这些其实也是旅游展演对民族文化变迁影响的主体性体现。在此基础上，旅游展演对于东道主社区产生的集体效应又是怎样的？这种效应对于民族传统文化保护与传承的意义何在？对此，本章从族群成长和集体效能的角度出发，对少数民族村寨中旅游展演实践对文化持有者个体和集体的认知、思维、能力、心理等产生的影响做了调研和分析，从而获得旅游展演带来的主体效应成果及其内部作用路径。

第六章是少数民族村寨中旅游展演的社会效应及其对民族文化保护传承产生的实际效果。在旅游展演的主体效应产生之后，社会不同利益群体也对民族传统文化的保护与传承产生了不同程度的认知意识和应对措施，从而反映了旅游展演本身所具有的公共性和开放性，同时对地方民族传统文化所受到的社会力量和相应的行为策略进行更为客观的反馈和评价。因此，本章拟从社会认同这一角度来对旅游展演产生的社会效应和对民族文化保护传承的影响结果进行调查评价，以便更为深刻地认识到民族传统文化因旅游展演实践所面临的各种社会力量及其外部作用路径。

第七章是归纳总结旅游展演与民族文化保护传承的关系，包括旅游展演对于民族传统文化的再现、重构、创新和转化等实践作用及其影响机理，并探讨旅游展演实践与民族文化活态性保护传承之间的互动关系。由此，深刻剖析出少数民族村寨旅游展演对民族传统文化保护与传承的双刃路径，包括正、负双向度的作用机制。在此基础上，重新审视旅游展演自身存在的主要问题及其对民族文化现代化发展的影响根源，以便从"公共性""主体性""协调性"等角度思考旅游展演与民族文化保护传承协调发展的良性机制构建，有效发挥旅游展演对民族传统文化保护与传承的正面效应而规避其消极影响，推动旅游展演场景中的民族文化保护与传承工作的落实。

第八章是结语部分。主要就研究结论、不足及后续研究给予总结。

二 研究方法

(一) 田野调查法

田野调查法，一直以来都被称为民族学和人类学的经典研究方法，也是本书研究采用的重要方法之一。"参与当地人的生活，在一个又一个严格定义的空间和时间的范围内，体验人们的日常生活与思想境界，通过记录人的生活的方方面面，来展示不同文化如何满足人的普遍的基本需求、社会如何构成。"① 深入案例地现场，主要采取参与观察、问卷调查、深度访谈等具体方式，调查对象涉及政府部门相关人员、村寨居民、民族表演者、游客等，获取旅游文化展演实践历史及现状的第一手资料和数据，全面了解民族传统文化在展演中的变迁及其所依存的社会、政治、经济背景；并从行动者的角度去对人的实践活动以及情感、观念等进行文化现象的透析，以便从整体性视角去理解民族文化在旅游展演中的重构、互动、变迁和发展等过程。其中，关键人物访谈法，是针对本书案例地的具体情况而设定的。因为本书中的旅游展演实践，在村寨中主要由几位关键人物在发起、推动与管理，因此对他们的访谈是多次或重复访谈，以便得到很多真实的信息。

(二) 规范分析与实证研究相结合

规范分析为问题的提出、概念与类别的界定、问题的分析及归纳总结提供理论研究方式，实证研究则通过对案例地的实地调查，在取得相关数据和资料的基础上对提出的论点进行验证，为理论问题的研究提供实践方面的依据。本书从日常生活理论视野出发，以旅游展演的实践逻辑为切入点，以旅游展演对于民族传统文化保护与传承的影响作为理论

---

① 陈庆德等：《人类学的理论预设与建构》，社会科学文献出版社2006年版，第373页。

分析基础，对旅游展演与民族文化保护传承之间的关系进行了规范分析与实证研究相结合的方法研究。其中，对于案例地第一手资料的统计分析，采用扎根理论给予归纳总结，自下而上地对收集到的资料进行逐层深入分析，从而建构出科学理论。

（三）定性分析与定量分析相结合

本书以定性分析为主，但是在关于游客对旅游展演体验质量的感知评价方面，运用定量分析方法给予测评，主要有模糊综合评价法、聚类分析法等方法。在定性分析中，主要运用参与观察、图片分析、深度访谈等方法，最后通过不同变量之间逻辑关系的梳理与行为规律的归纳总结来尽量客观、科学地研究问题。

第四节 案例地的选取及原因

为契合本书的研究目标，本书特地选取近年来在大众旅游市场中新兴的旅游展演型民族村寨——云南省老达保村寨作为案例分析对象，以便从历时态和共时态两个维度对以旅游文化展演为表现载体的民族传统文化保护与传承问题进行深入分析。

一 云南老达保村寨与拉祜族传统文化

（一）云南老达保村寨概况

云南老达保村寨，也被称为老达保村民小组，位于我国云南省澜沧县东南部，地处滇缅边境和国道214线旁边，行政上隶属于云南省普洱市澜沧县酒井乡勐根村，是勐根村的自然村。它距离澜沧县城46千米，距离2017年新建成的景迈机场55千米，是一个典型的拉祜族村寨，如图1-3和图1-4所示。

左：图 1-3　云南省普洱市澜沧县老达保村地理位置

图片来源：百度地图搜索自动生成。

右：图 1-4　老达保村寨整体景观（部分）

图片来源：2019 年田野调查自摄。

　　拉祜族是云南的特有民族，主要聚居在云南省西南部亚热带山区澜沧江中下游两岸。老达保村寨行政上所属的澜沧县，全称为"澜沧拉祜族自治县"，是我国唯一的拉祜族自治县，也是拉祜族人口最为集中、拉祜族传统文化保留最为完整的地区。在澜沧县境内，老达保村寨有着"民族原生态歌舞之乡、快乐拉祜唱响的地方"之称，是近年来国家级、省级非物质文化遗产《牡帕密帕》《芦笙舞》《摆舞》传承与保护开展比较活跃的地方，也是各类型非遗传承人较为集中和拉祜族传统歌舞保留最多的地方。截至 2018 年末，老达保村有 119 户 494 人，99%的人口是拉祜族，都是地道的农民。在传统生产方式方面，全村主要以种植茶叶、甘蔗和家庭畜牧业养殖为主，近年来新增旅游演艺和旅游经营等新型服务业。在老达保村寨里，挂着一块土黄色的木牌，上面记载着有关"老达保特色旅游村简介"的内容——"老达保村隶属于澜沧县酒井乡勐根村委会，距县城 51 千米、国道 214 线 14 千米，全村有 102 户，400 余人。老达保村是第一批国家级非物质文化遗产《牡帕密帕》的传承基地，传统的拉祜族服饰文化、建筑文化、宗教文化、饮食文化、音乐文化保留完整，民族文化浓郁，民族特色鲜明，被评为'省级民族特色村'。"如图1-5和图1-6所示。

左：图1-5 老达保特色旅游村简介牌
图片来源：2019年田野调查自摄。

右：图1-6 老达保村寨入口处实景
图片来源：2019年田野调查自摄。

进入村寨，旅游业的发展特征较为明显，整个老达保村的空间充满着旅游打造的痕迹。在村寨门口，可以看到，在绿树的掩映下，有两根五至六米高的葫芦图腾柱矗立在道路旁边。这两根柱子之间由多彩五线谱线条环绕相连，在点缀着彩云般音符的五线谱上镶嵌着"老达保，快乐拉祜唱响的地方"几个大字。与此相连的，还有图腾柱下方的一个白石雕刻作品，这个作品被雕成一本正被翻开的书页，书页上刻着一首题为《快乐拉祜》的歌曲，包含有五线谱与歌词。这样大型的标识物，很显然是专为对外宣传老达保村的"快乐拉祜"基调而制作的旅游景观标志。从这个景观物旁边进入，会发现寨内自然生态环境良好，拉祜族传统干栏式建筑保存完好，具有浓郁的拉祜族特色。在过去，拉祜族居住的地方都是山区，他们也称自己是山头人，因此他们的寨子一般建在山顶和半山腰上。但不论建在哪里,每家每户的房子都十分鲜明,颇具特色。一般分两种:桩上竹楼和落地式茅屋。其中,桩上竹楼也称作掌楼房,是一种用木桩叉搭成的双斜面竹楼,有大小之分,大型竹楼为母系制大家庭居住,小型竹楼为个体小家庭居住,但其结构是一样的,主要由"日格"(房屋内寝室部分)、"扎迪格"(舂碓处)和"掌倮"(晒台)三部分组成,分上下两层,楼上住人,楼下是关牲畜、堆放柴火的地方。现在,老达保的村民居住的房子多为桩上竹楼,他们都有一个露天的"掌倮"(晒台),人们的日常生活和娱乐都在这里进行。从建筑的外立面来看,全部都是被整修翻新过的,每家每户之间的道路也是由大片的青石板铺成,干净整洁,如图1-7所示。

图1-7 老达保村寨的传统干栏式建筑

图片来源:2019年田野调查自摄。

寨子内的一些房屋已被区划为芦笙坊、陀螺坊、青竹坊、艺织坊、茶吟坊、根雕坊、舂香坊、耕具坊等拉祜族民族民俗农耕文化的展示区,这些都深刻反映了当地的民族文化与旅游开发特征。

（二）拉祜族传统文化概况①

拉祜族自称"拉祜"。拉祜族称"虎"为"拉"，"祜"是一种烤肉的方式，"拉祜"，即用一种特殊的方式烤虎肉，意为拉祜族在历史上是勇敢的猎虎民族。从时间进程来看，拉祜族的历史是一部迁徙史，其先民从秦汉时期开始，因战争而寻找新的栖息地，告别了拉祜族先民繁衍生息的甘青高原，举族由北向南迁徙，历经千辛万苦，跨越几个世纪，跋涉数万里，约在隋唐时期进入云南，于清中期才基本定居下来。中华人民共和国成立后，拉祜族又被称为"直过民族"，指在中华人民共和国成立之初，它从原始社会直接过渡到社会主义社会这一事实。

拉祜族分布的地理空间主要是云贵高原的西南边沿，横断山系纵谷地区的南段，大多为海拔1000米以上的山区和半山区，高原波状起伏，高山峡谷相间，属山地民族之列。相应地，拉祜族的聚落多数位于山区和半山区的缓坡地带，聚落之间的距离因地而异，有的地方相距较远，有的地方距离较近。村寨规模也不均等，大的有百余户，小的仅有二三户。他们把聚落群泛称为"卡"或"搓卡"，即"人的居所"，或把单个的聚落叫"卡"，即"寨子"。各山区的地理环境和气候特征有所区别，也使得拉祜族的生产、民居、服饰、饮食、年节等不尽相同，从而产生出拉祜纳和拉祜西两大支系。拉祜纳支系主要分布在澜沧江以西，拉祜西支系主要分布在澜沧江以东。两大支系多以聚落为单位，与哈尼族、佤族、傣族、彝族和汉族交错杂居，也有单一成寨的，形成了独特的拉祜族文化聚居区，也是云南省特有的15个世居民族之一。

---

① 刘劲荣、张锦鹏主编：《澜沧笙歌：拉祜族》，上海锦绣文章出版社、上海文化出版社2017年版，第27—63页。

拉祜族共有40多万人，主要分布在我国的云南省以及东南亚的缅甸、泰国、老挝、越南等国家境内。在国内，拉祜族主要聚居于云南省澜沧江流域的普洱市、临沧市、西双版纳州、红河州、玉溪市等地。其中，普洱市下辖的澜沧县，是全国唯一的拉祜族自治县，县内的拉祜族人口占了全国拉祜族人口的一半，占了全世界拉祜人口的三分之一。世界各地的拉祜族都认同澜沧县是拉祜祖先——扎迪和娜迪的诞生地，是拉祜族同宗同祖同文化的发源地。

1. 创世史诗《牡帕密帕》——拉祜族传统文化的精神源头

在中华人民共和国成立以前，拉祜族没有形成文字记载的历史。因此，有关拉祜族的游猎迁徙活动、民族历史发展、经济文化生活、社会传统习俗等全都依靠口耳相传，并被编成了诗歌形式的口述资料代代相传，如拉祜族的传统诗歌。一般而言，拉祜族传统诗歌在内容上可分为叙事诗和祭祀诗两大类：叙事诗主要以历史、经济和文化生活等为题材，祭祀诗指人们在遇到疾病、灾厄时和日常生产生活中祭祀时唱的各种祭词。在这些诗歌中，《牡帕密帕》是拉祜族民间流传最广的一部长篇创世史诗，属拉祜族口述文学。

"牡帕密帕"是拉祜语音译，"牡"是天，"密"是地，"帕"是造，"牡帕密帕"意为"造天造地"。史诗不但反映了拉祜族远古时期的社会生产生活风貌，而且展现了拉祜族从狩猎采集生活逐步发展到农耕生活的历史画卷，内容包含拉祜族先民对宇宙起源和人类起源的朴素认识，其核心是在人类产生以前的宇宙观。在拉祜族先民看来，"宇宙（天地）早已存在，即宇宙的起源先于人类起源。宇宙的起源与形成是渐进的，从当初的'混沌'发展到'天地分开'，进而有日月星辰、山川河流、厄莎（注：厄莎，指拉祜族原始信仰中主要的神）种葫芦育人种、人类繁衍生息等"。对于拉祜族而言，《牡帕密帕》不仅是一个神话故事的歌本，它还是拉祜族历史文化的结晶，也是拉祜族长期社会生活的精神支柱和百科全书。因为，它从一开始，就以厄莎之手创建了一个拉祜族社会秩序的蓝本，揭示了拉祜族的民族文化心理、社会发展以及人与人、人与自然之间的关系，体现了拉祜族的文化传统和日常生活痕迹，成为拉祜族叙事能力的源泉和理解世界的知识体系，也是拉祜族传统文化的源头和重要的精神文化遗产。《牡帕密帕》大多流传在澜沧江、红河沿岸的拉祜族聚居区，其中在澜沧拉祜族自治县的民间流传最为广泛，在民间有一人领唱、多人伴唱或多人轮唱等形式。唱词通俗简练，格律相对固定，对偶句居多。曲调优美动听，调式因地域不同而有所差异。演唱以字行腔，有说唱的特点。在拉祜族的传统节日、农闲时说唱，往往通宵达旦，成为拉祜族传统文化的精神核心。

2. 多元民间俗信——拉祜族传统文化的认知体系

《牡帕密帕》史诗揭示了拉祜族以创世之神——"厄莎"为核心的万物有灵信仰体系，包含了人们对自然和世界的认知，深刻地影响着拉祜族的思想意识和生产生活，并为此举行各种形式的祭祀和仪式，从而解除各种危机、消除不安定的因素，以此希望战胜各种困难、避免灾难发生以及获得生产的丰收。一方面，在漫长的社会历史进程中，拉祜族的宗教信仰文化在发生着变化。每个地方的拉祜族由于所处的自然环境和族群关系的不同，从而产生了多元的、具有地方性的崇拜形式和祭祀行为。另一方面，传统宗教信仰文化也为佛教和基督教的传入提供了便利的环境。明末清初，由于大量内地汉人移民迁往云南腹地，对本土族群的生存空间形成了挤压，再加上当时的民众受到地方土司的苛刻统治，生活在澜沧江两岸的拉祜族过着艰难困苦的生活。因此，佛教被明朝遗老杨德渊从大理鸡足山带到滇西南临沧、耿马、沧源等地拉祜族、佤族生活的山区进行传播。佛教的"普渡众生"、解脱苦难的教义契合了拉祜族争取生存权和自由幸福生活的期盼。于是，在将佛教信仰和厄莎信仰相结合的基础上，澜沧地区建立起五个佛教中心，修建佛堂、讲经传教。清末，拉祜族地区的佛教信仰和组织遭到了毁灭性的破坏，但佛教的部分思想已经融入"厄莎"信仰体系之中，如生死轮回、对灵魂的解释等。

20世纪初，基督教经由国外的传教士传入拉祜族地区，他们宣称自己是从厄莎那里来的，为便于传教而设计了一种拉丁字母拼写的文字，即后来拉祜文字的雏形。20世纪50年代，中国科学院对拉祜族进行了全面普查，确定以拉祜方言为基础的方言，并对原来的拉丁拼音文字进行改革，成为现在的拼音文字。传教士们将神学教义与本土社会中的伦理观念相调适，以达到教会发展的目的。通过长时间的学习和受教，基督教和天主教的文化也影响到了拉祜族的日常生活，比如每个星期特定时间做礼拜而不去参加劳动，唱诗班的艺术表演以及信徒的行为礼仪等。

总体来说，在今日的拉祜族地区，既有传统宗教信仰的支持者，也有佛教、基督教信徒，形成了一种多元信仰体系共存的宗教社会形态。拉祜族传统文化在历史发展的进程中，融合了佛教、基督教、厄莎信仰等多种文化基因，成为一种混合性产物。但是，"万变不离其宗"，拉祜族的宗教信仰仍然是以厄莎为核心，最具民族性和地方性，在民族历史、传统文化心理方面的阐释方面依旧处于核心地位，体现了拉祜族特有的多元信仰认知体系。

3. "合二为一"的配偶观——拉祜族传统文化的情感叙事

在拉祜族的起源神话中，两性合一的特点贯穿始终，深深地影响着拉祜人的社会观念和日常生活。创世神话《牡帕密帕》认为，拉祜至上神厄莎、厄莎的长女长子以及最早的人类夫妇扎迪、娜迪都是生而为一对，行止如一人，犹如形影不离的龙凤双胞胎，可谓两性合一的理想缩影。因此，以两性合一为主题的拉祜口头文学也世代相传，直至20世纪80年代晚期，大多数澜沧拉祜村寨的传统对唱仍是仪式、求偶和娱乐等活动的核心。例如，拉祜族有不少类似"筷子成双"的谚语，喻示着一种传统理念：男女必须结为连理，之后便形影不离，共尽天经地义的夫妻本分，在怀孕、分娩、抚养、家务、生计劳动、领导权等方面同心协力，承担珠联璧合的角色。筷子喻示着男女成双原则在拉祜神话中比比皆是，在社会制度和生活实践中也无处不在。

在此基础上，将拉祜族的"两性合一"观念推而广之，则是其族群成员独特的二元合一世界观。二元合一世界观赋予拉祜族社会文化的秩序远远超出神话的范围，"世间万物成双对，形单影只不存在"这一流行于婚礼、口头文学和日常对话中的常用谚语，就充分体现了双双对对的无所不在。于是，成双结对的理念贯穿于拉祜族生活的各个领域，在拉祜族的仪式和节庆中也随处可见。具体地，拉祜族两性合一的传统观念在生命周期中也有所体现，主要是在婚后的有生之年和善终之后的各个阶段，每对夫妇都被定义为二合一的社会实体。拉祜族的本土理念不仅要求夫妻齐心协力、一起养家育儿，还提倡夫妻同心同德、联合掌管家户和村寨。在澜沧拉祜族村寨中，家户是经济、社会和宗教生活的基本单位。一般来说，一个家户以一对夫妇为首，他们被合称为"男女户主"或"双家长制"。在这种男女平等的制度中，男性被称为"男家长"，女性被称为"女家长"，他们一般都名副其实、齐心协力、共同持家，共同享有其家户的所有权和权威，共同分担责任和义务，从而充分诠释了"家长夫妇在象征意义和社会意义上都融入二合一的实体"这一拉祜族两性合一的文化制度含义。

4. 葫芦与芦笙舞——拉祜族传统文化的核心符号

在拉祜族人的日常生活空间中，随处可见葫芦这一文化物象。葫芦，对于拉祜人而言，不仅是上好的食材、药物和制作芦笙必不可少的材料，也是一种特有的文化符号，成为本民族文化的一个独特象征和生存繁衍的精神母体。拉祜族普遍认为，自己是从葫芦里出来的民族。从葫芦里出来，向着太阳奔去，是拉祜族人对本族源流的普遍认识。在创世神话中，葫芦是孕育了拉祜人的祖先扎迪、娜迪的母体。由于葫芦腹部膨大，易被先民联想为母体；其腹中籽种密集，恰巧象征种族繁衍强盛的生命力；具有旺盛生育能力的母体丰乳肥臀的形象正与葫芦的形象相似。在这个意义上，对葫芦的崇拜实质上是对母体孕育出新生命的神秘感和崇敬之情的反映。所以，葫芦生人的神话是拉祜族人在生活中表达意义的一种方式，它虽然在叙事中显现出很多想象、虚构、神秘的特性，但也是拉祜族人日常生活的某种规则，生动地展现了人与世界互动的方式及其结构，至今仍是活在拉祜族日常生活中的文化元素。

基于此，葫芦在拉祜族的日常生活中运用广泛，深受民众喜爱。特别地，以葫芦做成的葫芦笙，成为拉祜族人生活中最重要的乐器之一。葫芦笙，简称"芦笙"，是拉祜族的标志性乐器，由一个葫芦和五支长短不一的金竹管组合而成，广泛流行于拉祜族聚居区。葫芦大小不一，制作出来的芦笙也形状不同，从而导致音调高低有差异，音色明暗也不一样——慢的音调悠长延绵，抒情动人；快的节奏明显，动感十足，适合舞蹈，称为芦笙舞曲。芦笙曲以舞曲为多，如《跳笙调》《春盐调》《撒种调》《犁地调》《过山调》等，大多反映拉祜族人的生产生活内容。对于许多无文字的民族而言，文化的记忆及表达多是以声音和肢体为主的。拉祜族也不例外，人人能歌善舞。

芦笙，是拉祜族男子最喜爱的乐器和表达爱情的媒介，也是拉祜族娶亲嫁女、节庆活动不可或缺的乐器。在拉祜族聚居的山寨，只要是男人，就会吹芦笙，拉祜族的古歌《年歌》中说："金竹葫芦做芦笙，吹出拉祜人的心声。"拉祜族人认为不能吹芦笙与唱歌，在社会上就会缺乏恋爱求偶的可能性。与此同时，作为表情达意的文化载体，芦笙舞也是拉祜族最具代表性的舞种。在拉祜村寨，男子人人会吹芦笙、跳芦笙舞，每逢岁时礼仪和节庆聚会，每个乡村都可组织数十人至上百人的表演队伍进行表演，男女老幼欢聚到一起载歌载舞，通宵达旦。在芦笙舞中，芦笙主要起伴奏和导舞的作用。歌笙者边吹跳，参加者围成一圈或几圈合着芦笙的节拍起舞，依芦笙曲调的变化而变换舞蹈动作，充分展现了拉祜族的精神风貌和"游猎民族"的特点。在民间，芦笙舞流传的有100多个套路，现已收集记录的有83套，每一套舞蹈都具有丰富的文化内涵。对此，这些舞蹈最能代表和反映拉祜族精神和文化，是拉祜族文化传统和社会生活中较为集中的艺术体现，对于族群成员的文化认同、维护团结和维系民族精神等均具有不可替代的重要作用，因而成为该民族培养其凝聚力和教育后代的重要手段。

二　云南老达保村寨旅游展演概况

在发展旅游演艺之前，老达保村就拥有丰富的拉祜族传统歌舞文化，村民们大多能歌善舞，"拿起锄头干活，放下锄头唱歌"是老达保村民的日常生活写照。为充分展露拉祜人"会说话就会唱歌、会走路就会跳舞"的天性，发挥老达保村人擅长吉他弹唱的歌舞题材优势，当地乡党委政府因势利导，助推以拉祜族歌舞表演为主题特色的民族民间"雅厄"艺术团表演队、民族民间原生态组合"达保五兄弟"和达保姐妹成立。同时，村民们还擅长吉他弹唱，常利用闲暇时间自创的拉祜族民歌有300余首，先后参加中央、省市节目活动，被称为"世界拉祜音乐第一乡"。在此基础上，为了实现"文化扶贫""乡村振兴"等重要目标，在澜沧县委、县政府的支持引导下，2013年，普洱市第一家由农民自发、自创的演艺公司——澜沧老达保快乐拉祜演艺有限公司正式成立。公司经营的主要项目是表演和演出，经营范围还有民族服装制作、民族工艺品加工、交通运输等。在表演内容方面，老达保快乐拉祜演艺有限公司通过整合拉祜族特色文化鲜明的芦笙舞、摆舞以及《快乐拉祜》《婚誓》《实在舍不得》等经典歌曲，在村寨内打造了老达保快乐拉祜风情实景演出，演员均由老达保村村民组成，保持了原汁原味的民族生态风情。2016年8月，老达保快乐拉祜演艺有限公司获评为全国"公司+农户"旅游扶贫示范项目，也获得了广大游客和媒体的好评。

正如在村寨的文化传承馆里挂着的关于老达保旅游展演的简要介绍所写："老达保是《快乐拉祜》唱响的地方，少数民族'会说话就会唱歌，会走路就会跳舞'的特性在老达保这个纯拉祜族村寨得到了充分展示。芦笙舞、摆舞、吉他弹唱等，几乎是每个老达保人的技艺，创作了脍炙人口的歌曲《快乐拉祜》《实在舍不得》《真心爱你》等。2006年该村被列为第一批国家级非物质文化遗产传承基地；2007年，该村的李扎戈、李扎保进入国家级非物质文化遗产传承人名录；2011年，老达保寨成为《牡帕密帕》和芦笙舞的保护传承基地之一。2012年，老达保寨被列入第一批国家级传统村落名录。2013年6月，成立澜沧老达保快乐拉祜演艺有限公司；10月，老达保拉祜风情实景原生态歌舞正式开演。该公司获得'2013年云南省农村文化产业先进典型'荣誉称号。"

从老达保村寨旅游展演的舞台呈现来看，其形式主要是以歌舞表演向游客展示拉祜族传统文化，其内容除了大部分是拉祜族的传统歌舞文化之外，还有占比不太大的拉祜族史诗原生态吟唱、拉祜族传统服饰介绍和拉祜族的创新性吉他弹唱歌曲等。几乎所有的节目都是以村民们的集体出场亮相，整个歌舞的旋律曲调基本上是热情奔放、欢快优美，其表演内容都来自拉祜族人民的日常生产生活，且歌舞音乐的情感表达意蕴比较直接。总体来说，老达保村寨的旅游展演被当地定位为"原生态实景演出"，当地的拉祜族传统文化也因这一展演活动而被外界更多地认知和了解，成为当地对外推介和宣传拉祜族传统文化的一张重要名片。

三　案例地的选取原因

(一) 云南旅游演艺产业的繁荣发展

凭借着独特丰富的旅游资源和各级政府的积极引导，云南一直是我国各省区发展旅游的一个亮点和热点，其旅游业的迅速发展也带动了云南旅游演艺业持续繁荣。在文化旅游演艺业方面，云南省委省政府历来都很重视其发展建设的工作。自20世纪90年代中期云南提出"建设民族文化大省"的重要决策之后，云南省委、省政府就陆续颁发了一系列有关文化产业、文化事业、文旅产业等政策文件，并在其中将民族演艺列为云南十大文化主导产业之一，分别从指导思想、发展方向、实施步骤做出了政策性的规定，也在财政、税收、工商等方面制定了一系列优惠政策。[①] 在省委省政府的领导下，全省各州、市开始制定各自的文化建设纲要、规划或实施方案，并相继成立专门负责文化建设工作的领导小组，纷纷利用各具地方特色民族文化资源进行旅游演艺产品的生产和供给，包括许多少数民族特色村寨或民族旅游村寨。

近年来，有着全省上下对文化产业强有力的引导和扶持，再加上旅游市场提供的经营空间，云南旅游演艺业逐渐成为云南省文化产业崛起的重要标志。在云南省的旅游业态结构中，旅游演艺成为除了景区之外增长最快的新业态，随着人们对现代旅游体验性的深入认识和文化产业化的发展，文化逐渐成为地区旅游发展第一营销力，以本地文化为主调的实景演艺与旅游产业迅速融合，有力地推动了云南地区文化与旅游的互动发展。近年来，与全国其他省区相比，云南旅游演艺产业有着自己独特的发展优势，民族特色鲜明，产品类型丰富，社会效益和经济效

[①] 李菡静：《走向国际市场的云南演艺产业——民族歌舞的"场域"转换与"话语"调适》，博士学位论文，云南大学，2015年，第59页。

益俱佳，以其深厚的文化内涵和地方特色形成了较高的公众知晓度和社会认可度，也逐渐成为我国旅游演艺的知名品牌，如《云南映象》《印象·丽江》《丽水金沙》《云南的响声》《傣秀》《勐巴拉娜西》等为代表的旅游演艺产品在大众旅游市场中享有盛誉。因此，无论是从云南省委、省政府和各级地方基层组织的政策制定来看，还是从旅游演艺市场在各个地方空间呈现出来的规模与效益来说，这些都为云南少数民族村寨开展旅游展演实践活动提供了应有的政策支持背景与产品设计供给优势，可为我们遴选具有一定典型意义的旅游展演型少数民族村寨提供省区地理范围的参考来源。

（二）老达保村寨旅游展演的代表性

在云南众多的少数民族村寨中，以旅游展演作为村寨主要旅游吸引物的其实并不明显。对于大多数经营旅游业的民族村寨而言，旅游展演只是整个旅游产品体系中的一环，游客来到村寨旅游，其主要目的并不是来观看文化展演，而是在来到村寨之后，在参观游览村寨的同时若遇到有旅游展演，会选择观看和体验。但是，对云南省的老达保村寨而言，它于近些年在大众旅游市场中迅速兴起的主要原因，就是它的旅游展演日渐声名鹊起且备受现代旅游者喜爱。因此，它凭借自己独具特色的全民参演和男女老少的吉他弹唱方式而让游客耳目一新，成为当地向外宣传和弘扬拉祜族文化的主要载体和重要名片，也是云南省在文化扶贫、乡村振兴、文化产业和旅游展演等方面取得成绩的主要典范。其中，它被国家部门、地方政府和新闻媒体等赞誉为"在唱唱跳跳中带领群众脱贫致富，在音乐歌舞中有效促进了拉祜族传统文化的创新与坚守、保护与传承，同时也增强了文化自信和文化自觉"，对其旅游展演具有的经济效益和社会文化效益进行了充分肯定和认可。另外，老达保村也是拉祜族重要的民族文化传承基地，它和自身所属的澜沧县，都保留和拥有非常丰富和厚重的拉祜族传统文化资源,尤其是作为文化保护与传承的重点对象——非物质文化遗产在整个澜沧江地区也是拥有数量较多且保护传承状况较好。随后这些非遗文化资源在老达保旅游展演中得以被传承和展示,连同非遗传承人也在展演实践中担任骨干和精英的角色,其非遗文化与旅游展演的相互促进作用十分明显。因此,选择云南省老达保村寨的旅游展演进行调研,将会有助于我们探讨旅游展演与民族文化之间的关系,尤其是对于民族传统文化保护与传承的促进作用,去深入思考为什么这样的旅游展演可以对民族文化的现代化发展发挥正面效应,从而引导我们认清旅游展演实践对民族传统文化保护与传承的影响机理和效用机制,以便可以推动我国其他少数民族村寨的旅游展演与当地传统文化的良性互动和协调发展。

四 主要研究创新点

本书在充分肯定和借鉴前人研究成果的基础上,对少数民族村寨旅游展演的实践逻辑及其对民族传统文化保护与传承的影响进行了较为深入的研究和讨论,其创新之处在于以下几方面。

一是研究视角的创新。本书特地选取了旅游展演正面效应较为明显的少数民族村寨作为案例研究地,以便通过对其展演实践逻辑的经验总结来进行阐释性研究。在研究过程中,不再继续从"商品化"和"真实性"的关系角度对民族传统文化在旅游展演语境中的变迁影响进行难以形成定论的理论思辨,而是通过对现实中新兴的、产生了一定成功经验的地方进行自下而上的扎根分析和理论升华,这有助于我们得到更具实践价值和现实意义的理论研究结果。同时,本书在采用人类学传统的民族志、田野调查等方法的基础上,也尝试性地借用了身体分析法、情感社会学、公共人类学、政策人类学等跨学科理论视角,对于少数民族村寨旅游展演中的主体和内容在新的消费社会语境中的变迁状况、现实逻辑及其文化影响给予了不同角度的解析与提炼，以便关注旅游展演所映射出来的民族传统文化保护与传承问题，以及这些问题背向所隐匿的社会结构要素，从而尝试性地跳出文化看文化，从文化之外的因素来探讨民族传统文化在国家、社会和市场多重力量下的变迁轨迹及其影响效应。

二是研究内容的创新。本书借助旅游展演这一微缩性的文化景观，从身体、关系、效能和认同四个不同维度对其实践逻辑和对民族传统文化保护与传承的影响机理给予全方位和系统性的阐释解析，从而提炼出"情境认同"这一新的重要媒介要素，认为旅游展演实践对民族传统文化保护与传承的影响主要来自"情境认同"这一新型变量，包括身份利益机制、情感共鸣机制、集体效能机制和社会认同机制这四个方面的内容。并在此基础上，借鉴新西兰毛利人旅游展演对民族传统文化保护与传承的成功经验，重新思考了"文化与商业的融合"这一传统议题，不再拘泥于以往对于旅游展演引发的文化真假争辩问题，而是通过对旅游展演中主客关系的重新审视，发现游客和学界在乎的"舞台真实性"其实更多地表现为一种"舞台亲密性"，即不同文化群体成员之间的关系联结感与有机团结感。这种隐藏在旅游展演中的"舞台亲密性"正是所选案例成功的根本性原因，也体现了民族传统文化在各民族交往之中的情感性功能与社会团结意义，这正符合了当前国家提出的"铸牢中华民族共同体意识"政策精神。

第二章　相关研究进展与理论基础

第一节　国内相关研究述评

旅游展演，作为文化旅游研究的重要内容之一，研究轨迹主要分为两条路线：一是偏向于实操性的"产品开发"类研究，注重对旅游展演产品的开发、设计、品牌、经营等方面的问题剖析及其优化策略的思考，关注的是旅游展演产品的经济属性及其市场价值，常习惯被称为"旅游演艺"或"旅游表演"等。二是侧重于思辨性的"文化变迁"类研究，聚焦于旅游展演引发的全球现代化背景下地方性文化变迁及其中各类复杂互动关系的分析，主要探讨旅游展演中的舞台化、真实性、商品化、文化再生产以及展演的意义和功能等问题，体现出浓郁的人类学田野调查风格。为以示区别，常将其称作"旅游展演""旅游文化展演"或"旅游表演"等名称。由于本书的研究对象主要是旅游展演的实践逻辑及其文化保护传承问题，因此，研究述评的重点内容在于旅游展演的社会文化影响类研究。

一　旅游展演的概念内涵问题

一方面，从历时性的角度来看，"旅游展演"一词的出现是随着

"文化表演"的兴起而出现的，并且主要表现为旅游歌舞表演。首先，如何从"文化表演"到"旅游展演"？光映炯以丽江的"东巴法会"仪式为例，阐释了仪式是如何由"文化表演"转变到"旅游表演"的。文章中提到，美国人类学家格尔茨将仪式看作一种"文化表演"，而理查德·鲍曼认为，"那些标定时间、限定范围、排定计划并且具有参与性的事件"通常被称作"文化表演"，并且，"在这些事件中，一个社会的象征符号和价值观念被呈现和展演给观众"。[①] 对于这些"文化表演"，游客通过它们感受到了"文化差异"，并推动着东道主与游客及各种社会关系的建构与交流。进而，仪式的展演被贴上了"旅游"的标签成为一种特殊的"旅游展演"。[②] 在此基础上，光映炯继续通过对旅游展演多维视野的研究现状及梳理提炼出"行为—文化—场域"三层立体的阐释路径，认为"旅游展演"是"旅游目的地通过特定的时空舞台为游客观察、观赏和体验'异文化'而建构、实施的一种展演实践"，其本质既是一种审美行为，也是一种记忆、体验和交流的社会文化行为，体现出人与地、人与人、人与文化、人与社会、人与历史等多维关系的互动。[③] 光映炯对"旅游展演"这一概念的研究路径，主要是建立在对"仪式"这一文化人类学色彩浓厚的对象之上，注重"旅游展演"自身蕴含的"关系互动""文化交流""社会意义"等内涵，体现出浓厚的交互性、多元性与融合性研究旨趣。其次，从"旅游展演"到"旅游文化展演"的关注。徐赣丽从民俗学角度出发，认为"民俗旅游中的歌舞表演，指在特定的时空背景下，借助有关的手段，

---

① ［美］理查德·鲍曼：《作为表演的口头艺术》，杨利慧、安德明译，广西师范大学出版社2008年版，第205页。
② 光映炯等：《旅游展演·行为实践·社会交流——以丽江玉水寨"东巴法会"为例》，《广西民族研究》2014年第4期。
③ 光映炯：《认识"旅游展演"：基于"行为—文化—场域"的阐释路径》，《广西民族研究》2017年第5期。

展示文化主体的才艺、形象，传达某种信息。它既不同于纯粹的艺术表演，也不同于戈夫曼所说的日常生活中的表演，专指民俗旅游中的文化展示"，特别地，当游客和东道主面对面接触时，"文化展示成为非日常的、设计好的、要求有固定群体参与的公众事件"，在这里，舞台不是一个封闭空间，它指向游客开放的展示空间；被表演的内容在一定层面上等同被开发的内容，不完全局限于歌舞表演，包括模拟民俗村里的建筑、陈列和歌舞表演，也包括实地民俗村向游客开放的文化现象，如当地人的服饰、饮食、居住和村落环境等经过开发者有意设计和建设的内容。①

另一方面，就共时性角度而言，与承载着"产业发展""主题公园""大型表演""高科技场景"等语义的"旅游演艺"概念相比，"旅游展演"这一定义更倾向于与"小规模的""分散的""传统舞台式的"以及"文化展示型的"等内隐性含义相连，特别是将其放置于与城市文化相对应的乡村文化、民族文化等旅游目的地传统文化展示框架中时，更呈现出表演这一阵营中"统称—特指"的概念对比效应。如何去辨析清楚"旅游演艺""旅游表演""旅游展演""旅游演出"这些含义相近的概念呢？迄今为止，学界还未对这些定义进行统一区分与界定，彼此之间的界限较为模糊，但仍有少量学者在为此做出尝试性探索。毕剑通过分析旅游演艺的发展历程，提出以"旅游演出"作为统领性概念，将"小型演出的旅游表演"和"特指中型及大型演出的旅游演艺"两类纳入其下，并甄别了镜框式旅游演艺、实景演出、浸入式旅游演艺三大类别，以代表我国旅游演出的三个不同发展层次，揭示出不同时期旅游者的审美追求变化趋势以及相互之间的融合发展图景，如图2-1所示。

---

① 徐赣丽：《民俗旅游的表演化倾向及其影响》，《民俗研究》2006年第3期。

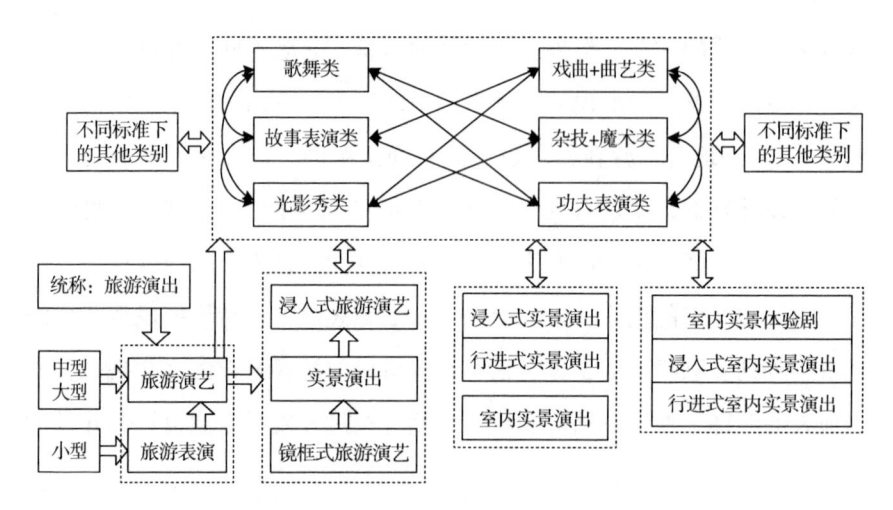

图 2-1　旅游演艺概念的关系模型示意

图片来源：毕剑：《旅游演艺：概念辨析、类别梳理与关系模型》，《邵阳学院学报》（社会科学版）2019 年第 2 期。

图 2-1 中的旅游演艺概念识别及其类别划分，为我们厘清"旅游演艺""旅游表演"与"旅游演出"之间的关系提供了一种借鉴性思路，但是，现实中各种纷繁复杂的旅游展演对象相比较，却并不能完全一一对应。比如，本书要研究的少数民族村寨旅游文化展演，更有可能是一种"实景演出"与"镜框式旅游演艺"的结合体。按照毕剑的观点，镜框式旅游演艺来自传统的镜框式舞台演出，借喻舞台像镜框，以"第四堵墙"框起了演员与观众之间的距离——演员难以越过舞台走近观众，致使几乎所有表演都被限制在舞台之内。演员与观众因舞台空间的隔离，在缺少互动手段时极易扩大双方的心理距离，增加双方的理解困难。相应地，"实景演出"是以自然景观为背景和舞台，通过创意性的艺术手法实现自然景观与地域文化的完美结合，突出展现地域特色和地方文脉的旅游演艺创新形式。[①] 对此，少数民族村寨中的旅游文化展

[①] 毕剑：《基于空间视角的中国旅游演艺发展研究》，中国经济出版社 2017 年版。

演,其展演场地并不完全封闭,它是内嵌于民族村寨这一原生文化空间之中,也符合"实景演出"定义中的"以自然景观为背景和舞台,实现了自然景观与地域文化的完美结合,也以突出展现地域特色和地方文脉为目标"。但是,它的表现形式又趋向于"镜框式舞台演出",在村民与游客之间仍然多以传统的舞台空间形式为主,虽然舞台的几面墙并没有严格意义上的墙壁、帷幕、幕布等隔离设施,但村民与游客的互动过程仍然多停留于"看"与"被看"之间,村民的表演也多被限定在舞台空间之内。所以,借鉴已有的研究成果,本书的少数民族村寨旅游文化展演,主要指"依托少数民族村寨这一原生性文化空间,借助对本地域本民族传统文化资源的开发、利用、再造、创新等手段,通过村寨内特定的时空舞台,为游客艺术化地集中展现本民族传统文化特色的展演实践"。

二　旅游展演的社会文化影响问题研究

全球化、现代化背景下的地方性文化变迁议题,一直是人类学、民族学、文化学等学科的研究热点。随着旅游展演的兴起,由旅游展演引发的目的地传统文化变迁及其中各类复杂互动关系的分析,也成为艺术人类学和旅游人类学两大学科支系的关注焦点。因此,本书对旅游展演的社会文化影响问题这一内容的研究综述,主要是结合这两大学科体系的已有成果进行总结梳理。

(一) 艺术人类学视域下旅游展演的社会文化影响问题研究

对旅游展演中的文化变迁问题研究,艺术人类学主要是聚焦于旅游展演影响下民间艺术的重构与再生产的状况,包括传统民间艺术在当代社会中遭遇的传承、发展与变迁及重构的过程。学者们对旅游展演的研究,其着眼点不仅是旅游展演的"艺术"角色和功能,还包括艺术所存在的文化生境和文化对艺术功能变迁的影响。也即，将展演艺术看成是文化的一部分，是文化的可视性展演，关注的是艺术的整体文化语境。正如魏美仙提出的，"对展演艺术生成逻辑的考察就是把其作为一个过程来研究"，并指出"最为重要的要素是展演艺术的主体，它关联着艺术行为和艺术情景"以及"旅游展演与地方人群生活密切相关，是地方社区'现实的'、'活'的文化，对艺术展演主体及其生活的关注成为解读的一个重要视角"。① 因此，艺术人类学对旅游展演的研究方法，仍然沿用人类学的理论和方法，包括"从文本到田野的学术转向"和"本土化与国际化的学术研究"，其目的是认识和弘扬"中国自己的民族文化和艺术"。② 从已有的研究成果来看，国内目前以艺术人类学视域研究旅游展演的代表人物，主要有魏美仙和吴晓两位学者。

魏美仙选取云南省玉溪市新平县花腰傣村落沐村为田野调查点，分别从意义阐释、文本建构与解读、艺术生成以及生活与舞台的互文等角度对旅游展演的动力要素、符号化生产、文化意义、主客互动以及文化符号如何向舞台艺术转变等问题进行了一系列探讨，为旅游展演的艺术人类学解读积累了丰富的实践素材与理论贡献。魏美仙通过对云南沐村的多方位解读，认为"旅游展演艺术作为村寨新的艺术实践方式，在同一旅游场域对本地人和游客具有双重文化功能"，因此，"以市场、展演、文化、艺术、互动等不同层面的要素为中介"，生成了展演艺术的"生计与消费方式、自我与他者关系重构、文化表征与异域想象、艺术经验共享、文化交流与再生产"等彼此关联又相异的文化意义。③ 同

---

① 魏美仙：《旅游展演艺术研究述评》，《学术探索》2009 年第 1 期。
② 方李莉：《中国艺术人类学发展之路》，《思想战线》2018 年第 1 期。
③ 魏美仙：《民族村寨旅游展演艺术的意义阐释——以大沐浴为例》，《云南艺术学院学报》2008 年第 1 期。

时，她详细地剖析了沐村里花腰傣展演艺术文本的建构方式，包括"本地传统艺术符号的复制与变形作为身份标志""同源人群艺术符号的移植与加工强化身份认同""本地生活的符号化模拟与创造突出自我特色""他者化中的碎片补充"等以不同的资源整合途径与方法生成的艺术符号化方式，指出"这种逸出村民日常生活实践的花腰傣展演艺术文本，既非完全去语境化的大众文本，也不是完全复制本地艺术形式的'传统'文本，而是成为在二者基础上生成又进行了超越的本地文化和大众文化'之间'的艺术文本"①，体现出一种超越"传统"与"现代"二元对立的第三性思维方式。在旅游凝视力的作用下，魏美仙还揭示了沐村"花腰傣"文化符号向舞台展演"艺术"转换的三种方式：以惯例生成的艺术符号、日常符号艺术化、加工符号艺术化，并主张"沐村文化符号在他者凝视与本地人自我表征的互动中建构，并在二者的跨文化共享中被转换为'艺术'展演，是人类学语境中艺术'场景'性的一个注解，也呈现出当代全球文化交流的生动图景"②。综合以上研究心得，她继续在其著作《生活与舞台的互文——云南沐村旅游展演艺术的个案研究》中系统深入地阐述了沐村"生活"与"舞台"艺术展演之间的互文含义，并以展演艺术建构为主线，纵向呈现艺术建构过程，横向描述艺术建构中的互动关系，通过具体场景呈现参与展演建构的民间、官方和他者等关系互动中沐村旅游艺术展演建构生成的运作逻辑。③ 最后，魏美仙等还对村落传统艺术的功能与传承做了总结性思考，提出"以村落传统艺术功能为基点探讨其传承，可以看到多元文化

---

① 魏美仙：《民族村寨旅游展演艺术的文本建构与解读——以云南新平县大沐浴村为例》，《思想战线》2008年第2期。
② 魏美仙：《他者凝视中的艺术生成——沐村旅游展演艺术建构的人类学考察》，《广西民族大学学报》（哲学社会科学版）2009年第1期。
③ 魏美仙：《生活与舞台的互文——云南沐村旅游展演艺术的个案研究》，云南大学出版社2009年版，第8页。

交流互动和'艺术'所具有的基于感官符号的共享性，使面向他者的展示成为当代民族艺术最主要的生存方式，由此导致其传承方式和途径的更加多样化选择"①。

另一位学者吴晓，借助对湖南省湘西州吉首市德夯苗寨的个案研究，对德夯苗寨里的民间艺术旅游展演从艺术人类学的角度给予审视，提出应该"突破'异文化中的艺术'或'原始艺术'的视域局限，将所有生活中的艺术都尽收眼底，并确定文化批评的视角"，并分别从文化创意产业、审美文化景观、艺术叙事转型三方面给予文化意义的讨论，认为旅游展演已成为一种广为消费者乐意接受的文本样态，对于传统民间艺术的发展而言，它能够顺应全球化消费主义文化新语境的文化逻辑，突破封闭式的、博物馆式的静态模式，从而展现出开放的、动态的、充分进行文化对话的过程性发展样式。②特别地，他还专门就旅游展演场景中的民间艺术审美主体给予分析，认为审美主体不是指单个人，而是一个群体，是一群代表不同文化逻辑的话语力量，呈现为由文化持有者、舞台表演者、节目策划者以及导游等多种不同文化身份共同动态建构而成的复杂状态。这种审美主体既是民间艺术展演文本的文化持有者和生产者，又是民间艺术展演文本的演出承担者和意义生发者。因此，旅游展演语境中的民间艺术审美主体是一种虚化、模糊而又多重含义的想象对象，也显示出民间艺术审美主体的呈现是一种社会关系的生产和建构。③在此基础上，吴晓总结道，"在艺术人类学观照中，民间艺术旅游展演作为一种旅游景观，是由多种文化力量共同塑造而成的

---

① 魏美仙、蒋少华：《多元文化背景下少数民族艺术的生存与传承——基于云南彝族、傣族两个村落的田野考察》，《云南艺术学院学报》2009年第4期。

② 吴晓：《民间艺术旅游展演文本的文化意义——基于湘西德夯苗寨的个案研究》，《民族艺术》2009年第2期。

③ 吴晓：《旅游展演与民间艺术审美主体的复杂性——湘西德夯苗寨的个案分析》，《青海民族大学学报》（教育科学版）2010年第6期。

社会文本，聚合了多重相互冲突而又相互妥协的逻辑力量，突显出传统民间艺术于社会转型期而生成的自我延续和调适的文化特征"①。此外，吴晓还从旅游景观文化、景观凝视等角度出发，对旅游展演的意义生产、研究视角、问题意识以及内涵特征都给予了概括性研究，发现"景观凝视作为一种主体行为方式和权力表征，使得旅游者成为一个意义生产者，能够不断对民间艺术展演文本的意义进行生产和增殖——从而实现了展演文本与受众世界的潜在对话，凸现了展演文本与受众的主体间性特征，也彰显了民间艺术旅游展演文本的视觉性、景观性和开放性特征"②。与此同时，"基于旅游景观文化视角的关注是重在探讨民间艺术被建构景观样式的文化逻辑；而立足于文化变迁视角的关注则主要分析旅游作为新的文化力量，是如何导致传统的民间艺术发生改变，以及这种改变对于民间艺术本身的影响"，并据此倡导"应遵循人类学整体观，置身于具体文化场景进行过程性、动态性的综合把握，从文化生成和文化逻辑的角度阐释民间艺术旅游展演的文化实践意义"③。除了上述两位学者的集中研究外，还有一些学者分别结合音乐④、舞蹈⑤、服饰⑥、非遗⑦、民族歌舞⑧等具体内容进行艺术人类学视域下的旅游展演及其文化变迁问题研究，为旅游展演涉及的社会文化影响问题提供了

---

① 吴晓：《艺术人类学视域中的民间艺术旅游展演》，《内蒙古社会科学》2011年第1期。
② 吴晓：《景观凝视与民间艺术旅游展演的意义生产》，《民族艺术》2010年第4期。
③ 吴晓：《民间艺术旅游展演的研究视角与问题意识》，《兰州学刊》2010年第6期。
④ 谢菲：《民族传统音乐旅游化生存构建与运作——以广西七乐乐府项目为例》，《民族音乐》2016年第5期。
⑤ 钟丽娟：《蒙自彝族"祭龙"习俗中的舞蹈形态研究》，硕士学位论文，云南艺术学院，2019年。
⑥ 周莹：《意义、想象与建构》，博士学位论文，中央民族大学，2012年。
⑦ 姜晓霞：《少数民族村寨旅游融合发展研究——以西双版纳傣族村寨曼掌村为例》，硕士学位论文，云南艺术学院，2019年。
⑧ 张玛麟：《解读昆明"云南民族村"民间歌舞的市场化传播——在回望中比照》，硕士学位论文，上海音乐学院，2014年。

不同的学科视角与研究参照。

(二) 旅游人类学视域下旅游展演的社会文化影响问题研究

旅游人类学对现实问题的观照，主要是在旅游业影响下的社会文化变迁及其如何引导传统文化在新语境下的良性发展这一问题。相应地，旅游人类学对旅游展演的关注，也重点在于旅游展演对目的地传统文化的影响，尤其是旅游展演对传统文化变迁和发展的影响，包括正负效应及其中所映射的各种实践过程、互动关系、意识形态等问题。回顾已有研究，大多数的讨论对象都是民族旅游地的传统文化，无论是对民族传统文化"原生性"的呼吁，还是对民族传统文化"再造性"的接纳，其聚焦点仍然是在旅游展演语境下的民族传统文化的变迁以及文化保护传承有效性的思考方面。因此，以下的研究述评也主要集中在民族传统文化的旅游展演实践及其社会文化影响方面，这也和本书的研究对象具有一致性。

1. 旅游展演的生产实践研究

对旅游展演的生产过程研究，学者们多从"符号""空间""重构""表征"等角度对其进行展开，对展演实践中的符号生产、文化重构、表征形象、空间秩序等内容给予了理论与实证验证。陈亚颦、马黎以云南省西双版纳州傣族民间舞为例，肯定了旅游对民间舞现代创造和文化重构的作用，并认为民间舞在旅游发展中已成为新的现代民族文化的精神产品。[①]

杨杰宏通过对海南省五指山市"三月三"的考察，研究了黎族口头传统在现代性背景下呈现出的展演化、复制化、再造化特点，认为海南黎族口头传统正处于从传统向现代的通过阶段，政府、学者、民众、企

---

① 陈亚颦、马黎:《西双版纳傣族民间舞在旅游中的消费与重构》,《经济问题探索》2007年第10期。

业等多元力量的有机整合是传承口头传统的决定性因素。并且,传统的内核仍以顽强的生命力,在不断地与外来文化、现代文化、政治因素、商品要素等多元文化融合中获得自身发展的内动力。[①] 孙九霞等以海南省三亚市的槟榔谷为例,认为槟榔谷"旅游域"具有典型的多元舞台化特征。在舞台化过程中,景区开发者、讲解员、居民、游客等多种力量展开互动,而"旅游域"中的"旅游民族"经历了由被动展示到主动展演的过程,实现了多元舞台的有机融合。[②] 针对"民族传统文化应该以怎样的展演化形式被搬上旅游舞台"这一问题,刘德鹏结合云南省德宏州景颇族"目瑙纵歌"节庆仪式的旅游化趋势,从文化符号的角度分析了"目瑙纵歌"的仪式性与展演结构变迁,提出其旅游化模式应是以景颇族文化符号为载体,在利益相关者协调下的仪式旅游展演机制。[③] 杨柳在调查贵州省黔东南州雷山县西江千户苗寨建筑、服饰、节日、歌舞文化等展演要素基础之上,初步分析了西江苗寨展演机制中的"政府+农户""政府+企业+农户"模式,在肯定展演机制给当地经济、社会、文化变迁带来良性改善的同时,也指出应注意当地社区的意识改造,培养社区的自立能力,最终实现社区民族旅游的自我管理和权益发展。[④] 近年来,盖媛瑾还以贵州省黔东南州雷山县郎德上寨"招龙"仪式为例,详细阐述了"招龙"这一传统节庆仪式是如何在旅游业发展语境下从民族村落公共文化空间到舞台化展演的演变过程,同时对展演衰落的原因给予了解释,包括展演对文化生境的脱离、公司化运作逻辑致使组织

[①] 杨杰宏:《展演与再造:海南黎族口头传统传承现状及思考——基于五指山市"三月三"的考察》,《广西民族师范学院学报》2012年第5期。

[②] 孙九霞、王学基:《民族文化"旅游域"多元舞台化建构——以三亚槟榔谷为例》,《思想战线》2015年第1期。

[③] 刘德鹏:《基于仪式展演理论的景颇族"目瑙纵歌"旅游化探析》,《云南地理环境研究》2010年第3期。

[④] 杨柳:《民族旅游发展中的展演机制研究——以贵州西江千户苗寨为例》,《湖北民族学院学报》(哲学社会科学版)2010年第4期。

形式缺少社会基础，以及神圣性的缺失与价值观念的分化导致展演缺少整体认同。①孙九霞等也以贵州省安顺市屯堡地戏和西藏自治区昌都市芒康县加达村巴玛巴典为例，解析了两种仪式展演空间产生的过程与特征，刻画了参与和影响仪式空间生产的社会关系，以仪式空间各个维度及空间生产的三元互动实践，来比较和呈现旅游发展对地方传统仪式变迁的影响。研究发现，传统仪式的空间是仪式主体社会关系织就的空间，其空间生产在本质上是社会关系与空间秩序"重构或调适"的过程；在旅游影响下的仪式空间生产中，空间表征与表征空间之间差异化的互动关系造就了仪式中差异化的空间实践。此外，仪式的空间生产隐含着对现代性消解的抵抗。②通过对旅游展演生产实践研究的追溯，可以发现旅游展演的案例研究对象是以民族仪式展演、节庆展演和歌舞表演为多数，案例地点也多集中在云南、贵州等民族地区，其研究视角主要是在符号生产、空间生产、文化表征、社会互动等方面，这在一定程度上有助于揭示旅游展演实践的内部生成性，也有利于从源头上解析旅游展演存在的一些问题及其原因。

2. 旅游展演的社会影响问题研究

关于旅游展演的社会影响问题研究，学者们的研究议题多集中在旅游展演反映出来的族群认同、社会协商、交流行为和身体实践等方面，以此凸显旅游展演自身所关联的社会意义与功能属性等问题。

一方面，有关旅游展演引发的族群认同问题。总体来说，大多数研究都发现旅游展演有助于增强东道主居民的族群认同意识，尤其是文化认同和社会认同，从而唤醒他们的文化自觉意识，促进正在消亡的传统

---

① 盖媛瑾：《传统节庆仪式：从民族村落公共文化空间到舞台化展演——以雷山县郎德上寨"招龙"仪式为例》，《贵州师范学院学报》2020年第4期。

② 孙九霞等：《旅游背景下传统仪式空间生产的三元互动实践》，《地理学报》2020年第8期。

文化重返舞台。赵红梅从族群认同角度出发，结合云南省丽江市古城区白沙乡在旅游场景中的文化展演案例，研究了旅游文化中的文化商品化现象、纳西族人的族群意识以及舞台"真实"与族群认同之内在关系，提出了在旅游情境下的"舞台真实"可被视为族群表达"自我"的某种方式，其内容并不特别重要，重要的是"主—客"间的边界存在性。[①]光映炯等借助对丽江东巴教圣地旅游舞台时空建构的过程展开，主张"通过游客的'看'与东巴的'被看'，文化的旅游展演有助于重构传统文化、重新确立东巴的现代社会身份、强化文化认同与社会认同"[②]。彭莉以云南民族村为例，认为民族村"村民"是伴随云南民族旅游，从乡村到城市，从少数民族群体中派生出的代表其"民族身份"的"旅游民族"。这些"村民"在与世界各地的游客打交道的过程中，开始"自我审视"，开始重新认识和评价族群文化的价值，从而可以让"村民"的族群认同得到强化，文化自觉被唤醒，激发起他们将沉淀谷底甚至是消亡的民族文化搬上旅游的舞台。[③]吴炆佳等也在对西双版纳傣族园泼水节进行田野调查的基础上，创新性地引入了角色、认同等概念，对傣族园"天天泼水节"表演者在旅游场域中的角色认同与管理过程进行了研究，发现表演者存在自身角色内冲突和主客之间的角色间冲突，同时表演者角色认同受到经济利益的驱动，表演者的权力话语在与游客、开发商等其他角色互动的过程中处于弱势。[④]

---

① 赵红梅：《旅游情境下的文化展演与族群认同——以丽江白沙乡为例》，博士学位论文，厦门大学，2008年。
② 光映炯等：《旅游展演·行为实践·社会交流——以丽江玉水寨"东巴法会"为例》，《广西民族研究》2014年第8期。
③ 彭莉：《云南民族村"村民"的文化展演和族群认同研究》，博士学位论文，云南大学，2015年。
④ 吴炆佳等：《商品化民族节日中表演者的角色认同与管理——以西双版纳傣族园泼水节为例》，《旅游学刊》2015年第5期。

另一方面，旅游展演所蕴含的社会交往、关系互动、身体实践等内容。国内学者在这一方面的研究成果还较少，主要体现在新兴的身体实践视角下的旅游展演考察。光映炯等通过对东巴法会仪式展演过程中行为实践与社会意义的调查，将云南省丽江市玉龙县玉水寨东巴法会仪式的生产过程解读为传统文化的再造与展演，认为现代"旅游展演"被形塑成一种现代仪式与社会记忆而具有大众旅游时代的文化表征性。此外，在旅游场域社会关系网中建构起一套"音声—行为—交流"舞台化呈现的活态机制具有深层的社会内涵和现代意义，不仅透视出旅游社会生活的结构，也凸显出特定的社会关系及其互动方式。[①] 在身体实践方面，张文馨、叶文振以身体为出发点考察了广西L实景演出剧场中女性表演者的社会形塑过程，认为女性表演者身体在市场的性别化消费逻辑下，经由组织制度化的时空运作以及组织中的身体规训而被形塑，成了具有消费性、生产性以及民族文化性的身体，从而揭示旅游演艺将民族文化化约为隐匿在其背后的传统性别秩序与社会性别角色。[②] 来自海外的学者朱煜杰探讨了作为仪式实践者的东巴如何看待其在中国丽江纳西喜院婚礼庆典中的真实性问题，创新性地提出了"表演性真实"这一概念，认为"整合了外在世界的仪式表演引发了表演性真实体验，并提供了一种对记忆、习惯与身体化实践之间关联的深度理解"，从而鼓励人们更多地关注个体与身体化实践之间的互动关系。[③] 此外，王敏等以广东省汕头市澄海区上社村传统节庆活动为例，采用人文地理学视觉量化的研究方法，发现身体所能感受和分享的节庆情感能够作用于地方

[①] 光映炯等：《旅游展演·行为实践·社会交流——以丽江玉水寨"东巴法会"为例》，《广西民族研究》2014年第8期。

[②] 张文馨、叶文振：《旅游地女性表演者身体的社会形塑——基于广西L演出剧场的考察》，《妇女研究论丛》2014年第3期。

[③] [澳]朱煜杰：《表演遗产：旅游中真实性地再思考》，邵媛媛译，《西南民族大学学报》（人文社会科学版）2015年第6期。

共同感和认同的建构,而持续的身体参与是展演化的传统节庆活动得以不断再生产和保持强盛生命力的关键。① 冯智明以广西壮族自治区桂林市龙胜县瑶族"六月六"晒衣节为中心,从"凝视"的角度认为红瑶女性的身体在旅游场域中成了一道展演性文化景观。在地方、企业、摄友、游客等多重力量"凝视"下,红瑶女性的身体形象及其表征被规训和重构为一个想象的"原生态"他者符号,而传统身体观和信仰正在失落。与此同时,红瑶人面对各方"凝视"也不是完全被动,而是积极地进行文化调适和重构,策略性地扮演新的社会角色和实现新的个人价值。因此,身体展演参与过程反映了"旅游凝视"这一社会建构和权力话语实践。②

3. 旅游展演的文化影响问题研究

旅游展演对传统文化,尤其是民族传统文化的影响,其实是属于"旅游开发与文化保护传承"这一对主要矛盾的具体体现。目前有关旅游展演的研究,大多都侧重于对这一方向的热烈讨论,通过对旅游展演生产过程的分析,包括以"符号""借用""重构""再生产"等手段使得旅游目的地发生了文化变迁、异化、失真等问题,表现出了学者们关于旅游展演对文化保护与传承的负面影响之担忧图景。但是,随着旅游展演的不断兴起以及它所产生的正面效应,有关旅游展演能够促进文化保护与传承的观点也不断出现。持正面影响言论的学者们普遍认为,通过旅游展演,可以激励东道主对文化遗产的保护意识,传统文化可在一定程度上得以再现、复兴和创新,从而产生出"活态保护"的效用。在经过了正、负两种向度的观点争论之后,人们逐渐认识到旅游展演自

---

① 王敏等:《传统节庆、身体与展演空间——基于人文地理学视觉量化方法的研究》,《地理学报》2017年第4期。

② 冯智明:《"凝视"他者与女性身体展演——以广西龙胜瑶族"六月六"晒衣节为中心》,《民族艺术》2018年第1期。

身所具有的复杂、深远的多重社会文化效应，最终形成了对旅游展演产生的"双刃剑"综合效应的客观认知。

　　旅游展演对目的地传统文化的影响，最初主要集中在旅游展演折射出来的"文化商品化与真实性""舞台真实性""文化变迁"等方面，表现出对于旅游展演语境中的传统文化失真、内涵欠缺等问题的担忧。孙九霞发现"旅游域"改变了族群文化的存续原则，割裂了民族演员的族群认同，造成族群文化的移植，从而对族群原生地的民族文化传承产生了深远的影响。① 杨杰宏通过对丽江东巴文化多元互动中的旅游展演与民俗变异的概括性分析，指出大批量复制生产、规模化经营文化差异时，会造成东巴文化的同质化，从而消减了传统文化的特质性，使东巴文化的民俗功能呈现出世俗化、展演化、碎片化、庸俗化、城镇化等变异事实。② 孙立青以贵州省黔东南州从江县小黄侗寨侗族大歌为个案，分别从游客和旅游地间生态文化背景差异、旅游地旅游展演水平不足等方面分析侗族大歌在旅游展演过程中出现的文化折扣现象，包括旅游展演形式上的变异、展演内容重点的错位、情感表达的弱化、功能意义阐述的欠缺和生态文化背景的忽略等弊端，其分析视角是基于游客对民族传统文化的理解效应这一角度，重点关注旅游展演引发的负面影响。③ 郑佳佳则从景观标识的角度对云南元阳哈尼梯田中文化展演的程式化、经济成本及其对地方文化神圣性的消解等问题进行了批判性思考，提出在此过程中，内外人群的关系和互动理应得到搭建与增强，方可充分发挥展演的预期功能。④

---

① 孙九霞：《族群文化的移植："旅游域"视角下的解读》，《思想战线》2009年第4期。
② 杨杰宏：《多元互动中的旅游展演与民俗变异——以丽江东巴文化为例》，《民俗研究》2013年第2期。
③ 孙立青：《侗族大歌旅游展演中的文化折扣研究——以黔东南州小黄侗寨侗族大歌为个案》，硕士学位论文，吉首大学，2018年。
④ 郑佳佳：《哈尼梯田景观标识的人类学研究》，博士学位论文，云南大学，2018年。

但是，随着旅游展演正面效应在现实中的发挥，越来越多的学者开始转变之前只注重展演负面影响的思维，转而对旅游展演的积极作用给予了肯定和支持。此时，"商品化已不再是一个传统上的贬义词，而是一个被赋予了新的经济、文化内涵和值得反思的新名词"。① 赵树冈以湘西为例，进一步重新反思在全球化旅游产业发展下的文化商品化与文化展演问题，主张透过不同形式展演的文化和族群长期磨合产生的共识，可帮助防止地方文化的消解。② 孙九霞、王学基通过对海南省三亚市槟榔谷原生态黎苗文化旅游区的案例研究，从全域及多元的思维结构出发，侧重于对民族文化旅游地"舞台化"特征的整体式勾描，以"多元""互动""能动"等角度对民族传统文化的舞台化和商业化问题给予了肯定式回复。③ 和爱红认为云南省迪庆州香格里拉县"藏族家访"以狂欢展演的方式获得了经济价值实现与文化意义拓展的空间，并衍生和编排了新的文化符号与意义，构建了新的社会关系。特别地，藏族家访表达了其展演类文化符号意义及符号嬗变过程，也有利于族际间文化交流平台的搭建。④ 方昌敢在对少数民族节庆旅游表演性的研究中，认为"在旅游的影响下，民族节庆中的东道主对文化进行舞台化的创作、加工及改编，赋予文化具有表演性，使其更适合在舞台上进行表演"，而且，"在这样的表演性文化下，传统文化更加适合表演和传播，也更易于外来的他者理解和体验"⑤。谢冰雪、胡旭艳针对四川省绵阳市平武县王朗白马生态旅游区的发展现状，认为仅从"舞台真

---

① 张晓萍等：《从经济资本到文化资本和社会资本——对民族旅游文化商品化的再认识》，《旅游研究》2009年第1期。
② 赵树冈：《文化展演与游移的边界：以湘西为例》，《广西民族大学学报》（哲学社会科学版）2014年第6期。
③ 孙九霞、王学基：《民族文化"旅游域"多元舞台化建构——以三亚槟榔谷为例》，《思想战线》2015年第1期。
④ 和爱红：《香格里拉"藏民家访"研究》，博士学位论文，云南大学，2016年。
⑤ 方昌敢：《少数民族节庆旅游表演性研究》，博士学位论文，华南理工大学，2009年。

实"理论角度出发来认识文化展演、文化商品化等现象，容易放大旅游开发与民族文化之间的矛盾。因此，应在利用民族文化经济价值的同时，更注重其文化的表达和实践，包括文化展演形式的运用。①

在此基础上，通过分析旅游展演对目的地传统文化的影响效应，学界进一步开始探究"旅游展演是否有利于帮助实现文化保护与传承"这一现实问题，并从不同的角度对此进行了探讨。吴忠才最早从舞台化的文化对旅游活动中文化的舞台表演性与真实性进行了研究，认为在旅游业发展现阶段，建立前台文化表演是符合现实需要的，这意味着对后台的保护，避免了大众旅游对文化的破坏。②徐赣丽通过对世界各地遗产保护和旅游开发的实践来看，认为通过旅游展演实现文化保护是有可能的，其理由如下。第一，市场经济背景下的民间艺术展演等旅游开发形式，有助于恢复和保护一些已经濒临灭绝的文化遗产。第二，文化遗产的保护不是指完全不变地保存其原有状态，而主要是保护其核心和精髓，运用展演方式，象征性地传达其意义，有可能使文化遗产在创新中得到延续。第三，联合国教科文组织关于文化遗产的评价标准之一，是对有关的群体发挥文化和社会的现实作用，因此，通过旅游展演而保护遗产的努力，也应以此为依据。③田里、光映炯以纳西族东巴文化为例，通过对三个案例点的实地调查说明了旅游展演与活态保护之间存在着特定的互动关系，且基于旅游开发的不同程度及旅游展演的类型差异产生的活态保护效应也不同，从而提出"生境—空间—仪式—物—人"的保护机制构建思路。④

---

① 谢冰雪、胡旭艳：《"舞台真实"理论在民族旅游文化保护策略中的运用误区——基于对"前台、帷幕、后台"开发模式的反思》，《云南社会科学》2019年第4期。
② 吴忠才：《旅游活动中文化的真实性与表演性研究》，《旅游科学》2002年第2期。
③ 徐赣丽：《体验经济时代的节日遗产旅游：问题与经验》，《青海社会科学》2014年第5期。
④ 田里、光映炯：《旅游展演与活态保护的互动与发展路径——以云南纳西族东巴文化为例》，《广东社会科学》2015年第5期。

与此同时，彭莉以云南民族村为例，认为民族村"村民"文化展演对民族文化的保护传承是有帮助的，甚至是表现出某种优势和潜力。① 而谢菲从音乐人类学的角度出发，认为在旅游逐渐成为一种生活方式的发展趋势下，作为旅游景区舞台表演和民族村寨展现自我的文化形式，对民族传统音乐的旅游化生存不置可否。特别是在民族传统音乐生存空间日益局促的背景下，只有构建教育化传承与旅游市场化对接的全链条保护模式，才能重新激发民族传统音乐的活力与魅力。② 另一方面，也有学者开始注意到民族传统文化在旅游化发展环境中的转型问题，并大力提倡民族文化的创造性转化和现代化走向。马振以土家族摆手舞为例，发现摆手舞作为演艺产品参与旅游发展之后，实现了自身作为非物质文化遗产的旅游生产性传承，出现了原有民间信仰制度性功能淡出、经济功能凸显、艺术制度功能创新突出、文化整合功能强化等特征。同时，舞蹈本身有简化、艺术化倾向，传承对象范围扩大，出现了新的传承主体法人传承，充分体现了旅游生产性传承的特点。③ 张晗以泸沽湖摩梭人家访为研究案例，对舞台展演视野下的摩梭人家访文化商品化问题进行具体调研，通过分析家访文化符号不同程度的商品化和主客互动视野下的情境营销与场景消费，提出"民族村寨文化旅游开发，应针对不同文化符号采取差别对待的方式，并制定差异性商品化开发策略，实现民族旅游开发与传统文化保护有机融合"的思路。④ 王佳以云南的众多旅游演艺产品为例，探讨了民族歌舞从传统走向现代的历程，为民族歌舞的

---

① 彭莉：《云南民族村"村民"的文化展演和族群认同研究》，博士学位论文，云南大学，2015年。

② 谢菲：《民族传统音乐旅游化生存构建与运作——以广西七玄乐府项目为例》，《民族音乐》2016年第5期。

③ 马振：《旅游对舞蹈类非物质文化遗产传承的影响——以土家摆手舞为例》，《中南民族大学学报》（人文社会科学版）2018年第5期。

④ 张晗：《舞台展演视野下泸沽湖摩梭家访文化商品化研究》，硕士学位论文，四川师范大学，2019年。

现代化走向为民族文化的现代存续问题提供了思考的视角，提出在全球文化多元化格局形成的今天，民族文化自觉是民族文化存续和发展的目标和路径，文化生态环境的建设、公共文化体系的形成和文化生产、消费等为民族文化的现代建构提供了空间和途径。[①]

第二节　国外相关研究述评

国外对旅游文化展演的研究，始于20世纪六七十年代，主要从人类学、民俗学、文化学等学科视角入手，对其与旅游地的文化商品化、文化真实性、主客关系、权力政治、游客体验以及相关的社会意义方面等进行了多维度研究。

一　旅游文化展演中的"真实性"问题

自美国人类学家麦坎内尔（MacCannell）提出著名的"舞台化真实"概念以来，[②] 学者们多借真实性视野探析旅游表演中的文化内涵及与旅游地民族传统文化的内在关系，以此深化旅游对东道主目的地的社会文化影响研究。丹尼尔（Daniel）通过对美洲、大洋洲、加勒比海岸和非洲的原住民传统舞蹈表演的跨文化研究，尤其是对其中海地和古巴的实地调查分析，基于表演者和游客的体验角度认为旅游环境中的舞蹈表演仍然具有"真实性"和"创造性"。因为，旅游一方面可以为传统舞蹈的复制或再现提供机会；另一方面也能够为传统舞蹈的创造性实践提供时空便利。同时，在舞蹈表演中，从常规的"表演观看"到体验

[①] 王佳：《传统民族歌舞的现代走向——对云南峨山彝族花鼓舞及其他个案的理论考察》，博士学位论文，云南大学，2011年。

[②] MacCannell D., "Staged authenticity: Arrangements of social space in tourist settings", American Journal of sociology, Vol. 79, No. 3, 1973, p. 589.

式的"主客参与",表演展现出来的强度和能量也是不同的,这就使得表演者和游客常常能够亲身体验真实性,并同时表达真实性和创造性。① 与此类似的,苏比尔·K.科尔（Subir K. Kole）也在对美国夏威夷旅游业中塔希提语舞蹈的研究基础上,采用文化研究的阐释方法,从社会、历史和政治经济等宏观背景方面考察了东道主有意向游客展示身体和旅游舞蹈表演的过程,并在探讨旅游表演舞蹈的商品化以及多元化类型展示前提下,分析了舞蹈经由旅游表征所阐释的意义和话语,并表明这里的舞蹈表演在旅游环境中仍然富有创意和真实感。②

同时,朱煜杰还探讨了在中国丽江纳西族的婚礼仪式展演中,作为实践者的东巴人是如何感知自我文化的真实性的,以及重新思考了表演真实性问题。通过对东巴人的生活故事调查,指出东巴人的真实评价并不完全与接待的游客对象、社会建构的现实或存在的感觉有关,主要还是与仪式期间发生的事情有关。仪式表演与外部世界相结合,产生了真实性的表演体验,并加深了对记忆、习惯和具体实践之间联系的理解。于是,"成为"真实的动态过程揭示了展演主体和外部现实之间的互动关系。③ 而谢飞帆从真实性的角度探讨了旅游目的地原住民艺术表演的生命周期模型以及表现出来的文化生命周期特征,包括原始状态、日益增长的参与、情境适应、复兴和对变迁、保护或衰退的管理,认为真实性有助于理解和管理原住民艺术衰落、生存或变迁的那个复杂世界。④ 此外,沃尔特（Walter）考察了泰国一所烹饪学校是如何被制造成展演

---

① Daniel Y. P., "Tourism dance performances authenticity and creativity", *Annals of Tourism Research*, Vol. 23, No. 4, 1996, pp. 780–797.

② Subir K., "Kole, Dance, representation, and politics of bodies: 'thick description' of Tahitian dance in Hawai'ian tourism industry'", *Journal of Tourism and Cultural Change*, Vol. 8, No. 3, 2010, pp. 183–205.

③ Yujie Zhu, "Performing heritage: Rethinking authenticity in tourism", *Annals of tourism Research*, Vol. 39, No. 3, 2012, pp. 1495–1513.

④ Philip Feifan Xie, Bernard Lane, "A Life Cycle Model for Aboriginal Arts Performance in Tourism: Perspectives on Authenticity", *Journal of Sustainable Tourism*, Vol. 14, No. 6, Vol. 39, No. 3, 2012, pp. 545–561.

性的场所，以及其舞台化真实性和旅游真实体验又是怎样的。研究结果表明，该烹饪学校是被生产者精心设计专门用于满足各地游客的想象的。游客来到学校后，可以扮演多种角色，拥有丰富的感官体验，并感受到游戏感和时空超越感，陶醉于与东道主和其他游客的密切社会关系之中。这些因素都使他们能够体验现代主义和后现代主义真实性的多种形式。然而，该学校并不特别强调关于泰国的历史、地方或烹饪文化方面的专业知识，而是更倾向于旅游娱乐性，较少注重对游客进行正规的历史和文化教育。[1]

二 旅游展演与文化保护传承的关系

对于旅游展演是否能够促进地方传统文化的保护与传承这一问题，国外学者主要从最初对展演负面影响的批判到积极作用的肯定，再至正负两方面影响的客观评价。格林伍德（Greenwood）是其中较早就商品化对文化冲击展开系统讨论的学者。[2] 所谓的商品化，是指物或活动在贸易的脉络中，以交换价值为评价，物品因此成为货物，地方生活和仪式性等活动也成为需要费用的服务，物或活动的交换价值在已开发的交换体系中，根据价格形成市场。[3] 虽然礼物体系和贸易体系的分隔没有过去声称的那么明确，但在市场扩及全球的现代化时代，进入商品化的物或活动范围也在不断扩大。倘若是民族饰品或日常用品的商品化似乎无可厚非，但如格林伍德讨论西班牙巴司克（Basque）的展演

---

[1] Walter P., "Culinary tourism as living history: Staging, tourist performance and perceptions of authenticity in a Thai cooking school", *Journal of Heritage Tourism*, Vol. 12, No. 4, 2017, pp. 365 – 379.

[2] David J. Greenwood, "Culture by the Pound: An Anthropological Perspective on Tourism as Cultural Commoditization", in Valene L. Smith, eds., *Hosts and Guests (first edition)*, Philadelphia: Pennsylvania University Press, 1977, pp. 129 – 139.

[3] Arjun Appadurai, "Introduction: Commodities and the Politics of Value", *The Social Life of Things: Commodities in Cultural Perspective*, Cambridge: Cambridge University Press, 1986, p. 3.

(Alarde) 仪式，为了旅游，原本一天一次的仪式改为二次，最后连当地人都失去了参与仪式的动机，而仪式也逐渐丧失了原本的社会文化意义。

彼得·邓巴-哈尔（Peter Dunbar-Hall）通过对印尼巴厘岛专为游客设计的两个音乐舞蹈展演活动和本地的印度教庙会仪式展演进行多民族志的比较分析，发现游客是否能够进入展演区域是由当地文化政策和实践规定所限制的。通过这些环节，巴厘人实际上是区分了"为游客"和"为自己"的展演区域构建，在满足游客消费需求的同时确保了当地文化的完整性。与此同时，巴厘人还会利用旅游展演的反哺效应来保护和传承本地传统文化，且促进了文化艺术的创新和发展。[1] 塔奇曼·罗斯塔（Tuchman-Rosta）探讨了柬埔寨古典舞蹈在旅游业的影响下，如何从过去的神圣仪式到今天的娱乐类型这一变迁过程。特别是对于其中的晚宴舞蹈表演现象，作者在调查了数十年内战摧毁了暹粒艺术家群体之后当地有关暹粒艺术保护和发展之间的平衡性问题。结果表明，旅游表演既为舞者提供了一些经济上的稳定性，也剥夺了某些艺术形式的神圣方面，进而深入探讨了仪式表演艺术形式如何在保持社会意义的同时适应不断变化的环境这一根本性问题。[2] 另外，普拉达纳（Pradana）采用文化研究的视角，运用定性研究方法对印尼巴厘岛乌布皮影戏表演在旅游业环境中的变迁过程进行了研究，发现皮影戏表演对当地的旅游业具有经济、社会和文化方面的影响，具体表现在经济方面，体现了皮影戏的工具价值，增加了文化持有者的经济收入；社会方面是对同类竞

---

[1] Dunbar-Hall P., "Culture, tourism and cultural tourism: boundaries and frontiers in performances of Balinese music and dance", *Journal of Intercultural Studies*, Vol. 22, No. 2, 2001, pp. 173-187.

[2] Tuchman-Rosta C., "From Ritual form to tourist attraction: Negotiating the transformation of classical cambodian dance in a Changing World", *Asian Theatre Journal*, Vol. 31, No. 2, 2014, pp. 524-544.

争者的流行和身份有所影响以及文化方面，是对于旅游业中文化身份的保护、向游客进行文化宣传和传统文化的退化、融合等都有所影响。① 麦克唐纳（MacDonald）研究了遗产地文化保护区中的人们是如何生产和阐释现代灯塔保护的表演，提出"保存"是表现原生文化主体和建构文化记忆的另一种方式。同时，还通过对灯塔旅游实施战略性管理、活力维持和文化展演等实践活动来重新思考文化遗产中的旅游真实性问题。② 尼（Ni）通过对印尼巴厘岛戎贝诺瓦旅游景点中某一传统舞蹈的调查分析，从游客和东道主社区两个不同角度对其进行了感知态度的对比性研究，并采用审美、宗教和知识权力关系理论等进行分析，发现这一传统舞蹈之所以延续至今，是源于宗教、自我实现的意识形态和文化全球化时代的保护思想。③

三　旅游展演中的主客关系研究

旅游展演不仅对当地的传统文化产生了诸多影响，也使得旅游目的地的主客关系结构发生了变动，尤其是游客对展演活动的参与，更是推动当地主客关系变迁的一个新兴因素。艾登瑟（Edensor）从游客视角出发，以印度泰姬陵为案例地，探讨了游客参与舞台表演的过程、特点和方式，包括对"飞地"和"异构"空间的区分。结果表明，游客通常会在不同的"舞台式"旅游目的地上演一系列节目，其表演是根据他们各自不同的能力、参加表演的频率和被管理的程度等因素来区分

---

① Pradana G. Y. K., "Implications of commodified Parwa Shadow Puppet performance for tourism in Ubud, Bali", *Journal of Business on Hospitality and Tourism*, Vol. 4, No. 1, 2018, pp. 70 - 79.

② MacDonald S. M., "Sentinels by the sea: keeping as an alternative tourism performance", *Text and Performance Quarterly*, Vol. 38, No. 1 - 2, 2018, pp. 19 - 37.

③ Ni Made R. and GYK P., "The ideology behind Sesandaran Dance show in Bali", *J Sociology Soc Anth*, 2020, pp. 78 - 85.

的。整个研究是从游客表演的视角去探讨旅游行为方式的多样性及其生成性。① 焦瓦纳尔迪（Giovanardi）等以意大利著名的罗马尼亚沿海地区"粉红之夜"节庆活动为例，借助生态学的观点来重新审视节庆展演中的主客关系，认为节庆活动中东道主和游客的共同表演可以消解两者之间的二元对抗关系而演变为合作关系，从而阐明了旅游表演活动中复杂的主客互动机理，并认为旅游场所可因为表演而被动态地创造并随之"发生"。② 克伦丁（Clendinning）在分析印尼巴厘岛教育旅游留学项目的基础上，即外国人到印尼学习当地传统乐器、舞蹈和其他传统表演艺术等旅行活动，发现印尼作为东道主而做的课程设计和范围变化等应对行为，无形中改变了巴厘岛的艺术旅游业，也让外国留学生通过参加这种有意义的参与式表演活动而完成了对单纯游客角色的超越，改变了当地的主客关系结构。③ 此外，在旅游展演主客互动过程中也逐渐产生了各种话语及阐释的研究，包括如何协商和展示地方认同和国家认同④、文化表演过程中个人的力量，如何展示自我和社会等⑤以及权力控制、经济社会赋权等问题。⑥

四　旅游展演中的社会内涵研究

从旅游地文化展演所处的整个社会背景入手，对展演包含的多重政

---

① Edenser T., "Staging tourism: Tourists as performers", *Annals of Tourism Research*, Vol. 27, No. 2, 2000, pp. 322–344.

② Giovanardi M., Lucarelli A. and Decosta P. L. E., "Coperforming tourism places: The 'Pink Night' festival", *Annals of Tourism Research*, Vol. 44, 2014, pp. 102–115.

③ Clendinning E. "Learning in the 'Global Village': Performing Arts Edutourism in Bali, Indonesia", *Music cultures*, Vol. 43, No. 2, 2016, pp. 89–113.

④ Regina Bendix and Bendix R., "Tourism and Cultural Display: Inventing Tradition for Whom?", *Journal of American Folklore*, Vol. 4, 1988, p. 47.

⑤ Sarkissian Margaret., "Tradition, Tourism and the Cultural Show: Malaysia's Diversity on display", *Journal of Musicological Research*, Vol. 2, 1988, p. 21.

⑥ Ohn J., "Dalit Art Forms and Tourism Promotion: Case Study of They yam Dance", *Atna Journal of Tourism Studies*, Vol. 10, No. 2, 2015, pp. 1–15.

治、经济、社会、文化等目的进行揭示,认为文化展演的本质在于"它是一种被展示的交流行为,其中包含对空间、时间、意义各方面的妥协和协商"①,表现为一种"旅游现实主义"②。对于旅游点的文化表演,学者们渐渐地不再以"伪造的事件"来解释,而是转向了对表演互动过程中即时出现的多种真实交流的阐释。这些学者运用人类学、文化学等各种理论,指出旅游文化的表演实际上是对社会态度和社会协商的展示,围绕这些表演的各种话语展示了人们对于认同、政治和社会的态度,包括文化表演过程中的各方力量因素,如何体现时间和空间的社会建构性以及展演带来的竞争性和价值性等意义。

莫尔杜(Mordu)研究了英国的约克城古城墙中心,发现该中心是一个由游客、旅游经营商和当地人进行各种表演和竞争的空间。在此空间中,充斥着与"核心历史"相关的表演活动和背后隐藏的权力控制问题,以及众多表演团体之间的竞争性和价值性。与此同时,约克中心空间也是一个备受争议的空间。当地通过空间叙事、表演管理和空间调节等策略,会鼓励某些社会群体去消费它,但有些群体会受到叙事无力和社会排斥策略的影响。③ 对于表演者在旅游展演中的作用,国外一些学者认为表演者在协商决定"表演什么"的过程中扮演着积极参与的角色。④ 因此,旅游点的文化表演实际上展示了个人和集体对于文化和社会的观念。表演空间实际上是由表演者和参与者共同来赋予意义的,其意义通过表演得以展示,而这些表演是表演者和参与者协商的结果,

---

① Richard Bauman, "Verbal Art as Performance", *American Anthropologist*, Vol. 77, No. 2, 1975, pp. 290 - 311.

② Bruner E. M. and Kirshenblatt - Gimblett B., "Maasai on the Lawn: Tourist Realism in East Africa", *Cultural anthropology*, No. 4, 1994, p. 68.

③ Mordue T., "Tourism, performance and social exclusion in 'Olde York'", *Annals of Tourism Research*, Vol. 32, No. 1, 2005, pp. 179 - 198.

④ Kirshenblatt - Gimblett and Barbara, *Destination Culture: Tourism, Museums, and Heritage*, Berkeley: University of California Press, 1998, p. 57.

并受到旅游者、市场的可销售性、政治和社会制度等因素的影响。1994年，人类学家艾德华·布拉那（Edward Bruner）和民俗学家芭芭拉·科申布莱特-吉布丽特（Barbara Kirshenblatt-Gimblett）合写的文章《草坪上的马赛人：东部非洲的旅游现实主义》中，认为梅耶牧场的文化表演是一种"旅游现实主义"的产物，是真实的生活情境和表演者所遭遇的现实复杂性的产物。同时，对"旅游建构中个人的力量"进行了讨论，包括围绕着旅游表演过程的各种话语，影响表演的社会和政治力量等,[①] 体现出一种建构主义与现实主义的研究范式。

此外，从民族主义视角去透视国家主办的旅游文化展演，成为旅游展演社会实践研究的另一个重要方向。玛格丽特·萨克西安（Margaret Sarkissian）认为，通过文化表演的形式来公开展示民族认同，已成为一个新近被建构起来的"文类"。她围绕马来西亚的旅游文化展演，提出文化演出作为一个已被认可的空间，变成了一个更广大的公众论坛，它超越了旅游景点的地域而变成一个国家的"战场"，在这个战场上，意义被论证，认同被协商。另外，表演不仅是给外来人（包括旅游者和访问者）看的，也是导向自我的，表达着表演者对于多元文化的赞同与否。[②] 至于"个人表演是如何展示和协商对自我和社会观念"的，还有学者继续关注"展示的中介，即人们是如何通过复杂的协商和传统的生产来协商、阐释和展示那些展品以及各种认同的"，[③] 而人类学家路易莎·沈（Louisa Schein）主要关注在中国西南地区的苗族人中的个人力量与表演自我的观念。她提醒我们，"展现是选择性的"，这一观点与

---

① Bruner, E, M. and Barbara Kirshenblatt-Gimblett B., "Massai On the Lawn: Tourist Realism in East Afirca", *Cultural Anthropology*, Vol. 9, No. 4, 1994, pp. 435–470.

② Sarkissian Margaret, "Tradition, Tourism, and the Cultural Show: Malaysia's Diversity on Display", *The Journal of Musicological Research*, Vol. 17, No. 2, 1998, pp. 87–112.

③ Kirshenblatt-Gimblett and Barbara, *Destination Culture: Tourism, Museums, and Heritage*, Berkeley: University of California Press, 1998.

雷蒙德·威廉姆斯（Raymond Williams）的"选择性的传统"概念相呼应，主张人们塑造了自己的过去和现在，且这个选择性的过程在社会和文化的阐释和识别中具有非常强大的作用。因为传统是一种建构"选择性的过去"的手段，所以，"在这个意义上说，传统是当前社会和文化组织的一个方面"。①

综上，国内外研究成果为本书提供了理论借鉴和逻辑起点，其研究内容多集中在旅游展演的社会文化影响方面，包括文化的商品化和真实性、游客体验与主客互动、族群认同与意识形态、权力资本与社会内涵等。但是，有关旅游展演对于目的地传统文化的影响，其阐释角度仍大多停留于就"展演"本身来论文化的保护与传承问题，却较少就"展演所处的社会发展语境"和"展演主体的社会性成长"来思考文化保护与传承问题，研究逻辑较静态、单一、封闭。同时，在研究视角上，已有成果侧重于展演的"舞台化""商品化""真实性"等人类学视角，缺乏对展演实践的"主体性""关系性""公共性"等社会学、民族学、政治学多学科视角分析。因此，本书尝试从少数民族村寨的旅游文化展演入手，系统深入地研究旅游展演在全球化和现代旅游消费浪潮裹挟下的实践逻辑，以及实践过程中映射出来的社会关系和结构作用，并在此基础上进一步探讨旅游展演实践对民族传统文化结构的影响机理，包括文化再现、创新、保护与传承等方面的内容，力图从旅游展演面临的内部和外部结构要素以及要素关系来探索如何合理利用旅游展演在民族传统文化保护与传承中的正面效应，争取从公共性角度对我国民族文化发展政策进行更为深入的思考和批判，以寻求我国民族文化保护与传承工作有效开展的调控策略与相关措施。

---

① ［美］杰茜卡·安德森·特纳（Jessica Anderson Turner），《旅游景点的文化表演之研究》，杨利惠译，《民族艺术》2004年第3期。

第三节 相关的理论基础

一 日常生活理论

日常生活是人的一切活动得以开展的前提，这是人类文化的起点。19世纪末20世纪初，许多理论家开始关注"日常生活"，形成对传统哲学形而上学中将"理性"领域与"经验"领域分裂开来这一做法的挑战和对抗。19世纪末以后，传统的形而上学和本体论逐渐式微，无论是在哲学领域还是在科学领域，西方理论模式都开始从理论转向实践，从超验转向经验。在此基础上，马克思认为哲学的目的不在于解释世界而是改变世界，于是，"日常生活"这一原来被哲学忽视的领域也逐渐引起思想家的兴趣，"日常生活理论"也就在哲学、社会学、文化学等各个不同学科得以受到重视。1947年，亨利·列斐伏尔（Henri Lefebvre）发表《日常生活批判》一书，首次将"日常生活理论"在哲学中正式推出。随后，胡塞尔的现象学、维特根斯坦的语言哲学、海德格尔的存在主义、许茨的生活世界理论和哈贝马斯的西方马克思主义等理论集中对生活世界的意义、人的存在状态以及现代异化状态的克服进行讨论，表现出对日常生活异化的批判型模式。20世纪70年代之后，英国文化研究"抵抗"的日常生活理论逐渐兴起并成为其主导范式。相比之前的批判性研究，文化研究的日常生活理论已经从原来的异化控制论走向了反抗控制的"抵抗论"，这主要源于英国的雷蒙·威廉斯将"文化"定义为"生活方式"之后，许多文化研究者不再希望从其他领域寻找超越日常生活的力量，而是从日常生活自身中寻找反抗"异化"的可能性，其影响至今仍然很大。①

---

① 张道建：《异化与抵抗：西方"日常生活理论"的两种路径》，《湖北社会科学》2018年第7期。

英国文化研究的"日常生活"研究是具体的、真实的生存空间，是分类式的、场域式的日常生活研究，从大的方面上讲是"分层"的日常生活，从小的方面讲又可以进一步分层或对人群进行划分。这种研究方式直接面对"日常生活"并从其"内部"进行观察和研究。正如对于"日常生活"的定义，马克思从历史唯物主义的角度阐释了日常生活的基础性地位，"人们为了能够'创造历史'，必须能够生活。但是为了生活，首先就需要吃喝住穿以及其他一些东西"。[①] 吉登斯的研究进一步丰富了日常生活的基本特征。他认为，"日常"这个词本身就意味着社会生活在时空的无限延展过程中不可避免的例行化特征，这种日复一日的单调重复特征，正是社会生活循环往复的特征的实质根基。而阿格妮丝·赫勒（A. Heller）在《日常生活》一书中将"日常生活"定义为"那些同时使社会再生产成为可能的个体再生产要素的集合"。也就是说，所谓日常生活所有活动都主要指向了"维持个体生存"和"再生产"这两个最关键的维度。于是，在这里，日常生活的实质就是利益、权力和知识的问题。利益是社会行动的明确或潜在的目标和基础；权力是生产、控制和争夺利益的力量差异，这一力量差异是广义的知识的现实化的产物，并且总是围绕利益的不平衡而形成的。知识是由权力内在地加以建构的合法性和技术性的文化因素，它不可避免地与利益彼此纠缠、相互作用。因此，"日常生活是社会生活中对于社会行动者或行动者群体而言具有高度的熟悉性和重复性的实践活动，是一切社会生活的社会历史性的基础、人们的日常生活及隐藏在其背后的心态、动机等长时段的、结构性的东西，才是解读社会、政治、历史等要素发展变迁的决定性力量"。[②] 于是，日常生活的重要性被再一次置于表面

---

① 《马克思恩格斯文集》第1卷，中共中央马克思恩格斯列宁斯大林著作编译书编译，人民出版社2009年版，第236页。
② 郑震：《论日常生活》，《社会学研究》2013年第1期。

之上，成为"显性"的存在，以"日常生活"为题的文化研究也日益增多，这些研究都更加具体和微观，注重探讨"日常生活"和各种"文化现象"之间的关系，也包括背后隐藏的社会、政治、经济等宏观问题以及各类与文化研究紧密相连的媒介、身份、娱乐、社区等微观现象。

二 旅游凝视理论

"凝视"，最初是心理术语，拉康将其应用到哲学研究中，建构了人的自我镜像与自我认同的关联。后来在西方资本主义社会发展过程中，更多是一个与权力、规训、监控等相关联的社会情境性概念，而非仅指视觉上的"观看"。首先，是福柯在精神诊疗学和临床医学实践中对"医学凝视"概念的提出。在医学凝视中，医生对病人的诊断、治疗和凝视，代表了一种知识和权力，"它不再是随便任何一个观察者的目视，而是一种得到某种制度支持和肯定的医生的目视"[1]，医生凝视背后的知识权力，其实是来自社会规训和控制，是社会组织化和社会系统化本质特征的反映。其次，福柯继续提到，在这一涉及权力建构的"凝视"现象中，人类身体首当其冲。如果将社会比作"全景敞视"监狱，那么对人和身体进行无所不在的监控，则是现代资本主义社会的重要政治规训技术。因此，以"身体—知识—权力"命题的身体政治学被提出，并认为社会中无处不充斥着文化、强权和意识形态对身体的统治、规训和监管。[2] 在此基础上，约翰·厄里（John Urry）将这一凝视内涵引入旅游研究领域中，针对旅游目的地的东道主与游客之间的二元

---

[1] ［法］米歇尔·福柯：《临床医学的诞生》，刘北成译，译林出版社2011年版，第97—98页。
[2] ［法］米歇尔·福柯：《规训与惩罚》，刘北成、杨远婴译，生活·读书·新知三联书店1999年版，第349页。

关系提出了"旅游凝视"概念。这一概念表现出视觉上的优先性，认为旅游凝视是因为游客所处的日常生活世界与旅行世界之间的差异性而被建构起来的，它代表了以游客群体为代表的资本权力和消费优势，并表现出游客对旅游地东道主的一种隐性权力的展现，从而包含着游客对东道主社会的符号化过程和一种不平等的作用力。① 对此，达亚·毛茨也提出了"地方凝视"和"双向凝视"概念，借此强调地方反向凝视和旅游目的地的主客双向互动，② 以此作为对厄里单向度的"旅游凝视"的补充和完善。

尽管厄里的"旅游凝视"让我们对旅游中的主客关系有了更深刻的认识，但是因为它本身具有的视觉性、静态化、单向度等缺点而使得当它面对主体—客体、自然—文化、身体—思想这类二元本质性议题时仍显得较为无力，难以对其进行真正超越。另外，却由此催生出对身体、感知、空间转向等新议题的思考。在旅游凝视下，游客的观看、摄影、体验行为和东道主的舞蹈艺术、手工技艺等文化展演都表现为"身体化"的行为，凝视与身体的关系被自然地关联在一起。对此，厄里在他2002年再版的《旅游凝视》中，新增了"全球化凝视"一章，用以应对学界对"旅游凝视"理论的批评。他认为旅行实质上可称为一种"身体旅行"，而"旅游凝视"也总是涉及身体之间的关系，包括游客身体感官与社会关系，身体展示和表演的"景观的肉体性"关系。③ 目前，有关旅游中身体与凝视关系的研究，主要集中在三个方面。一是旅游摄影与认同。摄影是旅游的伴生物，镜头下的"旅游凝视"有助于

---

① [英]约翰·厄里：《游客凝视》，杨慧等译，广西师范大学出版社2009年版，第2页。
② Maoz D., "The mutual gaze", *ournal of Travel Research*, Vol. 33, No. 1, 2006, pp. 221-239.
③ [英]约翰·厄里：《游客凝视》，杨慧等译，广西师范大学出版社2009年版，第209—215页。

实现自我叙述与自我认同，而作为被旅游凝视对象的东道主居民也会给出"地方凝视"的回应，并通过"自我舞台化"来向游客展现他们希望看到的"原生态"身体姿态和民族服饰，从而获得旅游市场。二是将旅游凝视中的视觉体验扩展到旅游实践中的多重身体感官体验与展现，涉及视觉、听觉、触觉、味觉等不同的个体身体体验，包括游客在参与歌舞活动体验中的身体使用与感知等方面。三是从性别和符号的角度来对旅游中的女性身体符号化、消费化、性欲化等"凝视"行为进行批判，并开始关注旅游歌舞活动中女性表演者身体符号的构建与身体的规训、感知。① 综上，"旅游凝视"理论不仅有助于我们更深刻地理解旅游目的地东道主与游客之间的关系内涵，也因自身所包含的权力性、建构性和不对等作用力等社会情境性话语而与身体发生自然关联，让身体成为联结主体与客体二元对立区隔的桥梁，也通过身体媒介及其感知去关注旅游目的地的表演呈现行为，从而成为旅游理论研究中的新趋势，也成为我们研究旅游展演实践及其相关文化问题的一个新的理论方向。

三 身体民俗学理论

身体民俗学理论，主要来自民俗学学科范畴，最早是由美国民俗学家凯瑟琳·扬（Katharine Young）在 20 世纪 80 年代末提出和界定的。从研究范式来看，该理论是对原民俗学中以文本为中心的学科视角的拓展，即以前常将传统民俗文化视为"文本"加以分析，而现在转向对文本的使用者——民俗的传承者的身体进行分析，将身体当作整个文化传统传承中的一个有机组成部分来研究。依照这一观点，身体是承载和

---

① 冯智明：《"凝视"他者与女性身体展演——以广西龙胜瑶族"六月六"晒衣节为中心》，《民族艺术》2018 年第 1 期。

记录着文化，并向我们展示着信仰、象征、认知体系是如何通过身体被构建的，与此同时，身体也不断地被赋予社会意义和特征，印证着我们作为社会成员的身份认同。因此，身体民俗常常指以人体作为生理、心理以及文化和社会的聚合体所形成的民俗。

身体民俗这一概念，从广义上说，可以从哲学、宗教、社会、心理等多个学科角度去将身体分别视为主体和客体来研究。在历史和社会意义上，身体常被作为特定文化的载体、表现以及传承来认识。从人类交际的角度，可以将身体当作交流的媒介、生活意义的网络节点来研究，甚至是作为亚语言（即身体语言，如姿态和表情等）来理解人类如何在交际中构建意义。同时，与身体相关的各种身体变形、装饰及讲究等方面又构成民俗传统的重要组成部分。在此基础上，将身体作为民俗传承的一个主体，对民俗学研究和身体研究都做出了独特的贡献，不仅包括身体是如何被写入文化传统，如何构成文化话语，如何在这些进程中展演身体本身以及人的身体与社会（组织机构的）机体的关系等问题，也涉及美学意义下的身体审美形式、社会学意义下的身体展演情况以及身体形象和自我认同、群体认同的关系等重要内容。

一般而言，民俗学研究的核心是认同，即个体与群体如何通过日常生活实践重构和维系个体认同、群体认同、文化认同。因此，身体民俗学可以看作民俗认同的符合表象，反映的是特定文化中的文化价值观，并包含着特定时代与社会环境的印记，以及意识形态[①]。因此，对身体民俗的研究，一方面，可以"由表及里"地开始，先界定和分类身体表面的"符号"与"语言"，包括服饰、文身、体型、化妆、首饰佩戴和各种身体改造活动等，这些都体现着特定的传统和群体认同符号。同

---

① 张举文：《民俗认同是日常生活与人文研究的核心》，《文化遗产》2021年第1期

时，可以"由里向外"地研究，借助心理分析或认知科学等方法，利用自我、形象、心理镜像、认同等概念进行深入研究，从而获得文化的深层次结果和表现。另一方面，从"身体叙事"的角度来看待身体，将身体视为民俗实践的表现方式和民俗传承媒介，以文化的历史与实践为基础，去分析人体感官与民俗、性别、社会地位等问题。与此同时，对身体民俗的研究还应该借助跨学科的视野，基于特定的文化，通过对身体的构建、解构与重构来揭示身体作为"主体"与"客体"的不同文化意义。综上，从"体知"实践的角度来看，我们可以借助身体民俗学理论来考察身体如何被文化刻写，文化又是怎样被身体形塑，从而探讨民俗生活内在的、丰富的身体内涵以及文化独特的身体观念与现实。[①]

四 情感社会学理论

情感社会学，作为一门新的社会学学科是在20世纪70年代末80年代初出现的。在情感社会学出现之前，实证方法的运用和理性行为的研究是社会学的重要领域，其特点是将多元化的人原子化、同质化，将丰满完整的人性量化为枯燥、机械的数字，消解了人的生活意义，造成了精神世界的崩塌。理性主义更强调人的功利性和算计性，却忽视了人的价值性和自由性，使得物质主义单向度膨胀起来。人性走向自我解构、走向极端，则会引发公共利益和社会伦理的危机。因此，我们有必要对理性主义进行反思和批判，确立和构建情感社会学的重要地位和价值。

17世纪，随着西方资本主义的兴起，科学技术的发展使得理性得

---

① 张举文：《民俗研究视域下的身体与性别民俗实践》，《中国传统文化研究》2021年第8期。

以张扬，理性成为现代性的代名词。然而，社会有机体并不是单向度发展的，日常生活与现代性相互回应。情感在社会日常生活中找回了自己的位置，并抵制理性对日常生活领域的侵蚀。因此，现代意义上的理性与情感，已成为社会二元结构中的一道景观："理性"代表着知识、效率、产品、竞争、自由的资本流动、严密的科层组织以及尖端的科技。相对而言，"情感"代表理想、美感、仁爱、团结、休闲、平等的交往活动，以及和睦的社区家园、传统的文化等，为人们提供内心需求中稳定的一面。从社会结构和谐稳定的角度看，越是理性化的社会，就越需要情感来润滑。但是，在现代社会中，出现了理性与情感的悖论，现代社会工具理性的僭越，使得传统的价值、情感、精神、意志等非理性因素越来越重地被挤压和控制。真、善、美等价值领域的分裂和科学、道德、艺术这些文化领域的分割，其根源是现代性内在的矛盾性以及现代性与传统性之间的冲突。随着现代社会的快速发展，现代性成为流动的，而流动中最显著的变化就是现代性的转型。为适应现代性的转型，社会学的主流也相应地发生转向。如果说传统的现代性是一种只注重经济发展的现代性，它破坏了人与自然的平衡，忽略了人的内在心灵的意义，那么，新型现代性则是对传统现代性的超越，它倡导扶贫济困、保护环境、维护和平、保障民主等，强调以人为本，追求人与自然、人与社会的和谐，而支撑这种现代性的理念，就表现为一种社会情感主义。因此，情感问题作为一个社会学的基本内容被凸显出来，对情感的研究则给社会学注入了新的活力。为了应对全球化带来的社会现实的根本变化，当代社会学有必要把情感纳入主流社会学的视野之中，从而让情感社会学成为社会学发展中一个新的亮点和趋势。

情感社会学是探索情感现象、情感行动与社会协调发展规律的一门应用社会学。它将社会层面现象的情感作为研究对象，如群体情感、民族情感、家庭情感等，其研究重点在于情感的社会属性，并把个体情感放置于社会系统中来研究。究其根源，情感社会学的基本问题是由个人与社会、行动与结构、主观与客观、秩序与变迁、微观与宏观等社会学中一系列相关联的基本问题而衍生的，源自对人与人性、社会与社区、互动与自我等基本概念的不同理解。总体而言，情感社会学，其思想基础是社会情感与社会发展紧密相关。换言之，社会秩序由社会行动造成，而社会情感是社会行动的直接动力，是社会团结的重要纽带。在情感社会学中，共属情感构成了社会学分析"社会"的特殊视点，即"由于人与人之间持续的相互行动的积累，形成了一种社会关系体系，在他们之间存在着内外区别的共属情感"。[1] 共属情感源于特定的情感互动情境，只有当个体相互作用时，每个人都根据别人的情感行为来调整自己的情感行为，而这些情感行为都要通过符号来表达，从而创造出不同的意义，被个人主观阐释、理解，然后做出相应的情感反应。在此过程中，情感互动主体扮演着一定的社会情感角色，是情感社会化的自我。情感互动的情境是社会性的共同情感经验领域，这种情境为情感角色的领会和情感体验提供了感受的源泉，使得情感意义成为情感互动的信息焦点。整个情感互动过程说明，情感意义是在人与人互动的过程中产生和改变的，情感生活和情感社会的现实由人们自己构建。所以，情感是社会行动的直接动力，情感秩序是社会秩序的基础。情感虽然是人的自我感受，但情感是在社会互动关系中被体验到的，情感的形成与培养是一个社会化与制度化的过程。[2]

---

[1] ［日］富永健一：《社会学原理》，严立贤等译，社会科学文献出版社1992年版，第1页。

[2] 郭景萍：《情感社会学：理论·历史·现实》，上海三联书店2008年版，第60页。

第三章　身体展演：旅游展演的生成与民族文化重构

第一节　族群的身体现实需求与民族文化优势

一　村民身体的谋生需求与民族文化流失

毫无疑问，对于任何群体而言，首要任务是满足自身的生存与发展的工具性需求，即身体的谋生需求。在当代社会，由于经济快速发展和社会高速运转，任何人都无法摆脱利用身体来满足日常生活需求的依赖，即对任何社会群体而言，在其与身体之间，往往会不可避免地发展成为一种工具性关系，致使身体是实现目的的手段。[①]

历史上，拉祜族长期处于部落制，土地公有，没有贫富差别和剥削，过着族内婚制的大家庭公社生活。明代以后，随着土司制度的产生，迁入澜沧的拉祜族一直处于傣族土司的统治下，其首领成为傣族统治的工具。明末清初，拉祜族的社会经济已从游耕经济向农耕经济转变，形成封建领主经济。一直到中华人民共和国成立之前，澜沧县内大部分地区已基本进入封建社会，封建领主经济仍占有相当的成分。1949

[①] 罗峰：《身体、空间与关系：大都市底层群体日常生活政治研究——以上海为例》，博士学位论文，华东师范大学，2014年，第72页。

年中华人民共和国成立之后,拉祜族农民摆脱了封建剥削压迫,走上了农业互助合作道路。改革开放以后,随着生产技术的逐步提高,拉祜族主要以农村经济为主导,依靠种植业为生,但生产力水平较低,经济较为落后。[①]

在整个族群社会发展过程中,老达保村寨所属的澜沧拉祜族自治县多项经济指标处于全省后列,是贫困面大、贫困程度深的贫困县。从整个产业结构来看,澜沧县历来是典型的山区农业大县,以农业发展为主,规模化、产业化水平低,经济发展缓慢。农业本身为弱质产业,致使依靠农业为主要生计来源的农民收入难以提高,长期处于低收入状态。此外,县域边远村寨的广大农民群众除了一般的种养殖业外,无其他经济来源渠道,增收缓慢,见表3-1。

表3-1　澜沧县与全国经济发展、人均收入情况对比(2009—2012年)

年份		生产总值(亿元)	城镇居民人均可支配收入(元)	农民人均纯收入(元)
2009	全国	335353	17175	5153
	澜沧	23.2	11208	1737
2010	全国	397983	19109	5919
	澜沧	26.39	12304	2097
2011	全国	471564	21810	6977
	澜沧	33.95	13530	2618
2012	全国	519322	24565	7917
	澜沧	41.29	15635	3796

资料来源:根据中华人民共和国国家统计局网站和普洱市统计网整理而成。

[①] 吴惠敏、李槐:《澜沧县拉祜族聚居地社会经济状况分析》,《云南教育学院学报》1998年第1期。

经济发展的落后也限制了文化教育程度的提升。当地少数民族成员居住分散、交通不便、教育设施落后、师资力量薄弱，使得民族地区的儿童和青年缺乏必要的学习教育与劳动培训，其结果是县域内的农村地区劳动力质量低下，受教育水平偏低，自我发展能力较弱，这又进一步阻碍了市场经济和现代科学技术在当地的应用和推广，从而难以提高劳动生产率。因此，该地区长期处于贫困状态，经济发展水平一直较为缓慢，属于云南省少数民族贫困山区之一，也是国家扶贫开发工作重点县、全省27个深度贫困县之一。

在这样的历史发展背景下，澜沧县下辖的老达保村寨也是最为贫困的一个寨子——过去以茶叶、甘蔗、水稻等农作物种植为主要收入来源的老达保村民，年（人）均收入不到1000元。2006年以前，老达保村基础设施建设严重滞后，群众的生产生活条件十分落后，农民人均纯收入仅为1715元。据当地驻村干部、中国科学院昆明分院驻勐根村第一书记胡红介绍："过去的老达保，是一个典型的少数民族山区贫困村寨，交通、水利等基础设施严重滞后，受靠天吃饭、广种薄收的传统思想束缚，群众增收困难。在2013年以前，'交通基本靠走、喝水基本靠背、通信基本靠吼'形容的正是老达保村的落后面貌。2013年年底，村寨中建档立卡贫困群众有92户402人，贫困发生率达79%。"

同时，村民们纷纷回忆，在村寨发展旅游业之前，老达保村长期处于经济落后状态，其族群成员的身体一直备受贫穷状态的困扰，成为大众视野中的弱势群体形象，也被迫处于社会结构的边缘地位。

"以前，我们这个寨子比较贫困，水也不通，电也不通，路也不通，寨子里面是脏、乱、差，猪粪、牛粪臭烘烘的，吃也吃不饱，穿也穿不暖，反正是一年到头才吃上几顿肉。"——村支书，彭娜儿（42岁，女，拉祜族）

第三章 身体展演：旅游展演的生成与民族文化重构

"过去，这里全是'水泥'路，一到下雨天就全是淤泥和积水。小时候我们家姐弟三人。我妈妈为了坚持让我和弟弟去上学，为了挣够学费，每天天不亮，就要到山里挖野菜、摘野果，到了街天，再背到县城里去卖。一到下雨的时候，这个路啊又湿又滑，要走十几里路才能搭上去澜沧县城的班车。到了县城都快中午了，那个时候赶集的人都散了，野果要是没卖出去，就只能换些吃的……"——村民，李娜思（44岁，女，拉祜族）

"以前我们寨子是茅草房，那个时候我们寨子是最穷的。白天想在房子里找东西，都要点个'明子'（火把）。"——村民，李石开（58岁，男，拉祜族）

"一年赚的还不够吃，说起来都会流眼泪。"——村民，张扎思（62岁，男，拉祜族）

"我们小时候吃得最多的是苞谷和野菜野果，还要经常饿肚子。一年到头，只有过年的时候，才能吃得上一块腊肉。衣服都是姐姐穿了传弟弟，三个孩子换着穿。"——村民，李扎阿（55岁，男，拉祜族）

物质的匮乏、身体的贫穷，一直折磨着老达保村的村民，导致其生存需求没有得到满足。因此，如何"脱贫致富""赚钱养家""过上好日子"等目标成了村民们的根本性需求。但是，与此同时，贫穷所致的教育机会丧失，又使得族群成员们身体的内在资本显得更为匮乏，尤其是智力资本，更无从谈起，这就让当地的经济产业结构难以得到根本性的扭转，传统农业势必长期占据主导地位。然而，在现代经济社会发展趋势下，村民们长期在农业社会结构中形成的体力优势，却因为当地传统农业的产出效率太低而无法发挥出更大的经济效益。于是，村寨里的一些中青年村民，纷纷选择离开本村而外出到周边城镇甚至更远的大城市打工挣钱，包括附近的澜沧、普洱和更远的昆明、广州、深圳以及广西等地，希望以此完成身体脱贫的目标，实现传统农业结构对身体束缚的突破。从某种意义上说,这是族群成员身体对逃离贫穷做出的本能性反应,也是为了让自身身体找到可以产生更多经济效益地方的理性抉择行为。固然,这种理性行为策略,其直接结果确实可以为具有体力优势的身体找到更具效率性产出的就业渠道,让族群成员能够暂时性地获得比家乡更多的经济收益,从而在一定程度上缓解家庭贫困问题。但是,另一方面,这种集体性的身体出走方式,产生了一种间接性的影响,即让本民族文化的持有者和文化主体——少数族群成员已不在村寨之中。"文化是人的文化,人是文化的人。"[①] 从文化传承的角度来看,老达保村民就是本村拉祜族传统文化的创造者和继承者,也是表现与传承拉祜传统文化的主要人为载体,如果连承载民族传统文化的主体都已流失很多,那么,这个村寨、这个民族的传统文化又将如何体现和传承?于是,民族传统文化的流失问题显而易见且会随着更多的族群身体的离开而危机凸显。从长远来看,拉祜族传统文化势必面临着日益衰退甚至消亡的局面,而民族传统文化的保护与传承也就难以真正实现。不得不说,这在某种程度上其实是现代经济和传统农业对具有劳动力属性的族群身体的抢夺与竞争,同时也是族群身体在面临生存困境时给出的无奈选择,一种对家乡的单一农业产业结构效益不足的抗争以及对现代商业经济效益优势的趋向。身体,从最基本的层面上来讲,其生存的工具性需求以及文化主体性的缺失,已在背后隐约地向我们表达了老达保产业结构亟须调整与转型升级的迫切性。

二 少数族群的身体习惯与歌舞文化记忆

习惯,是法国社会学家布迪厄有关著名的"资本—场域—习惯"理论中的一个基本概念,主要指一个社会性的性情(或"秉性")系

[①] 翟媛丽:《人的文化生成》,博士学位论文,北京交通大学,2017年,第17页。

第三章 身体展演：旅游展演的生成与民族文化重构

统，内化于个体日常行为之中。它是积淀于个人身体内的认知和动机系统，是客观而共同的社会规则、团体价值的内化。通常，它以下意识而持久的方式体现在个体行动者身上，体现为具有文化特色的思维、知觉和行动。[1] 布迪厄认为，社会空间中的个体拥有的资本的类型和总量构成了个体在场域中特定的社会位置，而一种特定的社会位置规定了人们一种特定的行为方式和期待，这种行为和期待是一种特定的"实践的感觉"，即"习惯"，而习惯主要通过身体性的动作行为体现出来。[2]

歌舞文化，常常是少数民族成员的身体习惯。从历史的角度看，我国少数民族大多因为无通用文字、受教育程度较低而选择将"歌舞"作为本族群记载、表达和传承自身传统文化的主要形式载体之一。歌舞，作为一种重要的文化事项，在少数民族村落社会中常常扮演着"显性"的角色，包括宗教祭祀、节日庆典、婚丧嫁娶、谈情说爱等生产生活场面。据历史记载，在许多民族的内部，他们常常会选择具有特色的曲调旋律来帮助本民族实现记录历史、缅怀祖先、教育晚辈以及传情达意、点缀生活等功能。因此，无论是日常休闲，还是逢年过节，许多少数民族成员都习惯以唱歌跳舞作为他们欢度节日、表达情感的一种主要方式。因此，少数民族以歌舞文化作为身体习惯，是族群成员在长期的历史过程中，通过社会建构的各种知觉、评价和行动图式逐一内化于身体之中，从而生成的一种性情倾向系统（或生存心态、习性、心智结构）。这种身体习惯，来自社会制度，又寄居于身体之中，它一旦生成，便作为一种下意识的把握能力，对族群成员的认知、思维和行动发挥着持久且稳定的作用，并被视为一种"理所当然"，深深地被嵌入身体化状态之中。于是，我们经常可以在新闻媒体或大众社会评价中，看见少

---

[1] 刘欣：《阶级惯习与品味：布迪厄的阶级理论》，《社会学研究》2003年第6期。
[2] 高宣扬：《布迪厄的社会理论》，同济大学出版社2004年版，第115页。

数民族被描绘为"会说话就会唱歌，会走路就会跳舞"的群体形象，以此彰显歌舞艺术与他们的日常生活紧密相连。

同样地，本书中的拉祜族村民也不例外，其身体也在族群社会发展过程中形成了唱歌跳舞的日常习惯。"跳舞要听芦笙声，过日子要听老人话""好芦笙声音好，好人心地善良""芦笙舞跳得好，庄稼才会长得好"等，这些内部谚语都说明了歌舞文化已是拉祜族族群成员的传统习俗和日常生活。对于唱歌跳舞，拉祜族群众对它的热爱是与生俱来的，不管男女老幼皆能歌善舞，其生产生活伴随歌舞而行。可以说，唱歌跳舞对他们来说就像吃饭睡觉那么平常而不可缺，身体也早已形成了擅长各种拉祜族歌舞的习惯。除了宗教祭祀和节日欢庆外，歌舞是他们传情达意、表达情感的另一种重要路径，也是他们平常劳作休闲时的主要消遣方式之一。

从拉祜族传统歌舞文化的总体情况来看，它主要分为民歌、舞蹈、诗歌三大类。第一，民歌。拉祜族主要分为古歌、山歌、儿歌和习俗歌等类型，多以唱述本民族的风俗习惯、讴歌男女之间的美好爱情及亲情等为内容。第二，舞蹈。拉祜族舞蹈包括芦笙舞、摆舞、跳歌等，以再现拉祜族的劳动生产，追忆生活过往和表达对未来美好生活祈盼为主，多表现出聚合与团结的传统民族精神。第三，诗歌。为了传播拉祜族世代积累的生产生活经验，传承节日庆典、婚丧嫁娶、风土人情等包罗万象的风俗习惯，拉祜族诗歌也被分为传统诗歌和其他诗歌（礼仪、山歌、情歌）两大类，借此反映拉祜族从游猎到农耕不同社会时期的精神积淀。[①] 在此基础上，拉祜族成员以歌舞、文学、节庆等艺术形式创造的民族传统文化，主要包括作为拉祜族人民精神支柱的创世史诗《牡帕

---

① 石晓惠、李启栋：《歌舞文化对拉祜族地区旅游业发展影响研究》，《旅游纵览》2020年第5期（下半月）。

密帕》和漫长曲折的迁徙史诗《根古》，反映拉祜族狂欢性的传统节庆，如葫芦节、新米节等，以及民间流行的拉祜族男性集体舞蹈《芦笙舞》和拉祜族女性集体舞蹈《摆舞》等。其中，以拉祜族《芦笙舞》最具代表性，它是拉祜族古老的民间艺术，也是拉祜族民族形象的重要标识之一，如图3-1和图3-2所示。

图3-1　拉祜族男性集体舞蹈《芦笙舞》（1）

图3-2　拉祜族男性集体舞蹈《芦笙舞》（2）

图片来源：普洱市人民政府网：国家级保护项目　拉祜族《芦笙舞》，http://www.puershi.gov.cn/info/egovinfo/1001/xxgk_content/10214-/2020-0325002.htm，2020年3月25日。

芦笙舞由最初的娱神祈福仪式演化而来，其内容以表现拉祜族原始的宗教礼仪、生产生活、模拟动物、展现人的欢乐情绪等为主。拉祜族崇拜葫芦，把葫芦视作祖先诞生的母体象征。拉祜族人在葫芦上插上五根竹管制成芦笙，每年尝新节和春节跳起芦笙舞，表现对祖先的敬仰和对来年幸福生活的祈盼。芦笙舞经过数百代拉祜族群众和民间艺人的加工锤炼，现已形成一百多个套路。在拉祜族村寨，男子人人会吹芦笙、跳芦笙舞。根据清代《（道光）威远厅志》中相关记载，拉祜族"男女杂聚，携手成圈，吹笙跳舞"。直到现在，拉祜族芦笙舞均不同程度地保留着先民们"围圈""携手""顿足"等古老痕迹，其舞蹈形态和服饰特征酷似青海省西宁市大通县出土的新石器时代陶器上的舞蹈图案。

这说明,在拉祜族先民南迁以前,围圈携手、吹笙起舞的舞蹈传统业已形成。大约在春秋战国时期,随着各个民族向南迁移,将这些舞蹈传统带到云南,与云南的原住民文化相融合,形成彝语支诸民族共同的传统文化。南诏以后,拉祜族逐渐迁徙到今天的临沧一带生活。由于土地肥沃,森林茂密,自然条件优越,拉祜族逐渐开始定居农耕。在此基础上,拉祜族人在劳动中又创造了反映生产劳动的舞蹈,芦笙舞这种舞蹈形式逐渐丰富和完善成型,并流传开来。[1]

依据舞蹈的实际用途与表现方式,芦笙舞大致分为祭神舞、劳作舞、动物舞和生活舞四大类型,共有一百多个套路,见表3-2。

表3-2　　　　　芦笙舞的类型、套路、内容和特点

类型	套路	内容	特点
祭神舞	嘎儿、开香舞、敬香舞、点香舞、嘎结嘎、嘎括根等	有关祭祀内容的乐舞,几乎都与天神厄莎有关	领舞者必须由对传统芦笙舞掌握较为全面的男性长者担任。在比较正式的传统场合中有着完整的仪式程序,并必须严格按照规矩进行
动物舞	老鹰舞、青蛙舞、猴子舞、白鹇舞、马鹿舞、螃蟹舞、蚂蚱舞、鸭子舞、孔雀舞、鹌鹑舞、翻鱼舞、马打滚舞、蜻蜓点水舞等	对动物的姿态、行为举止或习性的模拟	一般一人即可完成,由于舞者的个性、爱好等侧重点的不同,个人风格在这一类动物舞的表现中浓厚而独特。在这类舞蹈中,节奏有张有弛,动作幅度时小时大,表现手法夸张洒脱,较完整地保留了原始古朴的韵味
	斑鸠拣谷子舞、黄鼠狼掏蜂蜜舞、鹿子吃橄榄舞、牛打架舞、斗鸡舞、猴子掰苞谷舞、孔雀偷鹌鹑羽毛舞等	对动物的某种生活过程或生活场景的模拟,多半有戏剧性情节。这类套路着重于内容,大多都有一定的故事传说为依据,自娱娱人	有一人或两人甚至多人跳的。主要的基本动作还是以脚、腿部为主,上身动作为辅。有时为了表现一些动物的生活特征和生活内容,也会加入手部动作,把场景中的各路生灵模仿得生动逼真

---

[1] 刘劲荣、张锦鹏主编:《澜沧笙歌:拉祜族》,上海锦绣文章出版社、上海文化出版社2017年版,第116页。

续表

类型	套路	内容	特点
劳作舞	选地舞、涮地舞、犁地舞、挖地舞、耙草舞、敲地舞、撒谷子舞、风吹谷子倒舞、割谷子舞、搬谷子舞、堆谷子舞、打谷子舞、筛谷子舞、装谷子舞、背谷子舞、舂谷子舞等	模仿一年四季生产过程中不同的劳作环节	一般按生产劳动的顺序依次跳各个套路,动作模仿实际生产劳动中的各个环节
生活舞	背娃娃舞、纺线舞、簸米舞、支三脚架舞、烧火舞、煮饭舞、装饭舞、舂盐巴辣子舞、抽烟喝茶舞、吃饭舞、洗碗舞等	模仿生活中的具体场景	一般短小精悍,是自娱自乐的情趣表现。动作幅度不大,曲调和节奏较平稳敦实,没有复杂的情节和波动的情绪,相对于动物舞、劳作舞而言显得较为随意、平和
	邀伴舞(欢庆舞)、挂着跳的舞、单腿挂着跳的舞、伸腿跳的舞、甩跳舞、姑娘舞、踩脚舞、膝盖舞、大小翻转舞、前后翻转舞、扳脚舞、健腰舞、脖子舞等	在祭祀性乐舞结束时,邀请大家一起来欢庆	这类舞蹈的动作幅度很大,集体舞动时非常热闹,既烘托氛围,点燃了族人的热情,又活动了筋骨。相对于劳作舞、动物舞等套路而言,较为松散

资料来源:刘劲荣、张锦鹏主编:《澜沧笙歌:拉祜族》,上海锦绣文章出版社、上海文化出版社2017年版,第119—120页。

首先,祭神舞是拉祜族对原始宗教崇拜在芦笙舞中反映出来的一种舞,是一种有着浓厚宗教气息的比较严肃的礼仪性舞蹈。拉祜族敬畏神灵,崇拜"厄莎",认为"厄莎"是最高的神灵,它主宰着一切,如粮食的歉收、人们的厄运疾病等,都是亵渎神灵、得不到"厄莎"的保佑所致。因而,运用各种各样的方式来祭祀膜拜"厄莎",祭祀的部分动作,也渗入舞蹈中,如"扫出扫进舞",脚往外扒出则表示将不好的、脏的扫出家门,这些简单的动作,形成了礼仪舞的最早模式。到了清代初叶,一部分较先进的农业技术(如牛耕)和生产工具随着佛教的传入,佛教与拉祜族地区的原始宗教相结合,使拉祜族的农业生产和对自然神祇的祭祀活动同时向前推进了一大步。佛教中不许杀生,因而一些复杂的祭祀形式简便化了,而且更富有规范性,礼仪舞的模式逐渐成熟和完善，并作为"芦笙舞"的重要组成部分流传了下来。祭神舞共分为两个部分，前半部分是"芦笙舞"的开场，拉祜语称"嘎祭"（拉祜语音译，意为芦笙舞开场），后半部分为"芦笙舞"的收场，拉祜语称"嘎祭根"（又称嘎扩根，拉祜语音译，意为芦笙舞收场）。在传统社会中，一般娱乐场合下礼仪舞是不能跳的，必须在每年正月初九、十五和八月十五"新米节"或有一定组织的重要活动时，才能把礼仪舞加进去，而且需按照规定的程序进行，不能乱套。礼仪舞的领舞必须是村寨中德高望重、有福气、且对传统"芦笙舞"掌握全面的成年男人或老年男人来担任，其他人只能充当伴舞。跳礼仪舞大多是在"佛房"或组织者所居住村寨的场地上举行。

其次，"劳作舞"是继"祭祀舞"之后必须跳的一段舞蹈。生产劳动舞是拉祜族进入农耕时期后，模拟生产劳动的动作，通过跳芦笙舞的形式表现出来，分为十二套，即"找地舞、钐地舞、犁地耕地舞、挖地舞、播种舞、薅地舞、谷子扬花舞、守小雀舞、风吹谷子倒舞、割谷打谷舞、扬谷舞、背谷子装仓舞"，舞蹈的内容主要反映生产的全过程。舞蹈动作主要模仿生产过程中的一些劳动基本动作，巧妙地利用芦笙和脚上的动作相配合，来表达拉祜族生产劳动的内容和形式，生动地再现了传统生产劳动的过程。舞蹈动作不是十分复杂，用脚及身段简单地模仿各种劳动动作，把各种劳动动作如实生动地再现出来。劳作舞的音乐由舞者自己吹奏。音乐旋律跟随舞蹈动作的变化而有所变化，节奏基本保持中速，舞蹈动作简洁明了。全套生产劳动舞从"找地舞"到"谷子装仓舞"共分32套，每套都反映了一个不同的劳动过程。有的动作干净有力，身段幅度雄健大方。例如，"犁田舞"大幅度的动作表现出犁田人的体魄健壮、技艺娴熟的自豪感。有的动作又细腻有情，如"摞草烧草舞"，生动表现的是这样一个细小情节——在劳动中被刺扎了脚，然后拔了出来，在地上踩一踩，试试脚还疼不疼，然后再继续劳动。又如"风吹谷子倒舞",舞者的身形随着音乐的节奏左右摆动,再加上脚的动作配合,整个舞群如同在风中摇摆的谷穗,使人们沉醉在丰收的喜悦中。正如民谣所说:"谷子黄,拉祜狂。"舞蹈把"狂"这个字如实生动地再现了出来。

再次,动物舞是指一类模仿各类动物体态、生活习性等的舞蹈,主要的表现内容是与动物相关的多姿多彩的生活情趣,并在舞蹈中显露出拉祜族对自然的尊敬、对动物的热爱以及对自我生活的肯定。在基本动作上,此类舞蹈主要以舞蹈者下身的动作变化为主,舞蹈者上部的动作一般作为辅助,其主要目的就是尽可能地将动物的体态与特殊习性表现出来。模仿动物类舞蹈的动作具有一定的学习难度,对手部与腿部的灵活有较大的要求,且在两人以及多人的表演中,对合作者的默契度有较高的要求。相较于其他种类的芦笙舞,此类舞蹈具有极强的竞技性及表演性,表现出拉祜族人民对生活的观察、总结以及表现的极强能力。

最后,生活舞是拉祜族此类舞蹈活动中最后的圆场舞。这类舞蹈并没有特定的模仿对象,也不对应特定的生活与物质内容,只是直接表现出舞者情绪上的变化,发挥空间极大,通常舞者也较为随心所欲。从舞蹈动作上看,此类舞蹈的动作幅度及动作力度较大,各种脚步与上身动作发挥较为随意,但又不失对称性与统一性,呈现出民间舞蹈芦笙舞中自由与集中的相对统一。

三 老达保村的非遗资源与民族文化优势

随着现代化进程的加快,人类基于文化自觉的现代非物质文化遗产保护应运而生。有学者指出:"现代化进程的加快发展,在世界范围内引起各国传统文化不同程度的损毁和加速消失,这会像许多物种灭绝影响自然生态环境一样影响文化生态的平衡,而且还将束缚人类思想的创造性，制约经济的可持续发展及社会的全面进步。"① 因此，伴随着联合国教科文组织1997年《人类口头与非物质文化遗产代表作条例》决定建立人类口头与非物质文化遗产代表作、2001年公布包括中国昆曲艺术在内的第一批"人类口头与非物质文化遗产代表作"、2003年通过《保护非物质文化遗产公约》，中国也在党和政府的大力支持下，于2004年加入《保护非物质文化遗产公约》，并在2005年颁布了《国务院办公厅关于加强我国非物质文化遗产保护工作的意见》以及2011年2月出台了《中华人民共和国非物质文化遗产法》，使得我国在刚进入21世纪初就拉开了非物质文化遗产保护的序幕。

何谓"非物质文化遗产"（以下简称"非遗"）？2003年10月，联合国教科文组织在其具有人类里程碑式重大意义的《保护非物质文化遗产公约》中界定，"非物质文化遗产"是指"被各社区、群体，有时是个人，视为其文化遗产组成部分的各种社会实践、观念表述、表现形式、知识、技能以及相关的工具、实物、手工艺品和文化场所"②。2005年3月，《国务院关于加强文化遗产保护的通知》（国发〔2005〕42号文件）指出，"非物质文化遗产是指各种以非物质形态存在的与群众生活密切相关、世代相承的传统文化表现形式，包括口头传统、传统表演艺术、民俗活动和礼仪与节庆、有关自然界和宇宙的民间传统知识和实践、传统手工艺技能等以及与上述传统文化表现形式相关的文化空间"。③ 随后，国务院公布了《国家级非物质文化遗产代表作申报评定暂行办法》，规定"非物质文化遗产指各族人民世代相承的、与群众生

---

① 孙家正：《人类口头与非物质文化遗产丛书·总序》，载王文章《人类口头与非物质文化遗产丛书》，浙江人民出版社2005年版，第2页。
② 侯湘华、马文辉：《联合国教科文组织〈保护非物质文化遗产公约〉基础文件汇编》，外文出版社2012年版，第9页。
③ 中华人民共和国中央人民政府：《国务院关于加强文化遗产保护的通知》，中国政府网，https://www.gov.cn/zhengce/content/2008-03/28/content_5926.htm，2008年3月28日。

活密切相关的各种传统文化表现形式（如民俗活动、表演艺术、传统知识和技能，以及与之相关的器具、实物、手工制品等）和文化空间"。① 由此可见，非物质文化遗产大多是与"无形文化""不可观察的文化"等相连的，并与物质文化遗产共同成为"一个硬币的两面"。正如英国人类学家罗伯特·莱顿认为的："非遗有两个重要元素：通过艺术表达出来的理念或信仰，有效表达它们的技艺。"②

对于非物质文化遗产，其关键和落脚点是"保护"。《保护非物质文化遗产公约》将"保护"定义为"'保护'指采取措施，确保非遗的生命力，包括这种遗产各个方面的确认、立档、研究、保存、保护、宣传、弘扬、传承（主要通过正规教育和非正规教育）和振兴"。③ 因此，我国将非遗保护纳入经济社会发展总体格局，明确各级党委政府的主导地位和领导责任，确立党委领导、政府主抓、文化部门主责、各方参与的工作机制。其中，国家文化部门设立非物质文化遗产司，省市县各级政府文化部门增设非物质文化遗产行政机构和非遗保护中心负责具体工作，切实有效地推进非遗保护工作的进行。④

在国家的主导下，许多文化遗产的"出生地"——少数民族村寨也成为非遗保护与传承的实践空间。根据国家—省—市—县不同层次的四级国家非遗保护体系，族群内的部分传统文化被划归到不同级别的保护体系中，作为保护与传承的重点。相应地，不同级别的非遗传承人也被文化主管部门选取和认定，成为具体的实践主体。对此，拉祜族作为我

---

① 国务院办公厅：《国务院办公厅关于加强我国非物质文化遗产保护工作的意见》，中国政府网，https://www.gov.cn/gongbao/content/2008-03/28/content-sg37.htm，2008年3月28日。
② 麻国庆、朱伟：《文化人类学与非物质文化遗产》，生活·读书·新知三联书店2018年版，第4页。
③ 侯湘华、马文辉：《联合国教科文组织〈保护非物质文化遗产公约〉基础文件汇编》，外文出版社2012年版，第10页。
④ 安学斌：《21世纪前20年非物质文化遗产保护的中国理念、实践与经验》，《民俗研究》2020年第1期。

国独具特色的少数民族之一，其丰富的传统文化也引起了各级政府部门的注意，并将其中符合国家非遗标准的文化内容收入国家级非遗保护名录之中。2006年，被誉为拉祜族"百科全书"的口传创世史诗《牡帕密帕》入选第一批国家级非遗名录，如图3-3所示。2008年，拉祜族民间舞蹈《芦笙舞》入选第二批国家级非遗名录，如图3-4所示。同时，在2006年，老达保村寨也被列为第一批国家级非遗传承基地，成为《牡帕密帕》国家非遗的传承基地，如图3-5所示，并见表3-3。

图3-3 《牡帕密帕》入选国家级非物质文化遗产名录（2006年，第一批）

图3-4 《芦笙舞》入选国家级非物质文化遗产名录

图片来源：2019年摄于老达保村文化传承馆内。

图3-5 国家级非物质文化遗产名录《牡帕密帕》保护传承基地落户老达保村

图片来源：2019年摄于老达保村文化传承馆内。

表3-3　云南省澜沧县国家级非物质文化遗产项目名录

项目级别	项目名称	公布时间	项目序号/编号	类别	保护单位	备注
国家级	牡帕密帕	2006（第一批）	4/Ⅰ-4	民间文学	云南省澜沧拉祜族自治县文化馆	该项目的传承基地就选在老达保村
国家级	拉祜族芦笙舞	2008（第二批）	676/Ⅲ-79	传统舞蹈	云南省澜沧拉祜族自治县文化馆	该项目的非遗传承人李石开也是老达保村村民

资料来源：根据"中国非物质文化遗产网"相关资料整理而成。

对于上述被纳入国家级非遗保护名录中的拉祜族传统文化内容，其创世史诗《牡帕密帕》的传承基地就选定在老达保村寨，而与之相应的国家级非遗传承人李扎戈、李扎倮也是老达保村土生土长的拉祜族村民。同时，国家级非遗项目《芦笙舞》传承人李石开同样也是老达保村的村民。其中，李扎戈和李扎倮兄弟两人于2007年被列为首批国家级非物质文化遗产名录《牡帕密帕》代表性传承人，如图3-6所示。

图3-6　老达保村的李扎戈和李扎倮兄弟入选《牡帕密帕》国家级非物质文化遗产传承人（2007年）

图片来源：2019年摄于老达保村文化传承馆内。

李扎戈从小学习拉祜族创世史诗《牡帕密帕》的演唱和芦笙舞。史诗篇幅宏大、包罗万象，演唱一遍需三天三夜，而且只在节庆和婚丧嫁娶时才唱，他学了十多年时间才能完整地演唱《牡帕密帕》。同时，他掌握100多套芦笙舞，熟悉拉祜族的传统习俗、节日庆典、祭祀礼仪等传统文化，懂得很多草医医药知识，是当地拉祜族传统文化承上传下的重要传承人。2005年2月他把芦笙舞带进了中央电视台《魅力十二》栏目，目前带有李石开、李扎倮等徒弟5人。

作为第二批国家级非遗项目拉祜族芦笙舞代表性传承人的李增保，他自幼喜爱本民族传统文化，15岁时开始跟随父亲学跳芦笙舞，学唱本民族古歌；20岁时基本掌握了芦笙舞的运作和套路，在当地小有名气；40岁时掌握了芦笙舞100多套内容，并能完整渲唱史诗《牡帕密帕》。农闲时，他常组织当地群众传授芦笙舞。在他的带动和传授下，一批又一批年轻的芦笙舞骨干活跃在当地，出现在各类文艺活动中。李增保为传承和发展拉祜族芦笙舞起到积极作用。

作为李扎戈的徒弟李石开，在2018年5月8日被评定为第五批国家级非物质文化遗产代表性项目代表性传承人。他是第四代芦笙舞传承人，师从父辈及民间艺人，谱系清晰。几十年来，他从父辈学唱和芦笙舞步及套路，现已能基本掌握83个套路内容与技巧，熟知主持祭祀礼仪的整套程序，多次积极参与该项目的传承与传播工作和活动，成为当地具有影响的代表性传承人，见表3-4。

表3-4　　　云南省澜沧县老达保村国家级非遗传承人统计

编号	姓名	性别	出生日期	级别	项目名称	备注
01-0006	李扎戈	男	1939年	国家级	牡帕密帕	老达保村民
01-0007	李扎倮	男	1943年	国家级	牡帕密帕	老达保村民

第三章　身体展演：旅游展演的生成与民族文化重构

续表

编号	姓名	性别	出生日期	级别	项目名称	备注
03-0943	李增保	男	1932年	国家级	拉祜族芦笙舞	2016年已去世
05-2274	李石开	男	1963年	国家级	拉祜族芦笙舞	老达保村民

资料来源：根据2019年田野调查结果统计而成。

由此可见，老达保村的国家级非遗传承人不仅数量众多，而且传承的文化内容是拉祜族传统文化中的精华所在和典型性代表。根据原文化部2015年4月印发的《关于开展国家级非物质文化遗产代表性传承人抢救性记录工作的通知》（文非遗函〔2015〕318号）要求原云南省文化厅工作安排。2015年，云南省非物质文化遗产保护中心组织启动了云南国家级非遗项目代表性传承人记录工作。该记录工作通过数字影像手段对传承人进行口述史、实践、教学的全方位记录，从而原汁原味传授给后人的自然人或群体。[1] 其中，老达保村李扎戈、李扎倮等人录制的《牡帕密帕》也在其列。截至2016年2月，老达保村共有民族民间传统文化各级传承人11人。其中，国家、省、市级非遗传承人各2人。[2] 这进一步说明了老达保村拥有的民族文化资源的优势。

第二节　村民的身体技术生成与民族文化利用

一　族群成员的身体学习与新技术的获得

从上述老达保村拥有的非遗文化资源优势可以看出，老达保村是拉

---

[1] 《云南省2020年"文化和自然遗产日"国家级非遗代表性传承人记录成果展播》，"云南省非物质文化遗产保护中心"微信公众号，http://www.ihchina.cn/news2_details/20971.html，2020年6月8日。

[2] 石莲凤：《在"生活"与"舞台"中传承非物质文化遗产——以澜沧县老达保寨拉祜族非物质文化遗产传承为例》，《知识文库》2016年第6期（上半月）。

祜族歌舞文化氛围浓郁、底蕴深厚的传统民族村寨，也是国家级、省级非物质文化遗产项目《牡帕密帕》《芦笙舞》《摆舞》传承与保护比较活跃的地方。因此，它在澜沧江一带被誉为"民族原生态歌舞之乡"，歌舞音乐成了拉祜族成员自我表达的主要方式。据历史记载，拉祜族是一个乐于接受新鲜事物的民族，善于学习外来音乐文化。从地理位置上来看，由于云南的许多拉祜族村寨是与中缅泰等东南亚多国相邻，其边境村寨的属性使其更容易接收到外来西方文化，比如基督教的传入。早在20世纪初，基督教就曾传入拉祜族地区，这些来自国外的传教士创办医院，免费为拉祜族人治病，宣传自己是从厄莎那里来的，并通过创立拉祜文字将《圣经》翻译成拉祜文，使得拉祜族比较容易接受和理解。对于本书中的老达保村而言，基督教也是村民们的主要宗教信仰之一。[①] 在村寨山头的最高处，修建有一座带有拉祜族干栏式建筑风格的教堂，用于村民们每周的礼拜学习与聚会交流。通过长时间的学习和受教，基督教的文化也影响了村民的日常生活，如每个星期的特定时间不去参加劳动而是做礼拜、唱诗班的艺术表演以及信徒的行为礼仪等。其中，唱诗班的艺术表演无形中为村民们提供了接触西方音乐的机会，包括无伴奏多声部合唱、吉他弹唱和表演知识等。因此，对于老达保村村民而言，他们从一开始接受到的音乐艺术，并不局限于拉祜族传统音乐歌舞，还有来自外部社会特别是西方音乐的熏陶。这实际上为他们的音乐兴趣爱好、艺术素养培养和表演经验积累创造了现实条件。

在此历史背景下，老达保村的村民李石开，他成为村里第一个从外界引入吉他弹唱的人，并通过自我学习和热情传授，将吉他从个体性的

---

① 刘劲荣、张锦鹏主编：《澜沧笙歌：拉祜族》，上海锦绣文章出版社、上海文化出版社2017年版，第79页。

第三章 身体展演：旅游展演的生成与民族文化重构

兴趣爱好发展到全村集体性的休闲活动。据前面的调查可知，李石开本身就是拉祜族芦笙舞的国家级非遗传承人，也是拉祜族传统文化保护与传承的主要骨干人物之一，属于民族精英分子的范畴。对于民族精英，有学者指出是"那些深谙民族文化精神，拥有一系列的方式、方法和资源，能够直接或间接地影响全民族与全社会的生存及发展方向的人"。[1]按此定义，李石开在整个老达保村寨中，可以说是对拉祜族传统文化精神很熟悉的人，并且还凭借着自己娴熟的传统歌舞技艺和丰富的民族知识成为能够直接或间接影响拉祜族文化保护传承及其创新发展的人。从他的个人经历来看，他是出生、成长于拉祜族民族村寨之中，对于拉祜族传统文化的接触从小就开始了，尤其是拉祜族的音乐文化，更成了他个人的兴趣爱好和了解、认知、保护与传承拉祜族传统文化的主要路径之一。作为芦笙舞的重要传承者，李石开的父亲李保宝、舅舅李扎戈、李扎倮等人都是村寨里跳芦笙舞的能人高手，其中李扎戈、李扎倮还是第一批国家级非遗传承项目《牡帕密帕》的代表性传承人。拥有这么多拉祜族传统文化主体的大家族，给了李石开特有的拉祜族音乐能力和音乐经验获得的空间和机会，不得不说，这是一种源自血脉和文化基因的家族传承环境，也使得拉祜族传统文化得以在这个家族中得以传承与保留。

凭借着从小在家族和村寨中习得的拉祜族传统音乐才能和文化素养，李石开十二岁就会吹芦笙、十五岁学会吟唱《牡帕密帕》，并在此基础上将本是西方弹奏乐器的"吉他"引入老达保村寨中，成为第一个会吉他弹唱的老达保村村民，也被大家称为"用一把吉他改变老达保历史的人"。从我们对李石开的访谈记录来看，他之所以将吉他在早期带入老达保村里来，主要缘于个人对吉他这种乐器的好奇心和探索兴

---

[1] 周星：《民族政治学》，中国社会科学出版社1993年版，第104页。

趣，并乐于为自己的音乐爱好付诸行动，即使在家里很贫穷的状况下依然坚持。据李石开回忆，他在年轻的时候，因偶然机会看到有人在弹吉他，便非常好奇，主动向弹吉他的人（他称之为"老师"）请教学习了一个月。然后，回家和妻子商量将家里的一头猪卖掉，进城买了一把吉他，回村时口袋里仅剩四元钱了。

问："你弹这个吉他弹了多少年？"

李石开："我1984年弹的，开始弹的。电视上经常是嘴巴是唱歌，边弹边唱，是这样。我看到了，我看到我说好看、好听。我只有一头猪，卖掉。那个时候，一头猪是卖的60块。这个吉他我是想要，去澜沧后买的，花了50块。"

问："那像村里的这些人他们会弹吉他，都是跟您学的吗？"

答："是，是，是。"

问："那他们怎么会想着要来跟您学这吉他呢？"

答："我买回来的时候是自己学。指法是怎么做的，我们电视上看看，看一遍嘛。后来牧师教，我们心里是清清楚楚地记下来，记着。后来，我是唱唱，弹弹。我们老达保寨听见了，他们说好听，边弹边唱，他们说想要。后来他们说自己去买，买回来唱唱，跟我学学。我姑娘（女儿李娜倮）说我们教教，然后唱响了。吉他唱响了！是这样的。"

当回忆到那时的情景，他表现得很激动："我有两头猪，一头就卖，一头就过年的时候杀吃。一百多斤，猪价不好，就卖了60元。后来，我就去了澜沧县城，去买一把吉他，花了50元，来回坐车花了6元，结果兜里还剩4元。"在那个年代，60元钱是很大的一笔支出，李石开告诉我们："那时候生活困难，日子过得很清贫，但只要能弹吉他能唱

第三章 身体展演：旅游展演的生成与民族文化重构

歌，比我能吃上肉还开心。"从李石开在家庭贫困状态下依然坚持购买吉他的举动来看，说明作为国家非遗项目《芦笙舞》传承人的他，其身体已在拉祜族传统歌舞传承中获得了对音乐艺术的敏感性和特殊情感。当这种身体遇到与自己族群传统不同的音乐元素时，会自然地激起他的浓厚兴趣与学习动力，以至于他会做出上述行为选择。当李石开买回吉他后，他在县城老师的指导下，快速地学会了吉他弹奏，并积极带动全体村民进行学习，最终形成了整个老达保村男女老少都会弹奏吉他的新兴景观。

正如李石开自己回忆道："当时，我背回吉他后，村子里的人都感到好稀奇。他们以前从来没看到过这个洋玩意，感觉它（指'吉他'）弹出来的声音，和我们自己吹的芦笙不一样。还是好听，看着也新鲜，所以，有几个人就跑来要跟我学。""那个时候，他们都知道我们村里的李石开买了把吉他，大家都跑到我家里来看，带劲得很。后来，又有人想学习，就又买了几把吉他，是八把，大家经常凑在一起弹。""当然嘛，他们愿意学，我就愿意教，就像以前跳芦笙舞一样，大家一起弹弹唱唱，才热闹。""我教一个两个人，他们学会后又教家里其他人，就这样，一个教一个，慢慢地就学会了。""在我的影响下，我家里人也喜欢上了吉他，包括我的妻子、女儿、儿子、女婿等。他们学会后，我们一家人经常一起弹。"在这里，"吉他"，这个来自西方社会的乐器，从最初被一个族群成员带入老达保村里，再到几个族群成员想学习它，最后形成了村寨内部的一种链式传授方式：你传我，我传你，父母传给儿女，丈夫传给妻子，哥哥姐姐传给弟弟妹妹……从而让吉他逐渐成为老达保村另一张新的音乐名片。

当村里更多的人学会弹吉他之后，那么村民们用吉他弹奏的是什么歌曲旋律呢？据调查，发现老达保村之所以因音乐而声名鹊起，另一个重要原因是这些善于学习的身体们弹唱的曲子很多来自李石开的女儿——李娜倮自己创作的。李娜倮，也是地地道道的一名老达保村民，被当地村民誉为"拉祜族的百灵鸟"，她并未受过专业艺术训练，但在日常生活中，凭着对民族音乐的热爱，十三岁就学会弹吉他，十六岁便会作词作曲，并以自己的体验和感受，创作了《快乐拉祜》《实在舍不得》《真心爱你》《新年快乐》等一首首备受当地村民喜爱的拉祜语歌曲。当我们问"为什么要用吉他来弹唱拉祜族歌曲"时，她表示"想用吉他告诉拉祜人'什么是现代音乐''怎样用现代音乐来表现我们拉祜传统文化的魅力'"以及"这些歌曲也是拉祜族的传统音乐，用吉他弹奏可以让传统文化有一种新意"等，由此表现出一种文化创新思想，以及对外界文化的包容性和开放性。

对村民们来说，学习吉他的过程，其实就是他们自身获得一种新的身体技能的过程，也即"身体技术的生成过程"。什么是"身体技术"？法国著名人类学家马塞尔·莫斯最先提出"身体技术"这一理论，指的是"身体是社会个体原始的物理工具，是个体天然的技术对象，也是个体最独特的技术手段"。[1] 在他看来，"身体是人第一个、也是最自然的工具。或者更确切地说，不讲工具，人的第一个、也是最自然的技术物品，同时也是技术手段，就是他的身体"。[2] 通过莫斯的论述可以看出，身体技术，首先，它们是技术的，因为是由一套特定的身体运动或形式组成的；其次，它们是靠训练和教育的方式习得的，是传统的；最后，它们是有效的，因为它们服务于一个特定的目的、功能或目标。[3] 对此，当老达保村民们跟随着李石开学习吉他时，它们首先表现为"技

---

[1] [法] 马塞尔·莫斯：《社会学与人类学》，佘碧平译，上海译文出版社2003年版，第306页。
[2] [法] 马塞尔·莫斯：《人类学与社会学五讲》，林宗锦等译，梁永佳校，广西师范大学出版社2008年版，第91页。
[3] 汪民安、陈永国编：《后身体——文化、权力和生命政治学》，吉林人民出版社2003年版，第400—401页。

术的",因为弹吉他涉及如何背、挎、调、弹、拨等动作形式,是由一套特定的身体运动组成。然后,它们也是"传统的",是通过训练和教育的方式习得。在这里,虽然吉他是外来乐器,但由于老达保村民均是拉祜族成员,他们在自身成长历程中早已通过祖辈们的歌舞传授而拥有了传统的拉祜族歌舞技术,这让他们在接触吉他时,其身体原有的歌舞技术会成为学习新乐器的主要助力和催化因素,从而通过新的训练和学习而习得新的音乐技术。当然,它们也是有效的,即借助吉他这一现代音乐方式来向外界宣传、展示拉祜族歌曲文化。当然,在这一学习过程中,村民们也会习得一些新的技术。例如,如何用握锄头的手去精准地拨弹吉他琴弦;怎样记忆歌词,尤其是自己不太熟悉的汉语歌词;以及边弹边唱的身体协调性等。这些身体新技术的获得,则成为村民们下一步组建民间文艺队和演唱组合的基础性条件,也为他们日后的展演经验生成埋下了伏笔。

二 民族精英的身体引领与文化创新实践

从上面李石开带领村民学会吉他的历程来看,李石开因为其"国家级非遗传承人"和"将吉他引入老达保村的第一人"的双重身份而具有民族文化精英(为方便讨论,以下简称为"民族精英")的典型特征,充分体现了民族精英的身体引领作用。

对于老达保村而言,它是一个典型的民族传统村落,其宗族结构仍为内部社会的基本组织形式。在日常的村寨运作中,除了在宏观上必须坚持国家和党的领导之外,微观的内部秩序生成和维护,大多仍然需要依靠村寨内的寨老、村干部、民族精英等人。在某种意义上,他们掌控着对内解释、组织和对外沟通、联系的话语权,也主导着整个村寨的经济命脉和发展方向。其中,民族精英发挥着衔接和润滑"上"(国家)和"下"(族群成员)的作用,国家意志和政策需要借助民族精英的理解、倡导、示范、推广来加以实施；族群成员需要通过民族精英这个媒介来实现与国家权力的沟通对话，了解国家民族政策的内容和导向，从而抓住本群体发展的最佳境遇。① 本书中的老达保村民李石开，他在传承芦笙舞和将吉他率先引入村寨之中的同时，其实已经在履行民族精英承"上"启"下"的作用。一方面，以国家级非遗传承人来保护传承芦笙舞，是他积极响应国家对非遗保护政策话语的行为实践。作为非遗传承人，《中华人民共和国非物质文化遗产法》第二十九条明确规定："非物质文化遗产代表性项目的代表性传承人应当符合下列条件：（1）熟练掌握其传承的非物质文化遗产；（2）在特定领域内具有代表性，并在一定区域内具有较大影响；（3）积极开展传承活动。"② 李石开自幼就开始学习芦笙舞，师从父辈及多位民间艺人，经过几十年的积累，现在他已基本掌握了83个套路的内容与技巧。与此同时，他也在各种民间文艺会演、大型节庆活动和新闻媒体报道上积极展演芦笙舞，并在当地承担起向族群成员教授芦笙舞、组织唱跳芦笙舞的职责。另一方面，他以个人对吉他的兴趣爱好在不知不觉中完成了对民族传统文化的创新实践。在他将吉他带入老达保村寨之后，村民们不仅跟着他学会了吉他弹唱，更重要的是，借此机会重新点燃了族群成员对音乐，尤其是对拉祜族传统音乐的热情和记忆。因此，村寨里的一些文艺爱好者和积极分子就自发组建了一些民间文艺团队和演唱组合，如"老达保雅厄艺术团""达保五兄弟"组合、"达保兄妹"组合等团体，并以吉他弹唱、拉祜族传统歌舞、无伴奏多声部合唱等为展演内容，丰富了老达保村的民族文艺演出活动。在当地政府的安排组织下，为了积极响应国家

---

① 方清云：《民族精英与群体认同——当代畲族文化重构中民族精英角色的人类学考察》，《中南民族大学学报》（人文社会科学版）2013 年第 6 期。
② 《中华人民共和国非物质文化遗产法》，中华人民共和国文化和旅游部官网、http://mct.gov.cn/whzx/bnsj/fwzwhycs/201111/t20111128_765151.html，2011 年 6 月 1 日。

和政府关于少数民族文化事业工作的安排，也出于向外宣传、展示和弘扬拉祜族传统文化的目的，老达保村的这些民间文艺组织常常受邀到北京、上海、广州、广西、湖南等地演出，还漂洋过海到日本演唱，以便让拉祜文化走向全国，走向海外，如图3-7和图3-8所示。

图3-7　达保兄妹艺术团　　**图3-8　雅厄艺术团进入云南电视台演出**

图片来源：2019年摄于老达保村文化传承馆内。

在这些表演中，与其他村寨相比，老达保村的最大特色就是，虽然村民们从未受过专业训练，甚至连乐谱都不认识，但他们可以凭借对音乐的热爱和喜好，以自己的体验和感受，创作出300余首脍炙人口的民间拉祜语歌曲，其代表作有《快乐拉祜》《实在舍不得》《真心爱你》等，让该村获得了"一把吉他走四方，快乐拉祜美名扬"的声誉。从人类学家的观点出发，可以发现歌舞艺术其实是人类社会中的一种生活，一种文化的表达。传统的歌舞艺术不但作为一种文化，而且歌舞的展演会创造文化和族群的社会生活，即歌舞是一种具有社会意义的创造。[①] 正如美国学者安东尼·西格尔（Anthony Seeger）通过对苏亚人的调查发现的："典礼通过其表演性本质进行秩序化生产，是苏亚人创造

---

① 曹端波、王唯惟：《为何而舞：中国苗族舞蹈艺术的展演与族群认同》，《贵州大学学报》2015年第3期。

和再创造村子和自己的方式。"① 对于此观点的提出，另一位民族精英李娜倮的身体引领活动正好说明这一点。

从李娜倮的成长经历来看，她是李石开家中的老大，从小因为家里贫穷而丧失了求学受教育的机会。正如她向我们回忆的："读初一的时候，我朋友都去学校读书去了。然后，我天天哭了，哭了三天，爸爸妈妈说就是没有书费，所以交不了书费就不让我读了。天天晒着太阳，跟爸妈一起在山里，有时候放牛，有时候跟他们一起挖地。"虽然受教育机会的丧失让她只有小学文化程度，但由于她从小成长在一个老达保村民族文化精英分子汇集的大家庭里，包括她的爷爷李倮宝、父亲李石开以及舅爷李扎戈、李扎倮等人，都是国家级、省级非遗传承人和当地民间拉祜族文艺骨干分子，因此她得以从多才多艺的家人身上学习到很多拉祜族传统文化事项，尤其是拉祜族的传统歌舞艺术。这不仅为她积累了拉祜族特有的音乐能力和音乐经验资本，也造就了她对音乐的兴趣爱好和天赋才情。于是，当父亲李石开把吉他带回家中之后，她会主动向父亲学习吉他弹唱，并在学习过程中不断地进行歌曲创作，用自己特有的方式来作词作曲，以拉祜语和汉语两种语言来撰写拉祜族民间歌曲。

问："请问，你会五线谱吗？"

答："我不会。"

问："那你是用什么方式来创作的呢？"

答："我用我自己的方式，用我们拉祜语。"

问："有老师教你吗？"

答："没有。我是自己有感觉了，有想法了，就会在我的本子上写

---

① ［美］安东尼·西格尔：《苏亚人为什么歌唱：亚马孙河流域印第安人音乐的人类学研究》，赵雪萍、陈铭道译，陈铭道校订，上海音乐学院出版社2012年版，第68页。

第三章 身体展演：旅游展演的生成与民族文化重构

下来。"

问："那你创作完了之后，是怎样教其他村民唱的呢？"

答："我唱一句，他们也跟着唱一句。"

问："一句一句教？你没有 do re mi fa so 这样教给他们吗？"

答："没有，没教。"

问："你会（do re mi fa so）吗？"

答："我不会。我只会我写的那个，别人看不懂。"

由于语言表述的问题，李娜倮并不能完全清楚地说明她创作歌曲的方式，但是我们能看到她记录在本子上的拉祜语字母笔迹，那是"她自己的方式"。通过这样的方式，她创作了许多被当地拉祜族群众喜爱和认可的歌曲，如作为老达保村的对外宣传名片——"快乐拉祜唱响的地方"，里面的"快乐拉祜"其实就是李娜倮创作的一首名为《快乐拉祜》的拉祜语民间歌曲，旋律欢快优美，具有很强的现场感染力和表现力。

问："请问，《快乐拉祜》这首歌是你写的吗？"

答："是的。"

问："你是哪年写的？"

答："我 18 岁的时候写的。"

问："这是讲述的什么样的内容？听得特别的欢快。"

答："吉祥的日子我们走在一起。拉祜，拉祜，拉祜哟，快乐的拉祜人。我们拉祜族过节的时候，是很热闹、很快乐的一个民族。过新米节，还过葫芦节，打象脚鼓，然后跳摆舞，然后男子就是吹着芦笙，跳芦笙舞。所以，我就把我们拉祜族快乐的那些（节日活动）把它写出来，然后就写了这首歌——《快乐拉祜》。"

不可否认，李娜倮创作《快乐拉祜》的过程，其实就是她对拉祜族这一族群性格特点的把握过程，并且再现了拉祜族传统节庆、歌舞文化的场景记忆。正如云南民族大学教授刘劲荣（拉祜族）在回忆他的童年生活时写道的："除了情歌外，拉祜人平时唱的歌曲欢快优美，充分体现了拉祜人热爱生活、乐观向上的生活态度。我的童年就是伴着父亲的小三弦声度过的，绿意盈盈的小庭院中，父亲在工作之余弹起小三弦，我们姐弟三人小手牵小手围着父亲唱唱跳跳，而母亲在一旁看着我们，脸上总是挂着满足而惬意的微笑。童年的记忆是美好的，我们拉祜人的生活就是这样简单而快乐，就像那首《快乐拉祜》唱的那样：'我们是快乐的拉祜人，将快乐到永远……'[①]"这种以人类正面情歌为表达主题的歌曲创作，是李娜倮对自己所处文化环境感知的最直接表达，以至于在歌曲结尾处会用族群集体性的欢呼——"哈列贾（HALEJA）"（汉语意为"幸福快乐"）、"哈列贾"、"哈列哈列哈列贾……"的重复吟唱来升华其这种表达。

当然，李娜倮对拉祜族传统歌曲文化的创新性实践，并不是她一个人就能完成的。从她讲述的创作过程来看，在很多时候，她的创作往往还和拉祜族其他成员的支持和帮助离不开的，实际上是形成了一种集体性的表达和创新。

问："请问，你创作这些歌曲，受到过其他人的帮助和支持吗？"

答："有啊，当然有的。我以前刚开始作词时，不会写汉字，就去找我的一个邻村叔叔，请他帮我把拉祜语翻译成汉语。叔叔以前去外面工作过，芦笙舞也跳得好，汉语也会说。每次我写一首新歌时，他都会帮我翻成汉语，或者是把汉语转变成拉祜语。"

[①] 刘劲荣、张锦鹏主编：《澜沧笙歌：拉祜族》，上海锦绣文章出版社、上海文化出版社2017年版，第15页。

第三章 身体展演：旅游展演的生成与民族文化重构

问："除了他之外，还有其他人帮助你吗？"

答："有的，很多，比如我弟弟。我弟弟他在澜沧县里工作，以前他是学音乐的，上过学，和我不一样。我没上过学，也没有受过专业训练。每次他从县里回来，都会和我一起讨论写歌的事情。他有时候会给我说，哪里写得不对，不太符合他们专业作曲的那个规定。我就向他学习，请他给我讲。另外，还有我阿爸和我丈夫。每次我写完新歌后，第一个听我弹唱的就是他们。我阿爸会说'你这个调调太高了''那个地方应该加上汉语''我喜欢新年快乐这首歌，好听'……而我老公会和我一起学唱新歌，我们两个经常一起弹唱。"

问："那有担心自己创作的歌曲不被外面的人接受吗？"

答："没有，没有。这是我们自己的歌曲，也想通过这些歌让外面更多的人了解我们拉祜族、了解我们的文化和老达保。"

很明显，李娜倮希望通过歌曲创作来向外界传递拉祜族文化信息，也以文化创新性的实践活动来引领其他村民进行创作和演出。此后，在和村民们讨论的基础上，她一直持续性地创作歌曲，共同为老达保村创作了300多首新的拉祜语民歌。这些歌曲，是他们表达自己生活和情感的主要方式，也成为他们赴外演出的主要内容来源之一。值得一提的是，李石开、李娜倮父女进行的身体引领行为，其实质是村寨民族精英分子在拥有民族传统文化资本的基础上做出的创新性发展策略，也是现代化发展语境下的一种家庭式文化传承和身体引领活动。李石开本是拉祜族族群中的普通一员，但因为被官方认定为"非物质文化遗产项目的代表性传承人"之后，就成了民族传统文化的法定代表人和实际受益者，也就成了民族精英分子。作为年纪较长的民族文化精英，他最初买吉他、学吉他的"身体引领"，为老达保村的文化创新实践创造了契机。此后，越来越多的村民在他的带领下，开始学习吉他弹唱，让原本处于农业结构社会中的他又逐渐习得新的技术才艺，从而形成一种集体性的吉他弹唱氛围。进一步，李娜倮在父亲的引领下，也学会了弹吉他，并在此基础上继续自我创造，以此形成了新的"身体引领"主体，与父亲一起构成两代人的"身体引领"行为，从而将民族传统文化推向创新实践。

三 旅游演艺公司的成立与民族文化利用

正是因为李娜倮父女俩的身体引领和音乐创新实践，才使得老达保村在面临全球化、现代化冲击下受到的民族传统文化消解与衰退现象有所回缓。因为之前的村寨贫困，使得很多村民选择了纷纷外出，其文化持有主体已离散很多，从而导致拉祜族传统文化的族群集体性很难真正保持。相比之下，留在村寨内的一些族群成员，虽然仍旧保持着对拉祜族传统歌舞的技术经验，闲暇之余也以芦笙舞、摆舞等传统歌舞作为集体性的休闲行为，但随着现代经济社会发展的影响，拉祜族传统文化也面临着保护与传承的危机。例如，对于作为拉祜族传统歌舞文化代表的男子集体舞蹈《芦笙舞》，会完整娴熟地将其跳出来的，大多是中老年男性村民，而年轻人只会跳部分动作。当然，对于所跳动作的深层文化含义，许多年轻人也都答不上来，只有部分中老年人可以回答。同样地，拉祜族女子代表性传统舞蹈《摆舞》，也存在如此情况，传承者多为中老年女性，而年轻女性大多知之甚少，熟练者更是稀缺。除此之外，拉祜族文化中的民间文学、传统手工艺、民俗风情、宗教信仰等文化内容也在面临着消退与减弱的趋势。同时，一些原本用于祭祀、节庆、仪式等场合的拉祜传统文化，也随着文化生境的演变而被使用得越来越少或被简化很多。因为留在村内的那些族群身体，更多的是必须将精力放在务农种植、操持家务、赚钱养家等经济方面；而对于文化建设的任务，更多的是由几位被官方

第三章　身体展演：旅游展演的生成与民族文化重构

认定为"非遗传承人"的村民及其成立的表演团体承担。民族传统文化的保护与传承，总是在村里的"主要身体"上面进行，而那些"次要身体"较少参与。如何让这些身体不再分"主要""次要"，而是可以有机会让更多的身体参与进来，以便将"经济发展"与"文化建设"统筹起来？

于是，随着旅游业在云南澜沧江地区的迅速发展，以"活态化""形象化"为特征的旅游展演也被大众游客喜爱与追捧。在外部市场环境的影响下，老达保村因为前期自身具有的展演基础，如大部分村民能歌善舞、喜欢弹奏吉他，还有已经成立了的一些民间文艺队和演唱组合，包括时不时地受邀赴外演出，进入中央电视台、国家大剧院、上海大剧院、杭州大剧院演唱，参加中央电视台《星光大道》《倾国倾城》《民歌中国》《我要上春晚》《梦想合唱团》等栏目录制，以及参与中国原生态民歌大赛、上海旅游节、中国桑植民歌节、昆明国际旅游节、中国原生态民歌展演等一系列文化演出活动。这些正式或非正式的展演实践活动其实已在帮助促成村民们的展演经验生成，并且使得老达保村的"歌舞表演"形象在周围少数民族村寨中比较突出。因此，伴随着国家政策对少数民族脱贫攻坚、乡村振兴和文化建设等系列目标的重视，地方政府为了积极响应党中央的政策精神，既能够带领少数族群成员脱贫致富、共同富裕，又能加大保护与传承拉祜族传统文化的力度。于是，结合老达保村的现实基础与具体情况，以旅游展演向大众游客展示和传播拉祜族传统文化，成为地方政府和老达保村的共同选择。

2013年6月，在各级政府部门与驻村工作队的帮助下，老达保村成立了由全体村民组成的"澜沧老达保快乐拉祜演艺有限公司"，如图3-9和图3-10所示。

图 3-9　老达保旅游演艺公司挂牌　　图 3-10　演艺公司董事长张扎阿
　　　　　　　　　　　　　　　　　　　　　　（演出前的管理）

图片来源：2019 年田野调查自摄。

　　公司的管理机构主要由村里的七名文艺骨干分子组成，多为中青年村民，学历从小学到初中不等。其中，村民张扎阿担任旅游演艺公司董事长，李娜倮是公司的副董事长。随之，以这两人为首的演艺公司领导小组也构建成立，主要有村民小组党支部书记彭娜儿、从深圳打工返村的 90 后拉祜族姑娘李玉兰、负责内部财务管理以及活动安排等事务的李娜克等能力较强的中青年村民。在演艺领导小组的组织下，全村 105 户村民都被纳入公司，作为公司股民全体入股。"村民"也凭着自身所拥有的拉祜族文化资本和老达保村村民身份而变成了"股民"，他们以自己带有拉祜族歌舞文化技艺的身体转变为公司的"演员"。因此，这些村民全部入股，200 名演员都是村民，演出分红成为村民增收的重要渠道。在这里，村民们因为从属于不同的组织而具有多重身份，从以前单一的"村民"身份演变为现在的"村民＋股民＋演员"多元身份，其作为拉祜族传统文化的身体载体也从原来的文化持有者变成"文化持有者＋展示者＋营收者"这样的多元交融体。因此，拉祜族传统文化，

第三章 身体展演：旅游展演的生成与民族文化重构

从所依存的农业社会结构发展到现在的旅游服务业经济结构之中，其文化生境逐渐变迁了，这势必影响到民族传统文化的保护与传承。为了具体了解这一影响机理，我们先从旅游演艺公司成立的初衷调查开始，并就公司成立过程中发生的演艺经营管理、展演产品生产、民族文化利用等前期基础性问题进行初步调研。

一方面，关于旅游演艺公司成立的初衷，我们访谈了老达保演艺公司的董事长张扎阿和副董事长李娜倮，简单回顾了当时演艺公司成立的情况。

问："在你们村寨里，对于拉祜族人来说，像你们一样能唱会跳的人多吗？"

张扎阿："拉祜族也可以说，会走路就会跳舞，会说话就会唱歌。现在不仅是我们年轻人，还有两岁的小孩，还有八十多岁的老人，都在一起唱歌跳舞。"

问："那你们是怎么想到要把唱歌跳舞这种大家习以为常的事情转变成旅游表演的呢？是有什么样的机会促使你们做这个事情吗？"

张扎阿："以前嘛，我们普洱茶也种，然后甘蔗、水稻，我们样样都种，但是那个时候很辛苦，没有收入，有的也只有一点点。一年平均一个人只有一千多（元）左右。然后就寨子里面的党员，还有我们的族长，跟他们一起商量了，做这个快乐拉祜的演艺公司，后来我们就做了这个公司，我们寨子里面就可以演出了。早上早早地起来就去地里面割谷子，然后到了时间就跑回来，又换上了衣服就开始演出。2018 年我们就一个人人均达到了 4600 元左右。"

李娜倮（补充说）："去外面的那些都是年轻人，去的才有收入。我觉得我们寨子里面还有好多老人都能唱能跳，所以跟政府一起商量，后面就成立了这个公司。在家里面都唱唱跳跳也能挣到钱。"

李娜倮:"演艺公司里一起演出,过节的时候,最大的年纪是有八十多岁,最小的是两岁多,都在我们公司同台演出。"

由上述访谈结果可知,"收入""挣到钱""唱唱跳跳"这些关键信息词,已经为我们揭示了旅游演艺公司产生的原动力之所在,即满足族群成员的生存需求和生活需要。文化,在此展现了它的经济价值与实际利益。正是出于利用民族传统文化可以为族群成员的脱贫致富带来希望,才会有旅游演艺公司成立的想法和行动。接着,从"寨子里面的党员,还有我们的族长,跟他们一起商量了,做这个快乐拉祜的演艺公司""所以跟政府一起商量,后面就成立了这个公司",从这些话语可以看出,老达保村旅游演艺公司的成立,有"政府""党员""族长""我们"这些主体共同参与,最终形成合力推动了旅游演艺公司的生成。

另一方面,对于老达保旅游演艺公司的产品内容来说,其宗旨是通过向大众游客展示拉祜族原生态歌舞文化让更多人了解"拉祜族"这一族群文化和展演所在地"老达保村"。所以,他们在对外宣传自己的旅游展演时,将正式对游客表演的歌舞产品命名为"老达保拉祜风情实景原生态歌舞",并于2013年10月开演,成为当地的主要旅游品牌之一。那么,老达保村的旅游展演产品真的是"原生态"吗?或者说用"原生态"这样的词汇来形容舞台上出演的民族歌舞是否妥当?其用意是什么?对此,我们需要通过对民族传统文化在旅游展演新语境中的开发利用过程调查来进行分析。

何谓"原生态"?其实学界并未对此进行统一定义,但之所以提出这一概念,则主要出自全球化、现代化、商业化社会发展趋势对"前现代"的乡村传统文化消弭的担忧,因而希望滋生于传统社会结构中的本土文化能够保持住原有的形态和内涵,且不受外界社会发展的影响。从某种

第三章　身体展演：旅游展演的生成与民族文化重构

意义上来说，"原生态"的概念基本上是与"本真性"同义，即有一个预设的逻辑前提是"这世界上存在着某种客观属性不变的实体（如传统文化），且这种实体有一种原汁原味的意蕴在其中，可以让我们找到并保存下来"。那么，这样的逻辑前提预设是否合理，或者说对"原生态"的追求何以可能？这不得不从文化的生存语境来说明。文化的发展向来与经济、政治的发展相互关联，文化与艺术的发展不但受制于经济、政治与时代整体价值观的走向，而且是它们的风向标与符号表征。[①] 真正意义上的文化，它应该是流动的、变化的、动态的以及情境性的。然而，"原生态"和"本真性"的概念，在一定程度上遗忘了这种文化情境性和流变性的本质属性，将文化视为一个封存在密闭容器内的结果，而忽视了文化在新的社会经济发展语境下的解构与建构过程。因此，从这个角度而言，追求所谓的"原生态"和"孰真孰假"，在实际生活中很难做到。但是，它们就应该被束之高阁而不被采用吗？事实上，对于已失去原生态生存语境的传统文化，它们在日常生活中的呈现，更多的是被国家非遗话语和旅游展演舞台这类的外部建构力量接手。因为，对非物质文化遗产而言，2015年11月召开的联合国教科文组织保护非物质文化遗产政府间委员会（IGC）第十届常会上审议通过的《保护非物质文化遗产伦理原则》第八条已指出："非物质文化遗产的动态性和活态性应始终受到尊重。本真性（authenticity）和排外性不应构成保护非物质文化遗产的问题和障碍。"[②] 由此可见，正是出于对非物质文化遗产动态性和活态性的充分尊重和彰显，才使得非遗保护的重点并不在于静态固定式的保护，而是侧重于"活态"的传承与塑造，这也就决定了非遗文化在现实语境中

[①] 姚慧：《何以"原生态"？——对全球化时代非物质文化遗产保护的反思》，《文艺研究》2019年第5期。

[②] 巴莫曲布嫫、张玲译：《联合国教科文组织：〈保护非物质文化遗产伦理原则〉》，《民族文学研究》2016年第3期。

出现变异性和特殊性的必然，从而使得学理上对"本源"和"本真"的探求并无太多意义，因为无论是文化生境性的演变还是评判主体的不同，都使得对何为"本"、何为"虚"的辨析显得十分困难且不容易形成定论。对此，现代旅游业的出现，为文化"原生态"的落脚提供了另一种可能性，即为了满足大众游客对"原生态"和"本真性"的想象和迷恋，以"展演化的情境"为其定义与重构，使其"还原"和"再现"原生语境，从而被观看和体验。由上可知，老达保村的旅游展演产品内容，虽然是以"原生态"和"实景演出"为主题，但它仍然是一种语境化、去语境化和再语境化的产物，其中包含着多元丰富的民族文化重构过程。

第三节 村寨的旅游展演实践与民族文化重构

一 旅游展演的市场空间与大众消费基础

美国著名人类学家瓦伦·史密斯（Valene Smith）在他的《东道主与游客——旅游人类学研究》一书中，将民族旅游、文化旅游、历史旅游、环境旅游、娱乐性旅游并列在一起，视为五大旅游形式。[①] 其中，民族旅游作为一种以追求"他者文化体验"为目标的旅游类型，其存在的意义不可化约。民族旅游，以"旅游者前往少数民族（或族群）的居住地区体验当地的独特文化和生活方式的一种旅游形式"，[②] 成为当前旅游业市场中的一类主要产品类型。在游客眼中，少数民族或族群自身及其世居的环境不断成为"他者"和"异文化"的隐喻，因此，民族旅游的核心是未被现代文明浸染的异文化体验过程，"土著自身是

---

① ［美］瓦伦·L. 史密斯主编：《东道主与游客——旅游人类学研究》，张晓萍等译，云南大学出版社2007年版，第47页。

② 周大鸣：《人类学与民族旅游：中国的实践》，《旅游学刊》2014年第2期。

主要的，至少是有意义的吸引物的旅游模式"。在这里，原住居民不仅是民族旅游中的接待者，也是民族文化的主要载体和重要标识。[①] 因此，以少数民族族群成员的身体展演和文化展示为特征的民族旅游产品，逐渐成了民族旅游中的主要业态。凭借多方力量的建构，丰富多彩的民族文化成为各个族群开发利用的重点对象，并纷纷以"舞台化""展演化""活态化"等旅游生产方式来进行包装设计，从而满足大众旅游者对民族文化体验的消费需求。

近年来，在老达保旅游演艺公司成立之前，老达保村所属的普洱市和澜沧江一带，其旅游业，包括民族旅游就已在迅速发展。一方面，普洱市的旅游业主要以茶文化旅游为主要类型进行普洱"绿三角"旅游环线的打造，以此助力产业扶贫、乡村振兴等重要目标的实现。具体而言，普洱市本就是普洱茶的主要生产地和产业发展基地，以普洱茶闻名的景迈山就坐落在澜沧拉祜族自治县，其下属的"景迈芒景茶"以其独特的自然生态环境和1800多年的栽植历史而成为普洱茶产业发展格局中的重要区域。特别地，澜沧县因处于普洱古茶旅游文化区域范围内，就开始借助早已形成的普洱茶文化品牌以及周围的少数民族古村落文化来向外推广拉祜族文化。2011年，澜沧县境内的景迈山旅游景区被评为"2011中国十大休闲胜地"，芒景村被评为"2011年中国最有魅力休闲乡村"之一。2012年，在中国（国际）休闲发展论坛上，澜沧县被评为中国最佳休闲小城；9月，普洱古茶园与茶文化系统被联合国列为全球重要农业文化遗产保护试点，其核心区就是景迈山芒景村千年万亩古茶园；11月，国家文物局将景迈山古茶园列入《中国世界文化遗产预备名单》。2013年，澜沧县荣获"中国最美风景县云南10佳"荣誉称号；5月，景迈古茶园、糯福教堂荣获第七批全国重点文物保护单位；芒景村被列为

[①] 赵红梅：《民族旅游：文化变迁与族群性》，《旅游学刊》2013年第11期。

省级布朗族传统生态文化保护区等。另一方面，与老达保村邻近的西双版纳旅游区也为澜沧江一带输送了不少旅游客源。在国内，西双版纳的民族旅游是发展得较早的区域，也是云南省乃至国内有名的旅游目的地。2017年，随着景迈机场的修建成功，前往澜沧县和西双版纳的交通便利性得到很大程度的提升，如图3-11和图3-12所示。

许多游客在落地机场之后，除了前往西双版纳之外，也会被沿途丰富多彩的不同民族村寨和文化吸引。从地理位置上看，澜沧江东西两岸，是由山地和平坝组成的相互交错的山区和坝区。这里居住聚集着多个不同的少数民族，如拉祜族、佤族、哈尼族、傣族和布朗族等族的村落和梯田就分布于此，形成了良好的自然生态环境和丰富的民族文化资源。这些资源和交通条件，促进了当地的民族旅游发展，使得旅游业成为当地产业扶贫的主要内容之一。在此基础上，老达保村在这一整体性的旅游发展空间中得以分享到部分旅游客源，为村寨旅游展演的实践提供了先期的旅游客源市场和营销渠道，也为展演的旅游消费群体培育创造了基础性的市场空间和稳定的旅游客源。

图3-11　澜沧县所处的旅游空间图　　图3-12　2017年新修成的景迈机场
图片来源：2019年调研路途中自摄。

第三章　身体展演：旅游展演的生成与民族文化重构

另一方面，"生活的形态就是文化，人类生活既是社会生活，则人类文化当为社会文化。人所创作的文化，无论在其内容或外形上，渲染着浓厚的种族色彩和地方风光"。① 老达保村以旅游展演向外推介拉祜族文化，不仅是出于脱贫致富的生存需求，也是希望借助展演实践让更多的人了解"拉祜族"这一族群及其文化形态。事实上，在我国56个民族中，拉祜族并不是让人印象非常深刻的民族，其族群的知名度在主流社会中并不突出。但是，世人对有关拉祜族的一部电影《芦笙恋歌》及其里面的拉祜族芦笙舞曲《婚誓》旋律较为熟悉。1957年1月，电影《芦笙恋歌》正式上映，它是一部反映拉祜族人民在党的领导下对国民党残余势力进行斗争的电影，也展现了拉祜族青年男女淳朴甜美的爱情。在电影放映之后，电影主题曲《婚誓》风行一时，其优美的芦笙舞曲和浓郁的民族风格受到大众的广泛喜爱。1981年影片复映后，又引发了新一代年轻观众对《婚誓》歌曲的喜爱。因此，人们有可能对拉祜族文化并不一定知晓，但当他们听到《婚誓》这首芦笙舞曲时，总会唤醒对这一族群的些许记忆。在某种意义上，这是拉祜族文化在主流社会中延续下来的历史记忆，也是拉祜族对外展演的大众消费基础。

如果说《婚誓》主题曲中的"阿哥阿妹情意长，好像那流水日夜响。流水也会有时尽，阿哥永远在我身旁。阿哥阿妹的情意深，好像那芭蕉一条根。阿哥好比芭蕉叶，阿妹就是芭蕉心……"优美旋律成了拉祜族与主流社会对话的表层媒介，那么，来自城市的音乐人雷振邦深入拉祜族族群社会中帮助他们改编拉祜语歌曲的行为实践，则可以说是拉祜族与主流文化直接对话的深层交流。据澜沧县文化、旅游、体育局的工作人员介绍，以汉语唱出来的《婚誓》主题曲，其实是由著名音乐人雷振邦于1956年在澜沧县采风时，根据拉祜族民间的《送荷包》

---

① 张少微：《序》，载陈国钧编著《贵州苗夷歌谣》，文通书局1942年版，第2页。

旋律和《芭蕉一条心》歌词进行改编和再创作的，深受拉祜族人的广泛认同和喜爱。其中，《送荷包》是一首在当地拉祜族中流传的情歌，《芭蕉一条心》则是一首歌颂解放军的新民歌，均来自澜沧县民族民间的音乐文化。由此可见，充当拉祜族与现代社会交流媒介的《婚誓》并非全新构造，而是来自拉祜族日常生活中的情歌文化与芦笙舞曲文化，具有潜在的游客共鸣点，也自然地成了澜沧县拉祜文化对外宣传的一张现成"名片"。

此外，老达保村旅游展演在正式生成之前，从2004年开始，就被澜沧县人民政府有意加大宣传力度，向外大力推介，让其先后与中央电视台、中央人民广播电视台、新华网、人民网等主流媒体合作，其目的是全方位地借助歌舞表演形式宣传推介拉祜族文化，使拉祜族文化在频频亮相于各大媒体中逐渐被外界了解、接受和认可。随着拉祜族文化名声的对外扩大，老达保村旅游展演中的一些民间艺人也多次走进中央电视台、国家大剧院、上海大剧院进行演出。2013年7月底，国家民族事务委员会曾组派澜沧县民族文化工作队赴希腊参加第九届国际民俗舞蹈艺术节，实现了拉祜族文化走出国门、走向世界的突破。同时，通过30集大型民族题材电视剧《茶颂》、电影《回到爱开始的地方》的播映以及参加最美风景县、最具魅力村寨的评选等一系列文化外宣活动，拉祜族文化在主流社会中也不断增强了自身的影响力与知名度，为老达保村旅游展演的出现预先构建了一个为主流社会承认的叙事框架。

二　族群成员的身体转变与民族文化重构

身体，是人们感知空间的方式与媒介之一，它除了具有生物学意义之外，还具备社会属性，其行为亦成为社会实践的结果。在"文化转向"的热潮下，身体的实践及其物质性已成为研究特定社会空间和社会文化事件建构的重要视角,"身体"也被视为生成文化意义的重要尺度。[①] 在老达保村旅游展演的实践逻辑中,身体是不可或缺的形象载体和呈现中介。其中,族群成员演绎的传统民族歌舞已在共同生活和集体记忆中成为少数民族成员共享的身体经验。它作为人的一种实践活动,记载和映射着社会的发展。在此基础上,一个族群的历史记忆、社会变迁、文化观念乃至于世界观和宇宙观等都可以通过歌舞中的身体语言得以体现。

(一) 现实身体:身体的自在呈现

对于老达保村而言,在进入旅游展演场域之前的村民身体,其实是一种处于日常生活中的身体,可将其定义为"现实身体"。在传统村落空间中,这种"现实身体"更多表现为身体的自在呈现,无论是唱歌跳舞,还是穿衣打扮,大多都是为族群生活所需,是为自己的生产生活服务。例如,有些拉祜族传统民歌就常常是唱给自己和内部族群成员听的,是为缓解孤独沉闷的休闲时间而形成的一种"私密性"的自我表达,重在个体情感的抒发和情绪的排解,并不需要专业的形式和与外界互动的策略技巧。更多的时候,在拉祜族内部的宗教仪式、节庆节日和礼仪娱乐之中,某些吟唱或歌舞也被用于族群成员或族际之间的交往交流,以此为族群成员之间的择偶聚会、贸易往来和凝聚力增强创造机会。在这样的原生环境中,歌者舞者与观众往往共享着一套当地人才能心领神会的"地方性知识",即具有文化特性的地域性知识或称之为本土知识。[②] 这套知识体系只有在一定地理与文化区域范围内的"局内人"才能够识别阐释和彼此理解,它通常是基于符合乡土社会或族群世界运行机制的传统集体观念及其承载方式而产生的,具有排他性和独享

[①] 王敏等:《传统节庆、身体与展演空间——基于人文地理学视觉量化方法的研究》,《地理学报》2017 年第 4 期。

[②] [美] 克利福德·格尔茨:《文化的解释》,韩莉译,译林出版社 2008 年版,第 24 页。

性。毫无疑问，在这样的知识系统中，传统的史诗吟唱或歌舞唱跳等文化内容已成为"我者"与"他者"的识别边界，其重点在于执行者与观看者对共享知识的符码解读与交流过程，而不只是对单纯的歌舞形态的追求。由于没有外来者"凝视"权力的作用机制或是自我评价意识缺乏镜像认同参照，本地族群成员的身体在此时此地是自在呈现的，如图3–13所示。

图 3–13　老达保村民自娱自乐时表演的《芦笙舞》场景

图片来源：2019 年田野调查自摄。

这种身体的自在呈现，往往会有利于保留族群成员的身体活力与创作灵感。例如，在基本框架下，民间歌手的即兴创编会在本土语境与受众的接收过程中随时迸发出新的火花，从而创造出传统文本规定与歌手个性化创编之间的游移空间及其趣味之所在。这也是村民李娜倮能够在原生环境下和村民们不断创作出众多拉祜民歌的重要原因之一。同时，这种身体的自在状态，也会诱发族群成员对外界新生事物的好奇与热情，从而容易吸收和接纳外来不同文化元素，如李石开的卖猪买吉他行为以及后来的以吉他弹唱为自己古老的歌舞伴奏场景。通过这一对父女

第三章　身体展演：旅游展演的生成与民族文化重构

的创新性实践，不仅新生事物得到了全体村民的接纳与认可，也促使拉祜族传统文化在新时代背景下获得了新的发展契机与传承空间。当然，不得不承认，这样自然呈现的身体，并非"诗意"与"无忧"的代表。当他们遇到现实生存需求的问题时，也会将唱跳歌舞的手脚用于农业劳动生产之中或是外出寻求谋生出路，从而让这种在原生文化环境下的身体逐渐远离本民族传统歌舞的操行，同时会因全球经济一体化大潮的到来而受到现代文明的影响，致使这些身体在遭遇新的消费主义与现代审美凝视目光时，变得无法再从容自如或一如既往的自由自在。

（二）技术身体：身体的功能呈现

身体，在现实生活中总会受到各种各样力的作用。老达保村民的身体，也同样如此。从中华人民共和国成立后的"直过民族"到现在国家脱贫攻坚政策话语中的重点扶持对象，老达保村民的身体一直处于党和国家的关照与帮扶之中，当然，也会受到现代市场经济、外来经营资本、文化消费需求、国家非遗保护等不同因素的影响。从前面村民们学习吉他的技术生成过程来看，老达保村民的身体因对新生事物的学习与接受而拥有了新的资本要素，并在族群精英的引领下获得一些技术成果与展演经验，逐渐成为老达保村旅游展演正式形成的身体基础。

一方面，身体在旅游展演场域中是空间生产与社会关系的产物，也是一系列不同力量作用的结果。法国哲学家列斐伏尔明确提出"空间的生产"这一概念，认为空间不是背景而是生产要素本身，空间的生产是一个不断自我生产和膨胀的"空间的实践""空间的再现"和"再现的空间"三元一体复杂体系。在这一体系中，"（社会）空间是（社会）产物"为其核心，资本、权力和阶层是影响空间生产的主要政治经济和社会要素，空间中弥漫着社会关系。[①] 在此阐释的背景下，"空间的实

---

① 郭文：《空间的生产与分析：旅游空间实践和研究的新视角》，《旅游学刊》2016年第8期。

践"则注重使用者的社会文化身份及其占据空间的过程,并关注行为对象同其他主体的权力关系。从行为主体的角度看,空间实践可被理解为带有一定身份特征的使用者对空间介入、占据或创造及多主体相遇下的社会关系再生产过程,主要包括主体的身份差异、占据空间的行为和权力关系的运作等方面。[①]

在老达保村,其村民身体的展演化生成过程,本身也是一个空间生产过程,尤其是空间实践所致。

首先,从村民演员身份的形成来看,经调查,《快乐拉祜》实景演出中的演员,全部是老达保村地地道道的村民,受教育程度不高,全都是拉祜族,男女老少各个年龄层次均有,但以中青年村民居多,仅有少部分学生在放假时会参加表演,见表3-5。

表3-5　　　　　　　　老达保村民演员群体的基本特征

指标		占比(%)	指标		占比(%)
年龄	≤30	5.46	学历	小学以下	21.64
	31—40	45.54		小学	43.73
	41—50	31.02		初中	17.05
	51—60	16.45		高中	12.15
	>60	1.63		高中以上	5.43
性别	男	56.23	职业(成为演员前)	农民	96.73
	女	43.77		学生	3.27

资料来源:根据2019年田野调查资料统计整理。

老达保村,作为一个少数民族传统村落,本就是民族传统文化的原生地和集中地,其拥有的文化基因和元素最为丰富和真实。在这样的原

---

① 王权坤等:《身份、流动与权力:街头摊贩的空间实践》,《人文地理》2020年第6期。

生文化空间中，村民们因拥有同样的历史记忆而具有相似的身体经验。在村寨里，家人、亲戚和邻里之间的社会交往常常带来信息的传播，诱发学习模仿，如村民跟着李石开学习吉他弹唱，传唱李娜倮自己写的歌等。这种邻里效应有助于塑造村民的演员身份，即使之前因为生计问题而中断了歌舞唱跳的村民，在平常的邻里接触中也会被文艺爱好者带动和感染，从而造成不同个体身体之间的效仿和感染，促成集体性的村民展演形成。由此可见，村寨空间成为社会联系的引力场，其中的日常邻里接触至少提供了观察机会和学习平台，从而有助于村寨族群成员形成相对一致的生活模式和对旅游展演的参与。值得一提的是，旅游展演特有的"空间效应"，既能够让人留在家里就可以表演挣钱，又可以为村民提供照顾家庭的便利，身体会受"就近赚钱"的吸引而选择从外面回归或不再外出，从而为旅游展演的人才保持奠定了基础。

其次，从村民身体所受到的各种力来看，政府主导、市场化实践并统筹利用各类社会资源，以此凸显旅游的经济、文化、社会等功能，尤其是旅游的经济属性最为明显。对于2006年以前人均纯收入仅1000元左右的老达保村，其首要任务自然是脱贫致富，让村民身体摆脱贫困。随着国家对少数民族地区各项优惠政策的推出，"牢牢把握各民族共同团结奋斗、共同繁荣发展的主题，保障少数民族合法权益，巩固和发展平等团结互助和谐的社会主义民族关系"是其主旋律。因此，在地方政府的主导下，引入各路社会资源对老达保村进行脱贫帮扶成为空间实践的主要目标。于是，不少单位、部门和机构相继进入老达保村，以各种方式对其进行扶贫引导。这些主导者和帮扶方就成为老达保旅游展演生成的各种力量，以其相互之间形成的关系网络对村民的生活环境及其身体进行各种作用，包括乡村环境整治、民族文化保护与传承、开展民族旅游演艺规划与设计、培训村民和活动策划等。从空间实践角度看，上述各种活动举措来自不同身份的主体，其行为实践本身就是不断占据、渗透村寨空间的过程，也表现了权力、资本、阶层等带有明显空间生产色彩的关系运作，从而使得村寨空间被不断重构，其旅游展演空间也得以凸显，最终导致了空间中的村民身体被旅游展演所规训和改造，留下一系列表演性的印迹。

另一方面，在空间实践各种地方性力量的作用下，老达保村的旅游展演也借鉴其他旅游演艺产品的做法，以"舞台表演"的方式进行旅游化生产，以便适应大众游客的旅游时间受限、游览节奏紧凑和休闲愉悦需求等消费特征。当民族传统文化被置于"舞台化"这一新语境中时，表演文化的村民身体也必然会受到诸多影响，如服饰、化妆、手势动作以至表演心理等，都与日常生活的"舞台"差别很大。因为，当日常生活中的"现实身体"被要求向"展演身体"转变时，"现实身体"必须接受一些能够适应"舞台化"原则的技术训练，即身体规训和改造，从而符合舞台交流和消费主义的基本要求。"身体规训"，是福柯在《规训与惩罚》一书中的一个重要概念，它指的是无论在哪个社会里，人体都要受到严厉的权力控制。这些权力通过控制的规模、对象和模式来实现对身体的规训。其中，控制的对象指的是机制、运动效能、内在组织等；控制的模式意味着对空间时间和活动的编码来给身体各种压力、限制或义务。在这里，权力并非被当作一种制度，也非一种结构，而是视为一种"复杂的策略性情境"，一种"力量关系的多样性"。权力通过"社会的身体"，以"一种链的形式在运作"，通过一个涵盖所有人、如网一般的组织在运作。必须指出的是，福柯提出的权力关系，并非单纯的宰制模式，而是具有一种生产性的实践模式；身体在这里是作为一种生产力而受到权力和支配关系的干预，是处于流变的过程而具有可塑性的。除此之外，在福柯系谱学研究中，知识也是与权力具有同等地位的决定因素。知识因为权力而得以显现，它既不是客观的也不是主观的，而是某个时代或历史时期可见的和可说的事物的配置、

第三章　身体展演：旅游展演的生成与民族文化重构

分布，是历史变迁的某个特定时期的权力产物。①

在老达保村，村民们的身体最初主要是在传统的农业生产结构中衍生发展。当各方力量准备让村民身体担负起旅游展演的劳动时，村民们的身体势必会受到权力的干预与指引。由上述关于老达保村在现代化发展语境下遇到的"复杂策略性情境"分析来看，村民们的身体遭遇的权力，主要来自"多样性的关系力量"，包括党和国家、地方政府、社会资本力量、旅游消费市场、村民自身诉求等。与此同时，这些权力显现出来的知识，也是旅游展演实践需要遵循的指导原则，如为迎合旅游者对"想象原生性"消费需求的"旅游原生态复原"，为回应国家对民族传统文化保护与传承精神的"非遗活态化展示"等，既有地方性知识的支撑，也有现代消费审美凝视的引导，还有专业舞台化展现与交流的技巧等。因此，这些权力和知识共同作用于村民身体之上，就会产生一系列的身体规训与改造，从而让村民在获得身体技术的同时，也表现为一种功能性的身体呈现图式，如图3-14和图3-15所示。

图3-14　村民在城市演艺厅里的排练　图3-15　村民在老达保村旅游舞台上的表演

图片来源：2019年田野调查自摄。

---

① ［法］米歇尔·福柯：《规训与惩罚》，刘北成、杨远婴译，生活·读书·新知三联书店2019年版，第51页。

· 125 ·

（三）符号身体：身体的形象呈现

让·鲍德里亚（Jean Baudrillard，又译作尚·布希亚）认为，现代社会是一种消费快速取代生产的社会形态，在这个社会里，充满了代表丰裕的象征符码。一切物都是被"以身为度"进行的符号内蕴式的心理意象消费。① 在鲍德里亚的第一部著作《物体系》中，他指出："物所拥有的'不再是独一无二的临在感，而是一种整体的协调性，来自把它们转化为符码元素的简化过程，及物物间相互关系的推算'。"② 因此，"如果我们排除纯粹的技术物品（因为作为主体，我们和它们从无关联），我们便可以观察到两个层次的存在，那便是客观本义和引申意义层次（透过后者，物品被心理能量所投注、被商业化、个性化、进入使用，也进入了文化体系）"。③ 进一步地，在文化体系中，卡西尔又指出，人是符号的动物，文化是符号的形式，人类活动本质上是一种"符号"或"象征"活动，在此过程中，人建立起人之为人的"主体性"，并构成一个文化世界。④ 在这个世界中，身体作为文化的载体和媒介，它时刻被文化、教育等因素修饰并改造，其身体知识、身体经验和身体形象都受制于具体的生活环境和文化形态。自然地，当传统的身体被抛入现代社会之中时，它遭遇的文化环境是符号所编码的社会；当"身体"深陷于符号编码之网时，"肉身"的身体就成为一个文化事实和最美丽的消费品。对此，鲍德里亚通过符号学的理论中介，形成主客关系的"物—身体"场域，在这个场域内建构了基于符号/物的"身体"消

---

① ［法］让·鲍德里亚：《消费社会》，刘成富、全志钢译，南京大学出版社2014年版，第51页。
② ［法］让·鲍德里亚：《物体系》，林志明译，上海人民出版社2019年版，第22—23页。
③ ［法］让·鲍德里亚：《物体系》，林志明译，上海人民出版社2019年版，第7页。
④ ［法］罗兰·巴尔特：《符号学原理》，李幼蒸译，中国人民大学出版社2008年版，第69—70页。

第三章 身体展演：旅游展演的生成与民族文化重构

费的精神需求意象，"身体"作为消费场域自此走到资本主义舞台中央。[1]

与此同时，民族形象是一个国家民族发展水平、文化价值观念、精神气质的综合反映，它包含"自我"的建构和"他者"的形塑。对于"自我"的建构，一方面是国家通过相关媒介对其形象进行塑造，以形成族群的民族凝聚力和国家认同，以期维护文化多样性和提升影响力；另一方面是族群的自我建构，通过各方力量"言语"之后的重构，形成了当下田野中族群传习、共享的身体语言与自我现状的表达，表现为对自我形象的认知。因此，民族形象是通过一系列符号表意系统呈现的。那么，少数民族如何通过符号表征来建构自我形象？这就不得不提到上述福柯所说的权力知识谱系。福柯认为，知识是通过话语生产出来的，"话语"是一组陈述，这种陈述为谈论或表征有关某一历史时刻的特有话题提供了一种语言和方法。[2] 话语，在此既包括语言，也包括实践；话语不是工具，而是生产知识的力量。在符号学方法中，不但各种词语和形象，而且各种物体本身均可担当语言的角色，如摄影、音乐、歌舞、人物等。只要能产生意义，都可以看作一种语言，包括本书要论述的村民身体及其符号化语言。

调查结果显示，在澜沧县委县政府及相关主管部门的组织领导下，老达保村的旅游展演实践主要包括舞台表演空间的构筑、旅游演艺公司的组建、展演人员的身体训练和表演产品内容的设计等内容。在这一系列过程中，旅游展演实践必然会引起身体的修饰、动作的规训、角色的转变和舞台空间适应等诸多变化，进而使得村民的身体经历一个从"现

---

[1] 张再林、鲁杰:《物·符号·身体：鲍德里亚〈物体系〉的关键词解读》，《中南民族大学学报》（人文社会科学版）2014 年第 3 期。

[2] [英]斯图尔特·霍尔编:《表征：文化表象与意指实践》，周宪、许钧主编，商务印书馆 2003 年版，第 64 页。

实身体"到"技术身体"再到"符号身体"的转换过程，其功能也是从自娱到他训再至娱人。在旅游凝视力的作用下，当老达保村民的身体从日常世界进入"旅游舞台"空间之后，他们的身体作为拉祜族的形象符号代表成为与游客互动交流的媒介。

首先，"交流符码"的构建。由于老达保村旅游展演是以舞台化的形式向游客推介拉祜族传统文化，其舞台化的实践方式必然要求表演的专业化，因为村民身体在进入这一新兴空间时，其身体就已成为游客眼中的"拉祜族"形象代表，与身体相关的所有演绎也成为拉祜传统文化内容的展示。此时，村民的身体不再只是日常生活中的自我表达，还变成了一种"交流事件"的媒介，需遵循其中关于信息符号传递的系列法则，如身体形态的丰富化和美观化，身体动作的统一化和整齐化，身体语言的转译性和传达性等。在此过程中，村民演员与游客之间需要迅速建构出一个基于旅游展演的、文化记忆式的、具有文化理解性地再造语境及一套基于多元游客群体交流互动的符号系统。换言之，旅游舞台上如何呈现，已不是村民身体的自主选择和自由发挥，而是要经历节目编排者"二度创作"，从而进入一个"再语境化"的过程。

其次，"形象系统"的打造。既然身体要经过"表演"这一通道才能呈现给大众游客，那么，借着现代旅游者的审美倾向而对文化持有者身体"颜值"与"形象"的打造，则是必不可少的。事实上，村民们的身体在未进入表演场景中之前，大多是长期生活在田间地头、茶园种植等传统农耕环境之中，对于"何谓旅游""怎么表演""如何装扮"等事项并不熟悉。后来，在当地政府的安排下，部分村民已走出大山，到大都市和主流社会中进行文化表演，身体开始拥有展演技艺与舞台经验，并且对外界文化也有接触和体验。但是，当自己的村寨需要将民族传统文化作为旅游产品进行商业化售卖，原来的农业身体必须经历市场化思维和现代服务业的改造，方才能满足大众游客对"美丽""淳朴"

第三章 身体展演：旅游展演的生成与民族文化重构

"热情""好客"等民族形象的符号化想象。于是，在田野地，我们可以发现老达保村的中青年女性村民一旦在登上舞台前，都会用化妆品在自己原本有点黑的面孔上抹白，也会稍稍地在自己嘴唇上涂点口红，从而增加旅游展演中的形象美，如图3-16所示。

图3-16 拉祜族女村民在表演之前的化妆

图片来源：2019年田野调查自摄。

我们问她们："这样做，是自己觉得可以更美呢？还是管理者要求她们这么做的？"她们告诉我们："娜傈（演艺团负责人）要我们这么做的""我们也觉得漂亮、好看。"由此可见，主动或被动的身体修饰已然开始，尽管在拉祜族的传统审美观念中是"以黑为美"，但在旅游凝视带来的现代审美需求影响下，少数族群的审美观念也在改变，并在她们的身体上得到迅速反馈。同样地，她们的传统服饰也是在日常生活的款式基础上给予了美化与提升，其服饰中的颜色配比更加鲜艳亮丽，布料也比较精良，是由演艺公司统一定制生产的。当然，身体的外在改变其实并不太大，服饰的款型基本上还是遵循传统样式，妇女和姑娘们头上的发髻仍然插着拉祜族的图腾——葫芦饰品，身上还是挎着拉祜的代表性服饰符号——拉祜族织锦挎包。无论是在舞台上的正式表演,还是舞台下的待客场景,负责接待游客的村民们都会穿着舞台上的拉祜族服饰,斜挎着拉祜族包包,并背着一把吉他。此时此刻,拉祜族服饰、包包和吉他,不仅是他们在从事表演劳动时的道具物件,也是向游客展示拉祜族族群形象的符号载体。这些典型的拉祜族文化符号汇聚在一起,至少可以让游客在刚接触的时候就获得印象深刻的凝视感受,尤其是吉他,让许多游客都深感好奇和惊喜。在路上,当他们看到一位手拿吉他、斜挎竹篓、身穿民族传统服饰的拉祜族妇女形象时,其少数民族先前在心中的固有印象被颠覆,未曾料到浸润在乡土世界中的身体,还可以与西方现代艺术合为一体,且毫无违和感。在老达保村,这种"土洋结合"的混融性身体符号,体现了族群身体被旅游再生产之后的形象呈现,如图 3-17 和图 3-18 所示。

图 3-17 和图 3-18　老达保村里"土洋结合"的拉祜族女村民演员

图片来源:2019 年田野调查自摄。

第三章 身体展演：旅游展演的生成与民族文化重构

最后，"表演动作"的规范。因为村民们的身体是从田间地头来到旅游舞台上，这就意味着乡土歌手通过旅游展演迅速进入大众游客的视野，他们用身体表现出来的民族歌舞文化已从原初语境中被抽离出来，接受新的"再语境化"过程。其中，每个演员的身体动作会在澜沧县文化主管部门所派出的老师的指导下完成规范过程，如身体形态的学习、歌舞场景的设计、舞蹈动作的编排、表演队形的变化等。在调研中，我们着重访谈了表演团体中的一位主持人和四位中青年村民演员，询问他们对表演动作被规范后的感受。

问："请问，你以前当过主持人吗？"

主持人："没有啊，我们都是农民"。

问："那现在站在舞台上当主持人，感觉怎样？"

主持人："还好啊。每天可以看到很多游客，来自各个地方，可以向他们介绍我们的文化，很高兴。"

问："在当这个主持人之前，需要特别学习什么技巧吗？"

主持人："要哦，当然要。是县里派来的老师下来给我们指导。最开始，我普通话都说不太好，是老师一个字一个字教我们读，好得很！会读了以后，就让我背。因为不能拿着稿子上去说嘛，所以，我就要把这些（指主持词）背下来。背得比较熟了，就可以上去排练主持了。"

问："那应该比较辛苦吧？第一次上台紧张吗？"

主持人："还好嘛。村主任给我们说，这个是要上舞台的，给客人讲，让他们明白我们跳的是啥，要通过我的主持介绍我们拉祜族的文化，我还是很愿意做这个工作的。紧张，第一次上台前的晚上，我都紧张得睡不着觉。但是，慢慢熟了就好了。有时候紧张了，还会忘词……"

问："老师还教你们什么吗？"

演员1："还有在舞台上站的时候，背要挺直，尽量让自己身体好

· 131 ·

看一些。因为要面向客人嘛，不能太难看。"

演员2："还告诉我们要微笑，眼睛要看到游客，不要不好意思。要显得很热情，很有精神，很开心的样子。因为我们是快乐拉祜嘛，要快乐，快乐，再快乐些。我们本来就是一个快乐的民族。"

问："你们在舞台上表演的一些动作，和平时生活中唱的跳的是一样的吗？"

演员3："是一样的啊！我们平时也是这么跳的。只是在舞台上要整齐一些，更好看一些。好多动作没有全部跳完。"

问："那就是说有老师在教你们啰？"

演员4："是啊，有的，公司成立的时候县上就有老师来教我们。还有我们自己村里的那些会跳的老辈子，还有周围村子里的一些老辈子过来教我们。"

问："那他们主要教你们什么呢？"

演员3："芦笙舞嘛，摆舞嘛，还有好多我们拉祜族的曲子跳舞嘛……多得很。还有我们娜倮在教我们唱歌，弹吉他这些。"

问："老师在教你们的时候，会对你们的动作做一些改变吧？还有跳舞时的队形这些，也要排练吧？"

演员2："会的，要变一些的。那不是平时，我们节庆跳的时候要更自由一些嘛！我们可以吹着芦笙，有时候临时改变吹的曲子，大家就会跟着曲子变跳舞的动作。比如，从青蛙的动作到鸭子的动作，从锄草的动作到晒谷子的动作……赶着气氛、热闹来。现在在舞台上的话，就得按照老师编的来，记住一些固定动作，不能随便变的。要不然，表演出来就乱了，不好看了。"

问："那你们认为哪个时候的动作更好看呢？"

演员1："还是舞台上的好看些。跟老师学了一些动作，比如下腰、扭胯这些，感觉动作摆动得比以前要大些，还要更好看些了。"

演员2："都好看。舞台上是要给客人看的，肯定要听老师的嘛，他们懂得多，教给我们的适合在台子上跳一些。我们自己节日里跳的，更热闹一些，自由一点。"

演员3："我还是比较喜欢我们平时跳的，舒服一些，不用记那么多动作。我记性不好，有时候在台上会忘记咋个跳了，就是按照老师说的那个跳法。但是我们自己跳的时候，就不用去记嘛，反正会跳。"

演员4："要我们为客人跳了之后，每天晚上都要排练，有点累。有时候家里有事，还要请假。没得以前那么好耍了。不过，大家经常在一起，也还是可以。"

由此可见，在经由表演动作被规范之后，村民的身体已经经历了一个从"生活身体"到"艺术身体"的转型。当然，这种"艺术身体"并没有达到专业艺术人士的那种身体规范性，但也是在原有劳动性的身体上开始融入了对世界的理解和新的审美观念，包括舞台适应力的从无到有，身体表现力的从弱到强以及民族文化认知的由少到多等一系列变化过程。正如鲍德里亚认为的，对于色彩和气氛这些本来就归于文化体系内的元素，符号运作表现得更为容易。[①] 当村民们以自己的符号化身体向各路游客展示拉祜族文化形象时，他们不仅吸引了主流社会人群的目光，也给他们自己创造了新的生存空间和发展方式，从而以自己身体被重构后的新形象去进行拉祜族文化的展示和传播，进而影响到民族传统文化的保护与传承。

三 旅游展演的符号呈现与民族文化变迁

如果说老达保村村民在舞台上的身体呈现是一种符号化的形象展演，

---

① 张再林、鲁杰：《物·符号·身体：鲍德里亚〈物体系〉的关键词解读》，《中南民族大学学报》（人文社会科学版）2014年第3期。

那么，舞台上向游客展示的拉祜传统文化则是另一类符号化的内容呈现，即对民族传统文化进行符号化生产之后的产物和结果。从符号主义文化观出发，文化具有符号特性。根据索绪尔的符号学原理，符号可分为"能指"（signifier）和"所指"（the signified）两个方面。能指是由物质、行为或表象载体充当的对符号意义的指称或指向；所指是符号的"意义"，是通过符号载体来提示、显示和表达的。能指和所指的统一，就构成一个完整的符号。[①] 其中的所指，即"意义"又可进一步分为客观意义和主观意义两种。客观意义指某个符号单元所具有的、自然化了的、为大众共同接受和遵从的意义，其存在是文化存在的基本前提；主观意义指的是符号使用者按一定的符号规则和编码对符号单元进行选择和组合而表达的个人的含义或意识。主观意义的表达之所以成为可能，正是因为基本的符号元素与客观意义之间有着内在对应的联系。人们通过对这些基本符号元素按一定规则加以创造性的组合和运用，便可达到创造和表达主观意义的目的，[②] 这是符号化生产在民族传统文化重构中的运用基础。

文化重构，顾名思义，即文化的重新构建，是对已有某个文化现象的再加工，再创造；也是人们对已有的文化现象的再认知。[③] 其中，在旅游展演实践中，符号化生产被认为是文化重构手法中最主要的方式之一。在消费主义和旅游语境影响下，旅游展演因为本身具有的时空交流有限属性，所以为了适应大众旅游快餐式的消费节奏，旅游目的地大量使用文化表征、符号化生产、场景重置等手段来进行旅游产品的生产与供给，就是其常态。在这一过程中，人们消费的是符号的意义，符号化

[①] ［法］罗兰·巴尔特：《符号学原理》，王东亮等译，生活·读书·新知三联书店1999年版，第25—39页。

[②] 王宁：《消费社会学（第二版）》，社会科学文献出版社2011年版，第109—111页。

[③] 王生鹏、钟晓焘：《全域旅游背景下民族文化重构与保护——以北川羌族自治县为例》，《西北民族大学学报》（哲学社会科学版）2018年第4期。

的思维和符号化的行为是旅游展演实践中最富于代表性的特征。有学者认为，对某一种文化的理解"要引用或创建一种在得到普遍认可的展示和表现文化景观的符号语言系统，即使这种语言不是统一的，但是可以被这一场景中的人们所认识"。[①] 于是，为了达到吸引游客，营造民族形象，展现独具一格的歌舞、习俗、服装、建筑等民族景观的目的，生产者常常借助戏剧化的舞台形式，将那些散落在生活中的寻常习惯、习以为常的现象和事件（"原生符号"）进行选择性加工和符号化编码，在舞台上重新拼接、组合，从而形成新的文化"再生符号"。这种"再生符号"的实质就是符号表达者用来表达某种主观意义的符号组合。因此，从某种程度上讲，民族传统文化可以被看成一种符号系统，是符号载体（能指）、符号规则（编码或符码）和符号意义（所指）的统一，具有一定的符号性。相应地，对于旅游展演实践中的民族歌舞表演，从文化的角度来看，它实质上是指在一个特定的时空背景下，借助相应的道具、布景的辅助手段，向游客展示文化主体的才艺、形象，传达某种符号信息。这种表演，既不是纯粹的艺术表演，也不等同于戈夫曼所说的日常生活中的表演，而是专指民族旅游中的文化展示。[②]

对于老达保村的民族歌舞表演，根据其节目单内容和不同时期所做的部分调整策略可知，符号化生产手段与文化重构原则也在其内容呈现中表现明显。

首先，从我们于2019年春节和国庆两个不同时段对老达保村《快乐拉祜》实景演出的内容调研来看，它的展演形式仍然以拉祜族传统歌舞为主，兼顾少量的实景片段演出，其演出内容大致可分为三类：传统再现类、主客互动类和歌曲创新类，见表3-6。

[①] 张国洪：《中国文化旅游：理论、战略、实践》，南开大学出版社2001年版，第60页。
[②] 徐赣丽：《民俗旅游的表演化倾向及其影响》，《民族研究》2006年第3期。

表 3-6　老达保村《快乐拉祜》旅游展演节目内容统计表

表演时间	传统再现类	主客互动类	歌曲创新类
2019 年春节	《牡帕密帕》史诗吟唱片段	《欢迎你》（拉祜族男女集体歌舞献茶）	全体吉他弹唱《快乐拉祜》《实在舍不得》
	拉祜族多声部合唱《打猎歌》	与游客互动节目《游客学跳摆舞》	
	拉祜族男女集体舞《下地劳动舞》		
	拉祜族男子集体舞《芦笙舞》		
	拉祜族女子集体舞《捕鱼舞》		
	拉祜族女子集体舞《摆舞》		
	拉祜族传统歌曲《婚誓》（男女合唱）		
	拉祜族传统服饰展示		
	拉祜族文字母歌学习（拉祜族儿童表演）		
2019 年国庆	《牡帕密帕》史诗吟唱片段	《欢迎你》（拉祜族男女集体歌舞与献茶活动）	全体吉他弹唱《快乐拉祜》《实在舍不得》
	拉祜族多声部合唱《打猎歌》	与游客互动节目《游客学跳摆舞》	拉祜族舞蹈《颂党恩》
	拉祜族男女集体舞《下地劳动舞》	拉祜语歌曲《我爱我的祖国》	
	拉祜族男子集体舞《芦笙舞》		
	拉祜族女子集体舞《捕鱼舞》		
	拉祜族女子集体舞《摆舞》		
	拉祜族传统歌曲《婚誓》（男女合唱）		
	拉祜族传统服饰展示		
	拉祜族传统乐器展示（芦笙、响篾）		

资料来源：根据 2019 年田野调研结果整理而成。

第三章 身体展演：旅游展演的生成与民族文化重构

由上表可知，老达保村在进行村寨旅游展演内容选择上，内容最多、占比最大的是传统歌舞文化再现类，包括作为拉祜族人民的精神支柱——无伴奏多声部的《牡帕密帕》史诗吟唱、具有代表性的民间舞蹈——拉祜族男子《芦笙舞》、女子《摆舞》和一些反映拉祜族传统生产劳动、谈情说爱、休闲娱乐等日常生活场面的歌舞文化。另外，主客互动类和歌曲创新类节目也占有一定比例，但权重不大。值得一提的是，在老达保村的实景演出节目中，还特意安排了村寨儿童和老人上场，穿插在歌舞表演之中，表现出"全民演出"的特点，如图 3-19、图 3-20 和图 3-21 所示。

图 3-19　拉祜族传统女子舞——《摆舞》　图 3-20　拉祜族老人无伴奏史诗吟唱

图 3-21　拉祜族儿童（与大人一起）登上舞台表演合唱节目

图片来源：上述图片均为 2019 年田野调查自摄。

其次，从节目演出的内容选择和生产路径来看，依然符合符号化生产在旅游展演实践中的运用。通过对《快乐拉祜》实景演出内容的具体分析，可以发现，其符号化生产方式主要包括不同文化特质的符号选取及呈现、族群传统文化符号的重构再现、族群原生文化符号的创新及再造等手段。对于不同文化特质的符号选取及呈现，文化作为符号系统是人创造的，是人们在处理人与自然、他人和自我的关系中形成的象征秩序。根据索绪尔的观点，符号单元和意义之间的对应关系是任意的，用什么符号来指某个特定的东西，具有一定的任意空间，但这种"任意"又不是纯粹的偶然，而是有一定的必然性，是集体选择的结果。[①]旅游演艺公司董事长张扎阿告诉我们，这场《快乐拉祜》原生态实景演出主要是想向游客展示拉祜族的传统文化，尤其是其中的拉祜族传统歌舞文化。因此，县里派来的节目编排老师和他们一起选取了拉祜族的代表性歌舞文化符号，如最具代表性的拉祜族男子民间舞蹈《芦笙舞》和女子《摆舞》，还有一些反映拉祜族人民平日里生产劳动、生活方式的歌舞符号。由于舞台表演的时间主要分为上午十点和下午四点两个时段，且多集中在春节、五一、国庆、葫芦节等节庆假日期间，再加上每次表演完整台节目需要一个半小时。因此，如何在较短的时间内向游客展示拉祜族中具有观赏性和典型性的文化符号，是考虑的重点。从上述节目单的内容来看，老达保村的旅游舞台表演从歌舞内容、旋律曲调到舞蹈动作、演唱方式等，都根据现代游客的大众审美标准重新进行了修改、编排和组合，基本上形成了程式化的"开场迎宾客、中场歌舞表演和游戏互动、末场吉他弹唱欢送"三部曲，呈现出传统、创新与互动等不同特质的文化符号片段组合的特征。

---

① [法]罗兰·巴尔特：《符号学原理》，王东亮等译，生活·读书·新知三联书店1999年版，第41—42页。

第三章 身体展演：旅游展演的生成与民族文化重构

事实上，民族传统文化在呈现给游客观看之前，就已经因为全球化、现代化等因素的影响而逐渐出现衰退和面临消亡的危机。同时，这些在原生地的日常生活文化也会随着时间的变化而处于不断变迁之中，并非完全恪守大众游客想象中的"原始性"与"固有印象"。如果让游客来到村寨，直接体验"此时"的传统文化，这远不能满足游客对异文化的想象，因为游客脑海中想象的民族传统文化已经因为外界的各种力量渗入而呈现出复合多元的特点，其"传统性"并非那么纯粹。由此，对于族群文化记忆的恢复及文化符号的模拟再现，成为老达保村旅游舞台表演符号化生产的主要方式。当然，这些被恢复再现的文化符号，也并非都在族群当前的日常生活中消失。但是，这些族群成员的日常文化符号大多具有零散性、碎片化和朴素化等特征，且相对具有代表性的特色文化也都在一定的时间、空间内才能展现，如宗教仪式场合、族群传统节庆时段和族群成员重要的人生节点时候等，而这些日常化的民族文化符号并不能在游客来到村寨的时候体会到，也无法更集中和更形象地展示民族文化的特色。所以，老达保村会将拉祜族的最重要精神性文化符号如《牡帕密帕》史诗吟唱、无伴奏多声部合唱《打猎歌》等以短暂的文化符号再现性场景片段插入节目之中，力图让游客体会到拉祜传统文化的"原味"。但是，由于民族旅游舞台的多重符号化编码，原本存在于民族宗教仪式或原始打猎社会中的文化符号在经过重新组织、安排设计之后，其"能指"与"所指"均有不同程度的变化，其表演脱离了最初的原生性空间，很难再具有深邃的宗教祭祀文化意蕴和族群成员原始谋生场景的艰辛意味，从而导致民族文化在旅游展演化的情境下还是不可避免地发生了精神内涵性的变迁。

最后，老达保村不同于其他少数民族村寨旅游展演的地方，主要在于他们还拥有自己对传统文化要素的创新能力，并可以将其作为资本呈现在节目表演之中，如节目最后的吉他弹唱拉祜族民歌《快乐拉祜》

和《舍不得》这两首压轴歌曲表演。在某种程度上说，这也是他们与游客能够产生良好互动的主要内容之一，是在展演空间中成为最有意义的文化表征活动。正如英国文化研究学者斯图尔特·霍尔在《表征：文化表象与意指实践》一书中将表征理解为赋予事物以价值与意义的文化实践活动，是一种意指实践。霍尔在指认表征的实践即"指把各种概念、观念和情感在一个可被转达和阐释的符号形式中具体化"。① 这两首歌曲，从创作的源头来看，是村民李娜倮日常创造的产物。在此基础上，将这首歌曲用吉他弹唱出来，让全体村民集体性地登台表演，并借这首歌曲作为一种与游客对话的语言，让游客能够感受到东道主的快乐和不舍情感，恰好表达了拉祜族族群成员有关人与人之间的各类定义、观念和情感，最终转化为一个个可以具体化的、被传达和解读的符号形式，从而以对物质的精神生产实践和对空间的无限联想而赋予新生意义和创造出符号化的表征空间，完成旅游展演化情境下的文化重构过程。

---

① ［英］斯图尔特·霍尔编：《表征：文化表象与意指实践》，周宪、许钧主编，商务印书馆2003年版，第10页。

第四章　主客互动：旅游展演的呈现与民族文化交流

美国社会学家欧文·戈夫曼（Erving Goffman）将"互动"宽泛地定义为当共同处于即时性的身体在场时，个体对彼此行动的交互影响。① 在面对面的互动过程中，有关个人特征的信息及其传达出来的标记是身体化的，姿势语言也是身体化的，感官的接收能力和身体化的信息传达是面对面互动的重要沟通条件。按照戈夫曼的说法，个体的表意性行为主要涉及两种不同类型的符号活动，戈夫曼称之为"给予"（gives）与"流露"（gives off）。② 所谓"给予"，指的是个体明确地使用特定的言语符号及其替代物，以传达附着于这些符号的信息；"流露"是被他人视为行动者之征兆表现的各种行动，并假设行动的真正动机不同于以这种方式传达出来的信息。无论是个体主动发送的还是自然流露的信息，它们都是身体化的，通过在场的身体行为得以完成，从而完成身体的展演性互动过程。③ 在本书的旅游目的地身体互动过程中，

---

① Goffman E., *The Presentation of Self in Everyday Life*, New York: Anchor Books, 1959, p. 5.

② Goffman E., *The Presentation of Self in Everyday Life*, New York: Anchor Books, 1959, p. 8.

③ 王晴锋：《身体的展演、管理与互动秩序——论欧文·戈夫曼的身体观》，《西华大学学报》（哲学社会科学版）2019 年第 4 期。

主客关系往往是最主要的一对关系,通常表现为"自我"与"他者"之间的相遇韵味。"自我"(self),主要指个体对自己存在状态的认知,是个体对自身与周围世界关系的认识。所谓"自我"与"他者",是相对而形成的概念。"他者"(other),指"自我"以外的一切人与事物;凡是外在于"自我"的存在,不管它以什么形式出现——可看见还是不可看见,可感知还是不可感知——都可以被称为"他者"。[①] 这种自我与他者之间的关系讨论,不仅可以反映主客之间的跨文化交流和传播活动过程,也能够充分体现不同文化之间的镜像效应与自我反身性,从而为我们进一步理解旅游展演中的关系实践逻辑及其对民族传统文化变迁和保护传承的影响机理提供良好的分析视角。在旅游研究中,"自我"常常指的是游客一方,"他者"代指东道主群体。为便于表述,在以下的内容行文中,我们将旅游展演中的"自我"称为"你们",将"他者"称为"我们",以期对旅游展演引发的主客关系互动机理及其文化影响给予重点分析。

第一节　为你们表演的我们:旅游展演的"前台"呈现与互动

美国社会学家戈夫曼在其《日常生活的自我呈现》一书中提出的"前台""后台"这一对二元性概念,认为"前台"是"特定表演的场所""主人和客人相遇的地方"——在"前台"场所中,会有一些固定的符号设置,被称为"舞台设置"(setting),包括舞台设施、装饰品、布局,以及其他一些为人们在舞台空间各处进行表演活动提供舞台布景和道具的背景项目。而对应地,"后台"是"为前台表演做准备,且不

---

① 张剑:《他者》,《外国文学》2011年第1期。

让观众看到的地方，包括人们进行表演之前准备和表演之后休息的地方"。① 根据戈夫曼对社会空间的"前台与后台"的划分，旅游展演实践中的舞台空间也可以被划分为面向游客的"前台"区域和演员们为前台表演做准备的"后台"区域。在本书的研究案例对象老达保村旅游展演实践中，出于显性展演与隐性展演的双重考虑，特地在借鉴戈夫曼的"前台—后台"概念基础之上，将老达保村直接面向大众游客的《快乐拉祜》实景演出舞台空间，定义为"前台"区域；将老达保村内除了舞台"前台"表演区域之外的地方发生的主客互动空间，称为"后台"区域，主要指游客在村寨正式的旅游演艺舞台之外空间范围内发生的主客互动场所，包括村寨的廊桥、道路、露台、村民房屋和公共中心等地点。

一 村寨景区中的舞台展演空间

在 2013 年老达保村旅游展演正式开展之后，老达保村整个村寨也在澜沧县政府的支持下，进行了道路交通、清洁卫生、线路设计、景观标识等带有旅游业思路特征的规划改造。具体而言，主要表现在先后整合茅草房改造、特色村寨等项目资金 1200 余万元，新建了原生态歌舞表演广场，完善了村寨游览道路、旅游公厕、停车场、通电排水等基础设施建设，保护和提升改造了特色民居，打造了拉祜族文化传承馆及芦笙坊、陀螺坊、青竹坊、艺织坊、茶吟坊、根雕坊、春香坊、耕具坊等展示拉祜族民族民俗农耕文化的展示区，使老达保村的村容村貌明显改观，村寨基础设施条件整体提升。2016 年，云南大学旅游研究所积极响应原国家旅游局"旅游规划扶贫公益行动"号召，按照《旅游扶贫

---

① ［美］欧文·戈夫曼：《日常生活中的自我呈现》，冯钢译，北京大学出版社 2008 年版，第 94 页。

试点村规划导则》的标准和要求，对云南省普洱市澜沧县酒井乡勐根村（含老达保村）进行了生态环境和民族文化的创新性保护建设，并承担了勐根村公益性旅游扶贫专项规划，以旅游资源开发和旅游产品体系建设为着力点，全面提升勐根村旅游管理营销能力及旅游产业发展实力。① 至此，老达保村寨从一个普通的农业村寨转变为新兴的旅游村寨，且整个村寨已经按照旅游规划的思路被景区化了，成为村寨景区一体化的发展模式。

当老达保村完成从普通村寨到村寨景区转变之后，因为旅游展演实践的正式开展，在村寨中必须选取一个地方作为面向游客的正式舞台空间。据村里的寨老李增保等人介绍，当时是县政府、原县文化馆、云南大学和其他一些社会组织来到村里，共同对村寨进行旅游规划，在规划中选取村寨的《牡帕密帕》非遗传承基地中心作为旅游演艺舞台空间的所在地，而这一带区域恰好也是村寨日常生活中举行传统节庆活动的地方。这实际上为舞台空间的选址提供了一定的历史依据性和文化传承性叙事基础。就整体而言，《快乐拉祜》的舞台展演空间是嵌入整个景区化村寨之中的。

首先，当游客们在村寨入口处下车时，往往能够看到一组颇具艺术色彩的旅游形象标识景观。这组彩色的标识景观，位于村寨大路往上走向舞台表演广场的起点，是游客们从村外到村里观看歌舞表演的必经之地，如图4-1所示。

整个景观图案稍显有点杂乱，但是比较生动形象，建造在此主要是想告知游客："我们这里是'快乐拉祜唱响的地方'，我们在老达保村。"因为，在这组景观里，围绕两根耸立的图腾柱雕刻了音乐世界中

---

① 邓永进等：《基于云南普洱老达保音乐乡村建设的公益性旅游扶贫致富案例分析》，《安徽农业科学》2021年第9期。

第四章 主客互动：旅游展演的呈现与民族文化交流

图 4-1 村寨门口的"快乐拉祜"景观标识

图片来源：2019 年田野调查自摄。

的五线谱图案，还在彩色的五线谱上书写了几个大字"快乐拉祜唱响的地方""老达保"，并画了一个红色的箭头符号，朝着舞台表演广场的方向指去。在图腾柱的下方，用石头雕刻了一本非常形象的"翻开的书"，"书"上刻画的是一首题为《快乐拉祜》的歌曲曲谱，包括五线谱和拉祜族文字。这组村寨入口处的标识景观，明显是想向刚来这里的游客传达这样一个信息：这里，是与音乐相关的地方；这里，主要作品是一首名为《快乐拉祜》的歌曲，并且这首歌曲是在我们这个叫"老达保"的地方唱响的。

当游客们进入村寨之后，沿途看到的是一座座具有拉祜族干栏式建筑风格特色的竹楼，共分为两层，上层有平平的露台，经常可以看到拉祜族村民在露台上吃饭、聊天和带娃，是住家的私人区域；下面是堆放粮食、停放摩托车、饲养鸡鸭和接待客人的公共区域。每家每户的院子里都被绿树和鲜花围绕，一幅田园风光、安和宁静的画面。

· 145 ·

时不时地，会遇到穿着拉祜族传统服饰的村民迎面走来，他们每个人身上几乎都斜挎了一把大大的吉他，还有一个很有拉祜族特色的包包。看见游客时，他们或者轻轻微笑，或者点头示意，或者热情指引。沿着村里干净的石板路向着舞台广场方向走去，耳边经常可以听到某个竹楼里传出来的吉他弹奏声或悦耳的芦笙乐。当然，在每个路口也可以看见专业的景点指示牌，包括整个村寨的游览图。这些在视觉和听觉上给予游客的刺激与享受，其实已在传递一个信息：这个寨子是具有生活真实性的，因为有村民以及他们正在进行的"活态"音乐文化。于是，这些走过的石板路、看到的拉祜族竹楼和听到的音乐声，已不知不觉中为游客马上要观看到的舞台表演产生了一种具有逻辑关联性的文化预热体系。

其次，穿过老达保村寨，来到一个地势较高的地方，便看到了旅游展演的"前台"区域——每天村民们集体表演《快乐拉祜》原生态实景节目的舞台空间。从空间布局来看，这个表演舞台并不大，呈长方形，其背后是拉祜族国家级非物质文化遗产《牡帕密帕》和《芦笙舞》的传承馆。据演艺公司董事长张扎阿告诉我们："这个地方，本来就是我们村子平时过节时跳《芦笙舞》《摆舞》这些传统歌舞的地方，大家都很熟悉。当时选这个地方建舞台，也是考虑到给游客表演的是我们拉祜族自己的传统文化，像《牡帕密帕》《芦笙舞》这些都是……在这里，可以让他们（游客）感觉到原生态。"当我们问他"怎么理解原生态"时，他说："就是要布置得像我们拉祜人平常生活的那个样子，房子是我们拉祜人的房子，唱的歌、跳的舞也是我们拉祜人平常跳的……游客跑那么远，就是想看我们拉祜文化的。"于是，基于他们所认知的"原生态"，舞台环境都尽量以拉祜族传统文化元素来体现：整个舞台空间内嵌于村寨山林之中，舞台的周围是葱葱郁郁的树林，树上的白花开得星星点点。同时，在这片树林中，刻意建造了几座具有拉祜族干栏

第四章 主客互动：旅游展演的呈现与民族文化交流

式建筑特色的竹楼，不大，从左侧到中心再至右侧均分布有一两栋，成为整个展演点的副舞台空间。

最后，位于舞台正中央背后的那栋小竹楼位置最高，成为整个展演空间的中心背景。远远望去，在这栋楼的栏杆屋顶上方，垂吊着八个金黄色的汉字——"快乐拉祜　幸福达保"，意欲告诉游客：这是本村族群成员的"快乐生活"和"幸福场景"。接着，沿着这个中心竹楼下方的左右两侧，各有两道木梯将其与下方的主舞台相连，共同构成了整个展演空间的核心区域。在游客观看表演的时候，后面这个高一层的小竹楼里，常常会有一些大人小孩演员在此弹着吉他或吹着芦笙，为整个节目扮演着生动随意的"生活化背景"。随后，从左右两侧的楼梯走下来，就来到铺着绿色塑料地垫的主舞台。这个舞台呈长方形，由几块木头支撑起来，不太高，与周边的山林和竹楼一起构成了一个全敞景式的舞台展演空间。放眼望去，这个主舞台与正后方的小竹楼之间，由一道天然的绿色植被块相连，而主舞台四周布置了风车、石磨、葫芦、木鼓等拉祜族的标志性文化符号。比较特别的是，在舞台前方和左右两侧的下方位置，环绕着整个舞台还特意打造了一个小水塘，水塘里充满了清澈的水，这是为节目中拉祜族人表演他们在日常生活中的"捕鱼""插秧"等劳作而特意搭建的"池塘""水田"等仿真布景，从而增强展演给予游客的真实性感知。面对舞台的游客观看区域，也主要分为上下两个空间，高处的空间是搭建的二楼观看区，低处的空间是摆放着木制长桌椅的一楼观看区。这些长桌椅的摆放，其主要功能是为了游客在观看节目表演时，村民们可以将招待客人的拉祜族烤茶放在桌上，表达拉祜族人民对远道而来的游客的热忱欢迎。一张张木制的长桌椅，成了老达保村寨旅游展演中"前台"区域主客互动的主要媒介，成为主客之间情感交流的场所空间，如图 4-2 所示。

图 4-2　老达保村《快乐拉祜》实景演出舞台空间

图片来源：2019 年田野调查自摄。

二　舞台空间中的拉祜文化展示

旅游展演，"它并不仅仅是一般意义上的艺术表演，也非仪式感很强的文化展演，而是指旅游目的地在特定空间中为游客提供的文化观赏、参与和体验的展演实践"。[1] 究其本质，旅游展演向游客提供的消费产品，更多的是一种可以被观看、欣赏、参与和体验的文化活动，其舞台化和展演性是它自带的外在形式。最终，它面向的是一批批来自现代主流社会的人群，因自身的"特异性"和"丰富性"而吸引着他们。但是，由于游客们的体验时间紧张且需要付费欣赏，于是，"展示"就成了东道主自身文化被生产出来的最终目的。由第三章关于"旅游展演

---

[1]　光映炯：《认识"旅游展演"：基于"行为—文化—场域"的阐释路径》，《广西民族研究》2017 年第 5 期。

的身体符号化生产过程"可知,"符号化的新形态展示"已成为旅游舞台展演中的重要表现特征。在舞台上,民族传统文化不再是散落于民间的生活化碎片,也不是族群历史中的记忆片段,而是被各方力量通过"再社会化"的过程共同重构出来的"新形态化"文化呈现,且力图让游客感受到这一类文化的"真实性"。因此,舞台空间中的拉祜族文化,既是一种形态展示,也是一类真实呈现。

"形态",原本是媒体学中的研究视角,其本义是指兼顾媒体文本的存在形式和其表现的运动状态。[1] 在对媒体文本审视过程中,"形态"则被定义为"具有某些相似特点的文本(节目或媒体产品)的特定集合,是指遵守某种文化传统或社交惯例,为达到某种特定的修辞或审美目的的话语集合形式"。[2] 形态反映受到其他社会文化经济符码的牵制,代表某种较稳定的却又具有开放性的文化框架。对于旅游展演中的形态展示来说,它更多地包括了审美形态、仪式形态和意识形态等方面。其中,审美形态主要指"允许艺术表达的规范化的系统",[3] 关注某一文本作品是否符合或超越了形态的规范和期待;仪式形态多关注形态的交流功能,以及它如何在文化中发挥中介作用,倾向于将形态视为文化产业与观众间的交流,这种交流是文化自我对话的路径。意识形态常表现为文本生产者为了商业和社会文化等其他目的所制造的认同。正因为此,形态可以被当作一个形式化的符号系统来研究,其规则通过文化认同被大众无意识地同化吸收,被法国人类学家克劳德·列维-施特劳斯（Claude Levi-Strauss）认为是文化解决问题的运作系统,是由一系列

---

[1] 刘利群、傅宁:《美国电视节目形态》,中国传媒大学出版社2008年版,第1页。
[2] Nick Lacey, *Narrative and Genre: Key Concepts in Media Studies*, New York: St. Martin's Press, 2000, p. 132.
[3] Jane Feuer, "Genre Studies and Television", in *Channels of Discourse, Reassembled: Television and Contemporary Criticism*, Chapel Hill and London: the University of North Carolina Press, 1992, p. 119.

代码构成并对演员构成、服饰设计、行为动作和面容表情等都产生影响和控制。从某种意义上说，形态是被嵌入某一特定的文化权力和政治的历史系统之中的。① 与此同时，"形态"的生产又与"文化工业"这一概念紧密相连。文化工业，不只包括具体的以生产文化产品为目的某一工业本身，而是更加明确地指向以"标准化"以及技术分配的"经济利润导向的合理化"这样的工业生产方式，来组织非工业生产环节的人类社会生活各方面的文化倾向。② 从老达保村旅游展演在"前台"区域的呈现来看，其"形态"就是一种标准化的生产，有舞台、演员、歌舞文化和游客互动节目等，背后的生产机制就源于文化工业，或者说是文化工业在民族村寨中的具体体现，从而最终表现出一种"呈现真实"的形态，即展演本身与展演中的文化内容两者互为载体与被呈现的客体的关系。

从老达保村"前台"区域的舞台呈现形态来看，最显性的就是审美形态和仪式形态。当今世界是一个视觉至上的时代，"视觉性已成为文化的主导因素"③。在旅游凝视力的作用下，大众游客对民族文化的消费，其实更多的是寻求具有视觉冲击力和美学震撼性的文化符号与符号化的旅游体验。视觉化的审美体验是旅游体验的重要组成部分，其内容主要分为对物（自然景观、人文景观）的审美和对人（东道主）的审美，通过旅游凝视在主客互动中实现对彼此文化的认知。④ 于是，在"前台"区域的旅游展演中，往往是本村组织者精心选取、利用本地民

---

① 吕琪：《真实的建构与消解——美国电视真人秀中的身体与社会》，四川大学出版社 2016 年版，第 15—18 页。
② Theodor Adorno, "Cultural Industry Reconsidered", Trans. Anson Rabinbach, *New German Critique*: 1975, pp. 12 – 19.
③ 周宪：《视觉文化的转向》，《学术研究》2004 年第 2 期。
④ 高婕：《身体是真实的吗——旅游凝视与东道主多元身体实践》，《中南民族大学学报》（人文社会科学版）2020 年第 5 期。

族文化资源,将自己认为"最好的""最有传统特色的"和"最具本地代表性和典型性"的文化内容搬上舞台,并对其进行充分的美化策略,包括传统服饰的靓丽化、演员身体的美容化和舞台布景的原真化等,从而形成一种外在的审美形态,以满足游客对少数民族"美丽大方""健康活力""热情纯朴"印象的想象。当然,这种审美形态的构建,主要应该建立在"差异性"和"民族性"基础之上。"差异性",显示着"我者"与"他者"的不同,来自现代社会结构的"客人"与身在传统农业结构中的"主人"的相遇,必然会因旅游凝视的权力作用而对其审美形态的打造,从而寻求相互之间的视界融合。对于"民族性"来说,那些作为"奇风异俗"的民俗生活传统,并不是天然地、理所当然地具有"民族性",而是只有经过符号化过程建构为"民族景观",具有表演性、观赏性,为他者观看、凝视之后,才具有一种"民族性"特征。"民族性"不是某一民族与生俱来的特质,而是民族自我在与他者的互动过程中,基于自身认同需要而被发现甚至被想象、被建构出来的。[①] 例如,老达保村《快乐拉祜》实景演出中的展演内容,大多是拉祜族的传统歌舞文化,而且还只是其中几个具有代表性的歌舞节目,如男子《芦笙舞》和女子《摆舞》等。这些歌舞从日常生活环境中抽离出来之后,部分已被艺术化的方式给予提炼加工甚至改造,从而被赋予了观赏性和表演性,成为一种视觉性的文化景观。相比之下,拉祜族传统文化中的语言、传说、故事,各种仪式和祖先崇拜、社会交往与婚丧嫁娶等习俗却没有被纳入表演之中,未成为"民族性"的展演内容。此外,即使有少量的史诗吟唱、传统乐器和服饰等无关歌舞形态的文化展示,也已从一种自在生活方式换成向外人呈现自己的生活形态,且这

---

① 刘晓春:《当代民族景观的"视觉性"生产——以黔东南旅游产业为例》,《社会学评论》2021年第3期。

种呈现充满了交流与互动的意味,被框束在旅游消费主义语境中,具有仪式形态之面貌。根据调研结果发现,老达保村《快乐拉祜》实景演出的时间主要分为两个不同时段:一是节庆时段,主要指春节(每年正月初三至初七)、葫芦节(4月8—10日)、五一(5月1—5日)和国庆(10月1—5日)。在这些时段里,表演时间会比平时延长四十分钟,大约持续一个半小时。面向游客的表演内容完整而丰富,有时候还会根据每个节庆的主题不同而临时增加一两个即兴节目。此时的表演无须预约,来村寨后直接买票入场观看。二是普通时段,指除了节庆时段之外的时间。一般在这个时候来村寨,需要提前预约观看旅游展演。如果没有预约,则需要和演艺公司负责人商量,按照一个演员50元的酬劳来组织演出队伍,其表演场地不一定在舞台上,有时候会在某个村民家的院坝里或村寨的公共文化中心——"达保哦扎阁"里面,如图4-3所示。

图4-3 老达保村里的"达保哦扎阁"公共文化中心

图片来源:2019年田野调查自摄。

第四章 主客互动：旅游展演的呈现与民族文化交流

不同的是，普通时段的游客大多为小型团队，比较零散，因此，村里在接到演出任务时，只会组织几个到十余个人来为游客表演，其表演内容仍然是《芦笙舞》、《摆舞》、吉他弹唱等主要形态片段。无论是在时间上还是空间上，当拉祜族传统文化从村民日常生活中被搬到旅游舞台场所之后，其功能属性已发生根本性的改变，他们力图让自己的文化通过观看旅游展演完成一个"相遇—了解—认知—喜欢"的过程，实现文化的交流、互动和传播的过程，即仪式形态的构建。

另外，关于旅游展演的意识形态分析。意识形态，涉及生产与接受之间设定的间隔、象征形式在时空上的效力扩展以及这些形式在展演领域的流动。通过之前对《快乐拉祜》节目单内容的梳理可知，其中"传统再现类"占据了很大比例，从而符合老达保村旅游展演的"原生态实景演出"定位。在舞台表演的"传统再现类"节目中，主要是向游客展示拉祜族最具代表性的传统文化，其表现形式以歌舞吟唱类为主，包括已入选国家级非遗名录的拉祜族创世史诗吟唱节目《牡帕密帕》、拉祜族男子集体舞《芦笙舞》和在拉祜族地区流传至今的拉祜族女子集体舞《摆舞》等拉祜族人自己最为认可的文化项目。从这些传统文化的起源来看，它确实来自拉祜族人的日常生活和生产劳动之中，尤其是许多舞蹈动作，大多与田间地头的农业劳动相关，如节目单中的拉祜族男女《下地劳动舞》、拉祜族男子集体舞《芦笙舞》、拉祜族女子集体舞《摆舞》和《捕鱼舞》，甚至最具原生态风格的《牡帕密帕》吟唱和无伴奏多声部合唱《打猎歌》，也是与远古的拉祜族传统生产劳作方式有关。从数量上看，这样的节目基本上占了整个演出的一半，可见展演节目生产者对拉祜族传统文化的判定意向。当然，出于向游客尽可能多地宣传拉祜族文化的目的，当地生产者还特意加入了《拉祜族传统服饰展示》《拉祜族文字母歌的学习》《拉祜传统乐器展示》等其他有关拉祜族的传统文化要素及其传承态度。

此外，考虑到接待游客的需要，节目中也安排了一些主客互动类节目，力图向游客传递族群成员的"热情好客""欢迎到来""共享快乐"等信息，如开场的《欢迎你》（拉祜男女集体歌舞）、《欢迎朋友来做客》（儿童表演）以及场中唯一的一个面对面的主客互动类节目——《游客学跳摆舞》。当然，老达保村与我国其他许多少数民族村寨不一样的地方就在于，他们的村民会自我创作，自己作曲作词，自己编写歌曲，而且编写的歌曲还在本族群生活的地域范围内广为流传且备受好评。所以，他们会选取其中的两首《快乐拉祜》和《实在舍不得》作为整场演出最后的压轴戏，不仅可以应景和助力掀起互动高潮，也是一种对民族传统文化的补充丰富和创新展示，从而让老达保村寨舞台展演文化透射出了"传统的本土性与再生产""现代性的介入与创新""传统性与现代性交融"等多元特征。值得一提的是，在调研中发现，很多游客反而对最后的两首创新类歌曲很感兴趣，也备受感染，让老达保村成了"快乐拉祜唱响的地方"。同时，这样的正向反馈也让村民们选择用"快乐拉祜"作为老达保村向外营销自我的一张新名片，如体现在老达保村入口处"快乐拉祜唱响的地方——老达保"这一村寨标识景观的构建上。

当然，老达保村的旅游展演并不是模式化的。在遇到一些重要场合时，演艺公司也会根据当时的主题而给予节目内容的部分调整。例如，当村里的孩子们都去上学了的时候，展演中由儿童扮演的节目就自然取消，取而代之的是拉祜族其他一些传统歌舞。同时，为了缓解拉祜族传统歌舞太过集中而给游客带来的审美疲劳感，公司也会在节目中增加展示拉祜族其他民俗风情、休闲娱乐的文化内容，如在 2019 年春节期间新编的《拉祜族文字母歌的学习》、2019 年国庆期间插入的《拉祜族传统乐器展示（芦笙、响篾）》等。特别地，为了纪念祖国七十岁生日，公司还特地在节目最后临时安排了两个合唱节目《颂党恩》（汉语）和

《我爱我的祖国》(拉祜语),以响应当时的国家话语精神和表达族群成员的国家认同感,这些都反映了旅游展演中的意识形态构建。

三 表演文化呈现中的主客互动

在旅游展演语境中,舞台上的表演者和舞台下的观看者通常被人类学家描述为"东道主"与"游客"的关系,并在此基础上延伸出对"他者"与"我者"的讨论,即作为"他者"的东道主和作为"我者"的游客这两者蕴含着的"主客互动"关系进行反思。[①] 一般而言,东道主社会与旅游客源地之间的文化差异,常会引起旅游语境中的"主—客"分野与相互对视,这使得两类群体的互动成为可能,其结果势必造成"自我"与"他者"之间的相互影响与彼此作用。[②]

在老达保村专为大众游客生产的"前台式"旅游展演中,其主客之间的互动主要表现为两个层面:一是有形的互动,二是无形的互动。一方面,对于有形的主客互动来说,主要指的是东道主与游客之间直接的、面对面的互动场景。在这种场景中,东道主常常是以公共个体的角色,与游客之间进行简单的、象征性的交往交流,以表达东道主的"热情""好客"和展示自我文化。在老达保村的《快乐拉祜》实景演出中,这样的场景主要有表演开头的"欢迎你"序曲、表演中间的"教游客学跳摆舞"的游戏互动环节以及主持人对某些展演节目的文化介绍性解说。

首先,作为整场演出的第一个节目,拉祜族男女集体歌舞《欢迎你》中不仅呈现了少数民族的载歌载舞形象,也在中间穿插了"由拉祜族年轻姑娘从舞台两侧走进观众席中,为最前面的一两排游客边唱歌

[①] [美]瓦伦·L.史密斯主编:《东道主与游客——旅游人类学研究》,张晓萍等译,云南大学出版社2007年版。
[②] 陈莹盈、林德荣:《旅游活动中的主客互动研究——自我与他者关系类型及其行为方式》,《旅游科学》2015年第2期。

边倒拉祜烤茶"的环节。当然,这种倒茶迎客的方式,主客之间并未发生语言交流,只是依靠"拉祜烤茶"这一物质媒介作为彼此互动的载体,在短暂而欢快的旋律中得以完成。这一环节的设计,主要是东道主想让游客感受到他们的"热情好客",具有一种符号性互动的含义,即"倒茶—献茶—喝茶"这一系列环节都只是"茶"的符号能指性,而"茶"的符号所指性是想向游客传达的东道主"热情好客"的民族性格以及拉祜烤茶代表的拉祜族传统餐饮文化特色。从现场观察来看,这一互动仅属浅层次的互动,即一种点到为止的氛围式烘托和主客互动开启。拉祜族姑娘们在每一位游客面前停留的时间不过几秒,而游客们也大多点头表示谢意,然后继续转向观赏舞台上的歌舞,"茶"的呈献,在此时仅仅意味着主客从"从未谋面"到"首次见面"的转变性仪式,将游客从"客"的世界开始拉入"主"的世界之中的一种过渡仪式,如图4-4所示。

图4-4 《快乐拉祜》实景演出中的"迎宾茶"节目现场
图片来源:2019年田野调查自摄。

其次，在舞台表演中间插入的游戏互动节目，是东道主与游客之间最直接、时间最长、身体距离最近的一次场景。这个互动节目的主题是"教游客学习跳拉祜女子摆舞"，并通过让游客猜测摆舞动作的含义来认知拉祜族传统舞蹈的意蕴来源，如图4-5和图4-6所示。

图4-5和图4-6　《快乐拉祜》舞台上的主客互动节目

图片来源：2019年田野调查自摄。

在这个节目中，主持人会让台下的游客自愿报名上台参与游戏互动，一般是选取举手游客中的三至四名，邀请其上台跟着舞台上的两位拉祜族妇女学跳女子摆舞中的一两个动作。跳完之后，请游客猜测所跳动作表现的是拉祜族人日常生活中的什么动作。在这期间，主持人一般会遇到各种类型的游客，有默默配合型的，也有积极参与型的，这就对主持人的语言交流能力和现场把控能力有一定要求。在《快乐拉祜》演出中，主持人一般有两至三位不等，主要由李娜倮、李玉兰、彭娜儿等拉祜族女村民演员担任。下面是李娜倮在2019年春节期间担任游戏互动节目主持人时的场景记录。

主持人（李娜倮）："现在，请两到三位客人上台给我们表演一段，也要猜一下，如果你猜对了，我还要给你一个小礼物。有没有想参与的？"

主持人等三位游客上台后,就带着大家齐喊:"哈列,哈列,哈列贾……"

然后,向大家解释"哈列贾"的意思,说:"这个就是高兴、高兴、真高兴……好,我们再来一次,一二三四五六七,走,哈列贾,哈列贾,哈列贾,贾,哈列贾……好,真的是哈列贾,快乐拉祜族。"

主持人面对台上的一个女游客:"我就问一下,你是来自哪里的?"

女游客:"江苏。"

主持人:"第一次来这里吗?"

女游客:"对。"

主持人:"来到了美丽的拉祜山寨,你觉得这里的风景怎么样呢?"

女游客:"风景很美,关键是你们太有音乐范了!"

主持人:"谢谢,谢谢!我们拉祜族也可以说'会走路就会跳舞,会说话就会唱歌',最快乐的一个民族。谢谢!"

然后,主持人转向另一位外国男性游客。

主持人:"请问来自哪里呢?"

外国游客:"我来自法国(用蹩脚的中文回答)。"

主持人:"他来自'法国'(由于主持人对法国的音没有发标准,外国游客旁边的朋友又善意地上来重新对着李娜倮说了一遍标准的'法国'发音)。"

台上台下,大家都笑起来了,李娜倮又重新向游客学习,说了一遍"法国",这次很标准!

主持人:"好,欢迎欢迎,哈列贾!(并伸出手主动和外国游客握手)"

然后,有趣的是,这位外国游客也跟着李娜倮,用中文学说了一遍:"哈列贾。"

主持人:"对的,哈列贾。那好吧,我们一起跳一段拉祜族的摆舞。

第四章　主客互动：旅游展演的呈现与民族文化交流

摆舞的动作全部都是日常生活的那些动作。好，仔细看好，你们也一起跳一段。来，开始！"

场景：两位拉祜族妇女在舞台上开始随着音乐跳起了摆舞。

主持人在一旁介绍："这是走路的动作。这是种药的动作。"

然后，游客就模仿刚才拉祜族妇女跳了一段摆舞。随后，有一男一女拉祜族村民拿着拉祜族包包走上舞台，献给了刚才参与表演的游客，并戴在了他们的脖子上。而且，献礼物的一位拉祜族男子，还主动抱了抱那位女游客。而另一位献了礼物的年轻拉祜族女子没来得及抱游客，被李娜倮叫回来，又返回舞台热情地抱了抱那位外国男游客。

从上面记录的游戏互动节目中的主客场景来看，主持人成为拉祜族"东道主"这一群体的代表，她与游客互动的质量将会影响游客对拉祜族的族群形象记忆。在节目中，她的语言能力决定着与游客互动的流畅性和持续性。从历史传统来看，拉祜族所居的地理位置偏僻，离汉语区域较远，整个族群使用的一直是拉祜语，对于汉语的听说较困难。因此，老达保村寨的村民们其汉语交流能力较弱，尤其是老一辈，有些基本上听不懂汉语，也无法说汉语。据李娜倮回忆，当初选主持人时，首先就是要求其汉语表达能力较强，尤其是要会普通话，哪怕是不怎么标准的普通话，只要能够较流利地用普通话与游客交流，就被考虑为主持人人选。正如有村民所说："拉祜语和汉语差别比较大，就像英语和汉语那样。我们在说的过程中，最早与游客交流时，还要经历一下翻译的过程。而这个翻译的过程又很难，因为拉祜语有的词在后面，翻译成汉语就要放到前面。"所以，这里的村民宁愿用歌舞和游客交流，即使经常与媒体打交道的李娜倮，她也告诉我们："我其实最紧张被访谈了，我普通话说得不好，宁愿他们让我跳个舞、唱个歌……"由此可见，对于拉祜族而言，歌舞有时候比语言还能够成为他们与游客互动的有效载体。于是，我们在刚才游戏节目中的主客互动场景中，可以看出主持人李娜倮与游客之间的直接言语交流并不多，只是寥寥数语，无法像其他一些旅游展演中的主持人那样口若悬河、滔滔不绝，且与游客交流的问题基本上是围绕着"你从哪里来""你对老达保的感觉怎样"和对拉祜语"哈列贾"的介绍等进行。而相应地，游客也只是礼貌性地回应一下，简单作答、致以谢意。

更进一步地主客之间的无形互动，主要指东道主与游客之间并没有直接的身体性接触与语言行为交流，但是通过彼此之间对同一话语或文化对象的共享，增进了某一方面的认知了解或双方的情感共鸣。在老达保村的旅游展演中，实际上的有形互动并不太多，但是无形的主客互动时常存在。例如，当主持人在向游客进行某些表演节目的文化解说时，常常会以"你们""我们"来进行主客身份的区分与族群边界的标识。这时候的互动是无形的，但是某一方的主动行为对另一方的认知或体验产生了作用或影响。当然，对于《快乐拉祜》而言，更多的是主持人的有意识解说行为，对舞台下的游客进行了节目中的民族文化知识介绍，并在此过程中完成了主客互动，对于民族传统文化的认知互动，见表4-1。

表4-1　老达保村《快乐拉祜》旅游展演中的主持人解说词

节目名称	主持人解说词
《牡帕密帕》创世史诗吟唱	澜沧江边有着丰富的民族文化资源，一共居住着8个世居民族，其中，*我们拉祜族*创世史诗《牡帕密帕》于2006年被列入第一批国家级非物质文化遗产名录。《牡帕密帕》是*我们拉祜族*以说唱的形式流传至今的长篇创世史诗，全诗共有4600多行，《牡帕密帕》是*我们拉祜族*的音韵，意思是"开天辟地"。接下来，有请到的是*我们拉祜族*的《牡帕密帕》的传承人，为大家带来一段*我们拉祜族*的《牡帕密帕》的节选。

第四章 主客互动：旅游展演的呈现与民族文化交流

续表

节目名称	主持人解说词
拉祜族男子 集体舞《芦笙舞》	请欣赏最能代表**拉祜族男子**民间舞蹈——《芦笙舞》。芦笙舞主要反映了**拉祜族人**日常生活劳动场景和模拟动物生活的习性。有老鹰舞、青蛙舞、猴子舞等。拉祜族芦笙舞现已被列为第二批国家级非物质文化遗产保护名录，请欣赏芦笙舞。
拉祜族女子 集体舞《摆舞》	《摆舞》也是**我们拉祜族**的两大传统舞蹈之一，共有81个舞蹈套路。它不受时间、地点和人数的限制，只要高兴，便可具有舞姿。拉祜族摆舞也是**我们云南省**的非物质文化遗产名录。
拉祜族女子 集体舞《捕鱼舞》	**我们拉祜族**讲究的是团结合作，把个人力量融入集体的团队中，这样才会获得更大的收获。请欣赏歌伴舞——《捕鱼舞》。
拉祜族歌曲表演 《婚誓》（男女混唱）	20世纪50年代公映的电影《芦笙恋歌》，描写了**我们拉祜族**人民斗争反抗的精神和对幸福生活的向往追求。雷振邦老师根据我们澜沧县的拉祜族音乐元素，为影片创作了主题曲。时至今日，这首歌曲仍然在祖国的大江南北广为传唱。接下来，请听**我们老达保的村民**为大家带来的歌曲《婚誓》。
《拉祜族传统服饰展示》	刚才**我们**不同的节目中出现了不同款式的拉祜族服装。这跟**我们的民族自信和生活地区**大有关系。生活在不同地域和文化环境中，造就了不同的生活习俗和不同风格的表演服装。下面，就让我们一起来看一下**我们拉祜族**的两大分支：拉祜纳和拉祜西的传统服饰。 从左至右，第一套的话，是属于**我们拉祜纳**的服饰。这一套的话，料子比较薄，而且是分两件套。这一套的话，主要是在**我们老达保**较为炎热的地方穿着。接下来，第二套。第二套也是属于**我们拉祜纳**的服饰，这一套的话，质地比较厚，而且是分长袍款式，主要是在我县的南岭乡、较为寒冷的地区穿着。接下来，第三套，就是**我们拉祜西**的服饰了。这一套主要来自我县的糯福乡南段村一带。款式、线条、花纹都跟**我们拉祜纳**有很大的区别。谢谢，拉祜亚米！
《拉祜族传统乐器介绍》 （李石开夫妇表演）	李石开拿出一根芦笙，(用不太标准的普通话)大方地说："这是**我们拉祜族**的传统乐器——芦笙。四个孔，是赶鸟调。六个孔，是小伙子谈恋爱时用的。"同时，也介绍了另一种乐器"响篾"。
《快乐拉祜》 集体大合唱	下面这是广为传唱的一首歌，这首歌曲伴随着多少**拉祜族人**的身影，上央视，出国门，让世人见证**我们拉祜族**自尊、自爱、自强不息的拉祜时代精神。

资料来源：根据2019年调研期间的记录资料整理而成。

· 161 ·

从主持人的解说词中可以看出，东道主想要向游客介绍的拉祜族文化内容，主要集中在拉祜族传统文化方面，尤其是拉祜族的歌舞文化。在这些解说互动中，主持人在每一个节目中基本上都会提到"我们拉祜族……""我们老达保……""我们拉祜纳……""我们拉祜西……"等字眼（表中已用斜体标注）。这些用语，其实无形中已将主客之间的界限俨然拉开，即隐含着"我们拉祜族—你们游客"这样一对二元关系结构体。在这里，"我们"，其实就是学界惯用的"他者"——旅游目的地的东道主；"你们"，是相对应的消费群体"我者"——来自旅游客源地的大众游客。所以，在旅游展演中，"为你们表演的我们"，则对应的是"为大众游客表演的东道主群体"，即文中的老达保村拉祜族村民们。在这样的"看"与"被看"的单向互动中，旅游凝视的权力意味不可避免，但游客们也在东道主的自我陈述中粗略了解到拉祜族这一族群的生产方式、生活形态、娱乐休闲、价值理念、精神信仰等文化元素。如果说展演中的舞台布景、主持风格、审美倾向等体现了旅游凝视中的"消费权力"话语指引，那么，主持人的解说词和节目内容暗含着东道主的"生产权力"的话语影响，如主持人不断强调的"我们拉祜族讲究的是团结合作……""我们拉祜族人民斗争反抗的精神和对幸福生活的向往追求""让世人见证我们拉祜族自尊、自爱、自强不息的拉祜时代精神"等话语，则或多或少会让游客感受到拉祜族文化的内在精神价值以及产生相应的心理共振。

最后，《快乐拉祜》实景演出中的无形主客互动，还有一个典型的场景是在节目中最后催生出来的主客同唱版《快乐拉祜》和《实在舍不得》。这两首歌并不是拉祜族传统歌曲，而是由老达保村的明星人物——李娜倮带头在日常生活中创作出来的，且演唱方式是村民们每人身挎一把吉他，随着音乐旋律进行集体弹唱。从某种意义上来说，《快乐拉祜》和《实在舍不得》是拉祜族人进行的一种文化创新实践，无

第四章　主客互动：旅游展演的呈现与民族文化交流

论是歌词曲调，还是演奏方式，都不是拉祜族传统音乐的再现，而是当代拉祜人在自我生活环境中的一种创作行为，是对拉祜族传统音乐的延续和探索。基于此，老达保村将《快乐拉祜》这首歌的情感基调扩展为整个村寨对外营销的名片，即"快乐""开心"（拉祜语为"哈列贾"）。这其实也是对民族旅游地少数族群成员集体形象的再次升华，即将少数族群成员"载歌载舞"的惯常形象上升为"快乐幸福"的情感定义。因为有了这样的情感定义，每当老达保村的村民在节目结束集体演唱这首歌时，都会掀起主客同欢的高潮场面。《快乐拉祜》歌中轻松欢快的曲调，让游客在欣赏的同时常常不自觉地加入其"拉祜，拉祜，拉祜哟，我们是快乐的拉祜姑娘（小伙）……"的欢快吟唱中，身体与旋律一起晃动，微笑与欢唱共同呈现，主与客之间的情感表达无形中成为一种仪式，一种近乎人类学中的"阈限"时刻，一种王宁提出的"存在真实性"，即被旅游活动过程激发的个体和主体间的阈限体验。在该阈限体验中，个体感觉到他们自己比日常生活时候更加真实，更能自由表达。[1] 这种自由表达是东道主与游客之间通过音乐歌舞形成的文化共享和情感共鸣，从而引发的一种自我觅得的真实感。此时此刻，无须"印象"，也不再"又见"，只需带给你"快乐与自然"的情感共鸣。也不仅限于"年轻面孔"，"大妈老汉们"也同样可以那么自信又投入，为的是让"你"开心、让"我"快乐！当然，这种共存共享感，也在紧接着的《实在舍不得》的挥手告别中再次被建构和升华，从而催生出老达保村寨旅游展演"前台"中的一种集体共鸣式的互动交流模式。

---

[1] Ning Wang, "Rethinking Authenticity in tourism experience", *Annals of Tourism Research*, 1999, p.351.

第二节 受你们鼓舞的我们：旅游展演的"后台"呈现与互动

一 老达保村的"表演区后台"空间呈现

对于戈夫曼划分的"前台"和"后台"，"前台"是一个被装饰的、拿来展示给游客看的前台。它的特点就在于它像后台，让游客看到它的环境和展演活动，就容易联想到后台的活动，因为这些东西创造了一种后台的"气氛"，① 如老达保村对《快乐拉祜》演艺舞台以传统拉祜族建筑风格来装饰，包括周边拉祜族干栏式建筑阁楼、舞台两边的大葫芦、农用水车、"鱼塘水池"等装饰性符号，用村民的日常生活"后台"空间元素还原，从而形成一个"后台式"的前台。在这个"前台"里，似乎一切关于拉祜族的传统文化要素都得以再现，尤其是传统的拉祜族歌舞文化。相比之下，老达保村真正的"后台"到底是怎样的？它的空间文化呈现是否与"前台"一样？这成为我们分析村寨"后台"展演性活动与主客互动关系的基础。

从整个村寨的空间布局来看，除了"前台"性质的旅游舞台展演空间之外，其余区域均可视为村寨的"后台"。因为，"后台"维系着社会生活的一般常识，即认为后台有"真实和亲密"的东西，而不是"表演"的东西。② 在此基础上，根据距离舞台"前台"空间远近的不同，又可以将村寨的"后台"区域划分为距离舞台"前台"较近的

---

① [美]迪恩·麦坎内尔：《旅游者：休闲阶层新论》，张晓萍等译，广西师范大学出版社2008年版，第114页。
② [美]迪恩·麦坎内尔：《旅游者：休闲阶层新论》，张晓萍等译，广西师范大学出版社2008年版，第104页。

第四章　主客互动：旅游展演的呈现与民族文化交流

"表演区后台"和较远的"生活区后台"两个部分。我们先把"表演区后台"区域的概况给予调研。在这个舞台"后台"空间区域内，主要有演艺舞台周边用于存放村民演员乐器道具的器物区、在舞台"前台"左右两侧的演员休息区和等候区，还有在演艺广场入口处的检票、售卖旅游纪念品的商业区。此外，在舞台中心背后被竹林掩映的一栋拉祜族传统木楼建筑，是老达保村两项国家级非物质文化遗产《牡帕密帕》和《芦笙舞》的传承馆，可称为拉祜族传统文化展示区。在旅游舞台左侧有一块空地，这片空地上方有一排石砌墙壁，墙壁上嵌有一排等距间隔的圆形石块，每个石块上都刻有图案和文字，其主要内容是关于《牡帕密帕》被列为第一批国家级非物质文化遗产保护名录的标识，以及拉祜族族群成员用以命名的十二生肖图，如图4-7和图4-8所示。

图4-7和图4-8　老达保村旅游舞台左侧旁的"生肖取名墙"
图片来源：2019年田野调查自摄。

这十二个不同动物形象的图案下面都配有"扎某"和"娜某"的命名，以及拉祜族文字标注。根据拉祜族的传统习俗，拉祜人在每个人出生时为其取名，都是遵照这十二生肖图来进行的。因为，据史料记载，在拉祜族的创世史诗《牡帕密帕》中提到：在葫芦中有一个男人叫扎迪，有一个女人叫娜迪，他们两个是拉祜人的祖先。所以拉祜族的男生名字以"扎"字开头，女生名字以"娜"字开头，后面的名字以出生那一年的生肖来定，具体见表4-2。此外，为了区别，如果名字相同则以家庭住址的门牌号给予分辨。

表4-2　　　　　　　　　拉祜族人命名的十二生肖依据

性别	鼠	牛	虎	兔	龙	蛇	马	羊	猴	鸡	狗	猪
男	扎发	扎努	扎拉	扎妥	扎倮	扎思	扎母	扎约	扎莫	扎啊	扎丕	扎袜
女	娜发	娜努	娜拉	娜妥	娜倮	娜思	娜母	娜约	娜莫	娜啊	娜丕	娜袜

资料来源：黄沁：《澜沧县老达保国家级非遗名录下的拉祜族民间舞传承研究》，硕士学位论文，云南艺术学院，2015年，第17页。

这一排十二生肖图并不显眼，很多时候容易被游客忽略。当旁边舞台上的表演还未开始时，常常有一些村民演员抱着吉他在图像的下方蹲着自弹自唱，还有一些即将在舞台上表演使用的猎枪道具也一字排开斜靠在这里的墙壁上。当游客越来越多时，村民演员们也身穿民族服装，按着表演时间点陆续从各家各户来到表演场地，在这片空地上等候表演。他们中，有些身上挎着一把吉他，有些带着竹制背篓，有些还背着在襁褓中的几个月大的孩子。同时，这群村民演员中最为显眼的是有十几个拉祜族儿童，从两三岁到十几岁的不等，他们也身穿拉祜族传统服饰，在一边闲散地等候着。无论是表演前还是表演后，这些村民演员们主动与游客进行交谈和互动很少，他们更多的是自己族群成员聚在一起闲聊和嬉笑。游客群体中，大部分来了之后只是自己选择观众席坐下等候，也有少部分游客会主动上前去要求和其中的某位拉祜族村民合影留念，特别是一些女性游客对其中的儿童很有兴趣，会主动去询问他们，或者请求照相合影。当然，游客对这些身穿拉祜族传统服饰的村民演员们都比较好奇，总时不时地打量着他们，甚至为其拍照。但是，在这群演员中，还有少数几位性格活跃的男性村民抱着吉他在自弹自唱，表情和动作都表现出极为投入的样子，这也吸引

第四章　主客互动：旅游展演的呈现与民族文化交流

了游客的目光。

　　在旅游演艺区的入口处，没有专门设置关卡或门亭，而是由演艺公司里负责售卖门票的两名村民演员早早地来到此处，摆上一张竹制的矮方桌和小板凳，坐在那里向前来观看表演的游客售卖门票，如图4-9和图4-10所示。当大部分游客都来了之后，他们便收起桌凳带入表演区的观众席中，拿起乐器道具开始参与舞台上的正式演出。

图4-9和图4-10　演艺公司里的村民员工在售卖表演门票
图片来源：2019年田野调查自摄。

　　待表演结束之后，游客们便自由散去，开始产生与当地游客的近距离接触。这些近距离的身体接触主要发生在与村民演员合影照相、向村民购买旅游纪念品、在村民家吃饭住宿以便了解当地情况等场合。舞台左边的小坝子里有两家旅游纪念品售卖竹亭，分别是演艺公司董事长张扎阿和旅游表演中的主持人李玉兰家开设。张扎阿和李玉兰由于是旅游演艺公司的领导者和组织者，他们经常赴外演出的机会也较多，而李玉兰是演艺公司中少有的90后拉祜族姑娘，在参加旅游展演之前曾到深圳、温州等地打工挣钱，其市场思维和经商能力自然比其他村民要强一些。因此，也是村里经营旅游纪念品售卖最早的一批。据现场观察，表演散场之后，来到这两处售卖点的游客并不多，只有少数人会比较感兴趣。店里售卖的旅游纪念品主要有拉祜族传统服饰、各种葫芦型的手工

· 167 ·

艺品、当地的一些土特产干货等。特别地，在张扎阿的店里，他和他的妻子李娜克常常在表演完之后就来到店里打理。他们家的店除了有拉祜族传统服饰、手工艺品、土特产等常见东西之外，还有一些关于拉祜族传统文学的书籍，如《牡帕密帕》《根古》《扎努扎别》等；以及老达保村和澜沧江地区的一些民间演艺队或演唱组合出版的 DVD 或 VCD 录像歌碟之类的音像制品。当有游客进入店里想了解这些东西时，汉语表达能力较强的张扎阿会很大方地与游客交流，而他的妻子显得较为羞涩，交谈不多。另外，在舞台右边的出口处，有几位老年或中年拉祜族妇女用自己的背篼装了一些拉祜族传统手工艺品和土特产、矿泉水等小物件在售卖，形成了舞台周边的"提篮经济"。由于位置方便，游客们常常会围着她们的摊点询问，但只有少数汉语能力较强的妇女会进行交谈，年纪较长的老阿婆不会讲汉语，从而导致一些买卖交易无法进行。类似问题其实在村寨的"生活区后台"区域里的村民家中也存在，如艺织坊、合作社等，成为后台区域主客互动的真实写照。

二 "生活区后台"空间呈现与文化叙事

在老达保村的"生活区后台"空间中，从空间结构来看，可以大致分为村民日常生活区、旅游规划体验区、传统文化展示区和公共活动中心区四个部分。对于村民的日常生活区来说，它主要指老达保村村民们各家各户日常生活与休闲的地方，最显性的就是村里一栋栋拉祜族干栏式特色建筑以及房前屋后的鲜花簇拥、绿树林立和仍然在使用的菜园农舍等。这些房屋被一条条干净的青石板路相连，成为一个村民日常生活区的真实图景。在这个区域里，无论是游客们表演之前，还是表演之后，都会来到这个区域里，也是游客在观看完旅游展演之后的主要活动场所。当《快乐拉祜》实景演出开始之前，村民们往往会在各自的家里穿上拉祜族表演服饰，挎上吉他和背篼，梳好发型与化完妆之后，陆续地走出

第四章 主客互动：旅游展演的呈现与民族文化交流

家门去表演场地。当表演结束之后，这些村民又会背着吉他和背篓，三三两两地回到自家房子里。到家之后，有的便会卸下吉他和背着的东西，开始忙活家务；有一些村民仍然抱着吉他，继续自我弹奏，延续着表演时的感觉。于是，当游客在这个区域闲逛时，常常能听到悠扬的吉他声从村民家里传出，这成为吸引游客前往探访的主要动因之一。除了音乐声之外，游客们也随时可见村民们三三两两地聚在一起，或者坐在房屋露台上，或者围在房屋周边，用拉祜语进行着日常交流。这是一幅自然而生动的日常呈现，身体的姿态非常放松。有穿民族服饰的，也有因为天气热等原因而穿短袖中裤的。有一边背着孩子一边吃饭的，也有在自家房屋旁边的菜地里拔草的，还有赶着牛从田里回来的。这些景象，让很多游客非常喜欢，也让村寨的"前台"和"后台"自然地连成一片，成为一个全敞景式的村落空间。于是，"前台"的存在有了"后台"的原真生活作为支撑，而"后台"也成为"前台"展演的真实来源和可靠依据。"前台"与"后台"形成了一种主客之间的信任感，尤其是这种"生活区后台"区域里向游客呈现的吉他弹唱、芦笙吹奏等音乐场景，更是让游客觉得是在一种真实感十足的文化环境中体验畅游。

当然，在这些游客能看见的村民日常生活片段之外，还有一些游客们很难接触到的"后台"文化景象。例如，村寨里颇具拉祜族建筑特色的基督教堂和村民们每周一两次的礼拜活动。在村寨后边的更高地势上，有一座由村民们集资修建而成的村寨教堂，它是一座两层楼的拉祜族干栏式木制建筑，上面用红色字体写着"神爱世人（老达保）基督教堂"几个汉字，汉字下面还有一排黑色字体的拉祜族文字。村民们会每周三或每周日来教堂做礼拜，这已经成为村寨长久以来保留下来的习惯。老达保村有90%的村民信仰基督教，同时他们又信仰自己的原始宗教"厄莎"，常常将这两个不同性质的宗教结合起来理解。在教堂外面的大门上，张贴着一张关于"2017年老达保基督教会建盖教堂、献

· 169 ·

堂奉献"的名单，上面列出了82名村民向教堂捐钱、猪、鸡、米、拉祜包和出工的历史记录。这充分反映了老达保村作为一个边境性村寨容易吸收到外来文化并将之本土化的现象。当然，这种对外来宗教的信仰也无形中帮助村民们形成了一种对外来文化的宽容接纳和兼收并蓄，且增强了他们之间的凝聚力和组织性，这也为后来旅游展演实践的开展奠定了组织结构方面的基础。此外，除了礼拜活动之外，老达保的村民们还保持着在他们本族最重要的节日——葫芦节、新米节和春节等节庆日的庆祝风俗活动习惯。这些文化事象游客们很难在平日见到，只有部分"恰逢其时"的人可以目睹全过程。

沿着教堂再往上走，就会发现一个游客们很少去参观的"旅游规划体验区"。在这个区域里，一些呈点状分布的拉祜族房屋建筑上都有很清晰的旅游景观标识牌，包括"传统手工艺体验房""传统手工制茶房""传统民间活动体验区"等，如图4-11、图4-12和图4-13所示。

图4-11 传统民间活动体验区　　　图4-12 传统手工艺体验房

图片来源：2019年田野调查自摄。

这些房子明显带有旅游规划痕迹，房前屋后也有空旷的旅游体验区域和一些活动用具设计，但房门都紧闭，处于无人使用的境况。据调查，这些带有明显规划痕迹的旅游体验区，是2016年云南大学旅游研究所积极响应原国家旅游局"旅游规划扶贫公益行动"号召，按照

第四章 主客互动：旅游展演的呈现与民族文化交流

图 4 - 13 传统手工制茶房

图片来源：2019 年田野调查自摄。

《旅游扶贫试点村规划导则》的标准和要求，结合旅游开发与民族文化保护两项基本要求，对老达保村进行了区域性的旅游规划编制和实施。但是，在实际运用过程中，这里还未被纳入真正的旅游参观游览区。相比之下，村寨里的公共活动中心成了一些散客们和村民进行互动表演的主要场所，如村寨入口、竹楼廊道、房屋平台等地方。这些地方也是平日里村民们的欢聚之处，用于他们闲暇聊天、集体弹唱和跳舞的活动中心。除此之外，生活区后台空间中的传统文化展示区主要集中在舞台表演中心背后的一个小房间里，同时还散见于村寨入口处的农用水车造型、道路一侧石砌墙面上的葫芦图腾符号与拉祜族村民微笑弹唱吉他等图像展示。在《快乐拉祜》实景演出舞台中心的背后，有一个被竹林掩映着的二楼房间，这是老达保村非遗文化传承室，其中陈列展示着一些拉祜族和老达保村的传统文化物品，也是平日村民演员们存放大型表演道具的地方。走进这个房间，可以发现沿着墙壁列着一排玻璃柜，在玻璃柜的里面，陈列着一些拉祜族生产生活用具、传统乐器、传统服饰

· 171 ·

和传统手工艺品等物化层面上的文化用品,并且会在这些物品的旁边附有相关文字介绍,如图4-14、图4-15和图4-16所示。在玻璃柜上面,摆着老达保村所获的一些奖励荣誉牌子,包括墙上还挂着几面获奖锦旗,如图4-17、图4-18和图4-19所示。

图4-14 老达保村旅游舞台背后的非遗传承基地

图片来源:2019年田野调查自摄。

图4-15和图4-16 老达保村非遗传承室内布景

图片来源:2019年田野调查自摄。

· 172 ·

第四章 主客互动：旅游展演的呈现与民族文化交流

图4-17、图4-18和图4-19　室内老达保村民们的获奖荣誉（部分）

图片来源：2019年田野调查自摄。

这些奖励荣誉归纳起来，主要是对老达保村在民族民间文艺、非遗传承保护、旅游演艺组织以及文化产业发展、文化传承保护和村容村貌等方面取得的成绩的奖励，见表4-3。

表4-3　老达保村民们的所获奖励荣誉项目统计（集体类别）

类别	时间	奖项名称	颁发单位
表演类奖项	2013年11月11日	澜沧县首届国家级非物质文化遗产保护名录"拉祜族芦笙舞"展演——"展演奖"	澜沧县文化体育和广播电视局（承办：澜沧县文化馆,澜沧县非物质文化遗产保护中心）
	2014年11月23日	2014年澜沧县拉祜族创世史诗《牡帕密帕》演唱比赛"一等奖"	澜沧县文化体育和广播电视局,澜沧县文化馆
	2014年9月	澜沧县哈列贾（HALEJA）乡村音乐小镇民族民间歌舞乐比赛——歌曲一等奖	澜沧县哈列贾（HALEJA）乡村音乐小镇项目建设办公室,澜沧县文化体育和广播电视局
	2014年9月	澜沧县哈列贾（HALEJA）乡村音乐小镇民族民间歌舞乐比赛——舞蹈二等奖	澜沧县哈列贾（HALEJA）乡村音乐小镇项目建设办公室,澜沧县文化体育和广播电视局

· 173 ·

续表

类别	时间	奖项名称	颁发单位
表演类奖项	2014 年 9 月	澜沧县哈列贾（HALEJA）乡村音乐小镇民族民间歌舞乐比赛——乐器演奏二等奖	澜沧县哈列贾（HALEJA）乡村音乐小镇项目建设办公室，澜沧县文化体育和广播电视局
	2015 年 12 月	2015 年澜沧县哈列贾（HALEJA）乡村音乐小镇民族民间歌舞乐比赛"一等奖"	澜沧县文化体育和广播电视局
非遗保护类	2014 年	在 2014 年非物质文化遗产保护传承工作中成绩突出被评为"优秀传承点"	澜沧县文化体育和广播电视局
	2018 年 10 月 28 日	澜沧县 2018 年国家级非物质文化遗产保护名录《拉祜族芦笙舞》比赛"一等奖"	澜沧县文化体育和广播电视局，澜沧县文化馆
文化传承建设类	2018 年 8 月	澜沧县酒井乡勐根村老达保村民小组——云南省民族民间工艺品示范村	云南省文化体制改革和发展领导小组办公室
	2014 年	普洱市民族文化传承示范村	中共普洱市委宣传部
	2015 年	云南省文化产业发展专项资金扶持项目	云南省文化体制改革和发展领导小组办公室
	2018 年 1 月	第七届全国服务农民、服务基层文化建设"先进集体"	中共中央宣传部，文化部，国家新闻出版广电总局
其他类	2014 年 9 月	中国少数民族特色村寨	国家民族事务委员会
	2019 年 3 月	东华大学"锦绣丝路"实践育人基地	共青团东华大学委员会

资料来源：根据 2019 年老达保村田野调查资料整理而成。

除了老达保村所获的集体性奖励荣誉，传承室还专门将村寨里的个体族群成员所获奖项也陈列其中，主要表现在各类级别的非遗传承人获

第四章 主客互动：旅游展演的呈现与民族文化交流

奖及其传统文化的保护与培训方面。通过对这些荣誉与奖励的统计和梳理来看，老达保村一直以来都在坚持对拉祜族传统文化的保护与传承，这从它入选拉祜族文化源头《牡帕密帕》和《拉祜芦笙舞》国家非遗项目保护基地可以看出，同时与此相关的各类非遗传承人数量也众多，所获奖项也不少，表明这个村寨的民族传统文化基础还是较为深厚的。同时，该村凭着民族文化建设的成绩而使得整个村寨的村容村貌都有所改观，包括内部建设与外部交流，这从墙上挂着的多张照片内容可以进一步看出。

在传承室内的墙壁上，有关老达保村文化传承、建设和发展的一些重点人物、历史时刻和活动场景等照片图像被选出来给予醒目张贴。从其所展示的内容来看，主要分为村寨内部文化活动、村寨非遗保护成绩和村寨赴外歌舞文化交流三部分，这其实也反映了老达保村承载的拉祜族文化从传统社会到现代世界的创新性实践与变迁性历程。

一是有关村寨内部的传统文化活动。照片中主要以"笙声不息""拉祜族儿童健身操""达保兄妹组合"等为题的歌舞文化活动作为老达保村内部文化传承和发展的例证。其中，"笙声不息"主要表现的是村里国家级非遗项目拉祜族芦笙舞传承人李石开带着孩子们吹芦笙、跳芦笙舞的"老带小"传承画面；"拉祜族儿童健身操"表现的是二十几个拉祜族小朋友，身穿拉祜族传统服饰，正站在村寨演艺舞台上跳着拉祜族摆舞。他们的身后就是一座具有传统拉祜族建筑风格的小木楼，木楼正上方悬挂着一副红色的条幅——"第一批国家级非物质文化遗产名录《牡帕密帕》保护传承基地落成典礼"。旁边的"达保兄妹组合"表现的是村里几位穿着拉祜族传统服饰的青年男女，他们每人怀抱一把吉他，站在竹楼前开心歌唱的画面。

二是村寨非遗保护成绩的展示。这主要有"澜沧县国家级非物质文化遗产保护名录——《牡帕密帕》《拉祜族芦笙舞》保护传承基地分布图"和澜沧县委、澜沧县人民政府宣传的"中华人民共和国文化部2006年颁布第一批国家级非物质文化遗产保护名录——拉祜族民间文学《牡帕密帕》""中华人民共和国文化部2008年颁布第二批国家级非物质文化遗产保护名录——拉祜族民间舞蹈《拉祜族芦笙舞》"的图像。在2006年颁布的第一批国家级非遗保护名录——拉祜族创世史诗《牡帕密帕》的宣传画中,表现的是整个老达保村寨景观,旁边有一男一女两位拉祜族老人的照片,他们脸上布满皱纹,牙齿已稀松脱落,但眼神在眺望着远方,图像下方附文:"拉祜族创世史诗《牡帕密帕》,是拉祜族民间文学艺术的宝贵精神财富,是拉祜族说唱音乐代表作,是拉祜族的百科全书。整部长诗通过浓厚的神话色彩,反映了拉祜族人民的种种幻想和智慧,包括造天造地造万物,繁衍人类及制造工具,发展生产,分配制度的产生等。特别是它以独特的说唱方式广泛流传于民间,是一部研究拉祜族社会历史、文化不可缺少的旷世作品,其意义已超出了文学作品的范围。《牡帕密帕》于2006年被文化部批准列入首批国家级非物质文化遗产保护名录。"与此类似的是,在2008年颁布的第一批国家级非遗保护名录——拉祜族民间舞蹈《拉祜族芦笙舞》的宣传画中,表现的是整齐一排的拉祜族男子身穿全黑色传统服饰,戴着包头,边吹芦笙边跳芦笙舞的景象,图像下文也附着说明:"芦笙舞是拉祜族的传统舞蹈之一,于2008年6月被列为第二批国家级非物质文化遗产保护名录。芦笙在芦笙舞中起伴奏和导舞的作用。吹笙者边吹边跳,参加者围成一圈或几圈合着芦笙的节拍起舞,依芦笙曲调的变化而变换舞蹈动作。拉祜族芦笙舞有100多个套路,现已收集记录的有83套。按表现内容,可分为宗教祭祀、生产生活、模拟动作和嘎调子4种类别。由于芦笙舞反映了拉祜人崇尚自然和对幸福生活的执着追求,舞蹈简单易学,可人人参与，从而成为民族凝聚力和教育培育后代的重要手段。在拉祜族村寨，男子人人会吹芦笙、跳芦笙舞，每逢岁时礼仪和节庆聚会，每个乡村都可组织数十人至上百人的表演队伍进行表演，尤其到传统的葫芦节和春节，澜沧县城便成了芦笙舞的海洋，场面十分壮观。因而，芦笙舞对于当地人民的文化认同，维护团结，维系民族精神，均具有不可替代的重要意义。"此外，还有"欢度阿朋阿龙尼（葫芦节）"的场景——第一批国家级非物质文化遗产保护名录《牡帕密帕》代表性传承人李扎戈、李扎倮在葫芦节期间为澜沧各族群众演唱拉祜族创世史诗《牡帕密帕》的欢乐场景。

三是拉祜族传统文化的创新性实践成果及赴外演出交流活动。老达保村不仅在拉祜传统文化的保护与传承方面做出一些成绩，从而成为两个国家非遗保护项目《牡帕密帕》和《拉祜芦笙舞》的传承基地，也用西洋乐器"吉他"弹唱与拉祜族传统音乐相结合的方式将拉祜族对外的民族形象定位为"快乐拉祜"。于是，以"快乐拉祜"为主题的照片也在传承室内作为重点对象被展出，包括《快乐拉祜》《实在舍不得》等歌曲的作者李娜倮在纵情高歌，全村男女老少在村寨的演艺广场舞台上欢乐弹唱《快乐拉祜》以及"快乐拉祜唱响的地方——酒井老达保"的图片文字介绍等。与此同时，还有更多的照片展示了老达保村村民赴外进行文艺表演交流的场景，源自民族传统村寨的拉祜族文化不仅在传承，也在进行着创新性实践，同时在走出大山、逐渐与主流社会文化世界相互对话，开启了民族传统文化与现代社会语境之间的碰撞与交融性发展之路。

三　文化叙事中的舞台拓展与主客互动

从某种程度上说，老达保村的文化叙事，包括舞台"前台"上的民族歌舞表演和"后台"中被静默陈列的村寨传统文化，都体现着个人和集体对于拉祜文化和社会的观念，是拉祜族对自身、他人、世界等诸多关系的特定表达。因此，当这些文化叙事被置于表演空间时，其意义往往是通过表演者和参与者共同赋予的，其表演可被视为一种被展示的交流行为，其中蕴含着主客双方对各自的生活方式、观念态度、价值情感、心理模式等诸多不同文化内涵的了解与认知的过程，从而造成旅游展演中主客互动关系的产生及其相应的文化影响。

由于老达保村旅游展演在舞台"前台"迅速发展，使得越来越多的游客来到村寨参观体验。在欣赏完舞台表演节目之后，一些游客便会随意闲逛村寨，主动和村民搭讪聊天、购物询问、邀约拍照等，甚至也会留宿在村民家中，使得老达保村寨原有的单一性村民自有空间逐渐演变为多元复合的主客共享空间，其中包括部分村民家中已开设的餐饮、住宿等农家乐和客栈经营场所，还有在村寨旅游规划主导下产生的芦笙坊、青竹坊、陀螺坊、艺织坊、农耕坊、根雕坊、茶吟坊、春香坊8个旅游展示区和体验区，如图4-20、图4-21和图4-22所示。

在这样的主客混合式的"后台"区域里，大多数村民都会身挎一

图4-20　耕具坊　　　　　　图4-21　陀螺坊

第四章　主客互动：旅游展演的呈现与民族文化交流

图4-22　艺织坊

图片来源：上述三幅图片均为2019年田野调查自摄。

把吉他，男女皆有，中青年最多，闲来无事便会弹奏几曲。尤其在看到有游客经过房屋时，更是兴起，热情邀约，这为旅游展演"后台"的主客互动创造了不少的机会与场景，如图4-23所示。

图4-23　村寨"后台"区域——为游客表演的小众团体

图片来源：2019年田野调查自摄。

此时，与舞台"前台"相呼应的村寨"后台"空间被旅游凝视的力量重新规划与构建，形成了与"前台"紧密相连的又一类主客互动场所。

同时，村民演员们在"前台"舞台上的身体展示和文化表演，因为声名鹊起且备受外界好评，使得他们对于自身的表演实践信心大增，加之在展演之前已经拥有的吉他弹唱等音乐休闲习惯，这让他们的身体在结束了舞台"前台"表演之后继续受到凝视力量的激励而保持惯性，从而为平日里来到老达保村想观看表演的游客们提供了持续的供给来源。

具体来说，若未遇到当地的一些重要节庆，或者只有一些零星散客和小型团队游客来到村寨时，《快乐拉祜》实景演出并不会上演。此时，如果游客想看老达保村村民的表演，则需要与演艺公司的负责人协商，看哪些村民演员有空或愿意，就召集他们来到游客所在的地方，按照一个演员50元的报酬给予陪同表演。当然，在调研中也发现，这种小型的现场表演，有时候也不一定都是经济交换性质的。在游客入住某一户人家或随意逛逛村寨时，也会出现村民与游客自然聊天、交往交流的情况。

张扎阿，是老达保村旅游演艺公司的董事长，家中也是村里最早开设旅游客栈和为游客提供餐饮的农户人家。他们家经常会接待一些来自各个地方的游客，原本用于储存杂物的一楼空间已改为专门招待游客的"客厅"，客房在一楼和二楼都有，如图4-24和图4-25所示。

图4-24 张扎阿家被改造成客厅的一楼　　图4-25 张扎阿大儿子在接待游客

图片来源：2019年田野调查自摄。

游客："我们可以参观一下你的房子吗?"

张扎阿："可以啊。"

游客："哇,你们墙上挂了这么多照片呀!全是一些名人吧?"

张扎阿："嘿嘿,是的,以前有些人来我们寨子,就我们家条件好点,所以他们都安排到我这里住了。"

此时,张扎阿的6岁小儿子跑出来,调皮地敲弹着一楼客厅里的木鼓。

游客："小朋友,给我们演一个!"

张扎阿："他厉害得很呢!你看我手机里他的照片,很小的时候就会吹芦笙、敲木鼓,和我一起唱歌跳舞。这是他参加我们普洱市一个文艺活动时的照片……"

游客："哇!是哈,好厉害哦!那给我们来一个!"

很快,张扎阿就弹着吉他,带着他的小儿子、大儿子,还有他的"夫人"(他喜欢这么向游客介绍他的妻子),一起为游客表演拉祜语歌曲。

演唱中,一些路过的游客也被吸引过来,专心地看着他们一家人的表演。此时,张扎阿旁边的邻居小孩张大牛也跑过来,与张扎阿的小儿子一起敲鼓,并单独为游客唱了一首稚气十足的《欢迎朋友来达保》,以拉祜语和汉语各唱了一遍。

童声唱:

"你是我们的好朋友,欢迎你们来做客。
带着善意的拉祜人,热烈欢迎你到来。
远方的朋友请坐下,请喝一杯拉祜水……"

孩子们卖力地唱着,看得出来,不是为了赚钱,而是一种身体的习惯与天然的热情。

唱完之后，游客们不仅给予了热烈的掌声，还纷纷上前将包里带来的一些零食送给两个小朋友，并开心地与他们合影。这让我们想起之前在演艺广场"前台"那里村民们集体演出《快乐拉祜》时，一些从几岁到十几岁的拉祜族小孩都在舞台旁边等着、玩着，游客们在观看完表演之后，最感兴趣的就是跑上去和这些小朋友合影、逗逗他们，和他们一起唱歌跳舞。最有趣的是，或许是与游客打交道多了，这些小朋友并不怯生，大一些的孩子还会很大方地回答游客一些问题。其中，一个12岁左右的拉祜族小女孩，表现得很主动，对游客也很好奇，她会主动要求合影，回答游客的问题也很积极，如图4-26所示。

图4-26 老达保村拉祜儿童的即兴表演

图片来源：2019年田野调查自摄。

这种大众游客与拉祜族小孩的互动场景，其实也与"前台"展演中的舞台场景不谋而合。因为，在村寨《快乐拉祜》实景演出的最后集体合唱表演时，一直在舞台旁边等待的拉祜族小孩们全都走上舞

第四章 主客互动：旅游展演的呈现与民族文化交流

台，在舞台中央的最前面站成一排，跟随着音乐节奏自然演唱，一边摇头晃脑一边双手拍掌，没有规训的痕迹，也没有化妆的修饰，一切都很自然。甚至，在演唱中途，会有一个3岁多的小男孩突然躺在舞台上，任性地玩耍，"罢工"演唱，尽显童真。此时，游客们不仅不会责怪，反而会发出会心的微笑，为他们的自然出演拍掌喝彩。于是，老达保村村民的身体其实一直在游客的凝视下，处于被关注和被激励的状态。这种被激励的状态又让村民的身体在村寨旅游展演的"前台"和"后台"空间中自然一体，且让"后台"成为展演"前台"的延续空间。

于是，我们还经常可以看到这一幕，即有时候当游客离开村寨时，村民们会集体送行，一边弹着吉他、一边唱着《实在舍不得》这首村寨代表性送别歌曲，用音乐演绎出东道主对游客的告别之意和不舍之情。言语的交谈是有限的，但是用音乐这一媒介打造出来的主客互动是无限的。在这种游客边挥手边感动的回头致意过程中，游客对这个村寨的文化主体——村民们有了更深的感触和更强的情感能量，也对拉祜族的民族文化拥有了更真实的"共享之感"，如图4-27和图4-28所示。

图4-27和图4-28　老达保村的村民集体送别游客场景

图片来源：2019年田野调查自摄。

第三节　听我们讲故事的你们：旅游展演中的
　　　　情感共鸣与文化交流

一　村民的歌舞习惯与情感表达

对于老达保村的村民来说，在舞台上的歌舞表演，其实也是一种对日常生活中自我身体习惯的延续和扩展。无论是村民们对过去生活的回忆，还是现在村民们的休闲娱乐活动，都可以看出歌舞文化已是老达保村寨呈现出来的一种常景。这种歌舞习惯，其实早在吉他进入村寨之前就已拥有，只是那时候跳得更多的是芦笙舞、摆舞等拉祜族传统舞蹈，唱的也是过去年代的拉祜族民歌。随着吉他的逐渐普及，这种身体习性更是得以加强，正如拉祜族人描述的，他们可以一天不说话，但绝对不能一天不唱歌；就是一家人围坐在桌前吃水果，手里也不会放下吉他，嘴里更会飘出音符。因此，从村民们在展演"前台"和"后台"空间中的行为表现来看，吉他成了他们现在表达情感的最主要工具。只要弹起吉他，只要唱起歌，初见外来人的拘谨就会立刻消失，取而代之的是轻松、快乐和自信。所以，比起说话，他们更愿意通过唱歌跟人交流。究其原因，这不仅是少数民族天生的"会说话就会唱歌、会走路就会跳舞"的文化基因使然，也是因为老达保村的村民大多数只上过小学，在开放之前与外界接触很少，村民们听汉语、说汉语普遍较困难，他们宁愿选择用歌舞来表达自己的情感，也不愿用拧巴的汉语，甚至于更难讲的普通话来与外界交流。即使村寨中汉语水平较高的李娜倮，也对我们说："每次媒体采访我时，我都有点紧张，因为我的普通话说得不是很标准。有时候说了几句后，我更喜欢用唱歌跳舞来代替说话。"于是，怀抱吉他，随时弹奏几下，再唱唱跳跳，就成了老达保村村民们的一种

第四章 主客互动：旅游展演的呈现与民族文化交流

生活常态，而非只存在于旅游舞台上的一种工作策略。

客观来讲，老达保村的歌舞表演，其实最开始就是从村民们的日常生活环境中诞生，且一直被保留传承，再延展到面向游客的舞台表演中去。最为难得的是，当这种文化被搬到公共舞台上时，并没有让村民们的日常习惯褪去或消失，反而是使之得到了不断被创新和激活的实践机会。调研显示，老达保村寨之所以能在近年来声名鹊起且传播范围逐渐扩大，是因为与其他民族旅游村寨相比，他们用吉他弹唱的曲目，基本上都是自己创作的。尽管他们不懂乐理，也没有受过专业的训练，但村民们凭着自己的音乐天赋与灵感，凭着对生活的敏感与热爱，不断地进行着创新性生产，包括在结合自身民族音乐特点的基础上，除了把西洋乐器与拉祜族葫芦笙结合形成一种新型的混合式演艺风格实践之外，也持续依据日常生活生产场景进行着新的拉祜族民歌和音乐的创造，这为老达保村的旅游展演提供了与其他村寨不同的资源与产品。不得不承认，正因为是老达保村民们自己进行的一种创作实践，其创作出来的歌曲和音乐就天然地带有族群的日常生活气息，也必然是族群成员自身的生活感悟反映和情感心理的表达载体，无论是释放他们快乐情绪的《快乐拉祜》，还是反映他们爱情故事的《真心爱你》，以及表达他们对离别之意的《实在舍不得》等歌曲，都有一种可以唤醒人类共同心性与情感的魅力，让听众无不为之感动、喜欢与共鸣，如图4-29所示。

例如，村民们除了在旅游舞台上演唱常规歌曲，有时候在遇到一些志同道合、彼此交流畅快的客人时，也会自发性地、情之所至地唱出一首首不被列在旅游展演节目单中的歌曲。其中，经典场面就是全体村民演员们一边弹着吉他，一边自发性地唱起《我不想说再见》这首歌，常常令正离开村寨的客人感动不已，在音乐声中流泪告别。从这首歌的歌词中就可以看出村民们的情感表达是非常直接与外向的——

图 4-29 舞台表演末压轴戏——全村演员集体大合唱《实在舍不得》

图片来源：2019 年田野调查自摄。

我不想说再见，心里还有多少话，话也没说完。

我不想说再见，要把这时光，留住在今天。

一生中能有几次，这样的一天。

一辈子能有几次，不想说再见。

一生中能有几次，这样的留恋。

一辈子能有几次，不想说再见。

我不想说再见，心里还有多少话，话也没说完。

我不想说再见，要把这时光，留住在今天。

舍不得哟舍不得，我实在舍不得……

最想的就是你再来，要多快乐有多快乐。

舍不得哟舍不得，我实在舍不得，我实在舍不得……下次再来！

正因为是自己创作的，村民们无论是在"前台"空间，还是在"后台"区域，只要拿起吉他或芦笙、木鼓等乐器，都会即兴演唱，为自己，也为他人，在凭借较为自然且层次丰富的表演结构中，通过大方、自然而生动的"情感式表演"，创造出了村民与地方、环境及游客

第四章　主客互动：旅游展演的呈现与民族文化交流

之间不断互动的新情意空间。

二　主客的对话交流与情感共鸣

老达保村主客互动最为典型的场面通常是在旅游展演的"后台"区域，多发生在游客们前往村民家里探访或吃住消费的时候。在游客与东道主同吃共住的情境中，作为东道主的老达保村村民常常主动与游客分享他们的音乐生活和情感世界。很多时候，老达保村的村民会在游客吃饭时边弹边唱，晚上在篝火晚会时还有拉祜族小孩边吹芦笙边跳舞陪着游客。由于老达保村大多数村民的汉语水平较弱，实际情况是能够产生这种互动状态的村民主要是村寨中汉语水平较高、在外接触游客较多的民族精英分子，如李石开、李娜倮、张扎阿等旅游展演公司的核心人物。其中，李石开、李娜倮父女俩因为语言表达能力强、性格开朗大方而与游客互动得较为典型。特别是李娜倮，由于她经常作为拉祜族文化宣传的代表而被外界邀约出去表演，已经擅长与主流社会的人员打交道，因此，与来家里的游客分享她的音乐创作经历，特别是年轻时创作《真心爱你》这首爱情歌曲的故事，是这类互动的代表性场景，如图4-30所示。

图4-30　李娜倮为游客讲述自己的情感故事
图片来源：2019年田野调查自摄。

主客互动地点

——"李娜倮餐厅"（晚上八点二十分左右）

游客甲："这里面，大部分村民他们都会弹吉他吗？"

李娜倮："对，一开始就是爸爸卖了一头猪，然后买了一把琴，所以就整个寨子到现在每家每户都有了吉他。"

李石开："我买的那个吉他是1984年时候。"

游客甲："呵呵，您长得很可爱，像《飞屋环游记》里面那个卡尔爷爷卡通形象，那个卡尔也是一直拿个吉他。"

李石开听了之后也只是不好意思地低头笑笑，但仍怀抱吉他，做出随时准备弹唱的姿态。

李娜倮："我又跟爸爸学，然后整个寨子都带动了音乐这方面。然后现在这个寨子都是很爱唱爱跳，从两岁的小孩到八十岁的老人，都在一起唱歌，一起做这个事情。然后你们看到的那个葫芦，葫芦就是拉祜族的图腾，一个男，一个女，就是叫扎迪、娜迪，他们两个就是从葫芦里走出来的，拉祜族的祖先，对，扎迪、娜迪。拉祜族女子每一个人都有'娜'字，男的有一个'扎'字，娜木（马）、娜妥（兔）、娜阿（鸡）、娜迫（狗）、娜袜（猪）、娜努（牛）……都是从十二生肖那里取名字。'扎扎'就是'男子'的意思。"

游客乙："你上过专业的音乐学校吗？"

李娜倮："我是这样的，没学过音乐专业的，这些都没学过。但是从小都很爱好这个唱歌跳舞，从小听到爸爸一直都不断地唱歌跳舞，所以就跟爸爸学了吉他。我十二三岁的时候就学了。创作的歌曲，就是十六、十七岁左右。"

游客丙："您创作是吉他弹唱的创作吗？"

李娜倮："对，吉他弹唱。我不会看那个五线谱，然后简谱也是。如果我写的话没有拍子和节奏，拍子和节奏都没有，就是这样写过去。

第四章 主客互动：旅游展演的呈现与民族文化交流

然后我自己会唱了，我就教大家唱，是这样的。"

游客甲："你们有没有自己写的一首歌？"

李娜倮："情歌。那个就是我老公，我们两个没有结婚之前，好了一段又分开了一段，然后我的心情很难过，白天做农活，晚上就写了这首歌叫《真心爱你》。"

然后，李娜倮分别用拉祜语和汉语两种不同语言，用吉他弹唱《真心的爱》，歌词如下。

多年来的爱，恋不完的情，如今你在远方，情丝断了吗？夕阳西沉时，我千呼万唤你，等我回忆的，是夜幕茫茫深。我的眼泪就像流水日夜为你流，受伤的心很快要破碎，我亲爱的，我亲爱的无论你在哪里，快回来。你是我一生的依靠。(拉祜语弹唱)

多年来的爱，恋不完的情，如今你在远方，情丝断了吗？夕阳西沉时，我千呼万唤你，等我回忆的，是夜幕茫茫深。千万条的路，我俩曾走过。甜蜜的日子，你是否记得。除了一个你，我不会再恋爱，爱你一辈子，我永远不后悔。我的眼泪就像流水日夜为你流，受伤的心很快要破碎，我亲爱的无论你在哪里，快回来。你是我一生的依靠，你是我一生的依靠。(汉语弹唱)

父亲在她演唱的过程中还说了一句："先唱拉祜语，第二句唱汉语。"

结果，唱得主客都哭了，连一位男性游客眼眶都湿润了。

游客丁："你们分开了多久，你写的？"

李娜倮："这首歌写了一个星期才写出来。我们分开了半年左右。"

游客丁："后来他被你的歌声引回来了吗？"

李娜倮："对，我也唱的时间长了，然后他也听到了，然后他就回到我的身边。"

游客乙："没忍住，忍不了"。(一边抽泣一边拿纸巾)

游客丙："太感人了！天哪，这音乐的力量太大了。"

全场唏嘘。

游客甲:"你老公在哪啊?"

李娜倮:"在家里。"

李石开:"叫他过来。"

游客甲:"他不是这个村子的人?"

李娜倮:"在,那里就是他家。我就在他家旁边。"

游客甲:"你在他家窗前弹琴啊?哎哟,这少数民族,真的好棒噢!"

这时,李娜倮丈夫和他们的女儿走出来了。

李娜倮:"那个是我女儿,然后那个是我老公。"

李娜倮丈夫挎着一把吉他,显得有点害羞。

客人:"你这首作品发表过吗?"

李娜倮:"这首作品,前段时间,有一个老师,他也来过这里两三次,然后他也很喜欢这首歌,然后他就帮我推了这首,那个是徐子崴老师。我们两个一起合唱这首歌。"

注:2020年,李娜倮与流行音乐人徐子崴共同发表《真心爱你》这首歌。徐子崴系普洱市旅游形象大使,他用拉祜语和汉语对其进行演唱。

游客甲:"你还有其他什么这样的歌吗?"

李娜倮:"这里客人离开的时候也有一首,《实在舍不得》。"

接着,李娜倮夫妻二人为大家吉他弹唱《实在舍不得》,部分歌词如下:

女:我会唱的调子,像山林一样多。就是没有离别的歌。

男:我想说的话,像茶叶满山坡。就是不把离别说。

合:最怕就是要分开。要多难过,有多难过。舍不得哟舍不得,我实在舍不得。

第四章 主客互动：旅游展演的呈现与民族文化交流

你没有看那风景，像山花一样多，还有多少思念的河。

你留下那情，像火塘燃烧着，还有好多酒没有喝。

最怕就是要分开。要多难过，有多难过。舍不得哟舍不得，我实在舍不得。

最想的就是你再来，要多快乐有多快乐。舍不得哟舍不得，我实在舍不得，我实在舍不得……

大家鼓掌，表示出羡慕他们夫妇俩——"你们两个简直是神仙眷侣啊""还有和音，唱得太准了！"……而李娜倮夫妇俩也回应道："谢谢""谢谢大家""哈列贾"！

从这个较长的互动场景来看，李娜倮一家人与几位游客的聊天交流，其实主要还是围绕着音乐创作而起，这与游客在来旅游之前听到的"音乐小镇""旅游展演"等形象紧密相连，具有一定的真实性基础。同时，它也是对白天旅游舞台展演的一种自然延续和补充完善，其音乐背后的情感故事、人与人之间的关系以及映射的生活方式、价值观念、文化思维等会为主客之间的交流营造出一种共融共鸣的氛围语境。这种情感的真挚性、纯朴性和丰富性，其实是拉祜族群成员传统的"两性合一"文化的直接反映。在拉祜族的传统观念里，男女必须结为连理，之后便形影不离，共尽天经地义的夫妻本分，承担珠联璧合的角色。因此，无论是在拉祜族的传统民歌中，还是李娜倮和村民们共同创作的拉祜族新民歌，都有大量的有关男女婚恋感情的歌曲。正如一些中老年游客来到老达保村，他们对拉祜族的认识也是始于20世纪50年代在国内热映的一部关于拉祜族解放历程的电影《芦笙恋歌》，并且对里面的主题曲《婚誓》旋律非常熟悉。于是，对这首歌的好奇与探究，成了游客与东道主之间交谈的一个自然切入点。

主客互动地点——"李石开客栈"，如图4-31和图4-32所示。

图4-31和图4-32　老达保村民李石开及他家的旅游客栈

图片来源：2019年田野调查自摄。

场景：几位中年游客请李石开回忆《芦笙恋歌》主题曲《婚誓》的创作过程。

李石开："这首歌就1955年的时候，从北京来的一个老师，他来了我们云南，他来了一个月以后，那天就去了竹塘乡那里，那就上山。上山去了，那就我们拉祜老人，七十多岁、六十多岁，夹粽子。正好，然后呢？倒酒。四个老人一边倒酒一边喝，那就雷振邦老师就那里旁边坐着看、听，那我们拉祜老人怎么唱呢。我们拉祜老人就用拉祜语唱——'老天爷造天了，哦……老天爷造地了，哦……'就这样唱，雷振邦老师他听到了，他听到他就改了一下，他改编成'阿哥和阿妹的情意长，好像那流水日夜响'，他改编出来了，那就后来我们拉祜、澜沧拉祜的这些就有了这个《芦笙恋歌》。你们小时候听过嘛……在电影里，扎妥，他吹的是芦笙；那个女子就吹了那个响篾，金竹做的，我们拉祜族的那个乐器。"

第四章 主客互动：旅游展演的呈现与民族文化交流

李石开通过对《芦笙恋歌》主题曲创作过程的回忆，拉开了隔在主客之间的那层无形帷幕，逐渐拉近了你我之间的心理距离。从拉祜族老一辈的原唱，到来自与游客背景类似的主流社会的雷振邦老师改编，这其实是一个很好的文化交流交融的故事，也是当时主客互动的最佳例证。在给游客讲述这一历史过程时，李石开对本民族传统文化元素的提及，其实也是一种向游客宣传本族群文化的主动行为，也表明了对主流社会创作能力的认可。通过这样的讲述，尤其是从上了年纪的拉祜族族群成员口中讲出，会强化主客之间共同的历史记忆和真实印象，有助于形成双方共有的情感纽带。特别地，对于大众游客熟悉的那部分拉祜族文化元素，更是游客们拥有的情感记忆，需要东道主与游客一起回望和体味，从而助推互动场景中的主客关系，增进彼此的相互了解与具体认知，形成文化体验之后的情感共鸣。

三 游客的体验评价与情感认同

在老达保村的旅游客源市场中，游客的主要来源地还是以云南省居多，还有北京、上海、重庆、江苏以及成都等其他省市的旅游者，甚至还有少量的外国游客。为了更深入地了解游客对老达保村旅游展演及其主客互动之后的感知与评价，我们采用了问卷调查法与深度访谈法相结合的方式，以便更客观全面地了解旅游者对老达保村旅游展演活动的体验质量。特别地，为了更深入地了解游客对老达保村旅游展演的观后感，我们还采取了重点对象跟踪访谈的方法，力争去获取游客在旅游体验之后的情感反馈。在调研过程中，由于老达保村的旅游展演场景主要分为"正式的舞台展演"和"随机的日常展演"两种不同类型，我们特地对"正式的舞台展演"的游客群体进行问卷调查，主要目的是测评大众游客群体对老达保村旅游歌舞表演的体验质量；另外，对"随机的日常展演"的游客对象进行深度访谈，重点了解一些散客群体对老达保村后台区域里主客互动性展演场景的心理感知。

(一) 村寨"前台"旅游舞台展演的体验质量测评

从大众游客的体验视角出发，在文献阅读与实地调研的基础上，重点调查游客在观看完《快乐拉祜》实景演出之后的满意度，以此探测游客对"前台"区域的旅游展演的体验质量绩效。游客满意度是指游客对旅游目的地的期望与游客在旅游目的地游览后的体验结果进行比较后，而产生的一种心理状态。[①] 然而，游客满意度是一个具有模糊性质的事物，对其综合评价也就具备了模糊性。首先，游客满意度受到多种因素的影响，在这些复杂多变的影响因素中，许多因素并不能用一个简单的得分来进行评价，因此，影响满意度的因素就具有模糊性。其次，由于游客这一群体具有多类型性，满意程度等级划分的标准难以界定，分类本身也具备模糊性。最后，各项评价指标的属性不同、重要程度不同、满意程度不同，存在着不可公度性。基于此，我们不能简单地用"是"或"否""非此即彼"来回答游客对"前台"旅游展演的满意度评价。对于这种没有明确界限规定的事物，需要有一种能对事物渐变过程中的不确定性加以描述的数学形式，而模糊综合评价法正是处理这类外延边界"模糊不清"问题的最好方法。该方法能够将游客满意度评价看作一个模糊集合，并有效地对各指标进行定量化处理，最终评价出满意度的发展等级。

1. 评价指标体系的构建

评价指标的选取对模糊综合评价法是至关重要的，其选取标准一般遵循两个要点。一是代表性，即项目层所选取的是能反映研究对象的因素。二是全面性，指主要因子层选取的因子能够全面概括项目层的意

---

① Oliver R. L. A., "Cognitive model of the antecedents and consequences of satisfaction decisions", *Journal of Marketing Research*, Vol. 17, No. 4, 1980, pp. 460 – 469.

第四章 主客互动：旅游展演的呈现与民族文化交流

义。为遵循评价标准的科学性、准确性和可测量性，我们特地通过预调研的方式，选取了15名来老达保村观看旅游展演的游客，通过访谈的方式进行评价指标的初步筛选，并结合实际情况进行调整，最终将影响游客满意度感知的因素分为三层。第一层是目标层，即游客观看舞台表演之后的满意度。第二层是项目层，主要分为审美性、知识性、创意性、互动性四个方面。第三层是因子层，包括表演服饰、乐器道具、音乐风格、歌舞内容等20个因子，为项目层所属，见表4-4。

表4-4 老达保村《快乐拉祜》实景演出游客满意度评价指标体系

目标层	项目层	因子层
老达保村《快乐拉祜》实景演出游客满意度	Q_1 审美性	q_1 舞台表演空间
		q_2 演员外貌身材
		q_3 演员服饰妆容
		q_4 演员动作表情
		q_5 歌曲音乐旋律
		q_6 舞蹈表演风格
	Q_2 知识性	q_7 主持人的致辞
		q_8 歌舞展演内容
		q_9 拉祜族传统乐器
		q_{10} 非遗文化宣传
	Q_3 创意性	q_{11} 空间布景设计
		q_{12} 节目形式设计
		q_{13} 舞台内容编排
		q_{14} 表演风格营造
		q_{15} 拉祜族文化呈现

续表

目标层	项目层	因子层
Q_4 互动性		q_{16} 迎宾欢送互动
		q_{17} 音乐弹奏互动
		q_{18} 歌舞表演互动
		q_{19} 游戏节目互动
		q_{20} 主客文化互动

2. 问卷调查和数据分析

对游客满意度的评价，主要采用李克特5点量法，以"1、2、3、4、5"的分值分别赋予"非常不满意、不满意、一般、满意、非常满意"不同程度的评价，并且将其依次归类为"低级、初级、中级、较高级、高级"5个级别，以模糊隶属度对5个等级进行了量化研究。在实地调研中，我们让游客通过自己的切身感受为每个因子打分，用数值反映游客对《快乐拉祜》实景演出的体验满意度。据此，问卷的设计主要有两大部分：游客基本信息填写和问卷回答的主体部分。本次调查共发放问卷300份，样本均由随机取样获得，发放对象分为团队游客、自驾游客和其他一些散客，同时兼顾不同职业类别、不同年龄段、不同文化背景等因素。问卷调查发放的时间在游客观看完舞台表演和游览完整个村寨之后，其有效样本为292份，有效率为97.3%。

(1) 游客人口统计特征分析

被调查的游客中，58.3%是女性，41.7%是男性；年龄以中青年为主，但60岁至70岁的老年游客也占有一定比例。从游客的受教育程度来看，具有专科及以上学历的占76.3%，文化程度较高；职业结构中，以公务员、专业技术人员、公司职员和个体经营者居多，收入多在中等偏高水平。从游客来源地来看，约有一半为云南省人，其余大多为国内外其他地方。值得一提的是,来老达保村旅游的游客,有很多是自驾游客,其主要旅游目的地是景迈山、西双版纳、普洱市等地,因为老达保村的旅游展演出名,于是会选择前来村寨一游。有关游客人口统计特征分析,具体见表4-5。

表4-5　　　　　游客人口统计特征分析

项目社会人口属性	人数	比例(%)	项目属性	人数	比例(%)
性别(男/女)	170/122	58.3/41.7	职业　学生	31	10.6
年龄＜18岁	34	11.6	公务员	56	19.2
19—30岁	67	22.9	公司职员	83	28.4
31—40岁	54	18.5	专业技术人员	75	25.7
41—50岁	48	16.4	其他	47	16.1
51—60岁	52	17.8			
＞60岁	37	12.8	月收入＜1000元	31	10.6
教育水平			1001—3000元	46	15.8
大专以下	69	23.6	3001—5000元	104	35.6
本科(含专科)	184	63.0	＞5000元	111	38.0
硕士及以上	39	13.4			
			是否来自云南　是	157	24.1
否		135			75.9

(2) 信度与效度检验

信度(reliability)即测量的可靠性,是指测量结果的一致性或稳定性。[①] 在社会与行为科学研究中,测量信度较为常用的方法是克朗巴赫

[①] [美]小卡尔·迈克丹尼尔、[美]罗杰·盖茨:《当代市场调研》,李桂华等译,机械工业出版社2012年版,第229页。

α（Cronbach's α）系数法，即直接计算测验题目内部之间的一致性，作为测量的信度指标[①]。课题组通过 SPSS 软件进行信度分析，结果见表4-6。老达保村《快乐拉祜》实景演出游客满意度测评各维度的 Cronbach's α 系数都在 0.7 以上，整体量表的 Cronbach's α 系数为 0.901，全部通过信度检验。

表4-6　　　　　　　　　　信度分析表

维度	Cronbach's α
审美性	0.920
知识性	0.860
创意性	0.903
互动性	0.909
量表整体	0.901

　　效度检验，主要是分析问卷量表有效的程度，也就是检验其正确性。本书主要采用探索性因子分析进行效度检验，通过 KMO 检验（又叫作抽样适合性检验）和 Bartlett 检验（又叫作巴特利特）球检验对问卷进行检测，以探索各变量间的相关结构。首先，对数据进行 KMO 和 Bartlett 检验，判断其是否适合做因子分析。结果显示，样本数据 KMO 值为 0.881，大于 0.8，效果较好，同时，Bartlett 球形检验的 x_2 统计值 p 的显著性概率是 0.001，小于 0.01，说明数据集中度较佳，数据之间具有一定的相关性，适合做因子分析。其次，用验证性因子分析法来检验各测量变量能够构成潜在变量的程度，分别对老达保村《快乐拉祜》舞台表演中的审美性、知识性、创意性、互动性 4 个维度进行聚合效度检验，其结果见表 4-7。

[①] 邱皓政：《量化研究与统计分析——SPSS 中文视窗版数据分析范例解析》，重庆大学出版社 2009 年版，第 283—286 页。

表4-7　　　　　　　　游客问卷聚合效度检验

变量	因子载荷 λ	T 值	组合信度 CFR	平均方差抽取量 AVE
Q_1 审美性				
q_1 舞台表演空间	0.81	20.40		
q_2 演员外貌身材	0.85	21.13		
q_3 演员服饰妆容	0.75	17.21	0.877	0.736
q_4 演员动作表情	0.82	19.95		
q_5 歌曲音乐旋律	0.88	21.41		
q_6 舞蹈表演风格	0.83	19.04		
Q_2 知识性				
q_7 主持人的致辞	0.77	16.81		
q_8 歌舞展演内容	0.84	19.50	0.850	0.652
q_9 拉祜传统乐器	0.76	17.01		
q_{10} 非遗文化宣传	0.72	17.80		
Q_3 创意性				
q_{11} 空间布景设计	0.74	16.86		
q_{12} 节目形式设计	0.80	17.98		
q_{13} 舞台内容编排	0.75	17.39	0.843	0.654
q_{14} 表演风格营造	0.71	16.50		
q_{15} 拉祜文化呈现	0.76	16.77		
Q_4 互动性				
q_{16} 迎宾欢送互动	0.82	18.44		
q_{17} 音乐弹奏互动	0.84	19.42		
q_{18} 歌舞表演互动	0.76	17.84	0.847	0.662
q_{19} 游戏节目互动	0.82	18.87		
q_{20} 主客文化互动	0.81	18.84		

由结果可知，各题项的因子载荷 >0.7，并且在显著性水平为 0.01 的情况下通过检验。同时，检验中四个概念的组合信度 $CRF>0.8$，这满足平均方差抽取量 $AVE>0.5$ 的条件，这都说明了老达保村游客满意度因子的聚合效度符合要求，具有一定的效度。

(3) 游客满意度模糊综合评价测评

为便于统计计算，现将最初划分的 20 个评价因子给予进一步综合，依次得出审美性主要包括舞台空间、演员外形、表演内容、知识性主要是拉祜族文化和非遗文化，创意性主要有环境设计、舞美设计、氛围营造，互动性主要为仪式互动、歌舞互动、游戏互动。据此，按照以下步骤来对老达保村舞台表演的游客满意度进行模糊综合评价。

①确定评价对象的因素集 $X=\{x_1, x_2, \cdots, x_m\}$。依据满意度指标体系，研究选定了四个评价对象子集，分别为：审美性 $=\{x_{11}, x_{12}, x_{13}\}=\{$舞台空间，演员外形，表演内容$\}$；知识性 $=\{x_{21}, x_{22}\}=\{$拉祜文化，非遗文化$\}$；创意性 $=\{x_{31}, x_{32}, x_{33}\}=\{$环境设计、舞美设计、氛围营造$\}$；互动性 $=\{x_{41}, x_{42}, x_{43}\}=\{$仪式互动，歌舞互动，游戏互动$\}$。在此基础上，确定指标等级区域，给出评价集 $V=\{v_1, v_2, \cdots, v_n\}$。参照国内游客满意度的实际状况以及国内外相关研究成果，将老达保村《快乐拉祜》旅游表演的游客满意度划分为 5 级，由低到高分别为：低级、初级、中级、较高级和高级，相应的评价集为 $V=\{v_1, v_2, v_3, v_4, v_5\}=\{$低级，初级，中级，较高级，高级$\}$。各等级综合评价特征，见表 4-8。

表 4-8　老达保村《快乐拉祜》游客满意度体验的综合评价特征

等级	发展状态	特征说明
1	低级	节目的审美性、知识性、创意性和互动性表现水平很低，游客对老达保村《快乐拉祜》旅游文化展演很不满意

续表

等级	发展状态	特征说明
2	初级	节目的审美性、知识性、创意性和互动性表现水平较低,游客对老达保村《快乐拉祜》旅游文化展演较不满意
3	中级	节目的审美性、知识性、创意性和互动性表现水平一般,游客对老达保村《快乐拉祜》旅游文化展演一般满意
4	较高级	节目的审美性、知识性、创意性和互动性表现水平较高,游客对老达保村《快乐拉祜》旅游文化展演较为满意
5	高级	节目的审美性、知识性、创意性和互动性表现水平很高,游客对老达保村《快乐拉祜》旅游文化展演很满意

②建立评价因素的隶属度矩阵 $R = [R_1, R_2, \cdots, R_m]^T$。其中,$R_i$ 为 x_i 所对应隶属度依据模糊隶属度理论,在模糊数学中常把某事物隶属于某一标准的程度,用 [0,1] 区间内的一个实数来表示,"0"表示完全不隶属,"1"表示完全隶属,而模糊隶属度就是描述从隶属到不隶属这一渐变过程的。

对于隶属度的计算,以第 i 个状态 x_i 为例,s_{ij} 为第 i 个状态的 j 级评价标准,当第 i 个状态 x_i 的实际值小于其对应的第 1 级（低级）标准时,它对"低级"的隶属度为 1,而对其他发展程度的隶属度为 0。即当 $x_i < s_{i1}$ 时,$r_{i1} = 1$,$r_{i2} = r_{i3} = r_{i4} = r_{i5} = 0$,其中 r_{ij} 为第 i 个状态 x_i 对应于评价集中第 j 个等级 v_j 的相对隶属度；当 $s_{ij} \leq x_i \leq s_{ij+1}$ 时,$r_{ij+1} = \dfrac{x_i - s_{ij}}{s_{ij+1} - s_{ij}}$,$r_{ij} = 1 - r_{ij+1}$。其中,$i = 1, 2, \cdots, m$,$j = 1, 2, \cdots, n$；当第 i 个状态 x_i 的实际值大于其对应的第 5 级（高级）标准时,它对"高级"的隶属度为 1,而对其他发展程度的隶属度为 0。即当 $x_i > s_{ij}$ 时,$r_{i5} = 1$,$r_{i1} = r_{i2} = r_{i3} = r_{i4} = 0$。

本书中,所得数据的描述性统计结果见表 4-9。

表4-9　老达保村《快乐拉祜》游客满意度调查统计结果

系统层	状态层	评价人数分布					评价结果均值
		低级	初级	中级	较高级	高级	
审美性	舞台空间	13	45	55	30	9	2.85
	演员外形	15	47	51	32	7	2.80
	表演内容	9	29	59	42	13	3.14
知识性	拉祜文化	6	42	63	29	12	2.99
	非遗文化	14	51	55	25	7	2.74
创意性	环境设计	3	17	52	54	26	3.55
	舞美设计	13	41	64	23	11	2.86
	氛围营造	3	32	58	44	15	3.24
互动性	仪式互动	10	42	74	23	3	2.78
	歌舞互动	11	34	77	25	5	2.86
	游戏互动	11	40	69	26	6	2.84

对四个评价对象进行相应隶属度矩阵的计算，所得结果如下。

$$R = \begin{bmatrix} 0.086 & 0.296 & 0.362 & 0.197 & 0.059 \\ 0.099 & 0.309 & 0.335 & 0.211 & 0.046 \\ 0.059 & 0.191 & 0.388 & 0.276 & 0.086 \\ 0.039 & 0.276 & 0.415 & 0.191 & 0.079 \\ 0.092 & 0.336 & 0.362 & 0.164 & 0.046 \\ 0.020 & 0.112 & 0.342 & 0.355 & 0.171 \\ 0.086 & 0.270 & 0.421 & 0.151 & 0.072 \\ 0.020 & 0.210 & 0.382 & 0.289 & 0.099 \\ 0.066 & 0.276 & 0.487 & 0.151 & 0.020 \\ 0.072 & 0.224 & 0.507 & 0.164 & 0.033 \\ 0.072 & 0.263 & 0.454 & 0.171 & 0.040 \end{bmatrix}$$

$$R_1 = \begin{bmatrix} 0.086 & 0.296 & 0.362 & 0.197 & 0.059 \\ 0.099 & 0.309 & 0.335 & 0.211 & 0.046 \\ 0.059 & 0.191 & 0.388 & 0.276 & 0.086 \end{bmatrix};$$

$$R_2 = \begin{bmatrix} 0.039 & 0.276 & 0.415 & 0.191 & 0.079 \\ 0.092 & 0.336 & 0.362 & 0.164 & 0.046 \end{bmatrix};$$

$$R_3 = \begin{bmatrix} 0.020 & 0.112 & 0.342 & 0.355 & 0.171 \\ 0.086 & 0.270 & 0.421 & 0.151 & 0.072 \\ 0.020 & 0.210 & 0.382 & 0.289 & 0.099 \end{bmatrix};$$

$$R_4 = \begin{bmatrix} 0.066 & 0.276 & 0.487 & 0.151 & 0.020 \\ 0.072 & 0.224 & 0.507 & 0.164 & 0.033 \\ 0.072 & 0.263 & 0.454 & 0.171 & 0.040 \end{bmatrix}。$$

所得的最终模糊矩阵为：

③构造评价因素权重集 $W = \{w_1, w_2, \cdots, w_m\}$，$w_i$ 为第 i 个状态 x_i 的权重。本文对游客满意度的调查中，经计算可得各系统的权重为：$W = \{w_1, w_2, \cdots, w_4\} = \{审美性，知识性，创意性，互动性\} = \{0.190, 0.402, 0.219, 0.189\}$。各状态的权重为：

$W_1 = \{w_{11}, w_{12}, w_{13}\} = \{舞台空间，演员外形，表演内容\} = \{0.290, 0.409, 0.301\}$；

$W_2 = \{w_{21}, w_{22}\} = \{拉祜文化，非遗文化\} = \{0.524, 0.476\}$；

$W_3 = \{w_{31}, w_{32}, w_{33}\} = \{环境设计，舞美设计，氛围营造\} = \{0.274, 0.434, 0.292\}$；

$W_4 = \{w_{41}, w_{42}, w_{43}\} = \{仪式互动，歌舞互动，游戏互动\} = \{0.437, 0.295, 0.268\}$。

④建立模糊综合评价模型。首先，求得模糊综合评价集。根据建立原则，模糊综合评价集为 $B = W \circ R$。在本书中，$W = \{w_1, w_2, \cdots, w_4\}$，$w_i$ 为第 i 个系统 x_i 所对应的权重。因此：

$$B = W \circ R = (w_1, w_2, \cdots, w_4) \begin{bmatrix} r_{1,1} & r_{1,2} & \cdots & r_{1,5} \\ r_{2,1} & r_{2,2} & \cdots & r_{2,5} \\ \cdots & \cdots & \cdots & \cdots \\ r_{4,1} & r_{4,2} & \cdots & r_{4,5} \end{bmatrix} = (b_1, b_2, \cdots,$$

$b_5)$，也即 $b_j = \sum_{i=1}^{4} w_i r_{ij}$，其中 b_j 为隶属于第 j 等级的隶属度。

其次，对模糊综合评价集进行归一化处理，得到模糊综合评价模型，也就是：

$$B = (B_1, B_2, \cdots, B_5) = \left(\frac{b_1}{\sum b}, \frac{b_2}{\sum b}, \cdots, \frac{b_5}{\sum b} \right) 。$$

对各评价对象的模糊综合评价集进行计算，所得结果如下：

$b_1 = W_1 \circ R_1 = \{0.083, 0.270, 0.359, 0.226, 0.062\}$；
$b_2 = W_2 \circ R_2 = \{0.064, 0.305, 0.390, 0.178, 0.063\}$；
$b_3 = W_3 \circ R_3 = \{0.049, 0.209, 0.388, 0.247, 0.107\}$；
$b_4 = W_4 \circ R_4 = \{0.069, 0.257, 0.484, 0.161, 0.029\}$。

模糊矩阵为

$$B = \begin{bmatrix} b_1 \\ b_2 \\ b_3 \\ b_4 \end{bmatrix} = \begin{bmatrix} 0.083 & 0.270 & 0.359 & 0.226 & 0.062 \\ 0.064 & 0.305 & 0.390 & 0.178 & 0.063 \\ 0.049 & 0.209 & 0.388 & 0.247 & 0.107 \\ 0.069 & 0.257 & 0.484 & 0.161 & 0.029 \end{bmatrix},$$

对其进行归一化处理，得到模糊综合评价模型 $B = \{B_1, B_2, B_3, B_4, B_5\} = \{0.066, 0.260, 0.405, 0.204, 0.065\}$。

⑤结果评价

依据评分原则将评价集定量化，参照已有相关研究成果，并结合老达保村《快乐拉祜》舞台表演游客体验的实际调研状况，将其量化为 $V = \{v_1, v_2, v_3, v_4, v_5\} = \{2, 3, 5, 8, 9\}$。然后，对评价指标加权求和，进而得出研究结论。在本书中，通过咨询相关专家，对5个评价等级进行了量化，具体量化结果见表4-10。

表4-10　　老达保村《快乐拉祜》游客满意度评价等级

评价值	评价等级
2.0~3.0	低级
3.0~4.0	初级
4.0~5.0	中级
5.0~6.0	较高级
6.0~7.0	高级

根据量化标准，游客对老达保村《快乐拉祜》舞台表演满意度的综合评价值为5.154，参照表4-10发现其满意度评价等级为较高级。其中，各子系统的综合评价值及结果见表4-11，结果表明四个子系统满意状况较为均衡。

表4-11　　老达保村表演游客满意度模糊综合评价结果

系统层	综合评价值	发展程度等级
审美性	5.14	较高级
知识性	4.03	中级
创意性	5.06	较高级
互动性	4.88	中级

3. 调查结论

通过对老达保村《快乐拉祜》实景演出的游客满意度调查可知，对表演的审美性和创意性两个方面的满意感知得分最高，而知识性和互动性相对较低。这与我们在实地调研中对游客的访谈比较相符。首先，对于审美性的满意感知而言，其综合评价值最高，为5.14。其中，对于歌曲音乐旋律、舞蹈表演风格的审美性评价最高，很多游客对两者的打分多集中在"非常满意"和"很满意"两个方面，尤其是其中的歌曲音乐旋律，其"非常满意"的选项较多。当我们问他们感到满意的原因时，大多数游客的反馈是"歌声热情、积极，充满了不舍和期待""他们的歌舞有一种乐观、有活力的感觉""喜欢这种自由奔放的味道，很纯朴真实"以及"好喜欢他们最后两首歌，听到很感动"等。对于"舞台表演空间""演员外貌身材、服饰妆容、动作表情"这些方面时，打分项多在"很满意""一般"方面。许多游客给出"很喜欢他们的民族服饰，漂亮、好看""表演场地空旷，就在村寨里，有民族特色""表演自然不做作，也没化好浓的妆，没有炫技"等言辞评论。其次，对于"创意性"的满意度感知而言，是在审美性之后，得分值也较高，为5.06，特别是其中的"村民弹吉他"，让游客耳目一新，多对"表演风格营造"这一项赋予"非常满意"的打分值，认为"没想到这里的村民还会弹吉他""他们弹吉他唱出来的民族歌曲很好听，也很有范""比城里那些吉他手弹得好多了，很自然，传统与现代结合得很好"；同时对全体村民（游客认为是村里的所有村民都登台表演了）作为表演主体来表演也是持肯定态度，尤其是对其中的儿童参与，更表示出喜爱之情。有些游客告诉我们："这里的小朋友那么小就会跟着大人一起表演，他们吹芦笙的样子好可爱！""孩子们也不怯生，唱歌时很大方、乖巧。""我喜欢给他们拍照，怎么拍都好看。"虽然这里看似在评论孩子，但是孩子们的参与，全村男女老少的共同参与，在游客来看，也是一种创意性行为，一种不加修饰不被刻意挑选的自然呈现，少了一些其他常规性民族旅游展演的"刻意年轻化"和"歌舞泛滥化"的模式痕迹。"朴实的村民＋民族的歌谣＋吉他的弹唱"，让老达保村的旅游展演自然生有一种创意性和新颖性。相比之下，知识性和互动性的满意度

第四章 主客互动：旅游展演的呈现与民族文化交流

感知次之，属于"一般"的水平。由于《快乐拉祜》表演节目大多以拉祜族传统歌舞为主，互动环节也较少，因此，给予游客有关拉祜族文化知识方面的体验也就有限，带给游客的互动感知也不是那么明显。这不仅是受旅游展演天生的偏艺术性和舞台化规律所致，也因为老达保村的村民大多汉语水平有限，他们与来自汉语世界的游客在语言交流互动方面表现得较为困难。因此，歌舞在作为适合当地实际情况的一种主客交流媒介的同时，也会相对剥夺一些主客之间更深层次的文化交流和互动的机会。但是，所幸旅游展演实践的兴起，让老达保村的一些演艺精英分子迅速成长，在表演之余能够以更强的能力与游客群体叙事对话，并以天生的热情好客、纯朴善良等民族性格特质深得游客的心，从而形成了村寨"后台"日常随机展演的活性场景。

（二）村寨"后台"日常随机展演的文化感知调查

在村民们日常生活的"后台"区域，东道主为游客进行的日常随机展演也随处可见，如一些散客来到村寨的时候刚好错过《快乐拉祜》正式演出的时间，只能再邀请几位村民来为他们表演拉祜族歌舞。有时候，当游客入住某位村民家的客栈或民宿时，这位作为东道主的村民及其家人也会热情地与游客产生互动。不得不说，旅游展演的"后台"区域的主客互动还有很多且随时发生。因为，吉他弹唱、击鼓而舞、芦笙吹奏等都已成为村民们的身体习惯。当游客们走在村寨里时，随时都可以听到从某一个房子里传出来的音乐声。歌舞唱跳，不仅是"前台"的正式展演，也是"后台"的日常生活，村寨旅游场景中的前台和后台因为村民们的音乐爱好和歌舞习惯而自然地保持了一致性。通过我们对游客体验完村寨"前台"和"后台"旅游展演活动之后的感知访谈，可以看出老达保村的主客互动质量较好，从而引发了游客们对村寨民族文化展现的肯定与认可。这种来自游客层面的肯定与认可态度，也无形中激发了本地族群成员对于自身民族文化的自觉意识和价值感知，这成为当地村民保护与传承民族传统文化的持续性重要动力来源之一。为了更详细深入地了解游客对于老达保村日常随机展演的心理感知和体验质量，我们采用了定性分析中的扎根理论方法对搜集到的游客访谈记录进行信息整理和处理，以此来获取游客在老达保村"后台"区域与东道主发生日常互动之后的文化感知与地方印象。

课题组在对老达保村"后台"区域与东道主互动的游客进行半结构访谈之后，将这些访谈资料与网络上关于老达保村的旅游日志及其展演评论等感受内容相结合，就游客对于老达保村民展示出来的拉祜传统文化感知问题，通过扎根编码程序对资料进行整理，从而获得相关结论。

1. 初始编码（一级编码）

初始编码是扎根编码的第一个阶段，也被称为一级编码或开放性编码。这个过程开始时登录的范围比较宽，对资料内容进行逐字逐句地登录，随后则不断地缩小范围，直至码号达到饱和。[①] 在初始编码阶段，我们始终围绕"游客对老达保村后台互动式展演所表现出来的文化感"这一核心问题，选择自己的主观态度，将原始资料进行逐级分析，并按照本身呈现的状态进行编码。先把游客的数据主要来自田野中对游客的随机访谈和网络资源的搜集，其收集依据主要是能够真实、准确地反映游客的心理感受，然后除去一些不相关的资料之外，最终统计有效样本105个，其中田野游客访谈文本50个，网友帖子30个，博客10个，游记15个。在对数据之间的相同点和差异性进行不断比较的基础上，通过逐词、逐行、逐个事件编码之后，提炼出相关的类属，共归纳出80

[①] 陈向明：《质的研究方法与社会科学研究》，教育科学出版社2000年版，第333页。

个概念，形成了 11 个范畴，见表 4-12。

表 4-12　　　　　　　　　　初始编码的范畴和概念

范畴	概念
1. 慕名而来	1. 早已耳闻 2. 知名度高 3. 云南澜沧深山处 4. 男女老少都会音乐 5. 热情好客 6. 一个拉祜族村寨 7. 云南普洱的一张名片 8. 还被中央电视台等媒体报道过
2. 村寨印象	1. 纯净的地方 2. 少数民族村寨 3. 没有喧嚣和竞争 4. 身心放松的地方 5. 盛开鲜花的美丽村落 6. 没有太多商业化
3. 能歌善舞	1. 这里的每个人都会唱歌跳舞 2. 他们喜欢音乐，就像空气一样 3. 居然会弹吉他 4. 随时随地都可以跳 5. 天生的歌者舞者 6. 唱歌跳舞就是他们的日常 7. 只要你让他们唱，他们就会唱；只要你让他们跳，他们就会跳 8. 家家户户都听得到音乐声 9. 连小孩都会各种乐器
4. 村民性格	1. 这里的人们很纯朴善良 2. 他们很热情大方 3. 对待客人很友善，没有防范 4. 感觉他们很快乐，有一颗乐观的心 5. 简单质朴的村民让我很喜欢这里

续表

范畴	概念
5. 吉他惊喜	1. 没想到这里的人们会弹吉他 2. 太意外了,这里的少数民族和其他地方不同,他们每个人都会弹吉他 3. 他们弹得那么自然,跟专业选手差不多呢 4. 来之前就听说他们是以吉他弹唱闻名的,果然! 5. 你看,他们每个人身上都背着一把吉他! 6. 连小孩也会弹,妇女也会弹(吉他)
6. 表演风格	1. 原生态的歌舞,感觉很热闹 2. 表演氛围很好,亲切自然 3. 都是这里的村民在表演,他们的歌舞好看 4. 虽然听不懂拉祜语,但是能感受到他们的平日劳作和对生活的热爱 5. 他们脸上洋溢的笑脸和现场的气氛,还有音乐结合在一起,真的是太棒了! 6. 有鲜明的民族特色和独特的文化元素 7. 很和谐的关系,大家齐聚一堂,一起跳舞,共同参与
7. 音乐感受	1. 欢乐的音乐 2. 太好听了 3. 听了很感动,戳中我的心脏 4. 感觉他们好热爱音乐 5. 音乐把这个地方的人滋养得善良美好 6. 情感真实,没有那么多弯弯绕绕 7. 我虽然听不懂他们唱的拉祜语,但是听完之后心里确实感动 8. 歌曲好热情奔放,一种自由感 9. 最后那首《快乐拉祜》好洗脑,太好听了 10. 能感受到整个村寨的那种喜乐,就是很开心,这就是当地文化特色吧! 11. 他们的音乐,有一种情感在,让人感觉很真实 12. 他们写的每一首歌,每一个音乐,都是在讲他们的故事,表达他们的情感 13. 他们就是纯粹地热爱生活,热爱音乐,这种状态让人很羡慕,能沉浸在自己的生活中
8. 歌舞评价	1. 芦笙舞好看,很欢快的样子 2. 男女老少都会跳,好自由自在 3. 他们很热情,把我们也拉入跳舞,感觉一切都是慢镜头 4. 这个民族太爱唱歌了,好像歌舞是他们生活中的一部分 5. 我听到了《芦笙恋歌》里的主题曲,好熟悉的曲子 6. 听说他们的好些歌是他们自己创作的,真是了不起 7. 看他们跳舞唱歌,你会很自然地融入其中,所有疲惫感都会消失

第四章　主客互动：旅游展演的呈现与民族文化交流

续表

范畴	概念
9. 自然山水	1. 这里的山很美，空气很纯净 2. 环境好，还有一大片茶园 3. 自然环境美，人杰地灵 4. 我好想在这么纯净的地方多待一段时间 5. 好治愈，不想走了 6. 可以闻见茶香、花香和树的味道
10. 主客交流	1. 村民很友善，脸上总是挂着笑，看到我们会主动和我们打招呼 2. 我们听到音乐声，就情不自禁地走进他们的家，他们会邀请我们进去坐 3. 少数民族性格就是直爽，他们会把他们的故事讲给我们听 4. 他们爱和我们分享他们的日常，不防范人，很信任我们 5. 刚开始我们彼此都有点拘谨不好意思，但是慢慢就好了，村民们也会唱歌跳舞给我们看 6. 住在他们家里，和他们一起吃饭，听他们唱歌和讲故事。虽然有时候不能完全听懂，可是还是能感觉他们愿意向我们表达他们的情感 7. 这里的老人好像不能听懂我们的话，汉语水平有限，但是年轻一点的就要好点，可以聊天交流
11. 人际关系	1. 这种表演男女老少一起参加，感觉人与人之间好融洽 2. 因为歌声，因为音乐，大家一起跳舞，拉近彼此距离 3. 感觉他们好团结，一起上台表演，一起弹吉他 4. 他们怎么那么和谐？常常看见他们一家人、一村人在一起，聊天、吃饭、唱歌、跳舞，这是我向往的人与人之间的相处模式 5. 好温暖的感觉，这里的人都很好，他们彼此看起来很关爱，对游客也很好，我喜欢这里 6. 他们的夫妻感觉很和谐，一起在家为我们准备晚餐，又一起出来为我们弹吉他、唱歌

2. 聚焦编码（二级编码）

聚焦编码是扎根编码的第二个阶段，也称为二级编码。聚焦编码意味着使用最重要的/或出现最频繁的初始代码，是对初始编码进行判断并筛选出哪些初始编码最能敏锐地、充分地分析你的数据。[1] 聚焦编码

---

[1] ［英］凯西·卡麦兹：《建构扎根理论：质性研究实践指南》，边国英译，陈向明校，重庆大学出版社2009年版，第73页。

阶段也是关系性和差异性抽样阶段，是对初始编码的更细致的梳理，从而厘清不同概念和范畴之间的关系。① 因此，我们通过再一次的数据比较和浓缩，然后聚焦编码，梳理出了聚焦编码的 6 个范畴和 10 个概念，见表 4-13。

表 4-13　　　　　　　　　聚焦编码的概念和范畴

范畴	概念
1. 旅游期待	1. 慕名而来
2. 地方体验	1. 村寨印象　　2. 自然山水
3. 展演景观	1. 吉他惊喜　　2. 表演风格
4. 族群形象	1. 能歌善舞　　2. 村民性格
5. 情感信息	1. 音乐感受　　2. 歌舞评价
6. 关系感知	1. 主客交流　　2. 人际关系

3. 轴心编码（三级编码）

　　轴心编码是经过系统分析之后进行核心类属的选择过程，核心类属必须在所有其他类属中起到提纲挈领的作用，必须最大频度地出现在资料中，必须与其他类属发生关联，而且核心类属应该比其他类属更容易发展成为一个更具概括性的形式理论。② 通过对二级编码过程中的类属进行比较分析，发现一级编码过程中 10 个范畴就有 8 个范畴体现了游客的文化认同，且在二级编码中能在资料中与大部分的概念和类属发生关联，因此，将文化认同视为主核心类属，其他次级类属可以分别概括为：异文化期待（慕名而来）、主客凝视（展演景观、族群形象）、地

---

① 孙晓娥:《扎根理论在深度访谈研究中的实例探析》,《西安大学学报》(社会科学版) 2011 年第 6 期。

② 陈向明:《质的研究防范与社会科学研究》,教育科学出版社 2000 年版,第 334 页。

方情感（地方体验、情感信息）、舞台亲密（主客交流、关系感知）。对此，我们尝试性地建构了游客文化感理论模型，如图4-33所示。

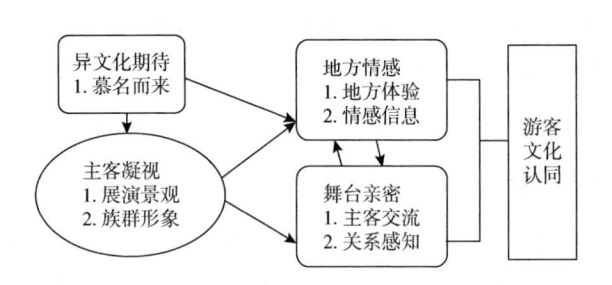

图4-33　游客文化感尝试性扎根理论建构

老达保村作为一个旅游展演点的典型代表，较好地满足了游客对于异文化的想象与需求。在游客因为对异文化的期待而来到老达保村后，通过展演景观和族群形象引发的主客凝视，其实蕴含着游客对少数民族传统文化的感官体验和自我解读，从而因村寨及其族群成员带给游客的地方体验和情感信息，催生了游客对"老达保村"这一地方的情感，并在主客交流与集体互动中感受到族群成员之间的亲密性和主客之间的共享性。由于这样的关系感知仍然是在旅游展演式的空间中生成，因此，我们将其称为"舞台亲密"型文化景观。这种由民族传统文化的展演性实践带来的地方情感与舞台亲密，最终一起构成了游客对老达保村的文化认同。这一文化认同也是推动游客形成文化感知的核心要素和促进民族传统文化保护与传承的原动力，它的核心要义在于民族传统文化在旅游消费力的作用下是否能够产生一种作用于主客之间的情感性机制与舞台场景中的亲密性关系感知。

（三）从"舞台真实性"到"舞台亲密性"的转化

从上面两个展演场景中的游客评价来看，大多集中在情感感知方面，如"感动""真实""和谐""温暖""开心""快乐"等，游客对于老达保村旅游展演中呈现出来的民族文化认同感较强。随着主客之间的关系从"前台"走向"后台",东道主与游客之间的身体距离更近、语言交流更频繁以及心理感受更深入。这种被游客们肯定的主客互动和文化交流,为何能够赢得如此强烈的情感体验评价呢?这不得不归功于村寨"后台"区域村民们的生活习惯与行为实践。对于旅游展演,并不仅局限于旅游舞台"前台"式的模式化呈现,他们还自觉保留了"前台"歌舞文化存在的根源——来自日常生活"后台"区域的内化操演。在"后台",以李增保、李扎戈、李扎倮、李石开等老一辈民间艺人、非遗传承人为代表的民族传统传承主体,和以李娜倮夫妻、张扎阿夫妻、彭娜儿、李玉兰等中青年新型文化精英分子为代表的创新实践传承主体,以音乐歌舞为媒介,共同推动着拉祜族传统文化的保护传承与现代化发展。在这种权威性和民间性相结合的文化传承体系中,族群成员的文艺热情被重新激发出来,聚集在一起创作、学习、演练和交流,都让他们获得了更多的"在一起"机会,以少数民族特有的简单、直接和真实去解读自己的生活与周围的世界。因此,他们创作的歌词旋律,都是发自内心的情绪抒发与情感表达,为某人来而高兴、因某人走而伤心,对人与人之间的情感联系非常重视,表现出了一种原生集体主义和追求更强关系的意蕴。当他们将自己的这种诉求表达在自创的民歌中时,作为深受现代性影响的大众游客则自然会受其吸引。因为,"好恶交织"的现代性,在带给人们生活便利的同时,也让人长期感受到工业文明和高科技带来的"隔阂""疏离""防范""冷漠"等弱关系性。于是,在老达保村旅游展演的区域,村民们的集体性表演及其中的男女老少亲密配合场景,让游客们感受到了久违的舞台真实性与和谐性。

在"后台"区域,东道主以音乐创作、传统歌舞为媒介,积极主动与游客进行交流,这与游客在来旅游之前听到的"音乐小镇""旅游

第四章 主客互动：旅游展演的呈现与民族文化交流

展演"等形象紧密相连，具有一定的真实性基础。同时，它也是对白天旅游舞台展演的一种自然延续和补充完善，能够通过村民自己真实的故事来营造一种情感共鸣氛围，让音乐这一无须转译的媒介成为主客之间的共享文化。对于来自现代社会结构的大众游客而言，每当听到李娜倮他们讲述自己的情感故事时，总是会"喜欢、羡慕、感动"，表现出一种与主人"心有戚戚焉"的感觉，即对东道主生活理念和情感价值观的认同。"认同"，往往涉及"自我"的话语；"情感认同"，则是表现出"自我的情感心理与信仰观念"。在听完故事唏嘘感动的那一刹那，游客们似乎看到了"那个曾经也寻找过真爱的自己""那个曾拥有初心、追求纯粹的自己"，可是，在日常生活的压力之下，在诸多琐碎"此在"的挤占之下，很多城市人的情感充满了异化感、空心感和不真实感。于是，对于"纯粹""自在""干净""开心"等正面情感的追求，已成为现代游客心中的隐性向往。长期深受现代性影响的大众游客，现代性的"恶"感受常常会让他们希望在旅游过程中得到释放与缓解。当听到拉祜族村民们欢快的音乐和直接的情感表达时，他们会觉得恍若一片的心中的"世外桃源"被打开，在那一瞬间找到了一种"诗意的栖居"——感动于"他们"沉浸于自己生活的真实感觉，对当下自己生活的肯定，感觉"他们"的生活充满了意义，是在用心表达，用心生活，不虚伪，不做作，不拐弯抹角，充满了真善美的力量。对比之下，这在自己生存的城市名利场中是很难拥有的。资本、技术、商业等生产出了太多的空心人、太多异化的情感以及太多游离于生活之外的躯体，从而导致"我们"很难体会到身心合一的感觉、也无法获得沉浸真实的体验。但是，在这里，在此刻，在主客分享与深入对话的过程中，"我们"和"你们"不再是相互对立的二元关系，而是有着对这种人性中的真实情感表达和共鸣而延伸出来的情感认同，衍生出了一种"彼此知道""相互理解"的存在真实性。

对此，在老达保村这个特定的文化空间中，主客之间的互动更是展示出了其近距离与深入性。为什么他们的歌这么动听？这么感人？——简单、直接、真实，方才会有情感的共鸣和快乐的心境。无论是舞台上的集体表演，还是日常中的生产劳动，这里的族群成员都是以集体协作的形象显现在游客面前。这种集体协作的族群形象和生活方式，表达了他们对人与人之间情感联结性的重视，也因自创的音乐和即兴的歌舞表演而让作为游客的"你们"体会到身为东道主的"我们"的快乐生活和幸福情感，以此形成对现代游客日常生活世界情感心理失范的弥补，从而重新定义拉祜族传统文化的情感价值和社会属性，让主客双方在老达保这个村寨中形成了一种特定的"共享时刻"和"共享情感"。所以，我们在舞台下观看到的《快乐拉祜》欢快旋律与吉他弹唱，也是村民演员们有意向游客传递一种信息：在这里，会让"你们"体会到"我们"生活的美好，会让"你们"感受到"我们"的幸福，也会让"你们"暂时忘掉烦恼记住开心、羡慕"我们"的快乐和幸福。追求"快乐"和"幸福"……老达保村将整个村寨及其旅游展演的属性都定位于"快乐"和"幸福"（舞台中心背景一直高挂着"快乐拉祜 幸福达保"的宣传语），意在弥补现代游客心理愉悦要素的不足和对诗意栖居世界的向往。在此基础上，村寨"后台"区域的主客互动场景也表现出"以东道主为核心"的特征，即大多数时候是游客听东道主进行文化叙事，从而产生对东道主生活方式与情感心理的认同感。在这些来自不同空间情景的主客互动中，东道主以其对民族传统文化的坚守和创造性行为实现了拉祜族群成员情感价值和社会属性的重新定义——通过舞台表演和互动而展现出来的一种成员之间的亲密感和团结感。在我们的社会中，亲密和亲近具有重要的作用，二者都被看作社会团结的核心，并被认为在道德上超越了理性，在社会关系中超越了距离，所以更具有"真实性"。作为"真实"的一部分，亲密与亲近意味着人们可以

第四章 主客互动：旅游展演的呈现与民族文化交流

与"他人"一起分享后台。① 这样，人们就可以看到他人后面的东西，尽管那也只不过是表演，但人们把这些表演理解为真实。不得不说，当这些台前幕后的主客互动带给游客一种亲密感和真实感之后，这也就自然地破解了许多旅游目的地存在的"过度商业化"和"传统文化失真"的瓶颈问题。基于此，我们发现，旅游（包括旅游展演），不可避免地会带有商业化和舞台化特征，但是，如果我们能够为其创造充满舞台亲密感和真实感的主客关系，让游客在进行文化体验和主客对话的时候产生其心理共鸣和情感认同，最终形成一种特定的"交融时刻"和"共享情感"。那么，这种"共享感"和"交融感"就会产生镜像效应，让东道主因为游客的喜欢而强化对自身文化的认同感，从而借着主客互动关系的升华激发出对民族传统文化的情感性动力，为文化保护与传承提供一种情感性机制生成的可能性，这在后面的调研中可以得到进一步证明。

---

① ［美］迪恩·麦坎内尔：《旅游者：休闲阶层新论》，张晓萍等译，广西师范大学出版社2008年版，第104页。

第五章　集体效能：旅游展演的延续与民族文化传播

第一节　展演实践的拓展与民族文化的传播

一　村民的日常排练活动与民族文化学习

尽管老达保村的拉祜族村民被外界评论为"会说话就会唱歌、会走路就会跳舞"，但是，由于这些村民在正式参与旅游展演活动之前其身份仍是农民，每天需要面对的生计问题才是他们的日常生活之重。因此，无论是外出打工的青壮年劳动力，还是留在村寨里的老人妇女儿童等群体，传统的民族歌舞仅是他们在节庆假日等重要时间段里才会用身体去展演的文化内容。除此之外，村民们更多的是将精力用于挣钱养家方面，民族传统文化因无法带来经济效益而只是作为日常休闲的一种娱乐方式。自从 2013 年旅游演艺公司正式创立以来，以唱歌跳舞的形式去对外展示拉祜族传统文化成为公司表演的主要任务，因此，此时村民们的唱歌跳舞再也不是随性所跳、即兴就唱的休闲消遣手段，而是一种正式的、常规的和有评价压力的工作内容。对此，持续保证面向游客的节目展演质量是老达保村旅游演艺公司必须重点考虑的事情。自然地，村民的日常排练活动就被排上日程。

第五章　集体效能：旅游展演的延续与民族文化传播

根据老达保村村民的日常作息时间规律来看，由于旅游展演只是村民们挣钱创收的一个新增途径，它并不是村民们生活的全部。因此，在尊重村民们白天下地干农活、闲暇回家做家务等必须完成的日常活动基础上，选取村民们的其他空闲时间来组织日常排练成为演艺公司负责人李娜倮、张扎阿他们的主要任务之一。在旅游展演节目形成之前，有县文化馆等主管部门委派来的艺术专业老师给予表演动作的指导与规范；同时，有村里的寨老、干部、老一辈文艺分子参与进来，共同梳理拉祜族传统文化素材，对其中的文化内容进行重新回顾与解读。因此，这一过程，其实也是一些年轻的拉祜族村民向年老前辈学习拉祜族传统文化的过程。由于养家糊口的压力，以往那些民族传统文化在未凸显出它的经济价值之前，基本上是不受年轻人重视的。同时，受外界主流文化的影响，年轻人更热衷于对时尚、科技、艺术等方面的喜好与追求，对自己民族的历史记忆、传统习俗、文化内涵等并不是十分熟悉。即使作为拉祜族歌舞标志的《芦笙舞》和《摆舞》，也并不完全清楚每一套路与每个动作，大多是节庆时期在家跟着父辈、长辈们跳跳唱唱。所以，村寨里以展示拉祜族传统文化为主要目的的旅游展演实践，无形中为村民们重新认识拉祜族传统文化、系统学习本民族文化提供了契机。

调查结果显示，为了保持村民们对《快乐拉祜》实景演出中有关节目的身体记忆与熟练度、整齐性，旅游演艺公司的负责人李娜倮、张扎阿等会在和村民们商量的基础上，将村民演员的业余排练定在大家都比较空闲的时间，如白天农闲或晚上吃完晚饭以后；排练的地点就在村寨里正式演出的舞台中心。在这种集体式的排练活动中，李娜倮、彭娜儿等演艺公司的骨干分子常常是整场排练的组织者和领导者，其动作的要义、节目的内涵和传达的信息等都是由他们和族群里的老一辈文艺精英分子给普通村民们讲解，这其实反映了一种民族文化的内部传播路径。民族文化的传播，并不只有外部传播，其内部传播也是必要的，因为这十分有利于民族传统文化的传承与保护。据现场观察，村民们的节目业余排练，往往会强化演艺骨干分子的话语权威性，也会增进族群成员之间的相互认同与凝聚力。同时，更有利于培养年轻人对老一辈相关技艺的认同与热爱。例如，在排练《拉祜芦笙舞》时，村里荣获国家级非物质文化遗产项目《拉祜族芦笙舞》的传承人李石开成为这个节目排练的重要话语者，其他村民演员常常会跟着他学习每一个跳舞动作，而李石开也常常是边跳一个动作边耐心地向旁边的村民演员们讲解这个动作所表达的意思与来历。不得不说，这种借助节目排练来向村民们传授拉祜族传统歌舞艺术的民族文化传播路径，也是族群内部学习和传承本民族传统文化的真实写照。因为，李石开向现场的村民演员传授的拉祜族芦笙舞各种套路与动作，也是他从村寨里年纪更大的文艺精英分子那儿学习传承来的。据访谈得知，李石开学习芦笙舞的传承体系大致如下：李石开从小成长于一个拉祜族传统文化浓郁的家族之中。他的舅舅李扎戈、李扎倮是老达保村里最早的两位国家级非遗传承人，所传承的项目为《拉祜芦笙舞》和《牡帕密帕》。李扎戈，男，拉祜族，1939年生，地地道道的老达保村人，年轻时被称为"芦笙舞王子"，对传统的拉祜族芦笙舞掌握全面且风格独特突出，也是《牡帕密帕》的国家非遗传承人，对于拉祜族传统习俗、节日庆典、祭祀礼仪等知识也掌握全面，是这个文化传承体系中的关键角色。李扎戈的亲弟弟李扎倮、李扎莫，也相应是国家级和省级非遗项目《牡帕密帕》的两位传承人，他们也是擅长跳芦笙舞的主力成员之一。李石开从小就跟着这些叔舅们学习吟唱《牡帕密帕》、吹跳《拉祜芦笙舞》，渐渐成为村里掌握芦笙舞全部套路最完整的传承人。同时，他的父亲李倮宝也擅长跳芦笙舞，每一套芦笙舞，他都能讲出一个故事，而这些故事大都与

第五章 集体效能：旅游展演的延续与民族文化传播

葫芦有关，也都是从拉祜族创世史诗《牡帕密帕》中得来的。闲暇之余，李石开常会在父辈们的指导下学跳各种芦笙舞动作套路，吹奏不同的芦笙曲调。这个时候，也是一个家庭、一个家族在共同自发的传承拉祜芦笙舞及其相关的拉祜族传统文化，包括李石开的大女儿李娜倮，两个儿子李扎努、李扎思，外孙子张如达等儿孙辈们，他们从小就是在这种耳濡目染的拉祜族歌舞传承环境中长大，如图5-1所示。

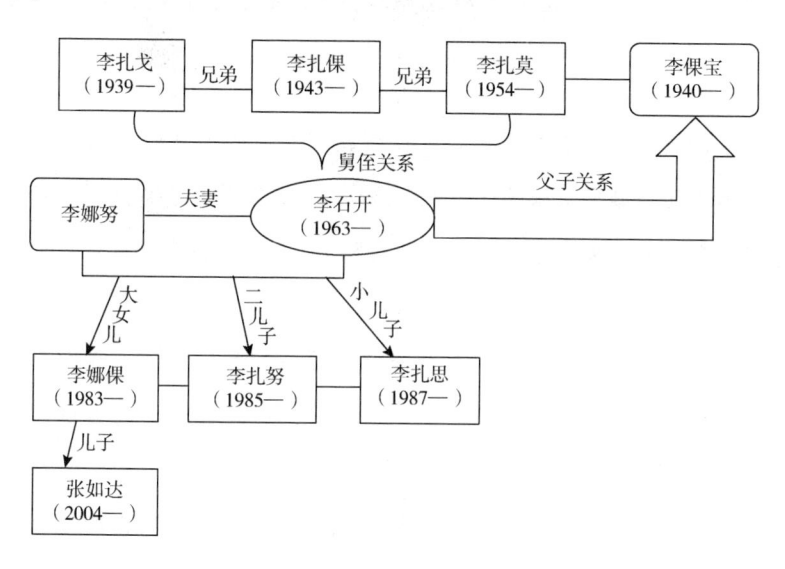

图5-1 老达保村国家级非遗传承人李石开家文化传承谱系

在上面这张以李石开为核心的家族传承体系图中，其实已经体现了族群内部代际传承的逻辑关系。从年龄层次来看，整个家族传承体系已经包括从"30后""40后"到"50后""60后"再至"80后""90后"的不同年龄段的传承主体；从辈分来看，从第一代的叔辈、父辈们到第二代的李石开夫妻俩，再到李娜倮等儿女群体，直至张如达孙辈们，层层相扣，代代相传。所以，我们才能够看到以李石开、李娜倮等人为核心的领导小组对村民们日常排练的监督与组织，并且也能够让村

· 221 ·

民们接受他们的领导与劝说，其个体性的文化权威性是归功于背后的整个家族文化基因传承及其艺术技能的学习，从而使得在村寨旅游展演实践中产生了族群个体的自我效能及其对集体组织的帮扶作用。以下的调研现场记录可以说明这一点。

老达保村旅游展演中的演员都是由村民担任，而这些村民除了登台表演之外，还会回到农田、茶田干活，其身份是集演员和农民于一体。例如，下面记录的场景就是反映他们这种多重身份的自然转换。

> 场景记录：李娜倮和几位拉祜族妇女在村寨旁边的茶田里正在认真干活。她们边采茶叶边用汉语唱："三杯喝下要常来，三杯喝下要呀要常来，要常来，喝茶（拉祜语）。来喝茶，来喝普洱茶哦……喂……"
>
> 此时，老达保村寨的广播里响起了一位男性声音，他大声地用拉祜语喊："大家注意了！下午有演出，在外面干活的提前回来准备一下。"
>
> 听到这个通知，李娜倮和她的伙伴们马上放下茶田的农活，快速回到村里。这意味着她们即将转换身份，为马上到来的一台演出做准备。不过，按照她们的话说："这习惯了，经常会这样，没啥。"对她们而言，这是再熟悉不过的日常生活。

尽管老达保的这些村民演员们已习惯这种身份不断切换的生活，在传统农业和旅游服务业之间游走。但是，如果久了不练习舞台上需要展演的节目，那么身体也会逐渐遗忘一些动作。所以，在以李娜倮、彭娜儿、张扎阿等民族精英为主的团队带领下，村民们常常会在闲暇之余进行歌舞表演节目排练，不断提高表演的熟悉度。尤其是在

第五章 集体效能：旅游展演的延续与民族文化传播

旅游黄金周时期，包括春节、五一、国庆等大众旅游假期，更是加强业余排练的时间长度和强度。例如，在2019年正月初三到初七，老达保村连续五天都有演出，为了排练新舞蹈，李娜倮经常带着村民们排练到凌晨一两点钟。在表演排练期间，有时也会遇到村民身体在面临多重任务需要完成时发生的矛盾和冲突。特别地，在农忙季节，有些村民因为家里人手不够而将更多时间用于农活之中而无法兼顾表演排练，这时候，以李娜倮等民族精英为首的表演领导小组则会执行身体监督的职责，同时会根据实际情况来进行身体协调，从而保证旅游展演的顺利进行。

芦笙，是拉祜族的传统乐器，吹芦笙、跳芦笙舞是老达保村的经典表演节目。村民都在自觉排练芦笙舞。李娜倮发现，村民张扎努并没有来，她决定去张扎努家看个究竟。

李娜倮："呃，大哥，你也在家啊？你在吃饭啊？我看看你有什么菜？哇，还有肉，还有鸡蛋。"李娜倮一路小跑着迎上去，是一位身穿橘黄色短袖、穿着拖鞋的中年男子正端着碗坐在自家楼梯口上。

李娜倮对他说："你也是我们公司的一个演员，你就是要跟我们一起排练表演节目噢！"

张扎努（用拉祜语）："白天没时间啊，要去收玉米。"

李娜倮（用拉祜语）："哦，是吗？那我们想想有没有什么好办法。"

按照当地的生产习惯，当时正是收割农作物繁忙季节，地里的玉米已经成熟一大片，需要颗粒归仓。张扎努家是村里种玉米的大户，一时半会忙不过来。李娜倮想了一会儿，决定调整排练时间，将原来的六点钟改为晚上的九点钟。

李娜倮告诉我们："不调整时间的话，排练也是人比较少，要影响表演效果。等把时间调一下，晚上他们干活回来，吃好饭就可以出来，一起排练了。"经过这样一调整，村民们既能完成地里的农活，也能参加晚上的排练。

由此可以看出，村民们日常排练活动的开展，离不开旅游演艺公司骨干分子的管理与督促，也是一种对村民时间观念的养成训练，对于村民多元身份认同感的培育。对此，我们也对村民演员们进行了调查，围绕着"日常排练是否可以增强他们对民族传统文化的了解和学习"这一主题，询问村民们的真实感受。调查结果显示，大多数村民演员都认为参加旅游展演以及日常的排练活动，让他们有更多的机会在一起，相互交流和学习，了解到更多以前不知道或不熟悉的拉祜族传统文化内容，尤其是拉祜族传统歌舞艺术的表演技巧、动作规范以及文化含义等。同时，村里能干的人（如李石开、李娜倮、李玉兰等）对传统的拉祜族音乐和民歌进行改编和创作之后，他们更喜欢这些新颖风格的歌曲演唱了，也愿意进一步了解拉祜族传统文化的具体内容，以便可以更好地为游客进行表演，让更多的人了解拉祜族传统文化。同时，这些村民演员很认可李石开、李娜倮、李玉兰等演艺公司骨干分子的表演技艺与对民族传统文化展示的热情行为，认为"他们不仅会唱、会跳，也会说，能讲"，可以代表他们与外界沟通，向外界传播拉祜民族文化。这样，他们也才能够让家里更年轻的后辈们可以跟着李娜倮他们学习，带着大家"一起把生活变好、把自己的民族文化传承下去"。

二 村民的传统文化讲解与民族文化传播

如果说舞台上的旅游展演，包括舞台下的主客互动交流，更多的是限于拉祜族传统音乐、歌舞艺术方面，那么，对于民族传统文化的语言讲解则是拉祜族传统文化对外传播的最主要方式之一。从实际调

第五章 集体效能：旅游展演的延续与民族文化传播

研情况来看，老达保村村民作为本民族展演文化的主体，对外进行文化讲解的时候并不太多，尤其是对于除了歌舞音乐之外的文化内容涉及较少。究其原因，主要还在于村民们平均受教育程度较低，大多只有小学文化水平，只会说少许的简单汉语，日常生活中都习惯使用拉祜语。即使村寨中经常与外界打交道的民族精英分子，如李娜倮，她都表示"以前外面让我讲我们自己的故事时，或者是采访我，我都比较紧张，因为汉语说不好，有些也说不来，汉字也认不多，不会看，有点吃力"。在实际调研过程中，我们也能感受到村民们语言交流这方面的困难和问题，尤其是一些年长者，更听不懂汉语，不会讲汉语，即使提着篮子站在村口售卖自己的绣品，也没法用汉语和外界游客交流，更不用说用汉语为游客讲解本民族的文化了。这是历史条件造成的一大困境，但这也并不是说老达保村就对外界保持沉默，回避与游客的交流。在调研期间，我们发现，村寨中的演艺骨干分子因为这些年来已经习惯与各种各样的人群打交道，也在舞台表演、赴外交流、主客面谈等活动中逐渐习得了较强的汉语表达能力，因此，这些中青年村民自然就成了与游客互动的主体，也成为向外界讲解自己民族文化的代表性人物。

在整个老达保村里，正式的旅游产品主要就是《快乐拉祜》实景演出节目，然后包括一些村民向游客提供住宿和餐饮之类的基础性服务产品。可以说，老达保村的旅游业还处于初级发展阶段，其产品体系还在充实完善中。因此，当游客观看完《快乐拉祜》表演之后，一部分人会选择驱车离开村寨继续前往下一个旅游目的地，还有一些游客则会到处闲逛村寨，走走看看。在此过程中，游客们常常会遇到身穿拉祜族传统服饰的村民，无论男女老少，都在自家屋里、田间地头自然地生产生活，而且吉他的弹唱声也时不时地从某个房子里飘出来，让人感觉整个村寨就是一个活跃的大舞台。在这种原真性的生活环境中，游客们对当地的拉祜族传统文化很感兴趣，尤其是在观看完《快乐拉祜》表演之后对拉祜族文化更有进一步了解的欲望和需求，对老达保村村民的日常生活场景也非常好奇。于是，游客们会不自觉地迈入村民家中，或者是主动上前参与村民的日常生活中去。一旦游客有了这样的想法或行为，主客互动的契机也就自然形成，无形中就会使得村民们有了进一步介绍、讲解、传播自己民族文化的机会和空间。例如，游客们看到一对拉祜族老年夫妻在自家的房屋门口弹着吉他一起唱歌，他们就会被这种温暖美好的画面所吸引，情不自禁地站在门口驻足聆听。当这对夫妻弹完吉他休息时，有些游客就会主动上前去和他们打招呼，想和他们聊聊天，了解刚才弹的那首好听的曲子。但是，当我们想进一步记录时，发现这对老夫妻由于语言问题，似乎并不能听懂游客的普通话，只是微笑。然后，又拿起吉他开始弹奏。而游客们也就只有在问了两遍未果之后遗憾地走了。至此，语言问题，尤其是村民们能否讲好普通话，才是决定主客是否能良好互动、民族文化是否能被村民有效地对外讲解且传播出去的最基本要素。

因此，我们只能记录一些村寨里能够用普通话与游客交流、讲解的场面，但这样的场面并不太多，因为整个村寨目前能够用普通话与游客主动交流的村民基本上是集中在彭娜儿、李娜倮、张扎阿、李玉兰等几位主要演艺精英分子，他们的普通话水平因为较早参与旅游展演实践活动而获得了锻炼和提升，也就常常成为村寨与外界进行文化交流、传播的主力媒介和代表。

场景：村小组党委书记彭娜儿带着村里的妇女排练女子摆舞，并和游客互动交流。

村小组党委书记彭娜儿正带领十几位拉祜族妇女在田边的一栋干栏式拉祜族房子露台内排练女子摆舞。旁边有几位游客正在观看拍照，其

第五章 集体效能：旅游展演的延续与民族文化传播

中一位男性游客还开始跟着她们学跳。此时，彭娜儿热情地来到游客身边，有模有样地向他介绍拉祜族摆舞："摆舞，是我们拉祜族日常生活劳作的动作，比如说采茶叶、锄地、割麦子啊。"

然后，彭娜儿就教游客跳摆舞，嘴里喊着"一二三四五六七八……"一边喊，一边手里摆着动作。

游客问道："这是干什么？"

彭娜儿回答："这是我们在下地，我们在采茶叶。"

很快，男游客掌握了摆舞要领，参与了她们的排练。整个排练场面就随之演变为：几位穿着拉祜族传统服饰、挎着拉祜族包包的妇女在随着音乐手舞足蹈，嘴里兴奋地喊着"哈列贾，哈列贾，哈列、哈哈、哈列贾……哟，哦……"跳完之后，大家一起拍手鼓掌欢呼，出现了主客同欢的场面。

虽然这个场景中彭娜儿和游客的言语交流并不多，但是表明了在这种游客主动加入东道主日常生活的实践中，老达保村的村民向游客展现了主动接纳的态度。仔细听来，彭娜儿的普通话也并不标准，甚至说得较为吃力，但是她能够勇敢大方地向游客介绍所跳拉祜族女子摆舞的主动行为，足以说明她是这群拉祜族妇女中的话语代表，也是语言交流能力较强的村民。进一步地，也表现了村民们在她的带领下共同以"热情好客""文化共享"的心态来对待游客，从而带领游客一起向着主客共融的状态发展。

除此之外，能够较为全面系统地向游客讲解、介绍民族文化的村民，更是稀少。因为这不仅需要语言能力，还要求对民族传统文化有着较强的认知能力和熟悉程度。不得不说，东道主的旅游接待能力、文化宣讲能力都与其受教育程度有关。村里的其余村民大多文化程度较低，因为以前经济落后而受到的教育程度不高，大多是小学或初中文化，加之以前与外界接触较少，所以他们对自己民族文化的传播能力都十分有限。在游客们闲逛村寨对这里的文化感兴趣时，只有语言表达能力较强、与游客打交道经验丰富的几位骨干分子可以承担文化讲解的任务。例如，演艺公司副董事长李娜倮会利用表演和劳作闲暇去自愿地为游客讲解村寨里的拉祜族文化景象。

当李娜倮看到有游客驻足围观舞台旁边的"十二生肖"墙画时，她主动上前给游客们讲解。

李娜倮："这里就是我们老达保的文化墙，《牡帕密帕》，就是开天辟地的意思。拉祜族取名字，也是按这12个生肖来取的。属什么叫什么，属兔的话就叫扎妥、娜妥，扎妥是男的，娜妥是女的。"

"全国拉祜族人口有40多万人。澜沧县是全国唯一的拉祜族自治县，占了全国拉祜族人口的一半。拉祜族，被称为'直过民族'——在中华人民共和国成立之初，从原始社会直接过渡到社会主义社会。"

随着游客们的步伐向村寨下方走，看见村里一面围墙上雕刻着的葫芦图案，李娜倮又继续讲解："葫芦就是拉祜族的图腾，所以就每家都要栽葫芦。"当抬头看到挂在墙头上的高高竹竿时，她又继续说道："上面这个就是赶鸟的东西，你看有风，风吹的话有声音，有声音就不敢过来吃谷子了。"到了"耕具作坊"，她仍然大方地和游客分享："这个陀螺是拉祜族，每年过三天男子的节日的时候，三天都是打陀螺的比赛。很热闹，不管是老的还是小的，都会玩这些东西。"白天的时候，李娜倮会带着游客参观村寨，为他们表演拉祜族歌舞。到了晚上，有些游客会选择住在老达保村里，分散住在几户不同人家里，包括李娜倮家里的客栈。因此，民族文化传播在这些不同空间和场合里得以继续进行，且因不同的文化讲解者以及他们具有的不同讲解水平而使得民族文化传播具有不一样的效应与影响。

三 村民的旅游经营活动与民族文化传播

随着老达保村旅游展演的正式开展，越来越多的游客来到村寨消费，促使展演之外的其他一些旅游经营活动不断产生。老达保村拉祜族风情实景演出项目的运营，带动了村里农特产品、传统手工艺品、民族餐饮、农家客栈等方面的发展。其中，最主要的供给产品是部分村民开始改造自家房屋内部结构，修建停车场、民宿客栈和农家餐厅等，以方便来观看旅游表演的游客停留更多时日，产出更多旅游消费。目前，整个村寨约有十几家农户客栈在对外经营，并附带提供餐饮服务。与此同时，还有一些村民家被布置为售卖拉祜族传统手工艺品的体验文化区，如艺织坊、根雕坊、茶吟坊等。据统计，带头经营客栈的村民，主要还是旅游展演公司中的负责人和一些骨干精英人员，有李石开、李娜倮、张扎阿、彭娜儿、李玉兰等人。由于他们较早参与旅游展演的生产实践，也是村寨旅游演艺公司的负责人与骨干分子，所以他们得以有更多机会接触到外面的世界，与政府部门、外来投资商、专家学者、文艺人士以及各类游客交往频繁，从而更早地获得了相关的学习机会和市场思维，再加上个人的勇于探索、头脑灵活和吃苦耐劳等精神品质，使得他们成为最早一批在村寨中开展除了展演之外的旅游经营活动的族群成员。

在邻近《快乐拉祜》演艺广场下方的位置，便是李娜倮的家。在前几年，李娜倮就和村中的姐妹们一起成立了"澜沧达保娜倮农特产品农民专业合作社"，主营拉祜族的手工艺品和当地的茶叶、蜂蜜等农特产品，如图5-2、图5-3和图5-4所示。

按照李娜倮的话说："手工艺品是老达保村收入的一部分，这也是我们当初成立合作社的想法。""做了这个合作社，我觉得还是挺好的，也有一笔收入，还宣传拉祜族的这些文化。"于是，这里便成了拉祜族

左：图 5-2　李娜倮和村里姐妹们开设的农民专业合作社
右（上）：图 5-3　李娜倮和大女儿一起经营旅游业（包括线上电商）
右（下）：图 5-4　李娜倮带领村里姐妹们做手工拉祜包

图片来源：上述均为 2019 年田野调查自摄。

文化对外传播的一个主要地点。由于她在当地很有名气，经常会有慕名而来的游客来到她家参观。当李娜倮在家时，她便会热情地招呼游客，主动与游客聊天互动。比如，有游客知道她创作了《真心爱你》《实在舍不得》等歌曲，就常常会请她唱歌。面对游客的一次次邀请，李娜倮也很爽快和热情，张口就来，说唱就唱，很快就带动了现场氛围，使得主客互动显得较为活跃。在唱完歌之后，李娜倮和她的丈夫张扎思还会向游客讲述《真心爱你》这首歌曲的创作来历以及她和丈夫之间的情感故事，无形中将拉祜族的生活方式、人生价值观等精神内容也对外传播了。所以，有一位游客热情地告诉我们："这个寨子的歌曲，《实在

第五章 集体效能：旅游展演的延续与民族文化传播

舍不得》，已经变成了普洱市的市歌。"

在这样的主客互动环境下，李娜倮和家人们率先在村里开起了农家乐，主营住宿、餐饮和手工艺品售卖等项目，包括线上和线下的经营。因此，她家就成了老达保村民族文化对外传播的主要场所之一。每当旅游表演结束时，总会有一些游客涌进她的合作社商店里，对店铺里出售的拉祜族特色商品很感兴趣。

一群游客在她家的小店里。客人问道："这是野蜂蜜吗？"李娜倮热情回复："是啊，这是我们家的。蜂蜜一罐190元，茶叶30元，共220元。"

与游客打交道，她显得非常熟练，对自己家经营的商品也很清楚。待到游客们挑挑拣拣买完东西之后，她又转身去招呼住在店里的客人，向游客推荐拉祜族的特色美食。

李娜倮："来，来，来，吃饭啦，老师们。那个就是拉祜族的烤肉，这个就是叫鸡肉稀饭，这个是蜂蛹。好，你们慢慢吃啊！"

游客："这趟来云南第一次点马蜂蛹，都挺有特色，而且食材、口感都非常清甜，就是因为食材都是原生态的。"

在与游客打交道的过程中，李娜倮逐渐熟悉了游客的消费心理，比如游客对少数民族文化"原生态"感觉的追求，因此，她会对游客特别强调蜂蜜"是我们家的"，热情告诉游客这是"拉祜族的烤肉"等，以此来帮助游客增强消费信心，特别是对"传统"和"原真"消费的信心。

由于"澜沧达保娜倮农特产品农民专业合作社"是由李娜倮和村里几位姐妹们一起创建的，所以，每当表演结束之后，这些姐妹们就会来到合作社商店里，担任起出售产品和与客人互动交流的职责。其中，

村寨旅游展演与文化保护传承研究

在《快乐拉祜》实景演出中兼任主持人和演员的 90 后拉祜族姑娘李玉兰就能够很大方地与游客产生互动，以对自己族群文化的介绍来推销拉祜族特色纪念品，从而增加了销售成功率，也让游客了解和认识到了部分拉祜族传统文化知识，如图 5-5 和图 5-6 所示。

左：图 5-5　李玉兰在向游客售卖当地手工艺品
右：图 5-6　李玉兰在旅游展演舞台上当主持人
图片来源：2019 年田野调查自摄。

场景记录：一位男性游客很好奇商店里摆着的大葫芦，问李玉兰："这是不是有什么特殊的含义？"李玉兰回答道："有啊，因为我们是葫芦娃，因为我们拉祜族的祖先扎迪跟娜迪是从葫芦里面走出来的。"男性游客又继续对拉祜族服饰感兴趣，问："有男款吗？"当游客穿上男式拉祜族服饰时，李玉兰一边替他整理衣服，一边主动介绍："我们拉祜族就是以黑色为美，黑色是我们最好看的一个颜色。然后我们穿的都是黑色。跟你的皮肤一样美。"

游客："哎哟，太会说话了！"

李玉兰："那就买吧！"

游客："买吧！"

游客也爽快地答应了。

· 232 ·

第五章 集体效能：旅游展演的延续与民族文化传播

在李玉兰对游客解说拉祜族传统文化内涵时，不仅增强了拉祜族传统手工艺品的出售概率，也让拉祜民族文化得以在这种旅游商业化的环境中被展示和被传播。同时，游客也会因为东道主的文化讲解而获得了一些当地民族传统文化的"真实性"体验感，促使其因为对民族文化的喜爱和信任而决心购买，这实际上体现了民族旅游村寨中主客关系的优化，离不开东道主对自身传统文化的熟知与讲解。如果在这种旅游经营的商业性环境里，能够让游客通过东道主的表达了解到某一民族文化的内涵时，即使游客知道这是一种东道主推销商品的策略，也不会反感和排斥，反而会因此激发购买的动力与自愿消费的信心。因为，当东道主在主动向游客介绍自己的民族文化时，暗含着向游客传达这样的信息："我现在向你出售的不是一般的商品，而是我们自己的文化。"对此，当游客领略并接收到这种信息时，游客也会产生一种"这是我们之间的文化交流活动"之感，潜意识中会产生出"虽然我也在购买旅游纪念品，但这不是一般的商品，还是记载着丰富文化信息的物件"的想法。

当然，在李娜倮的示范带动下，老达保村已经陆续开展起了十多家民宿和农家乐。其中，包括李娜倮的父亲李石开和旅游演艺公司的一些精英分子如张扎阿、彭娜儿、李玉兰等人，都陆续在自家房屋内开起了旅游客栈。因为有客栈和餐饮服务，他们就有更多的机会与游客接触，其文化传播的机会也比其他人家要频繁和深入得多。例如，旅游演艺公司董事长张扎阿经营的客栈就叫"达保客栈"，位置较好，离村寨公路较近，且客房条件在村里也是数一数二的。由于他担任着旅游演艺公司董事长这一职务，使得他有更多的机会与当地政府、外界人士和各个不同地方的游客接触，因此，他家的客栈经常会接待一些知名人士或消费能力较强的游客。通过这些年来的经营接待，他与游客打交道的经验明显丰富很多，也比较了解游客消费心理。当游客来到他的客栈时，他常常会主动开车前往离村寨约 70 千米远的景迈机场接机，即使普通话并不那么标准，也与游客积极交谈。同时，他会按照酒店内部样式来装饰自家的客栈，形成"大床房"或"标间"的风格，每个房间内带独立的卫浴室和洗漱池（配有一次性洗漱用具）。房间内的床上用品均是白色棉布用品，床尾还搭着拉祜族绣品布幔，并有意将拉祜族的特色包包作为一种装饰品斜挂在房间墙壁上。当游客们快来到老达保村寨时，他就会马上放下手中的活，到村口提前等候迎接游客，并引领他们到停车场或帮着拿行李直奔自家客栈，如图5-7和图5-8所示。

图5-7　张扎阿正在迎接从普洱过来的游客

图5-8　张扎阿家里的旅游客栈内景

图片来源：2019年田野调查自摄。

　　为了招待好游客，张扎阿一家人还特地在自家干栏式建筑的一楼公共空间里摆放了一张较长较宽的木桌子，专门放着普洱茶等茶具用品，将其改造成主客在一起喝茶聊天的休闲空间。于是，以这张桌子为中心的文化传播区域也就自然形成了。在我们调研期间，时不时地可以看见一批又一批的游客来入住、吃饭、喝酒、聊天、唱歌等。第一次来入住的游客，当把自己的行李放在房间里之后，就会出来到处走走、看看。一般来说，他们最先被吸引的，就是一楼客房外木质墙壁上挂着的几幅照片。很明显，这些照片都是主人有意对外展示的，因为它们都被装裱在玻璃框里，虽然有些照片已出现了一些瑕疵，但展示的内容都是主人一家与主流社会交流互动的场景，包括与国家政府领导人、著名艺术人士、流行歌手音乐人等的合影，还有主人及其家人、村民共同出席一些重要表演场合的记录。很多游客在观看这些照片时，当看到其中一张照片时，会突然惊呼："哇，这是 LYF！他居然到你们家来了呀！"这时候，张扎阿和他的妻子李娜克就会会心一笑，点点头，不做过多言语。但是，当游客看到其中一张关于一位 5 岁左右的拉祜族小男孩吹芦笙、跳芦笙舞的照片时，张扎阿就会主动走上前来，告诉游客："这是我们家小儿子。他从小跟着我们大人唱歌跳舞，学东西快，这是他跟着我们去普洱市参加民族文艺比赛时的照片。因为他跳得好，所以当时电视台还专门给他拍了照，摄了影，把他放到电视里去了的……"对于自己孩子跳芦笙舞的介绍，其实也是在向游客传递着这样一种信息：本民族传统文化后继有人，我们从小就培养孩子对自己民族文化的热爱与技能。我们的文化很有魅力，很好，所以得到了主流社会的认可与肯定。此时此刻，如果他的小儿子刚好在旁边玩耍，他也会让儿子给游客表演吹芦笙、跳一段芦笙舞，从而证明照片内容的真实性，也为了让游客开心快乐。由此可见，民族文化的传播，在这里不仅有利于增进主客之间的了解，也体现了文化传播带来的经济效益与社会价值。

第二节 对外交流的持续与民族文化的传播

一 族际之间的文艺交流与民族文化的传播

老达保村旅游展演的优势，就在于它自身拥有一批喜欢音乐、擅长歌舞的民间文艺团体，并且在此基础上发展为远近闻名的旅游展演目的地。除了每年日复一日为大众游客表演拉祜族传统歌舞、展示拉祜族传统文化之外，在旅游业的淡季或一年中某些时候，老达保村还会在当地政府的组织领导下，积极地与周边不同民族、邻近村寨进行文艺会演、歌舞交流、非遗培训等文化交流活动，从而促进了不同民族之间的交往交流交融，创造出文化共建共享的和谐局面，也成为铸牢中华民族共同体意识的有效途径。自从老达保村旅游展演日益声名鹊起以来，周边其他地方的歌舞队也纷纷到老达保村学习取经，感受拉祜族文化的独特魅力和开发利用的成功经验。例如，2015年12月13日，邻近的孟连县就组织民间歌舞队一行到老达保村进行民族文化的交流学习。在当时还是省级非遗传承人李石开的引领下，不仅参观了芦笙坊、青竹坊、陀螺坊等8个展示区，了解了拉祜族的传统文化和生产生活方式，还欣赏了老达保拉祜族村民表演的芦笙舞、摆舞、吉他弹唱等节目，而孟连县歌舞队也为老达保村的村民们表演了《竹筒舞》《哎嘿嘿》《刀舞》《哨孟连》等能体现孟连县传统的民族歌舞。主客双方的演员还针对民族乐器演奏技艺、民族文化的传承和保护等方面进行了深入、细致的交流和学习，加深了对彼此文化的认同和了解，增进了彼此之间的友谊。大家都希望今后要更多地相互交流、相互切磋，使优秀民族文化、民族精神得到更好的传承和弘扬。

与此同时，老达保村时常以自己村寨中《快乐拉祜》实景演出的舞台中心为据点，作为承办方，组织了很多以歌舞交流、文艺会演、音乐表演等为主题的文化交流活动，有与邻近不同少数民族之间的交往交流，也有与主流社会艺术群体之间的专业学习和技艺切磋。例如，2018年8月22日，老达保村就举行了一场以"坚定文化自信，传承民族文化"为主题的文艺联谊晚会，酒井乡各村寨文艺爱好者纷纷参演，晚会还引来酒井乡各村寨村民及各地游客驻足观赏。由于老达保村所处地理区域属多民族聚居之地，周边还有哈尼族、傣族、布朗族等不同民族，因此，这种文艺联谊会就为不同民族相互展示各自的传统文化创造条件与提供平台。在这次联谊会上，老达保村向邻近村寨展示的歌舞节目并不完全是向游客表演的内容，他们更多是通过民族歌曲独唱、合唱、舞蹈等形式进行表演，同时以拉祜族的少年儿童合唱字母歌等节目来体现联谊会中的"文化传承"主题，即向观众传递这样一个信息：多年来老达保村在保护传承民族文化上不断创新，拉祜族文化从小培养，从娃娃抓起，扎实做好民族文化的传、帮、带，此次晚会以"坚定文化自信，传承民族文化"为主题，为少年儿童对民族文化传承、创新提供了一个展示平台。同时，老达保村的村民在这次联谊会上观看到了傣族、布朗族、哈尼族等其他民族的歌舞文化，以文艺会演增进了族际之间的交流与沟通。值得一提的是，这种不同民族之间的文艺会演活动，并不仅是村寨之间的民间交流，也有主流社会相关文艺组织到老达保村进行文化建设方面的指导，包括专业交流与会演。比如，2020年8月，云南省文联"文艺轻骑兵基层行"系列活动第二站到达普洱市澜沧县老达保村民小组，来自省内外的20多位知名艺术家同老达保村的舞蹈演员齐聚一堂、携手献艺，用文艺的力量展示时代精神、助力脱贫攻坚。在这次活动中，有省内外知名艺术家为村民带来了歌舞、戏剧、小品等一系列精彩的节目演出，获得了当地群众的热烈欢迎。热情好客、能歌善舞的老达保村村民也为艺术家献上了老达保村拉祜族风情实景原生态歌舞表演《快乐拉祜》《打猎曲》和《芦笙舞》，充分展示了拉祜族文化的独特魅力。在演出现场，全国著名词曲作家曲波、丁纪、中央民族歌舞团朝鲜族著名男高音歌唱家蓝剑、国家戏曲一级编剧孙晨、北京舞蹈学院著名教授王玫、著名美术家柳毅等为当地的文艺工作者进行文艺交流辅导，与澜沧及周边县的文艺工作者就歌唱技艺、舞蹈表演形式、词曲创作、绘画技艺进行了深入探讨与交流，助力当地文艺人才培养。

此外，老达保村还将旅游展演实践与非遗文化保护结合在一起，对非遗文化进行了旅游展演式的"活态"保护与传承，这不仅让老达保村成为澜沧江一带有名的非遗文化传承基地，也吸引了其他地区的非遗传承人前来学习交流，如景东县安定镇彝族非遗文化传承人于2015年8月到酒井乡老达保村交流学习，双方不仅进行了文化交流，也为彼此表演了各自擅长的本民族歌舞。同时，由于老达保村所在的云南省、普洱市、澜沧县等不同级别的地方政府也非常重视非遗文化的保护与传承，常常会通过组织举办各种形式的培训班、送非遗传承人进入省内外院校培训学习，参与深圳文博会、成都国际非遗节以及山东非物质文化博览会等活动，积极搭建非遗人才成长平台。譬如，2017年11月，在云南省第二批非物质文化遗产田野调查培训过程中，老达保村的女子摆舞非遗传承人通过参加这一活动，跟随培训班的专家和其他地区的非遗传承人一起赴澜沧县糯福乡南段村和东回镇的班利村进行民族歌舞文化遗产的搜集、记录、拍摄、整理和学习，不仅了解到拉祜族女子传统摆舞的完整套路与动作含义，也将学到的民族文化知识带回老达保村，与村里的老人和演艺骨干分子一起商量如何将其运用展现到《快乐拉祜》实景演出的节目中去，从而对旅游展演的舞台节目进行更新与改编。毋庸置疑，老达保村的非遗传承人通过这些活动获得了不少与其他民族进行交流交往的机会，因而获得更多的外部信息，包括其他村寨或地区有关经济发展、社会变迁、文化创新、乡村振兴等方面的做法与经验。

二 赴外演出的积极参加与文化之间的影响

纵观老达保村旅游展演的形成过程，可以发现老达保村的文化活动其实是经历了一个从自发兴起到有组织的发展这样一个过程。在这个过程中，老达保村的村民参加歌舞表演的积极性很高，根据需要，每场演出少则几十人，多则上百人，老的八十多岁，小的只有两三岁，全村男女老少齐上阵，整个山村就成了歌舞表演空间。由于老达保村的演出活动名声越来越大，因此，当地政府开始将老达保村的民间表演作为本地向外推介拉祜族传统文化的名片和形象载体。在地方政府的领导和组织

第五章 集体效能：旅游展演的延续与民族文化传播

安排下，老达保村的一些演艺骨干分子常常组成表演团队，接受来自地方政府和国家相关部门机构的邀请，赴外参加文艺演出活动。在旅游展演正式形成之前，村寨里自发组建的"老达保雅厄艺术团""达保五兄弟"组合、"达保姐妹"组合等，都多次受邀到北京、上海、广州以及广西、湖南等地演出，还漂洋过海到日本演唱；先后带着吉他走上了中央电视台、走进国家大剧院、上海大剧院、杭州大剧院演唱，分别参加了中央电视台《魅力12》《星光大道》《倾国倾城》《民歌·中国》《我要上春晚》《梦想合唱团》等栏目录制，还参加中国原生态民歌大赛、上海旅游节、中国桑植民歌节、昆明国际旅游节、中国原生态民歌展演等一系列文化活动，到全国各地展示了拉祜文化的独特魅力，让拉祜文化走向全国，走向海外，让世人了解了拉祜文化、了解了拉祜民族。2005年，在澜沧县有关部门的支持下，老达保人登上了中央电视台的舞台。民族音乐与西洋音乐"吉他"的奇妙碰撞，让老达保人出了名。"我们成明星了，好多地方的人邀请我们去演出，我们也坐上飞机了。"李娜倮回忆道。由于老达保村过去与外界的联系很少，与外面交流的机会更少，因此，赴外演出的活动邀约成了他们能够率先走出大山、来到主流社会中宣传拉祜族传统文化的主要路径。自此，老达保村会时不时地接到一些来自外面媒体和社会机构的演出邀请，这从村寨中拉祜族文化传承馆内张贴出的赴外演出照片及其记录可以看出。

从"2005年2月，第一次到达首都北京的达保村民，冒着凛冽的寒风在故宫中为中外游客放歌""登上中央电视台'魅力十二栏目'录制《拉祜情歌——芦笙恋歌》节目"，再让"拉祜民族元素又充满时代感的歌曲《快乐拉祜》风靡了祖国大江南北，成为继《婚誓》之后拉祜族的又一首脍炙人口的歌曲，让世人熟知了新时代勤劳质朴、团结奋发的拉祜民族"等不同画面的贴出，可以看出老达保村民以自己的拉祜族歌舞表演向外界宣传和展示拉祜族传统文化的行为轨迹，

· 239 ·

并且在此过程中也获得了不少主流社会颁发的文艺歌唱比赛奖项,如"2007 年,达保雅厄艺术团在杭州大剧院举行的第五届中国金鸡百花电影节上精彩表演""2014 年,由老达保雅厄艺术团演唱的无伴奏多声部歌曲《撵山》《远方的客人请你留下来》在云南省文化厅主办的'彩云奖'比赛中荣获合唱类金奖"照片展出,生动形象地再现了老达保村民是如何从传统民族村落走向外界城市社会中的这一过程。因此,我们从照片中也可以看出老达保村的村民在经历展演实践之后的变化,正如一张照片中拍摄出来的那样——"在现代型演艺厅的大舞台上,村民们身穿拉祜传统服饰,男女各一排呈弧形整齐站着,都盯着舞台中央的一位男指挥家,在认真地演唱。这位指挥家明显来自主流社会,但是身穿拉祜传统服饰,在轻轻地引导老达保村民进行无伴奏多声部合唱。与此同时,在下方的观众席上还立了两架摄像机,正有两位时尚的摄影师在给表演中的村民们录像……"这些照片记录的老达保村赴外演出的活动经历,其实更多的还是彰显了拉祜族传统文化在走向主流社会过程中的传播过程及其相关的创新实践成果,如图 5-9 和图 5-10 所示。

图 5-9 和图 5-10 2005 年,村民首次走出家门,来到北京参加中央电视台节目录制

图片来源:2019 年田野调查自摄。

第五章 集体效能：旅游展演的延续与民族文化传播

民族文化传播，往往是一个双向的相互影响的过程。老达保村的村民主动来到主流社会的舞台上，用并不太流畅的普通话向观众介绍拉祜民族文化，用欢快优美的拉祜族歌舞表演向大众呈现着拉祜族传统文化的意象，这既让拉祜族这一族群的文化被更多的人了解和认知，又让这些村民演员们受到主流文化的影响，产生了文化的交往交流交融现象。例如，2013年2月，老达保村的雅厄艺术团拉祜族民间演员，受中央电视台中文国际频道（CCTV-4）的邀请，穿着拉祜族传统服饰代表普洱市到北京参加《龙年，我们一起走过》年度特别节目的录制。当16名演员共同演绎了原生态拉祜族歌曲《快乐拉祜》之后，受到了在场嘉宾和观众的一致好评。录制结束后，现场还有好多其他地方的其他民族演员，也纷纷向雅厄艺术团的带头人李娜倮学习《快乐拉祜》的弹唱方式，因为他们觉得这首歌节奏明快、旋律优美，希望也能唱会这首歌。团里的村民演员们，对于此次参加录制的其他民间演员的歌舞也很好奇，表示"外出表演，可以让他们开阔眼界，见到很多在寨子里见不到的文化和艺术""我们也在一起交流唱歌、跳舞的心得，创造歌曲的经验以及如何才能更好地让城市里的人喜欢我们的文化"等，同时村民们表示通过外出表演，还可以学习到如何打扮自己、如何待人接物以及在舞台上怎样大方地表现自己等技巧，也意识到自己读书太少，与外界交流困难等问题。例如，作为村里国家级非遗文化传承人的李石开，他向我们分享了自己第一次外出表演时出洋相的经历。"我以前一个汉字都认不得，不会讲一句普通话。因为，我们村子以前很穷，路也不好，和外面没啥联系，自己从小就得干地里的活，要放牛这些，所以没上到学。""但是，我第一次和我们村里的文艺队去北京参加演出，在飞机上，服务员推车过来问我喝点什么，我听不太懂她说的'橘子''可乐'是啥，但是'咖啡'我听懂了，因为我们家乡那边也有咖啡，所以我要了咖啡喝。没想到一杯喝下去，肚子就捣起鬼了，急忙去厕所。上完厕所后，却不知道哪里可以冲水，乱按一气，后来碰到绿色的那个按钮，'滋拉'一声响，吓得我以为是飞机被我弄破了，吓得很……""到了电视台彩排，肚子又不舒服了，赶紧去找厕所。导演喊，李石开，你去哪儿了？我当时听得懂自己的名字，却不懂'你去哪儿'，也不会回答，只能'嗯'一下仍往外走，心里只想去找厕所。可是到了厕所那里，也不知道哪个是男的，哪个是女的，认不到字啊，只能在外面等，等看到有个女的进到右边，我才赶紧去了另一边。真的是太难了！""所以，我要让我的孩子们好好读书，不要像我这样吃好多亏，出去只能唱歌跳舞，其他的都不会。"于是，自从第一次进北京演出有过那样的尴尬经历，李石开回村之后发奋勤学汉语，尤其是普通话。没过几年，他就能用普通话与人交流了，还能在舞台表演时主动报幕，妙语连篇，以生动幽默的语言向游客介绍拉祜族传统乐器和其他文化内容。

三　社会媒体的持续关注与民族文化的展示

在云南省普洱市澜沧江一带，老达保村因为旅游展演的兴起而逐渐实现了脱贫致富的目标，成为当地"文化扶贫""产业致富"的典范。于是，上至中央电视台，下到普洱、澜沧等地方媒体，都会以老达保村为采访对象，通过记者调查、新闻报道、电视拍摄等方式来向外界宣传、展示民族传统文化对于当地经济发展、文化繁荣、乡村振兴以及民族团结等重要目标实现的功能。例如，老达保村多次作为中央电视台春节期间有关"新春走基层慰问演出活动"的重点对象之一，被中央电视台选为演出现场或相关分会场。2016年12月，中央电视台音乐频道《美丽中国唱起来》新春走基层慰问演出活动走进普洱，不仅普洱市各级领导出席了这场表演，主流社会的艺术人士也参加了此次演出录制，包括普洱市民间的各个少数民族。《美丽中国唱

第五章 集体效能：旅游展演的延续与民族文化传播

起来》是用音乐和文化来展示中国美丽山河、展现各地风情风貌、传递中华人文精神，以中国"一带一路"倡议，"共筑中国梦""全面建成小康社会"等国家战略为依托和指导，通过主题和系列形式进行基层文化演出和公益行动。在录制的演出节目中，既有气势恢宏的主旋律节目，也有群众喜闻乐见的流行文艺作品，还有歌颂祖国、歌颂时代的民族歌舞，以及赞美云南、赞美普洱的文艺作品，而老达保村因为旅游展演的出名而在此次活动中被定为中央电视台小分队两大演出地点之一，充分体现了新闻单位对老达保村歌舞表演的认可和肯定。2018年1月，中央电视台中文国际频道《中国新闻》栏目系列报道《新春走基层》摄制组一行又继续走进老达保村，不仅拍摄了快乐拉祜实景演出、芦笙舞、摆舞、春粑粑、春节前夕准备年俗节目、备年货等老达保村"快乐拉祜"迎接新春佳节的情景，还多角度多方位集中采访了当地群众、游客，通过讲故事的形式把村民致富情况、村子变化、民族文化传承、创新与发展等别具风情的拉祜族文化呈现全国人民面前。同年2月，中央电视台中文国际频道（CCTV-4）的系列报道《启航新时代》也以"拉祜族村寨老达保：幸福的生活大声唱出来"为题进行专题采访报道。与此同时，云南省的地方政府主管部门、地方新闻媒体等也时常以老达保村为重点报道对象，就其村寨所做的文化脱贫事迹给予榜样性的宣传，认为"位于拉祜山乡大山深处的老达保村立足丰富的民族文化资源，充分利用少数民族群众能歌善舞的特点，依靠自身优势走出了一条独具特色的文化扶贫之路，并以其正着力打造的'快乐拉祜'文化品牌，成为澜沧文化扶贫的示范点"。当然，类似的新闻报道还有很多，其关注的社会媒体除了为国家政策话语服务的新闻机构单位之外，也有与音乐、歌舞等相关的艺术娱乐媒体，如由杭果TV制作的城市体验类音乐旅行节目《姐姐的爱乐之程》就选址在老达保村寨，并在此待了约一周的时间，让更多的观众认识了老达保村民的音乐特长与热爱的情感。

　　这些来自不同地方和渠道的社会媒体，对于老达保村的民族文化展示有着或多或少的形塑作用。当媒体准备到老达保村进行采访或报道时，首先需要与普洱市委宣传部联系沟通，由市委宣传部将媒体的大体行程下达到澜沧县委宣传部，然后再由县委宣传部与老达保快乐拉祜演艺公司的负责人联系，共同确定媒体此次的行程可能会涉及哪些内容、要采访哪些人、需要哪些帮助和配合等。在这套既定程序框架下，媒体会被当地县委宣传部和演艺公司的负责人安排好在村落里工作的接触对象，包括在村落的食宿安排、被选出来的受访者、村落情况的解说者等。由于新闻工作时间的有限性特征，一般而言，老达保村向外界推荐的受访对象主要分为两类人：一类是村寨里的几位不同级别的非遗传承人，包括拉祜族传统史诗《牡帕密帕》的国家级、省级、市级非遗传承人，有李扎戈（国家级）、李扎倮（国家级）、李扎莫（省级）、李娜努（市级）以及国家级非遗文化保护项目拉祜族《芦笙舞》代表性传承人李石开等；二是旅游演艺公司的负责人，有董事长张扎阿、副董事长李娜倮、村小组党支部书记彭娜儿等。前者主要为媒体讲述老达保村的文化传统内容及其保护传承状况，后者则主要从文化旅游发展角度对老达保村展演实践产生的经济扶贫、民族进步、党和国家认同等方面进行介绍。其中，以李娜倮为典型，反映老达保村展演脱贫的经历是其惯用的主线。可以发现，李娜倮已经在与众多媒体打交道过程中变得非常大方和应答如流，其回复媒体的话语模式主要是"讲述自己如何带领村民在唱唱跳跳中脱贫致富""希望将拉祜族传统文化传承和保护下去，希望更多的人能够看到拉祜族文化风貌"以及"感谢党的正确领导和感恩国家政府对村民们的帮助和扶持"这几部分内容。不得不说，媒体的介入和持续关注，已经成为当地民众日常活动中的一部分了。村民们也逐渐适应和习惯了媒体的随时进入和拍摄，包括媒体与当地民众的接触和互动、媒体到访当地开展报道、配合媒体进行故事讲述等。这些媒体对当地民族文化的展示，其实也是地方政府主管部门和村寨演艺公司愿意接纳的，因为这有助于老达保村吸引更多游客的关注和到来，既可以为村民们展演致富带来更多客源，也能够为当地政府做出的工作成绩构建宣传空间和展示平台。但是，这种模式化的媒体关注和生产报道过程，是否有利于民族文化的保护与传承，我们将在后面的章节给予详细讨论。

第三节　族群成员的成长与集体效能的发挥

一　民族精英的自我成长与自我效能感知

精英是人类社会结构中一个特殊和重要的阶层，精英/大众的分层方式是一种基本的社会分层方式。[①] 随着旅游业在民族村寨中的迅速发展，村寨内部的成员因为个体能力、参与机遇和前期资本优势等方面的差异而开始进行分化，一些新型的民族精英分子开始出现并借着旅游参与的机会而得到了不少的锻炼和自我成长。通过前面的调研内容可知，老达保村之所以能够从一个曾经偏远的小山村转变为远近闻名的音乐村，且全体村民又能将唱歌跳舞转化为旅游展演，其实践结果离不开村寨中以李石开、李娜倮、李玉兰等为核心的民族精英分子团体的带领与坚持。作为拉祜族的族群成员，这些精英分子凭借着个体对拉祜族民间音乐的热爱和创新，在党和国家政府的支持下，以自己的技艺与能力在村寨中形成了具有一定号召力的话语，从而让村寨借助这种展演实践完

---

① 刘祖云、黄博:《村庄精英权力再生产：动力、策略及其效应》，《理论探讨》2013年第1期。

成了脱贫致富的目标。与此同时，在带领村民经营旅游展演实践的过程中，民族精英分子也获得了一定程度上的个体性成长，包括自我能力的提升和自我效能感知的获得。对此，本书特选取老达保村寨中成长绩效特别明显的李娜倮为调研对象，对她在展演实践过程中经历的个体性成长历程给予梳理和总结，以便凸显民族精英分子在旅游展演实践中经历的个体成长性。

李娜倮，被誉为"拉祜山乡的百灵鸟"，是带领老达保村旅游展演形成的关键性人物。她是老达保村寨中的80后，从小因为家庭贫困而不得不中途辍学成为一名地地道道的拉祜族农民。虽然没有受过音乐专业训练，但凭借着家族能歌善舞的文化基因和个人对音乐的天赋才能，从年轻时就开始不断地创作拉祜族民歌，并在澜沧江地区广为流传，成为拉祜族中的著名艺人。伴随着老达保村旅游展演的形成与开展，李娜倮个人也从一位普通的农村女孩成长为备受国家政治话语认可的精英型人物，她本人前后获得了不少的奖励荣誉，主要包括音乐艺术比赛类、民族传统文化贡献类、协会组织建设类以及国家政治奖励类等，主要部分内容见表5-1。

表5-1　　　　　　　　李娜倮个人主要获奖项目统计

获奖时间	获奖奖项
2005 年	荣获"神州大舞台家庭秀"比赛金奖
2008 年	被评为普洱市"十大杰出青年"
2010 年	获全国青年歌手普洱市片区原生态唱法一等奖
2011 年	参加普洱梦想合唱团，并在中央电视台"梦想合唱团"节目比赛中获得一等奖
2012 年	被共青团云南省委、云南省青年联合会授予"云南青年五四奖章"提名奖
2012 年	当选为中共十八大代表

第五章　集体效能：旅游展演的延续与民族文化传播

续表

获奖时间	获奖奖项
2014 年	被评为"国务院第六次全国民族团结进步表彰大会模范个人"
2015 年	被评为云南省"最美家庭"
2016 年	获澜沧县"中国梦·澜沧恋·葫芦情"原创歌曲创作大赛优秀奖
2016 年	被授予"第十届全国五好文明家庭"荣誉称号
2016 年	由于大力保护、传承、发扬民族文化，光荣成为云南省47名出席党的十八大代表的一员
2016 年	获得2016年全国脱贫攻坚奖
2020 年	荣获"2020年全国劳动模范"荣誉称号
2020 年	获选"全国十大乡村振兴人物"
2021 年	入选全国优秀共产党员拟表彰对象名单

资料来源：根据老达保旅游展演负责人李娜倮所获部分奖项统计整理而成。

从某种程度上说，李娜倮的个体性成长是与老达保村旅游展演实践的开展紧密相连的。从李娜倮的父亲李石开在1984年将吉他这一新鲜事物引进村寨中之后，李娜倮不但学会了弹吉他，而且主动教村民们弹吉他，并常常带领他们弹奏、演唱她自己创作的歌曲。在此基础上，李娜倮还和自家的兄弟们、村里的姐妹们共同组建了几个演唱组合和民间文艺队，帮助全村形成了一种以吉他弹唱和音乐创作的行为实践来度过闲暇时间的娱乐习惯。在李娜倮的带动和坚持下，老达保村逐渐成为澜沧县境内众多民族村寨中拉祜族歌舞表演最为突出的一个寨子，也开始受到县政府、县文化主管部门的重视，并给予了一系列相关政策活动的支持。其中，最为典型的就是地方政府会将老达保村的歌舞表演作为向外展示和宣传拉祜族传统文化的主要载体，成为老达保村的村民赴外演出交流的主要推介者。于是，自 2005 年以后，老达保村得以在县政府的安排下，频频接受来自北京、上海、广州、昆明等大城市的邀请，前往各大电视台和一些重要场合进行文化展演。正是这样的赴外演出，使得老达保村的文化展演得以被主流社会认知，也给参演的村民演员们带来了开阔视野、增长知识的契机。李娜倮本人，作为带领村民们赴外演出的领队人和组织者，她个人的形象和能力也在这样的演出活动中得到了强化与青睐。在此基础上，经过八年赴外演出的历练以及经验积累，2013 年，李娜倮继续在当地政府部门的支持和帮助下，带领村民们成立了自己的旅游演艺公司，形成了文化扶贫和旅游致富的发展模式。在组织和经营旅游演艺公司的过程中，李娜倮的个人能力更是得到突飞猛进的增长，因为这为她带来了能够接触到不同文化背景、不同社会层次的群体的机会，也因为公司经济效益的持续增长和助力民族地区脱贫攻坚、乡村振兴、文化繁荣等重要政治目标的完成，而成了地方政府宣传本地政治绩效的主要典范和各大媒体采风调查的重点对象。在和地方政府官员、外来投资商、艺术专业人士、新闻媒体人、专家学者等主流社会人群打交道的过程中，李娜倮的普通话语言能力、应对媒体提问的能力、即兴表演和文化展示等方面的能力都得到了迅速提升。具体表现如下所述。

一是个体学习能力的增进。对于拉祜族民歌的创作，李娜倮凭着兴趣爱好和音乐才能自然完成。在此基础上，在带领村民将创作歌曲唱响之后，她逐渐认识到学习机会和认知能力的重要性，也意识到拉祜族传统文化的价值和意义。因此，她把加强学习、勤于思考作为提高自身素质的前提条件，并积极投身于增长见识的实践中去。一方面，在外出表演或与游客打交道的过程中，她发现了说好普通话的重要性以及外界对拉祜族文化的兴趣探索，于是积极参加村里组织的"双语"（拉祜语和汉语）学习，并积极向村里的老一辈村民，尤其

第五章 集体效能：旅游展演的延续与民族文化传播

是被定为非遗传承人的长辈们请教、学习拉祜族文化。而且，还时不时地跑到周围的拉祜族村寨去搜集、整理、学习拉祜族歌舞文化，从而为自己的音乐创作寻找素材来源和灵感基础。另一方面，她并不仅局限于对音乐知识的学习，还将学习对象扩大到党的政策、法律、法规和农村实用技术等其他方面，充分利用广播电视、科普书籍及党员远程教育网络平台，创新学习方式，丰富学习内容，全面提高自身的综合素质。

二是组织管理能力的习得。2002年，勐根村成立了拉祜雅厄艺术团，为了使雅厄艺术团充分展示拉祜族的文化风采，她主动承担了宣传、组织、动员等大量工作。之后，在老达保旅游演艺公司成立之后，她又和村里的张扎阿、彭娜儿等文艺骨干一起动员、督促村民们加入演艺公司，并负责管理和安排展演节目的编导、设计与排练等事项。特别地，每次遇有重要接待时刻和节庆日时候，更是无形中为她提供了一个锻炼自身组织能力的契机和平台。由于旅游展演的内容主要是拉祜族传统文化，为了不断创新节目内容，李娜倮还积极组织老年、中年、青年不同年龄层次的村民共同来挖掘、保护、传承和弘扬民族文化，将党的政策法规、党建知识编排成20余个通俗易懂的"本土"民族歌曲、小品等，以群众喜闻乐见的文艺活动方式传递。同时，将"党建、禁毒防艾、计划生育"知识编排进文艺表演队的拉祜语节目中，开展民族团结和党的民族政策宣传教育。在这样的努力下，她编排的十多个节目被全县160个文艺表演队学习和传唱。

三是交流交际能力的提高。以拉祜族歌舞艺术表演为媒介，其实让李娜倮接触到了许多来自主流社会的事务，包括频频受邀参加媒体访谈、表演，与艺术人士进行歌曲交流、合作，为村寨建设与政府工作人员、外来投资商等进行洽谈、商讨等，这些活动都让李娜倮自身的语言表达能力、人际交往能力、临场发挥能力和情绪控制能力等得到了一定程度的锻炼和提高。通过对照观看2011年中央电视台为老达保村录制的《边疆行·老达保村寨》视频和2020年中央电视台农村农业频道录制的《全国十大乡村振兴人物》的视频，会发现视频中李娜倮从2011年（28岁）到2020年（37岁）近十年的时间内，个人面对媒体访谈时的变化较大，从最初的羞涩拘谨、被动应答到现在的落落大方和主动对话，其变迁过程充分体现了她与外界主流社会交流交际能力的大幅提高。

对于李娜倮的个人成长性，它带来的不仅是民族精英分子个体能力的迅速增长，也让她感知到了自我效能的获得。何谓自我效能？20世纪80年代中期，美国心理学家班杜拉（Baudura）提出"自我效能"这一概念，认为是"个人对自己完成组织交代任务的能力的信心"，[①] 表现出"个体对自己是否有能力去实施某一行为的期望，是人们对自我行为能力的认知和评价"。[②] 同时，班杜拉还指出个人自我效能的四个重要来源：他人的肯定（Social Persuasion）、生理状态的好坏（Physiological State）、观察学习获得的经验（Vicarious Experience）和亲身经历的经验（Mastery Experience）。[③] 对此，当我们询问李娜倮关于自己在旅游展演实践中的能力与信心增长方面的感知时，她很直接地告诉我们："虽然我没读多少书，但是通过参加和组织村里的旅游表演活动，我自己得到不少锻炼，感觉自己也比以前变能干很多。""每次我带着演艺队的村民们外出表演，到中央电视台表演完后，主持人就会来问我们问题或让我们介绍我们自己的拉祜文化时，基本上他们都是让我

[①] Bandura A., "Social Cognitive Theory: An Agentic Perspective", *Annual Review of Psychology*, No. 52, 2001, pp. 1 – 26.

[②] 胡会丽：《一般自我效能感训练对农村留守初中生心理弹性的影响》，硕士学位论文，西南大学，2009年，第86页。

[③] Bandura A, "Self – Efficacy Mechanism in Human Agency", *American Psychologist*, Vol. 37, No. 2, 1982, pp. 122 – 147.

第五章 集体效能：旅游展演的延续与民族文化传播

来回答。刚开始时也不想回答，也说不来，因为汉语说不好，又紧张，太难受了……但是也没办法啊，必须要说。这样，说多了，慢慢地，我的普通话也就讲得越来越好了。""出去的时候，看别人怎么回答问题、接受采访，慢慢地我自己也学会了，哪些话可以说，应该怎样说……""我们拉祜人喜欢唱歌跳舞，我自己也喜欢作词作曲。以前是按照自己的方法在创作，现在外面的人来我们村子多了，有一些专门搞音乐的老师，他们会和我们交流创作、表演的经验和技巧，我在音乐方面也学到不少，以后可以写出更多更好听的歌。""还有啊，我成了公司的副董事长以后，经常会和县政府、县委的干部、工作人员接触，也会和外面来的专家学者、投资商、游客等打交道，这也锻炼了我和他们交往的能力，也从他们身上学到很多东西。""一些老师会给我们提一些怎么发展我们公司、怎么开发和利用我们的文化、怎么保护与传承我们的传统等建议，这些建议都很好，帮助我们老达保村进步和发展。""当然，既然大家都加入这个公司了，我们就要一起齐心干。有时候也有困难，村民们每家每户都有事情，有老人要照顾、有小孩要带，还有地里的活要干，一天到晚也忙得很。所以，有时候跳舞的人会凑不齐，我就得去挨家挨户喊，去叫他们来跳舞。虽然大家都有自己的事情，但最后大家都还是能够支持我们，因为他们知道这也是为自己好，练好后才会有游客来，我们才可以多点收入。"由此可以看出，李娜倮对于个人成长性带来的自我效能感还是比较明显的，同时，她的这种感知也是源于自身的引领行为及其展演实践的成效，再加上村寨的表演一直受到当地政府、村民、游客、新闻媒体等多方面的认可，因此，民族精英分子的自主性通过观察学习外界的经验、自身经历的体验等不同途径而获得了不断的成长，其身份的认同感更多地源自一种自身成长性赋予的效能知觉与价值实现，如图 5-11 和图 5-12 所示。

图 5-11 和图 5-12 李娜倮荣获"全国优秀共产党员"荣誉证书（赴京领奖）

图片来源：2019 年田野调查自摄。

二 族群间的带动性成长与群体效能衍生

由于有李娜倮这类民族精英个体的先导性成长，老达保村的其他村民们自然会受到这种精英成长的影响，从而引起族群成员之间相互的带动性成长。这种带动性成长的发生，是嵌入村民日常生活之中的，因族群一般成员对精英分子能力和品行的认可、欣赏和信任而选择接纳和顺从。即使有个别村民有时候因某种原因而拒绝被带领，也很快因为利益的一致性和村寨其他成员的集体舆论压力而重新回归。

场景主题：李娜倮带领旅游演艺公司主持人李玉兰和其他几位拉祜族妇女演员赶织拉祜族包包。

在老达保村里，七成以上的村民懂得拉祜族的传统技艺，600 多

第五章 集体效能：旅游展演的延续与民族文化传播

年的拉祜族纺线织布工艺在这里得到了保留和延续。现在，除了表演之外，向游客出售拉祜族包包、腰带、坎肩、服饰等特色纺织品成了村民们的另外一个收入来源。因此，在没有演出和接待的日子里，李娜倮除了监管村民抓紧时间排练歌舞之外，还会督促村里的姐妹们做手工。

李娜倮："十妹（村里人习惯这样称呼李玉兰），你要赶紧做完。游客来的时候很喜欢我们拉祜族的这些包包。多做一点，他们就够买的了。"说完李玉兰，李娜倮又转向另一个拉祜族妇女，说："我看你做得还不错呢，这个葫芦有点像我头上戴的一样，黄色的，做得也不错。"

十妹："这个太长了。"

李娜倮："没事啊，个子好的葫芦，哈哈。"

对于李玉兰，从我们之前的调研可知，她可以作为老达保村旅游展演团队中90后的代表，一股在李娜倮之后的新生力量。在成为老达保旅游演艺公司演员和主持人之前，她家也是建档立卡贫困户，因为生计问题还曾到浙江省温州市等地打工挣钱。后来，因为一直放心不下家中年迈的父母，在李娜倮的劝说下便回到村里加入旅游演艺公司，成为公司的歌舞演员和主持人，也是农特产品合作社的工作人员。她是寨子里少有的初中生，形象也不错，后来加入公司当了主持人，现在每年增加收入2万余元，家里也实现了脱贫。

问："你是怎么想到回村里来参加表演的？"

（李玉兰）答："本来没想过这么早回来的。家里那个时候穷嘛，家里人就想着我能在外面打打工、挣点钱。后来，娜倮姐给我打电话，喊我回来参加表演。刚开始我以为只是说说而已，也没认真去想，就没想回来。但后来娜倮姐又打了几次电话，给我说表演能挣钱，也不比外面打工差多少，还说我年轻、在外面跑过，现在村里表演队缺我这样的人，应该回来和大家一起表演。"

问："那你回来之后，主要是做了哪些事情呢？"

答："回来后就跟着娜俣姐干。她带着我们一起表演，做旅游表演。除了白天去地里干农活、采茶叶外，空了她就带着我们排练节目、做包包、写歌弹吉他这些。我还要记一些主持节目时的台词，收门票、统计门票，卖东西……"

问："通过参加这些活动，你感觉自己有什么变化吗？有没有收获或进步？"

答："当然有（收获）啊！以前在外面打工时，虽然一个月能挣点钱，但是感觉没啥意思，还到处飘。现在回来了，做的都是我们拉祜族自己的事，很熟悉亲切的感觉。在一个寨子里，在家里能挣钱，是以前都没想过的。唱歌跳舞都能挣钱，娜俣姐带着我们，还可以知道以前我不知道的传统啊、文化啊这些。就说我在舞台上主持时，刚开始很紧张，面对下面那么多游客，眼睛都不太敢看他们。现在，说得越来越顺了，也不怕了，遇到游客上来参加我们的节目时，可以比较自信大方了。而且，娜俣姐、扎思哥他们还会经常带着我们外出去表演，这让我们看到好多以前在村里看不到的东西，也学习了人家外面喜欢的东西。还有啊，我和扎思哥、娜俣姐一起管理旅游演艺公司，尤其是在有重要接待活动或节假日游客很多的时候，我们要去想怎么才能把游客接待好、照顾好，同时还要在这之前动员大家尽量多排练、多学习，互相交流怎么和游客说话、让他们对我们的村子满意……"

问："那你们还带着其他村民做了什么事情呢？"

答："有啊，多啊。之前好多村民其实都不太会弹吉他，只有一些老的会跳芦笙舞、摆舞，唱《牡帕密帕》的也只是几个年龄大一点的

第五章 集体效能：旅游展演的延续与民族文化传播

长辈们。我们演艺公司成立之后，就把他们都加进来，空了就教他们弹吉他、记歌词、排队形这些。对于女演员，我们还要教她们怎么化妆、扎头发这些。当然，除了表演这些必须做的，我们中有些人已经在开始经营客栈、餐饮这些的了，我们也要教他们怎么去做好，去接待好游客……感觉要学的东西太多了。"

从上面对话可知，李玉兰作为整个旅游展演队伍中最年轻的一代，其身体从主流社会被召回，在重新融入原生社会结构中后，因为参与展演实践而得到了个体性成长。同时，她还在李娜倮等人的带动下，加入了中国共产党，成了村小组党组织的一名党员。作为党员的李玉兰，积极为老达保村打造文化旅游扶贫而努力，成了脱贫发展委员会的宣传委员，积极宣传党的扶贫政策，引导大家感党恩、听党话、跟党走，带领贫困群众共同实现脱贫奔小康。由此可见，这种族群成员的成长更多是一种链条式的成长，即一个村民带动另一个村民，另一个又向下一个积极传递。而且，这种传递还不仅局限于传统社会中的代际教授，即年长的向年轻的传授，也表现为村寨里能力强的个体向能力弱的个体进行教导与带动，年龄在此反倒不那么重要。正如澜沧县博物馆拉祜族馆员熊登奎所言："拉祜族是一个包容性很强的民族，善于将看到听到知道的东西吸收融合，成为自身文化的一部分。"在李娜倮的热情感召下，全村 102 户村民加入旅游演艺公司，积极参与文艺节目的自编自演。他们白天下地干活，到了晚上，不辞劳累地进行节目排练，如图 5-13 和图 5-14 所示。

就这样，他们日出而劳，日落而息，披星戴月，周而复始，从不间断。很多时候，他们还在李娜倮等人的带领下，组织编排新的表演节目，准备迎接春节、葫芦节等重要节庆活动的到来。总体来说，在李娜倮为核心的领导团队带领和教授下，老达保村的村民常在农闲时参加演

图 5-13 李娜倮带领村民们晚上进行表演节目排练

图片来源：2019 年田野调查自摄。

图 5-14 晚上演艺公司组织村民们进行吉他弹奏排练

图片来源：2019 年田野调查自摄。

第五章 集体效能：旅游展演的延续与民族文化传播

出，村民经济收入有了明显提高，老百姓纷纷盖新房、买摩托车、电视机、拖拉机。2016 年，全村摘掉了贫困帽子，完成了脱贫攻坚的目标任务。

此外，除了以旅游展演带动整个村寨族群成员的集体性成长之外，李娜倮还会在展演之外的旅游经营方面传授一些个人经验，带动族群其他方面的能力增进，如怎样经营自家的客栈和餐饮，怎样接待游客和与游客交谈互动等。

彭娜儿，旅游演艺公司的演员兼主持人。她跟着李娜倮学会了吉他弹唱，同时也在自家经营旅游客栈和餐饮等其他产品。与此同时，村里还有十几户家庭都在参与展演和经营客栈。为了让来老达保村的游客们乘兴而来，满意而归，李娜倮会一一上门指导这些家庭农家乐的布置和经营。

李娜倮走进彭娜尔的家里，一边检查着窗帘布的干净程度，一边又指着彭娜尔家的露台布置说："做得不错，有葫芦，有狗牙，上面的风景很美呀！""这个就是我们拉祜族的定情礼物（指拉祜族包包），织出来的拉祜族服饰也可以装在这里，这样就更有特色了。"

接着，她又走进另一户村民李娜妥家里，一边打招呼，一边将长条的拉祜族床尾巾铺在床上，说："布条也是我们拉祜族最传统的，对了，这样就更好看。"并且，李娜倮还指着桌子上的杯子："空杯的这些都要收掉，不要摆在这里，这样的话自己看也是很舒服，对吧？干干净净的，然后一个就是游客来了，也是没有清理好的话，他们也是心里不舒服。"

然后，她又来到村民张扎阿家，指着墙壁上挂着的豆子，表扬道："这样挂着挺好看的，我觉得大豆子如果挂满了，游客来了，就会吸引游客到你家来。你家的收入也会很多。"

就这样，李娜倮一家一家地去进行指导，毫无保留地把自己经营农家乐的经验传授给大家，希望这些村民的生活因为农家乐而发生更好的改变。

当然，这种族群成员之间的彼此带动和帮扶，并不仅局限于李娜倮一个人身上，村里的其他一些演艺骨干分子也有这方面的行为实践。有时候，他们不是去直接帮扶，而是隐性地退让，尤其是在和普通村民有利益相争的时候，更是表现出一种思想境界上的高位，包括宽容谦让和默默付出。例如，作为老达保村民小组党支部的书记彭娜儿，她家的旅游客栈就比其他村民办得晚。当问及原因时，她大方地说："这没什么嘛！每家情况不一样，他们（指那些比她家早开办客栈的村民家）在村口附近，位置有利嘛，客人一过来就能看到。还有最主要的是，我自己是支书，以前早些时候来老达保的游客比较少，没有现在这么多，我不能跟村民争利啊。"如果说这种自觉谦让行为与个人思想觉悟有关，那么国家和政府对于少数民族成员的政策帮扶则是推动老达保村族群成员之间带动性成长的另一个重要因素。彭娜儿还继续告诉我们："后来，来老达保的客人多了，因为上级对我们不断加大扶持，对外宣传力度很大，报纸啊、电视啊、微信啊……这几年都在宣传报道我们，所以越来越多的客人知道我们村寨，来的客人也一年比一年多。过去，我们是怕建多了没人住，但现在来的游客这么多，很多时候各个地方的旅游部门总是问我：你们那里能不能住宿啊？我这里有多少多少人的团，能不能住得下啊？所以啊，我就又必须带头开客栈，还要动员其他一些有条件的村民一起开，多建些家庭客栈。"在此，因为国家和政府的政策话语帮扶，再加上村寨精英分子的个人努力与对其他普通村民的带动，老达保村的群体效能得以衍生。群体效能，主要指对是否有足够数量的人能够被动员起来去实现集体目标的感知，或是对群体是否有能力带来所期

第五章 集体效能：旅游展演的延续与民族文化传播

望改变的能力的直接预期等。① 由上面的访谈调研可知，正是在老达保村一些民族精英分子的带动下，村里已有越来越多的人加入旅游展演之中，全村 400 多人已有 200 多人成为公司演员，并因此带领每个家庭脱贫致富。无论是最早的时候李扎戈、李扎倮等老一辈民间文艺分子自发性地向年轻后生传授芦笙舞、《牡帕密帕》等拉祜族传统文化，还是后来李石开将第一把吉他引入村里，形成丈夫教妻子、妻子教儿女、儿女教邻居等彼此带动和相互学习的共享局面，再至李娜倮不仅自己创作歌曲 30 多首，还带着村民一起创作了拉祜民歌 300 多首，且和村里其他的文艺骨干、热心能人共同创建了旅游演艺公司，带领演员们编排节目、积极排练、外出表演、旅游经营等，都充分表现出老达保村族群成员之间衍生出来的群体效能图景。

三 村民们的集体性发展与集体效能发挥

通过李娜倮对旅游展演核心骨干分子和其他村民的带领指导，村里逐渐构建起了以旅游演艺公司管理人员为核心的示范小组和领导团队，然后以他们的习得才能去继续帮扶其他村民，包括参与展演和如何经营好自家的客栈、餐饮等。在这个过程中，一方面是李娜倮逐步带出了李玉兰、张扎阿、彭娜尔、张扎思等中青年族群成员构成的展演领导团队，另一方面是在这个领导团队的带领下，族群成员得到了集体性成长和发展，主要表现为以下四方面。

一是时间观念的形成。在正式开放旅游展演之前，老达保村的村民主要还是从事农业生产为主，大多过着日出而作、日落而息的生活，其身体对时间的感知不太敏感，尤其是不同时间段之间的界限感

---

① 薛婷等：《社会认同对集体行动的作用：群体情绪与效能路径》，《心理学报》2013 年第 8 期。

尚未形成。但是，在参加了旅游展演之后，展演所规定的排练时间、表演时间以及由此所带来的旅游经营时间等模式都在无形中催生了村民们的现代时间观念，尤其是根据游客的来访时间而去主动安排调整其他时间的实践促使村民们对不同时间段之间界限感的体悟和管理。在此赋予的作息时间框架范围内，村民们昔日的随意、散漫作风及其时间管理能力得以改善，这是单纯的农业生产方式转向农业和服务业兼具的生产方式的直接结果之一。例如，在旅游展演正式运营之前的日子里，老达保村的村民更多依靠传统农业和偶尔的外出表演获得经济收入，他们的时间观念主要还是受当地传统农业经济的影响。但是，当旅游展演于2013年正式开展以来，老达保村的村民其实就要适应两种不同性质的产业结构：传统农业经济和民族文化旅游业。随之，由这两种不同属性的产业构建出来的不同空间和时间维度里，村民们需要随时切换着自身的角色和不同的生产生活模式。比如，在游客未来到村寨之前，当地村民就要在天未亮时起床劳作、做饭做家务、喂养家畜等，这时候的时间和空间是属于传统农业时段的，其身体的时间感是相对自由、自然但又有些紧迫，无法再像过去单一的农业经济结构赋予的自由随意。因为，当天亮之后，慢慢地有游客来访村寨，就会暂时中断这些农业经济生产活动而转向应对旅游业带来的工作任务，如舞台表演、提篮销售、接待游客住宿餐饮等。此时村民们的身体会处于一种紧张而有序的状态，但农业生产劳动等只能暂时搁下，待到游客离开之后才能重新开启，进行一种间断性的生产劳动模式。与其他传统村寨相比，经营旅游业的老达保村村民其身体在这种二元经济结构中得以学习到除了传统农业之外的现代服务业带来的时间管理能力，包括如何重新安排被游客中断了的农业生产劳动，如何协调农业与旅游服务业之间的时间性矛盾和冲突，怎样更高效率地在收割稻谷、过新米节时还要兼顾旅游展演的进行？甚至还要时不时

第五章 集体效能：旅游展演的延续与民族文化传播

地接待来自各方的上级领导、地方政府、媒体记者、专家学者等不同群体的拜访？这些，都会对旧有的时间观念产生冲击和影响，从而让村民们逐渐学习到如何适应新的生产经营方式带来的时间观念与管理秩序，以便和现代社会的"理性"运转与"秩序"维持相互衔接和配合，保持一种"传统"和"现代"之间的平衡游走。

二是生存能力的提升。在经营旅游展演之前，依靠自身体力吃饭似乎是村民们的唯一来源，无论是在家务农还是外出打工。但是，在参与了旅游展演及其相关服务活动之后，旅游业天生的市场思维、服务意识、经营管理等要素都需要村民们转变观念，重新学习相关技能和理念，建构起对市场经营的适应力。通过对村民们的访谈可知，从以前单一的农民身份转变为农民+演员+旅游经营者的多重身份，让他们学习到了许多技术和能力，如汉语表达能力、舞台表演经验、接待游客技巧、网络媒体的使用以及眼界视野的开阔等。例如，对于老达保村中第一个读完初中的拉祜族女性彭娜儿，她的个人经历足以说明族群成员在参与旅游展演之后其生存能力得以增强这一事实。在彭娜儿很小的时候，整个寨子都处于贫困状态，她的家里也很穷。但是，她的妈妈很重视教育，即使吃不饱饭，也坚持让她和弟弟去上学。为了给兄妹俩交学费，妈妈吃了很多苦也受了很多累，终于供她读完了初中。彭娜儿能写字会算账，学东西快，会讲普通话，这些都使得她成为寨子里第一个有文化的女孩。在老达保旅游展演开展之后，她能够和村里开展工作的上级领导沟通，也能将族群成员的意见向上级反映。由于她头脑清楚，工作认真，也就自然地入党和当选为村支书了。后来，随着老达保村的拉祜族文化遗产被非遗政策话语所识别，来村寨做调查的专家学者日益增多，市县领导和各路记者也越来越频繁地出现，这些场合中多由彭娜儿又当翻译又做导游。慢慢地，村里得到了一些到普洱、昆明甚至进京的演出机会。这些外出表演的机会关系到拉祜族的形象展示，因此，彭娜儿唱歌跳舞虽然不是很出色，但"随团翻译"和管理协调的角色扮演得很不错。与此同时，尽管她也意识到自己在歌舞方面的短板，但她仍然没有放弃，以自己的文化基础和聪明好学，稍加努力，很快就在舞台上当主持和领舞。在彭娜儿和她会干建筑活的老公的努力下，家里以前欠的贷款很快就还清了，新房子也盖起来了，原来的贫困户一跃成为小康之家。他们的两个孩子也都在村上和镇里读书，成绩优秀。彭娜儿成为寨子里许多青年男女学习的对象和榜样。

三是村民身体的回流。旅游展演和经营效益吸引着更多的族群身体回流，从而为民族传统文化的主体性保持提供了保障。村民们之前出现身体离开村寨，流动到外面大城市打工，主要还是因为家乡提供的就业机会太少，且已有的传统农业生产方式产出的经济效益太低。现在随着旅游展演和经营活动带来的收入日益增加，再加上与原有农业生产方式协同发展，这些多元化的收入渠道很快让村民们脱贫致富，与外出打工的经济收入相差不多，甚至更高。同时，这种在家乡就业的方式，可以避免受背井离乡之苦，同时能照顾家人。因此，外面的一些村民在展演精英分子的劝说下纷纷回来，加入旅游演艺公司。例如，作为《快乐拉祜》实景演出中的主持人李玉兰，曾经在浙江省温州市的一家工厂打工，收入也并不低。有一年春节她回家过年，看到寨子里的姐妹们整个春节都参加文艺演出，不但过得很快乐，而且有了一笔收入，又能跟家人在一起，照顾父母。所以，她后来在李娜倮等人的劝说下辞掉温州的工作回到老达保村，现在已经成为文艺演出骨干和节目主持人。值得一提的是，她还应邀带着老达保村人到温州，为她原来工作过的工厂厂庆进行文艺演出，把边疆少数民族的歌舞带给温州人。正如村民李石开自信地说道："公司成立以来，很多外出务工村民看到家乡的变化，就回来加入我们的公司，共同参与演出，村里每家每户除了种植养殖方面的

第五章 集体效能：旅游展演的延续与民族文化传播

收入外，就是演出了，多的时候每年增收上万元，少则几千元，现在村民们都很积极地在发展建设我们的拉祜家乡。"

四是对外来文化的认知。旅游展演赋予了村民们走出大山的机会。由于山高路远，许多老达保村人一辈子都没走出过大山。自从李娜倮组建了团队，老达保村和外面的联系多了起来。

李玉兰："没有唱娜倮姐写的歌，之前的话，我们寨子的反响没有那么大。很多老人，以前都是从来没有见过大城市的。就是因为娜倮姐写的这些歌，就把我们从山里面带出去，去过北京、上海、杭州等很多地方演出。"

村里的老人至今还记得第一次走出大山的日子。

李娜妥："我是 2005 年 2 月 14 日，我们去的北京，吉他弹唱《快乐拉祜》。我们去的时候坐飞机，很开心！"

2005 年，老达保村的村民首次走出大山，接受中央电视台、云南电视台等媒体的邀请，赴北京、昆明、上海、广州等地演出。通过这样的出行，让村民们眼界大开并接收到了外来文化的讯息，包括通过歌舞表演接触到不同地区、不同民族的其他表演团体和人员，不仅在歌舞表演技巧方面可以相互切磋，也为彼此之间的文化交流沟通提供了机会与平台，让族群成员可以对外来文化拥有更宽容和更理性的认知，从而促成了拉祜族传统文化的创新实践。

在调研中，村民们告诉我们，旅游展演的开展，不仅让他们的拉祜族传统文化可以得到向外展示的机会，帮助他们完成了脱贫攻坚的任务，也让他们接触到了比以前更多的人和物，开阔了眼界，也增长了知识，获取了更多的信息。比如，村里的李娜倮、彭娜儿、张扎阿他们这些能干的年轻人，经常会被派到其他村寨或外地去交流表演。这样的机会就会让他们看到别人是怎么经营旅游的，怎么布置客栈房间的，有哪些致富产业的发展机会等。例如，彭娜儿回忆她有一次去邻县参观，看到黑皮花生很受游客欢迎，回来后就动员大家种植。但是，当时村民们对不熟悉的事物总会本能地抵触。于是，彭娜儿就在自家的地里种，半亩花生就卖了一千多元，然后她再向大家力荐。当村民们听到她卖花生赚钱的消息，就开始心动，也纷纷跟着她学，在自家地里种上了黑花生。这时候，也有亲戚私下对她说："你把发财秘诀告诉别人，大家都种上了，你的就不好卖啦。"彭娜儿却说："没事的。大家一起富才是富嘛！而且，现在网络这么发达，我们老达保又有名气，种多少花生都不愁卖呢。"另外，彭娜儿还利用自己外出考察学习的机会，回来动员大家种西瓜。最开始人们也是担心卖不掉，有点犹豫，但彭娜儿手机通讯录里存了很多来过老达保村的外地老板和热心公益的名人，她也曾经接待过他们。因此，她将卖西瓜的消息在朋友圈里一发，很多人都纷纷回应，老达保村的西瓜于是全部售出，种瓜的每一家都卖了好几万元。可以说，正是因为旅游展演实践的开展，才使得老达保村寨的村民们获得了自我成长的机会，并且通过族群之间的带动性成长而获得了集体效能的发挥，从而让老达保村寨在脱贫致富的基础上也获得了一系列被外界认可的殊荣，包括部分文艺骨干村民获得的个人奖励与整个村寨被授予的集体荣誉，见表5-2和表5-3。

表5-2　　　　　　　老达保村文艺骨干村民所获奖项统计

获奖村民	所获奖项	颁发机构/时间
李扎戈	被评为2003—2007年度文化工作先进个人	中共澜沧县委、澜沧拉祜族自治县人民政府/2008.4
	荣获"振兴普洱人才奖"特别奖	中共普洱市委、普洱市人民政府/2011.1

第五章　集体效能：旅游展演的延续与民族文化传播

续表

获奖村民	所获奖项	颁发机构/时间
李扎戈	"鉴于您在保护和传承民族民间优秀传统文化方面做出的突出贡献,特命名您为云南省非物质文化遗产传承人"	云南省文化厅、云南省民族事务委员会颁发/2007.6.9
	"命名李扎戈为国家级非物质文化遗产项目牡帕密帕的代表性传承人"	中国非物质文化遗产保护中心/2007
	被评为2011年国家级非物质文化遗产项目代表性"优秀传承人"	澜沧拉祜族自治县文化体育和广播电视局/2012.2.12
李扎倮	被评为2003—2007年度文化工作先进个人	中共澜沧县委、澜沧拉祜族自治县人民政府/2008.4
	命名"李扎戈为国家级非物质文化遗产项目牡帕密帕的代表性传承人"	中国非物质文化遗产保护中心/2007
	被评为2011年国家级非物质文化遗产项目代表性"优秀传承人"	澜拉祜族自治县文化体育和广播电视局/2012.2.12
	"口述历史荣誉证书"——李扎倮老师:您向我馆提供的口述历史已作为重要的档案资料,珍藏于档案馆	部分缺失
李扎莫	2014年度,《牡帕密帕》传承工作中成绩突出,被评为"优秀传承人"	澜沧拉祜族自治县文化体育和广播电视局、澜沧拉祜族自治县文化馆/2014.11.23
	获《云南省国家级、省级非物质文化遗产项目代表性传承人培训班结业证书》	云南省非物质文化遗产保护中心/2015.8
	被评为2015年度优秀传承人	澜沧拉祜族自治县文化体育和广播电视局,澜沧拉祜族自治县文化馆/2015.12.15
	被评为2016年《牡帕密帕》优秀传承人	澜沧拉祜族自治县文化体育和广播电视局,澜沧拉祜族自治县文化馆/2016.9.25
	"您在2017年民族民间文化传承中成绩突出,被评为优秀民间传承人"	澜沧拉祜族自治县文化体育和广播电视局,澜沧拉祜族自治县文化馆/2017.12.7
	"你参加普洱市2017年非物质文化遗产代表性传承人培训班学习,学完全部课程"	普洱市文化体育局/2017.11.20

续表

获奖村民	所获奖项	颁发机构/时间
李扎莫	"在云南省第十届民族民间歌舞乐展演中,你参与演出的传统类声乐节目《牡帕密帕·山谷的回声》荣获'云南省民族民间歌舞乐彩云奖'金奖"	云南省文化厅,云南省民族事务委员会/2017.12.15
李扎保	"在云南省第七届民族民间歌舞乐展演中,你参与表演声乐节目《寻源.古歌》,荣获'云南省民族民间歌舞乐展演奖'铜奖"	云南省文化厅,云南省民族事务委员会/2011.11.25
张扎儿、李娜努	被评为2011年度民族民间"优秀学员"	澜沧拉祜族自治县文化体育和广播电视局/2012.2.12
李娜努	命名"您为市级非物质文化遗产项目《根古》代表性传承人"	普洱市文化局,普洱市民宗局/2015.4
张扎阿	自2016年11月21日至2016年11月26日在本院民族民间传统文化人才培训班学习期满,考核合格,准予结业	云南民族干部学院/2016.11.26
李二	被评为2016年《牡帕密帕》优秀学员	澜沧拉祜族自治县文化体育和广播电视局,澜沧县文化馆/2016.9.25
	"您在2018年度非物质文化遗产保护传承活动中表现优异,成绩突出,被评为'优秀民间艺人'"	澜沧拉祜族自治县文化体育和广播电视局,澜沧拉祜族自治县文化馆/2017.12.7

资料来源:根据2019年老达保村调研材料整理而成。

表5-3　　　　老达保村寨所获部分集体荣誉统计表

年份	所获荣誉
2002年	"县级文明村"
2010年3月	雅厄艺术团被评为"普洱市农村业余文艺先进演出队"
2011年9月	"云南省廉政文化示范点"
2012年5月	市级"五四红旗团支部"

续表

年份	所获荣誉
2012 年 8 月	"全国十佳魅力新农村"
2012 年	第一批国家级传统村落名录
2013 年	"澜沧县十佳美丽乡村"
2013 年 11 月	"云南省农村文化产业先进典型"
2014 年	"市级文明村"
2015 年	"省级文明村"
2016 年	全国旅游扶贫示范项目和第二批"中国乡村旅游创客示范基地"
2018 年 1 月	中宣部等授予"第七届全国服务农民、服务基层先进集体"称号
2020 年	"全国乡村旅游重点村名单"

资料来源：根据 2019 年老达保村调研材料整理而成。

第六章　社会认同：旅游展演的效应与文化保护传承

第一节　地方政府的文化扶贫与组织引领

一　国家话语对民族文化的指导

近年来，党和国家在全国范围内着力部署"反贫困"系统工程，包括脱贫攻坚、精准扶贫、乡村振兴、文化产业等一系列政策精神的颁布与实施。党的十八大以来，以习近平同志为核心的党中央把脱贫攻坚工作纳入"五位一体"总体布局和"四个全面"战略布局，作为实现第一个百年奋斗目标的重点任务，全面打响脱贫攻坚战。党的十九大明确把精准脱贫作为决胜全面建成小康社会必须打好的三大攻坚战之一，做出了新的部署，尤其是着力加大深度贫困地区政策倾斜力度，强化到村到户到人的精准帮扶举措，包括加大产业扶贫力度、全力推进就业扶贫、建强贫困村党组织、统筹衔接脱贫攻坚与乡村振兴等。这些国家扶贫振兴的政策话语自然也传达到少数民族地区，让一些贫困的民族村寨受惠于党和国家的政策话语。例如，老达保村里的张扎丕家，了解到他们家曾是建档立卡的贫困户，以前致贫原因是"缺劳力"，因为家里只有年逾六旬的老两口。虽然在 2017 年已经脱贫，但现在仍处于重点监测期，防止因病或意外返贫。他家的精准扶贫联系人有三位：由中科院昆明分院派来的驻村第一书记胡红、澜沧县农科局干部汤红坤和王明柱。张扎丕回忆道，以前他们家种水稻，亩产只有两三百斤。自从农业科技干部过来扶贫，改用了良种，还手把手地教他怎样插秧怎样施肥，亩产达到了一千三百斤。"以前是吃不饱嘛，现在，80 斤的口袋，一亩地就收到 17 袋稻谷！家里都快放不下了嘛。"同时，胡红书记也会每个月来他家几次，关心他们家的经济收入状况，"你看这面水泥墙"，张扎丕指着院子前面紧邻道路的一溜护坡，"就是胡书记带人帮我修的，干了好几天"。类似的例子还有很多，老达保村寨与其他民族村寨一样，因之前处于深度贫困之列而被国家政策话语和当地政府部门重点关注，关注的焦点就在于它的脱贫致富、乡村振兴等问题。

与此同时，国家对各民族的传统文化予以充分的重视，为发展、繁荣少数民族文化确定了一系列政策，其核心思想主要有以下六个方面。第一，民族自治地方的自治机关自主地管理本地方的文化事业，保护和整理民族的文化遗产，发展和繁荣民族文化。《中华人民共和国民族区域自治法》规定，民族自治地方的自治机关"自主地发展具有民族形式和民族特点的文学、艺术、新闻、出版、广播、电影、电视等民族文化事业""收集、整理、翻译和出版民族书籍，保护民族的名胜古迹、珍贵文物和其他重要历史文化遗产"。第二，坚持文艺为人民服务、为社会主义服务的方向，鼓励文艺工作者到少数民族地区深入生活，提倡题材、形式、体裁、风格的多样化，大力繁荣民族文艺创作，通过交流、评奖等鼓励和介绍、传播各民族的优秀文艺作品。第三，加强文化馆、文化站建设，加强文化设施建设，增加少数民族地区的文化基建投资和文化事业经费，活跃少数民族群众的文化生活。第四，充实巩固民族艺术表演团体，对边疆少数民族地区的文艺团队，给予特殊的照顾和补助，有计划地组织各民族艺术表演团体之间和对外文化艺术交流活动。第五，积极培养少数民族文艺人才和文化干部，努力办好少数民族地区的艺术院校，发展少数民族艺术教育，在北京、上海等地一些艺术院校开办少数民族班，积极帮助少数民族培养文艺人才，特别是帮助培养舞蹈、音乐、戏剧、美术等方面的编导和设计人才。第六，抓好民族文化艺术遗产的收集整理和民族文艺理论研究工作。保护少数民族老歌手、老艺人，抓紧抢救文献记载和口头流传的少数民族文化艺术遗产。[1]

特别地，随着国家对中华优秀传统文化价值与意义的重视，作为中华文化重要组成部分的少数民族文化，更是迎来了保护与传承的黄金时期。"民族文化是一个民族区别于其他民族的独特标识。要加强对中华优秀传统文化的挖掘和阐发，努力实现中华传统美德的创造性转化、创新性发展""要使各民族文化繁荣发展的过程，成为各民族相知、相亲、相惜的过程""我国少数民族能歌善舞，长期以来形成了多姿多彩的文艺成果，这是我国文艺的瑰宝，要保护好、发展好，让它们在祖国文艺百花园中绽放出更加绚丽的光彩"等，这些党的十八大以来，以习近平同志为核心的党中央高度重视民族文化保护与发展，提出的许多新思想新观点新要求，引领着民族文化的保护传承事业，为"中华民族一家亲，同心共筑中国梦"凝聚起强大的精神力量。[2] 进一步地，在实现中华民族伟大复兴的关键时期，在推进民族团结进步事业的重要阶段，党中央于 2021 年 8 月 27 日至 28 日召开了中央民族工作会议。在这次

---

[1] 中华人民共和国国家民族事务委员会：《[政策解读] 国务院关于进一步繁荣发展少数民族文化事业的若干意见》，国家民族事务委员会网站，https://www.neac.gov.cn/seac/xxgk/200909/1073906.shtml，2011 年 3 月 31 日。

[2] 中华人民共和国国家民族事务委员会：《民族文化保护传承进入"黄金时代"》，https://www.neac.gov.cn/seac/c100474/201710/1083763.shtml，2017 年 10 月 24 日。

会议上，习近平总书记系统阐释了我们党关于加强和改进民族工作的重要思想，明确了以铸牢中华民族共同体意识为主线推进新时代党的民族工作高质量发展的指导思想、战略目标、重点任务、政策举措，为做好新时代党的民族工作指明了前进方向，提供了根本遵循。其中，"我们辽阔的疆域是各民族共同开拓的，悠久的历史是各民族共同书写的，灿烂的文化是各民族共同创造的，伟大的精神是各民族共同培育的""铸牢中华民族共同体意识是精神力量之魂。文化认同是最深层次的认同，是民族团结之根、民族和睦之魂。中华文化是各民族文化的集大成。各族文化交相辉映，中华文化历久弥新，这是今天我们强大文化自信的根源""铸牢中华民族共同体意识，就要以社会主义核心价值观为引领，构建各民族共有精神家园，推动各民族文化的传承保护和创新交融，树立和突出各民族共享的中华文化符号和中华民族形象，增强各族群众对中华文化的认同"等观点，指出了文化尤其是民族文化对于铸牢中华民族共同体意识的作用和意义。[①]

二 地方政府对文化扶贫的主导

如何将少数民族地区的脱贫致富与文化建设结合起来，以响应国家政策话语的指导精神？这是许多民族地区地方政府需要积极探索的方向。在这些国家战略性意见指导背景下，云南省政府部门以原生态民族文化作为核心，尤其对传统文化资源丰富的少数民族村寨，开始了在政府主导下的民族文化产业强省的政策探索，大力构建民族文化产业跨越式发展的路径框架，并积极与"全域旅游""乡村旅游""文化旅游""民族旅游"等不同形态的旅游业发展相结合，让民族文化产业发挥出

---

① 牛锐：《奋斗百年路 启航新征程丨铸牢中华民族共同体意识：新时代民族工作的主线》，中国民族宗教网，http://www.mzb.com.cn/html/report/210732948-1.htm，2021年7月21日。

更强的特色优势与深度融合效应,并在文化市场建设方面给予不断发展与完善,这为云南各少数民族村寨的"文化扶贫"之路的开启提供了相应的政策保障与思路引领。基于此,澜沧县委、县政府立足老达保村文化旅游资源实际,积极探索文化旅游精准扶贫特色之路,把文化旅游扶贫作为推动精准扶贫的优先选择,积极推进老达保村走上脱贫致富之路。为改变老达保村贫穷落后的面貌,澜沧县县委政府因势利导、因地制宜,以建设老达保特色村寨为抓手,不断完善基础设施建设和纵深推进公共文化服务体系建设,把民族特色村寨保护与扶贫开发、生态旅游、民族文化保护与传承、美丽乡村建设相结合。在各级党委、政府的关心支持下,2006年以来,老达保村先后整合茅草房改造、特色村寨等项目资金1200余万元,新建了原生态歌舞表演广场,完善了村寨游览道路、旅游厕所、停车场、通电排水等基础设施建设,保护和提升改造了特色民居,打造了拉祜族文化传承馆及芦笙坊、陀螺坊、青竹坊、艺织坊、茶吟坊、根雕坊、春香坊、耕具坊等展示拉祜族民族民俗农耕文化的展示区,使整个村容村貌明显改观,村寨基础设施条件整体全面提升。同时,政府还投资1700万元,于2009年率先在全县村民小组中实现对外连接道路油路化,极大地改善了交通条件,使老达保村从此摆脱交通不便、信息闭塞的障碍,筑牢脱贫发展的基础。

正如我们在村口看到的一块题为"民族特色旅游村寨项目概况"的石碑上记载的那样:"老达保是一个典型的山区少数民族贫困村寨。交通、水利等基础设施滞后,产业培植缓慢,群众增收困难,2013年老达保人均收入仅为2253元。2014年以来,县委、县人民政府结合当地实际,充分发挥老达保的民族文化资源优势,把民族特色村寨与扶贫开发、生态旅游、民族文化保护与传承、美丽乡村建设等相结合,整合扶贫办、新农办、文体广电旅游局等单位的项目资金740.7万元,建设完成茅草房改造、传统民居提升改造、组内道路硬化、通配电线路提升改造、排水、垃圾池、公厕、文化活动场地、消防管道架设、太阳能路灯安装、停车场等工程项目。通过项目实施，村容村貌有了明显改观。群众的生产生活条件得到了较大提升，形成了文化旅游产业功能配套设施较为完备的民族特色旅游村寨，拉祜文化得到了有效地传承保护和开发利用。随着文化旅游产业的不断发展，2016年老达保村民人均收入达4508元，有力助推了精准扶贫工作（2016年8月31日宣）。"

在此基础上，澜沧县文化主管部门还帮助老达保村积极吸引社会资本力量参与，努力开发客栈、餐饮、家访、农庄等乡村旅游项目，推进农业与演艺、休闲、度假等旅游业的融合发展。此类举措在老达保村里的路边竖立的一块木牌上可以详见，内容如下。

《澜沧县酒井乡老达保寨文化农庄项目建设简介》

一、项目背景

为推进美丽乡村建设，传承和保护非物质文化遗产，更好地挖掘群众性文化资源，促进文化与旅游的深度融合，培育新的文化产业和增长点，推动老达保乡村旅游文化脱贫，达到"文化乐民、文化育民、文化富民"的目的。2017年2月28日，澜沧县文化体育和广播电视局启动酒井乡老达保寨文化农庄项目建设。

二、项目资金投入及项目实施情况

（一）项目资金投入情况

项目总投资概算350万元，其中：

1. 云南省文化厅下达项目资金200万元；

2. 2017年上海市黄浦区对口帮扶计划外资金50万元；

3. 市县级各部门整合项目资金100万元。

（二）项目建设内容及概算

1. 新建老达保观景亭1间，36平方米，投资20万元；

2. 观景路铺设 800 米，投资 12 万元；

3. 新建体验房及手工制茶房 1 间，112 平方米，投资 50 万元；

4. 体验区景观改造，投资 73 万元，其中 2017 年上海市黄浦区对口帮扶计划外资金 25 万元；

5. 农庄客栈、饭馆 10 家提升，投资 40 万元；

6. 改造、提升农户产品加工，展示以及手工艺品展示区 1 间，投资 25 万元；

7. 标识牌制作，投资 4 万元；

8. 水电灯具布设安装，投资 20 万元；

9. 现有手工制房、小溪改造提升，投资 24 万元；

10. 民族民间歌舞乐提升，投资 20 万元；

11. 传统手工艺品知识培训，投资 15 万元；

12. "扩塔"春节、"阿朋阿龙尼"葫芦节两个节庆打造，投资 16 万元；

13. 主干道 5 个民族工艺坊改造提升，投资 31 万元，其中 2017 年上海市黄浦区对口帮扶计划外资金 25 万元。

三、项目效益分析

通过老达保农庄项目的建设，提高村民生活质量水平，增加老达保游客数量，老达保村民人均纯收入达到 5061 元，比公司成立前的 2013 年人均 2253 元增长 124.6%，其中文化旅游产业收入达到 104 万元，全寨人民开始进入小康生活水平，进而将老达保村创建成拉祜族传统文化博览园、民族文化创意园、文化旅游示范村、非物质文化遗产传承基地。

正如老达保村小组党支部书记彭娜儿在调研中告诉我们："你看山坡上那条栈道"，她指着自家后山方向说，"今年初开建的，下个月就要完工了。这是上级拨款一千多万元为我们修的。为了完成老达保文化

第六章　社会认同：旅游展演的效应与文化保护传承

旅游项目的配套。承包这个工程的老板人也很好，所有的小工都是喊我们村的人干的，一个人一天150元。光这一项就让我们增加不少收入呢。人家也可以从外面招人嘛，可能干得更快些，付的钱还没这么多。但是，老板说了，政府当时让我来负责这个工程，不仅是为了赚钱，也还为了扶贫，帮助当地人脱贫致富，所以我也不能光为了挣钱。"

此外，当地政府还非常重视对老达保村传统干栏式建筑的保护与维持。如果从当地村民的角度来说，他们在旅游业进入之前并不能完全意识到自家传统建筑的文化价值和旅游吸引力之所在。相反，他们可能更倾向于将自家传统房屋翻新而摆脱旧房子光线黑暗、如厕起居等不方便的困境。但是，拉祜族的传统干栏式建筑作为当地传统文化的一种显性的原生符号，已在旅游市场中显现出它的魅力和价值，同时为地方政府主管部门意识到。因此，当地政府要求村民不能随意改造房屋建筑，如果有随意装修整改的家户，不仅需要重新改回，还不能享受相关住房补贴政策。2016年底，老达保村仅有的几家不符合政府要求的砖瓦房为迎接脱贫考察小组的到来而纷纷拆了砖房盖木房。据村民们回忆，这样的行为最初有点不太理解，但是，后来在政府部门和村干部等人员的多次思想工作和交流下，逐渐意识到传统的文化建筑对于吸引游客的作用，也可以帮助他们从游客来村寨的消费中赚更多的钱，让外界感受到拉祜族人生活的美。因此，村民们也就慢慢无异议且变为自觉支持和相互监督。后来，随着游客人数日益增多，一些村民需要将自家房屋改造成客栈、餐饮等接待场所。对此，政府在要求他们继续保持房屋传统外貌的同时，也派人来村里为他们指导如何改造内部空间，教他们怎样布置房间和设计菜单等，还用云南省质量技术监督局制定的《特色民居客栈等级划分与评定》来对村里的旅游客栈进行评价考核包括设施设备服务项目、特色项目、运营管理服务质量等内容，从而规范村寨的旅游客栈经营活动，如图6-1和图6-2所示。

图6-1 旅游改造之前的老达保村寨

图片来源:澜沧县委宣传部提供。

图6-2 旅游改造之后的老达保村寨

图片来源:2019年田野调查自摄。

第六章 社会认同：旅游展演的效应与文化保护传承

如果说上述地方政府对老达保村寨的帮扶主要体现在内部环境方面，那么澜沧县委政府还在对外宣传民族文化方面做了一些帮扶工作。在国家、省政府相关政策的号召下，澜沧县委政府也意识到拉祜族文化的品牌价值和社会效应，作出了一系列战略部署。1995年成立了"拉祜族研究会"，拉开了民族文化建设理论研究的序幕。2003年澜沧县第九次党代会上提出了"拉祜文化兴县"战略，意在打造"拉祜文化"品牌效应。2011年澜沧县委在第十届八次全委会上提出了"拉祜文化名县"战略，从"兴县到名县"，更加凸显政府主管部门对"拉祜文化"品牌认知的提升——建立"世界拉祜文化中心"，确立澜沧县在世界拉祜族中的中心地位。因此，在2017年新建成的景迈机场大坝上，客人从飞机一走下来，很远就能望见机场上竖着的一块长方形宣传牌，上面写着由澜沧县委和澜沧县人民政府推出的宣传标语："世界拉祜文化中心 茶祖历史文化核心——澜沧欢迎你！"表明了地方政府对澜沧县拉祜族文化的定位与推介意愿。

长期以来，拉祜族文化一直不为世人所熟知、所熟识。如何引领拉祜族文化走出普洱、走出云南，向全国和全世界推介拉祜族文化，是澜沧县委政府部门重点关注的问题。为了更好地向外展示、推广拉祜族文化，澜沧县政府加强了对拉祜民族文化的建设与管理。一方面，围绕着建设"世界拉祜文化中心"这一重要目标，成立了民族文化规划建设领导小组，注重对民族文化的建设与管理。在以往的发展过程中，澜沧县依托"千里边疆文化长廊建设工程""贫困县两馆一站建设工程""百县千乡宣传文化中心建设工程""兴边富民工程""土风计划"建设等，不仅推进了基层文化设施建设，也加强了老达保村、翁基村等特色民族旅游村的建设，通过文化的参与，力图打造独具特色的拉祜族文化旅游品牌形象。另一方面，加大对外宣传力度，积极主动与城市社会联络赴外展演、节庆组织等活动。从2004年开始，先后与中央电视台、中央人民广播电台、人民网、新华网等主流媒体合作，全方位宣传推介拉祜族文化，使得拉祜族文化频频亮相于各大媒体，并逐渐被外界了解、接受和喜爱，从而打破"酒香不怕巷子深"的传统观念。进一步地，随着拉祜族文化名声渐响，拉祜族文化开始走进中央电视台、国家大剧院、上海大剧院、杭州大剧院等主流社会的舞台空间，分别参加了中央电视台《星光大道》《倾国倾城》《民歌中国》《我要上春晚》《梦想合唱团》等栏目录制，还参加过中国原生态民歌大赛、上海旅游节、中国桑植民歌节、昆明国际旅游节、中国原生态民歌展演等一系列文化演出活动等。此外，他们还多次受邀到北京、上海、广州、昆明以及广西、湖南等地演出，甚至漂洋过海到日本演唱，让拉祜族文化走向全国，走向海外，从而以"快乐拉祜唱响的地方"这一文化旅游品牌成为澜沧县赴外推介拉祜族文化的主要实践主体。据澜沧县委宣传部副部长周忠强介绍，为了让推广的拉祜族文化更具观赏性和表演性，还会邀请澜沧县文化部门和相关机构的专家学者、艺术指导人士以及老达保村和邻近村寨的一些非遗传承人、民间艺人和精英分子等为外出表演的节目内容和形式进行编排指导，原澜沧县委宣传部、县文化馆等主管部门曾派来专业人员，将拉祜族最具特色的芦笙舞、摆舞以及无伴奏多声部合唱、特色吉他弹唱等进行舞台化的指导与编排，包括对舞台设计调整、歌舞定期培训等，不断创新表演形式，尽量让推广出去的拉祜族歌舞文化展演具有代表性和宣传性。正因为有地方政府作为组织中介将老达保村与外界主流社会相联结，才使得老达保村村民有不断外出表演的机会与平台，也才会孕育出一个个能干的演艺精英分子，同时以地方政府的权威性和组织性推动了拉祜民族文化的对外宣传和形象展示，为拉祜族传统文化的展演性生产和走向大众社会创造了基础性条件。

第六章 社会认同：旅游展演的效应与文化保护传承

三 基层组织对文化扶贫的引领

澜沧县委县政府在利用拉祜族文化完成脱贫致富目标的过程中，其具体做法是将民族文化管理纳入各级党委、政府的重要议事日程，将民族文化管理作为基层组织建设考核的重要内容。一方面，根据民族聚居区域、民族文化特点、民族风俗习惯，云南省澜沧县委已在62个民族聚居村寨分别设立了25个党支部，同时把党组织建设融入民族文艺队、民族文化协会中，不断调整和优化村党组织的设置，这在一定程度上有效扩大了党组织在民族村寨的覆盖面。另一方面，各少数民族村寨党支部也非常注重对国家和党的政策文件精神的追随与认同。早在2007年党的十七大要求"大力发展教育、科学、文化事业，弘扬民族优秀传统文化，繁荣和发展社会主义文化"，时任澜沧县县长石春云就提出了相关措施加快对澜沧县民族文化产业的发展，要求在澜沧县的每个乡（镇）应有一位文艺干事、每个村应有一位文艺队长，专门负责组织和开展文艺活动，大力发展民族文化。通过组建民族文艺宣传队、选派党建指导员及实施"大喇叭"、远程教育、广播电视、"户户通"等方式不断搭建民族文化宣传平台，从多个渠道和不同方面积极宣传党的方针政策，并在这些宣传活动中全力彰显各民族勤劳勇敢、感恩诚信和艰苦奋斗的精神，从而充分体现了少数民族成员"听党话、跟党走、感党恩"的话语图景，如图6-3所示。

具体到老达保村，为了促成旅游展演的形成和发展，老达保村所属的酒井乡党委在实践中以"党建引领—挖掘资源—打造品牌—构建产业—促进增收"作为引领少数民族村寨发展的思路，依托底蕴深厚的民族传统文化，不断挖掘整理和提升打造出一些具有思想性、艺术性、观赏性的各民族特色歌舞节目，将独具民族特色的资源优势转变为产业优势和经济优势，从而推动乡村民宿、农家乐、民族工艺等产业兴起，如图6-4所示。

图6-3 老达保村的村民对党和国家的认同

图片来源：2019年田野调查自摄。

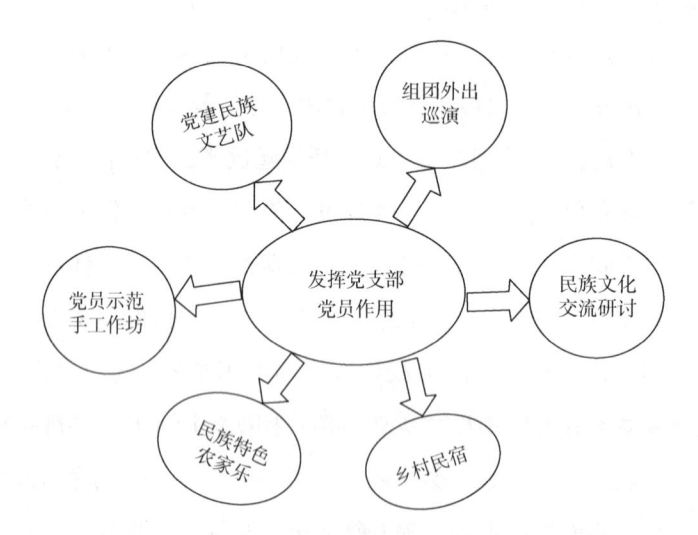

图6-4 党支部和党员在村寨民族文化旅游中的作用

对此，村党总支结合民族民间文艺成立以党员为主的民族文艺表演队，通过举办民族节庆活动、民族文化交流、组团外出表演、少数民族

第六章　社会认同：旅游展演的效应与文化保护传承

巡回展演等"请进来"与"走出去"的模式，多形式、多渠道展示民族文化，推动民族文化旅游产业发展。2006年，老达保村以"支部＋文艺队"的方式，成立了雅厄艺术团；2013年，以"支部＋公司"的方式，成立了普洱市第一家由农民自发、自创的"澜沧老达保快乐拉祜演艺有限公司"，如图6-5所示。

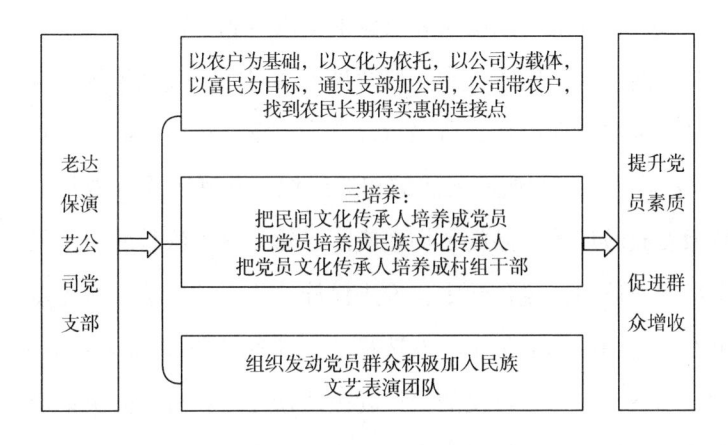

图6-5　老达保村旅游展演的"支部＋公司"示意

资料来源：2019年田野调查材料收集。

在此基础上，老达保村的村民们还自发成立了扶贫委员会小组和歌舞演艺公司委员会，共分成5个小组：每个小组负责人管理各自的表演人员，遇到寨子里有歌舞表演活动时，组织人员就会进行歌舞表演人员分配，确保每家每户都能平均分配。同时，管理人员在演出活动结束后还需要负责分发演出获得的酬劳，并做相关的签字确认。在利益分配方面，旅游演艺公司还会抽出少量的资金作为公司的日常维护费用，包括水电费、旅游基础配套设施、维修费、茶点等。当然，在演出中有时候会向客人送上茶水、土特产等礼物性质的物品，这些东西也是演艺公司直接向村里的农户家购买，也能让未参加表演的村民获得一些额外的收入。最终，村寨通过采用"党支部＋公司＋农户"的发展模式，调动了族群成员在乡村旅游文化扶贫工作中的积极性和创造性。

据演艺公司董事长张扎阿介绍，公司是由政府提议和规划，由他和董事会负责相关项目的具体管理。该公司属于集体企业，自负盈亏，投资总额为 320 万元，其中老达保村村民自筹 20 万元。从根本上说，通过"党支部"这一基层政治组织保证了国家政策动向的有效指导性和实施的权威性，体现了以国家和政党的话语意志来带领我国少数民族地区的展演实践工作。同时，由于旅游展演面对的是大众旅游市场，是属于旅游经营和服务业范畴，所以，以符合市场经济体制的组织形式——"公司"来具体承担起旅游展演的相关组织、管理工作，能帮助村寨较顺利地激发旅游展演产品的市场效应。当然，由于旅游展演实践最终的目的是帮助全体村民脱贫致富且推进民族文化保护传承工作力度，于是将村民作为公司主体成员是必然选择。在这种"党支部+公司+村民"的管理机制下，公司与村民的责权利被清晰界定：村里的决策都是由三方代表共同商议决定。村民用个体身份、身体技艺和生产资料等入股参与旅游演艺公司的开发，公司则负责统筹管理和进行市场营销，安排接待任务、旅游培训、媒体采访等社会事务职能。

第二节　族群文化的创新利用与扶贫效应

一　民族文化的创造性转化与创新性发展

"要让少数民族传统文化在创造性转化与创新性发展中迸发新活力，为'中华民族一家亲，同心共筑中国梦'凝聚起强大的精神力量。"党的十八大以来，以习近平同志为核心的党中央高度重视民族文化保护与发展，提出许多新思想新观点新要求，引领着少数民族传统文化在创造性转化与创新性发展中迸发新活力，其目的也是让民族文化走

第六章 社会认同：旅游展演的效应与文化保护传承

出去更加自信。在这里，创造性转化与创新性发展都有"变革""进步"的意思，但两者的内涵、路径不同，前者指传统文化的现代性文化价值转化，后者是采用各种新技术、新方法使传统文化具备再生产的能力。① 创造，强调原创性和首创性，表达了从无到有的意思，体现了基本思维层面的原创性；创新，则强调"把旧事物变成新事物"，表达了"从有到好"的意思，体现了认识论和方法论层面上的变革。对于少数民族传统文化而言，创造性转化与创新性发展既有区别又有联系。文化创造性转化，指在传统文化和现代文化矛盾发展过程中，以想前人未想的思维、做前人未做的事情，推动传统文化向现代性转变。文化创新性发展，指利用现有的知识和技术，增强传统文化的表现力、传播力、影响力，使其获得一种由低到高的传承发展能力。前者侧重于挖掘传统文化价值和人文内涵，产生新概念、新知识、新思想，把传统文化转换为现代文化和大众话语，并以人们喜闻乐见、具有广泛参与性的方式推广开来。后者强调通过融汇现代科技、文化创意、文化产业提高文化生产能力和服务能力，使传统文化焕发新的光彩。从民族学人类学的视角看，文化创造性转化是一种文化理念、思维、观念的超越，它主要来自本民族内部的文化自觉行为，文化创新性发展则是通过各类要素来优化组合，达到经济效益与文化效益的统一，它需要依靠群体力量和多部门协作完成。所以，两者相互补充，才能实现文化价值传承与文化再生产。②

对于老达保村的旅游展演而言，其中蕴含的民族文化创造性转化和创新性发展这两种行为轨迹均很明显。

---

① 孙肖、田文霞：《少数民族文化创造性转化与创新性发展的新路径》，《贵州民族研究》2017 年第 8 期。
② 孙肖、田文霞：《少数民族文化创造性转化与创新性发展的新路径》，《贵州民族研究》2017 年第 8 期。

一方面，村民们以其自身的文化自觉思想对所传承的拉祜族传统文化进行创造性转化，从而挖掘出民族传统文化的价值和人文内涵，并产生了能够更易于为现代大众接受、理解和体验的对象，并以人们喜闻乐见、具有广泛参与性的方式推广和呈现出来。由于拉祜族历史上曾是狩猎和农耕民族，因此产生出来的传统文化元素是适应当时的社会经济环境的，但在如今的现代社会中难以适应，这使得一些民族传统文化面临着衰退失传的危机。那么，如何让这些产生于传统社会结构的民族文化元素能够适应现代化发展环境？"激活"被认为是有效策略之一。所谓"激活"，就是从文化结构内部入手，有效刺激文化要素带动有机体持续发挥作用，让古老文明恢复活力。[①] 激活，在某种程度上与创造性转化有异曲同工之妙，即通过历史性诠释、选择性继承、综合性创造和实践性超越等环节来完成。其中，历史性诠释和选择性继承大多依靠本民族的权威话语人士和文化精英阶层来完成，如老达保村的李扎戈、李扎倮、李石开、李娜倮等人，他们会对拉祜族创世史诗《牡帕密帕》进行历史性诠释，因为传唱者的不同而出现《牡帕密帕》内容和细节的不同，甚至同一章节上一次唱的和这一次唱的细节也不同，但不变的是通过《牡帕密帕》，拉祜族人发现了族人的认知来自哪里、万物生长、四季更迭等来自远古的智慧。每一代人在吟唱学习《牡帕密帕》时都会结合当时环境，从自我理解的角度去诠释、传承，从封闭的村寨环境到开放的展演空间，《牡帕密帕》也从拉祜族人的节庆活动和家庭人生礼仪中来到旅游舞台上，其传承主体和吟唱方式也随之改变，如在几位传承人充满古老沧桑味道的吟唱声中，老达保村的人会将《牡帕密帕》中讲述万物起源和族群繁衍的神话重现为一种舞台剧式的现场表演，让

---

① 郑茜：《无处不在的消失与重现——2016 中国少数民族文化现象观察》，《中国民族报》2016 年 12 月 30 日。

第六章 社会认同：旅游展演的效应与文化保护传承

游客从更形象生动的画面图景去体会拉祜族人的宗教信仰和人生观、世界观等文化内涵，从而让《牡帕密帕》的生命力在新的展演性语境中得以扩展和传播。另外，李石开在传承拉祜族芦笙舞的过程中，也会为其注入许多新的动作和节奏，尤其是对于需要在舞台上表演给游客观看的芦笙舞，更是选择其中舞蹈动作观赏性强、音乐旋律欢快优美的曲段进行艺术加工和呈现，从而实现传统芦笙舞在旅游展演语境中的创造性转化，激活芦笙舞在现代游客面前的魅力与价值。与此同时，文化的综合性创造和实践性超越，在李石开、李娜倮父女身上体现得淋漓尽致。文化的综合性创造，更多的是将传统文化与外来文化结合起来，吸取双方之长而形成的新事物。在旅游市场对老达保村的营销中，"快乐拉祜"是村寨的特色基调。老达保村寨最早出名也是源于《快乐拉祜》这首民间歌曲。在老达保村，除了《快乐拉祜》这首脍炙人口的民歌外，还有《实在舍不得》《真心爱你》《不想说再见》《新年快乐》等颇受游客喜爱的歌曲。这些音乐和歌曲据村民们说是在李娜倮的带领下进行集体创作的，而其中最引人注目的就是"吉他"这一外来文化元素与拉祜族传统音乐的结合。在前面的章节中已经阐述了吉他被引入老达保村的过程，正是因为李石开善于将外来文化与传统文化相结合，吸取双方之长而形成了西洋音乐与民族音乐的奇妙组合，才使得拉祜族传统文化在这种实践性超越的歌舞音乐形式中获得新的生存空间与市场吸引力。女儿李娜倮也继续继承他的风格，将新创的拉祜族歌曲与吉他弹唱结合在一起，在一首首集体创作出来的民族音乐中保持着拉祜族传统文化的创造性转化。

另一方面，老达保村旅游演艺业的出现和运营，其实就是对民族传统文化的创新性发展实践。少数民族文化的创新性发展，是一个实践的、市场的、产业的演变过程，从以文化复制为主转变为文化传播为主，推动优秀传统文化大众化、通俗化和时代化。其中，最主要的形式就是文化和旅游的结合。在消费主义视角下,文化既表现为某种客观的物品,也是一种动态的生活方式、意义系统和人的行动(比如表演)。[①]从旅游消费的角度来看,文化是一种景观,一种充满着异域情调和神秘色彩的吸引物。其中,基于地方性和民族性的文化创意和再设计,彰显了东道主的智慧与心思,也成为满足游客对民族传统文化想象和认知的来源。与此同时,在国家相关政策的推动下,文化和旅游开始从隔离走向融合,文化旅游产业也逐渐在民族地区扩散开来。于是,文化的创新性发展就在文旅融合和文旅产业发展浪潮中开始出现并逐渐增多。老达保村的旅游演艺业是这种浪潮中的一种主要发展模式,它是通过各类要素的组合与重组来推动其民族传统文化的再生产过程,并且依靠多方力量和不同利益主体的协调合作来使其出现,从而在国家政策话语支持下、地方政府力量的帮扶下以及村民集体性的参与下共同完成文化和旅游之间的融合,达到经济效益与文化效益的统一。澜沧县文产办的资料显示,文化产业和农业对于老达保而言,有着同样重要的地位。文化产业是老达保村正在发展的一项重要产业,主要依靠增加旅游收入来促进当地的经济增长。在调查中,村民们普遍反映他们的演出收入正式提高是在2013年老达保村成立演艺公司之后,且村里的民族文化旅游业的发展才具有一定的规划性。在实际运行中,当地政府是民族文化旅游业的主导者,即使演艺公司的成立,也是由政府提议、规划和打造,交由村民负责管理,但同时会帮助村寨引入外来经济资本,如澜沧县酒井乡老达保村寨文化农庄项目建设、老达保乡村音乐小镇建设等。此外,在越来越多的游客慕名前来体验展演的过程中,也因为逐渐喜欢上老达保村寨的生活方式和音乐演绎而纷纷在博客、微信、公众号等网络媒体上

[①] Anderson K., Domosh M. and Pile S., et al., *Handbook of Cultural Geography*, London: Sage, 2003, pp. 3–6.

写游记和观后感，通过媒体的力量将老达保的文旅融合践行效应传播得更为广泛，从而为不同民族文化之间的交往交流交融提供了契机与平台。

二 民族文化扶贫的经济效应与乡村振兴

从行政区划来看，老达保村所属的普洱市澜沧县原来是国家级贫困县之一，当地许多村民为养家糊口而纷纷外出打工，致使村寨逐渐出现"空心化"的危机趋势，乡村振兴任务也迫在眉睫。因此，在国家的"脱贫攻坚""乡村振兴""共同富裕"等相关战略性政策指导下，地方政府带领当地民众积极利用少数民族地区特有的文化资源和产业资源，为争取在2016年摘掉贫困帽子而大力发展民族文化旅游产业。在这种脱贫攻坚的形势下，老达保村也被上级政府计划于2016年实现脱贫出列，而对村寨的扶贫工作主要是聚焦于依靠发展文化旅游产业来完成脱贫任务。为此，县政府大力扶持老达保村的文旅产业，尤其是早已有一定影响力的旅游演艺业。于是，2005年，该村的雅厄艺术团第一次在县政府的联络安排下走向北京，登上中央电视台的舞台，让媒体聚焦在老达保村村民的文化展演上，也让《快乐拉祜》这首歌成为老达保村的形象代表。2016年，老达保村被列入第一批国家级非物质文化遗产传承基地；2007年，村里的李扎戈、李扎倮被选定为国家级非遗传承人；2013年，由政府规划、村民经营、党支部引领的老达保快乐拉祜演艺公司正式成立，专门负责开展实景演出，即在村寨里的文化展演，并借此契机打造旅游、民宿、餐饮、农产品、民族服饰等文化产业。

随着民族文化的旅游化、产业化迅速发展，民族传统文化的市场价值也日益凸显。无论是老达保村的自我简介资料，还是当地政府和媒体对其评价和报道，老达保村因为旅游展演和随之而来的民族文化旅游业产生的经济效益与扶贫功效，是被当地提及得最多的内容。一方面，以李娜倮等民族精英分子为首的演艺团队,在当地政府的支持帮助下,带领村民们迅速集中土地、人力、技术、资本等要素,不但保证旅游展演产品的持续经营,而且为老达保村的旅游业发展提供了持续发展的资金和稳定的客源市场来源,促使贫困农村地区向着民族旅游目的地转变。另一方面,老达保村的旅游展演自 2013 年成立演艺公司以来,已为整个村寨的脱贫致富和乡村振兴发挥了中坚作用。无论是对村民们的访谈,还是与当地政府人员的对话,都可以看出他们对老达保村旅游展演产生的经济效益和扶贫功效给予了积极评价,并被当作澜沧县文化扶贫的典范加以宣传——澜沧县酒井乡勐根村老达保村民小组是澜沧民族文化旅游产业发展的缩影,也是澜沧县基层党建促脱贫的典型代表,是澜沧县文化扶贫示范点。

据统计,2019 年,澜沧县实现旅游综合收入 54.13 亿元,乡村休闲旅游业收入 5 亿元,覆盖群众 2.5 万户 10 万人,其中建档立卡户 0.8 万户 3.04 万人,人均收入 5000 元。文化扶贫效应不断放大、成效持续彰显。据此,澜沧县文化广电和旅游局负责人加以肯定:"老达保文化脱贫模式为澜沧县探索出了文化扶贫新路子,在加快推进'文旅融合'深度发展方面取得了明显成效。"具体而言,2016 年老达保村文化旅游收入达到 77 万,人均收入达到 3000 多元;2017 年旅游业收入达到 100 多万,人均收入达到 4000 多元。发展到 2019 年末,老达保村民小组经济总收入共计 540.69 万元,实现旅游综合收入 927 万元,人均可支配收入达 1.124 万元,90 户 398 人建档立卡贫困人口实现脱贫。2020 年,老达保农村经济总收入达到 1017 万元,人均可支配收入达 13900 元,92 户 402 名建档立卡贫困人口全部脱贫,[①] 实现了"一步千年"的历史

---

① 澜沧县扶贫办:《澜沧县酒井乡勐根村老达保文化扶贫情况》,系内部资料,2021 年 1 月 14 日。

第六章 社会认同：旅游展演的效应与文化保护传承

性跨越。老达保高质量的脱贫实践，被国务院扶贫办（现国务院乡村振兴局）确定为首批"全国脱贫攻坚交流考察点"、全国"公司+农户"旅游扶贫示范项目。2018 年，老达保村民族文化助脱贫案例还入选联合国"中国扶贫成就展"。[①] 毋庸置疑，靠着歌舞演出和发展民族文化旅游业，老达保村人实现了脱贫致富。

正如老达保村小组党支部书记彭娜儿跟我们分享的："从刚开始零零星星的游客，到如今演出几乎场场爆满。自 2013 年演艺公司成立以来，到 2018 年统计，五年来，寨子里举办演出累计演出 400 余场（近 500 场），年接待游客十多万人次，全村年综合旅游收入达 500 余万元，村里每年光唱歌带来的分红就有 200 多万元，许多村民家一年仅演出收入就有五六千元。"另外，我们也访谈了村民和部分村干部，以下是他们对旅游展演的扶贫效应的部分言论。

"自从 2005 年我们第一次走出大山，唱响了我们民族文化这块，我们这个寨子才开始慢慢地发生变化。变化得比较快的是党的十八大以来嘛，我们寨子的村容村貌也都变漂亮了，水也通了，电也通了。"——村支书，彭娜儿（42 岁，女，拉祜族）

"演艺公司成立之前，我们的户均（年）收入才 1000 元。2006 年以前，老达保村年人均纯收入仅 1715 元。现在嘛，超过 10000 元以上了。"——演艺公司董事长，张扎阿（39 岁，男，拉祜族）

"几乎每天都会有游客来村子里，有游客的时候我们就演出拉祜族歌舞。大伙都有演出收入分红；没有演出的时候大家就上山采

[①] 邓永进等：《基于云南普洱老达保音乐乡村建设的公益性旅游扶贫致富案例分析》，《安徽农业科学》2021 年第 9 期。

茶、下田干活。现在的生活比以前幸福太多了！"——村民，张扎思（36岁，男，拉祜族）

"以前我们唱唱跳跳纯粹是为了高兴。真的是没有想到唱唱跳跳也是能脱贫的，能赚钱，还过上了幸福的日子。你看嘛，真的没想到，唱唱跳跳也能挣钱，唱唱跳跳也走出了大山。"——村民，李娜丕（45岁，女，拉祜族）

"公司演出这块的话，我就已经有一万多了。然后再加上我们卖包包，还在做一些其他的农活，（收入）还是比较可观的。"——李娜克（52岁，女，拉祜族）

"现在都有路灯了，所以说现在没有太大的那种落差了。舞台演出还有再加上我们这个合作社的话，一年的话基本上都有两三万元，还不算那些干农活的收入。以前唱歌跳舞因为喜欢，没有想过，爱好也能通过这样的方式能挣到钱，这个没有想过。"——村民，李玉兰（28岁，女，拉祜族）

"2016年底的时候，就地的演出还不算外面的，那一年我记得已经有70多万了。就我们这个村民小组（指老达保），2019年的人均纯收入已经超过12000元，实现了人均分红3000元。我们现在可以到全国各地去参加演出。我们把这样一部分收入算起来的话，就单纯靠这个演出，一年有两三万的收入。"——驻村干部，胡红（34岁，男，汉族，澜沧拉祜族自治县勐根村第一书记）。

"我们家以前情况比较困难，就我和我老伴两个人，都六十多岁了。村里也安排我们去参加表演，但看我们年纪大了，就只让我们参加一些不那么辛苦的节目。不过，公司给我们的劳务费，也是和李石开、李娜倮他们一样的,大家都是人人有份、平均分配的。而且,我老伴平时还可以做点织彩锦的活,每个月凭这一项就能收入六七百元。"——村民,张扎丕(64岁,男,拉祜族)

据村民反映,演艺公司的收入20%作为公司管理费,80%根据村民参与的次数进行分配。一般来讲,对于村里的老人、小孩都比较照顾,基本上是按照平均原则分配,这也是沿袭拉祜族的尊老爱幼的传统。总体来说,文旅产业的收入和农业收入各占家庭收入的一半。参加旅游演出的村民人数,400多位村民中有200多名参与,几乎每家每户都有2—4名村民参加,而那些不参加演出的村民主要原因还是不感兴趣,他们更喜欢将精力放在其他方面。因此,从村民的选择情况来看,文化产业与农业共同构成了老达保村寨的二元产业结构,这也导致了村民们的生活方式总是在舞台和田野之间频繁切换并且逐渐适应。此外,还有一些村民在演出之余,借助自家开设的旅游客栈、餐饮、纪念品商铺等不同途径获得了更多的经济收入,这些都与农业、种植业等一起成为老达保村村民经济收入来源的组成部分。

随着老达保村的名声越来越大,游客造访的人数也越来越多。当地政府与村民们都看到了这样的商机,于是,引进外来资本对村寨进行乡村音乐小镇打造就成为共识。政府规划资料显示,老达保村乡村音乐小镇于2017年4月启动创建工作,6月15日正式列入省级特色小镇创建名单。整个项目规划覆盖酒井乡勐根村8个村民小组,总规划面积3.09平方千米,其中核心区面积1.16平方千米。项目估算总投资约14.6亿元,其中2017—2019年预计完成投资10.09亿元,2020—2022年预计完成投资4.51亿元。重点项目包括老达保村旅游综合提升工程,音乐温泉度假区、茶文化养生区等。音乐小镇的启动,有利于为老达保村形成新的旅游亮点,为当地文旅产业的发展注入新的盈利渠道和经济增长点，因此，越来越多在外地打工挣钱的本地村民开始返回家乡，积极参与村寨的旅游展演及其相关的旅游经营活动中，为乡村振兴中的人力回流创造了条件。比如，《快乐拉祜》实景演出中的主持人李玉兰，她是演艺公司中少有的90后，普通话也讲得很不错。在回到老达保村之前，她曾在浙江省温州市打工五年，主要做石斛加工和销售，一个月能挣五六千元。我们问她为什么回来时，她说一是父母身体不太好，二是在村里参加演出，做些织锦，也能挣到钱了，干吗还要离井背乡呢？另一位曾在云南省普洱市当过保安，后来回村的张扎思，从云南省昆明市打工回来的李扎丕，都讲起当年为什么出去打工，后来又为什么回到老达保村，和李玉兰的感受是一样的——在村里演出和做些其他旅游经营业都能挣到钱，又能兼顾家中农活和照料父母，为啥还要离开家乡呢？类似的例子还有很多，由此可见旅游展演及其衍生的旅游经营活动、民族文化旅游产业的新兴进入，无意间为老达保村已经因贫困问题而外出流失的村民身体提供了自愿回归的机会，这恰恰为老达保村的乡村振兴实现注入了最根本的人力资源要素。在党的十九大报告中，乡村振兴作为我国新时代国家重大战略，是解决中国社会主要矛盾的重要抓手，其实质是乡村地域系统要素重组、空间重构、功能提升的系统性过程。① 因此，通过发展乡村旅游、非遗旅游、民族文化旅游等不同类型的旅游业态，能够有效引导和推动更多资本、人才、信息、技术、管理等要素向乡村地域空间流动，促进乡村一、二、三产业融合发展，从而助推乡村振兴的实现。2020年11月，党的十九届五中全会审议通过的《中共中央关于制定国民经济和社会发展第十四个五年规划和二〇三五年远景目标的建议》，对新发展阶段优先发展农业农村、全面推

---

① 刘彦随等：《中国乡村地域系统与乡村振兴战略》，《地理学报》2019年第12期。

进乡村振兴做出总体部署，在此基础上，又发布了 2021 年中央一号文件，即《中共中央、国务院关于全面推进乡村振兴加快农业农村现代化的意见》，提出乡村振兴不仅是乡村的经济振兴，更是全面推进乡村产业、人才、文化、生态、组织振兴，充分发挥农业产品供给、生态屏障、文化传承等功能，走中国特色社会主义乡村振兴道路。① 因此，除了旅游展演产生的经济效应之外，我们还调查了旅游展演实践带来的社会效应、文化效益等其他方面。

三 民族文化扶贫的社会效应与社会认同

以旅游展演及其民族文化旅游业促进文化扶贫目标的实现，不仅在经济收入上让老达保村的村民增加不少，帮助他们脱贫致富，也产生了一系列的社会效应，主要表现在社区学习能力的提升、人际关系的重塑、教育机会的增加以及对国家认同的增强、社会认同的映射等方面。

首先，社区学习能力的提升。老达保村旅游业的开展，主要是在当地政府的指导和规划下进行的。澜沧县委、县政府以及所辖的宣传部、文体旅局、文化馆、非遗保护中心等主管部门都是推动老达保村旅游展演空间形成的重要影响因素。对于如何向大众游客推介老达保村的民族形象？当地政府对"原生态文化"非常重视，并通过"快乐拉祜"这张名片来向外界强化人类共同追求的"快乐""愉悦""幸福"等正面情感的吸引力。于是，以建筑、服饰、歌曲、舞蹈、乐器、图腾等民族传统文化符号来呈现和传达拉祜族的价值和意义，是地方政府带领村民进行该村民族文化旅游业发展的具体体现。在此过程中，村民也跟随政府的规划安排而逐步接触学习到许多以前不知道的知识和技能，如舞台

---

① 新京报：《2021 年中央一号文件提出全面推进乡村振兴》，新京报网站，https://baijiahao.baidu.com/s?id=1692302271860796763&wfr=spider&for=pc，2021 年 2 月 21 日。

表演技艺、旅游市场思维、现代生活模式、线上电商运营等方面。据2005年负责老达保歌舞编排的宣传部工作人员回忆，当时老达保村的村民自发表演的歌舞文化，并不符合上电视节目的要求，因为参演的村民连最基本的队形站姿等都不太懂，整体形象更倾向于自由散漫和凌乱粗糙。于是，为了参加中央电视台《魅力12》栏目的录制，村里被选中的21位村民被提前送到普洱市进行排练，让政府请来的专业艺术老师专门为他们排练歌舞队形、动作、场景等，直到中央电视台演播厅也进行了多次排练后才完成此次表演任务。后来，随着老达保村被外界邀请表演的时候越来越多，村民们对排练活动的适应力就越来越强，并在此过程中自然地就学会了服饰搭配、面容修饰、表情管理、规范动作、队形协调、时间计划等方面的舞台表演技能。此外，这些经常外出表演的村民中，有几位文艺骨干分子也经常被媒体采访，如李娜倮、张扎思、彭娜儿等人，他们还习得了较强的语言表达能力、回答提问的技巧性和主动向大众推介拉祜新京报网站，文化的行为意识等。当然，在村寨内部进行的旅游演艺经营活动时，按照政府要求，老达保村的村民必须保证整个村寨空间呈现出干净、卫生、美观和有序的状态。每天早上七点左右，老达保的村民们就会在村委会的安排下轮流打扫村寨公共设施和道路、廊桥等，也要负责自家房前屋后卫生清洁的维持。这也培养了整个社区的清洁卫生意识和行为习惯，以及作为东道主应有的形象展示知识。此外，随着部分村民不断走出去表演和更多的游客到访村寨，加之经济条件的变好，一些家庭开始购买手机、电脑、汽车等现代用品，并逐渐学会使用QQ、微信、公众号等网络运营手段，来尝试对外销售更多的拉祜新京报网站，传统手工艺品和农特产品，以及制作自然旅游客栈、餐饮等服务业的宣传网页等。在旅游业带来的开放性乡村地域系统中，信息、技术、物流、资本、人流等都不断渗透进老达保村，让村民及整个社区获得了不断接受新鲜事物的机会，包括与地方政府部

第六章　社会认同：旅游展演的效应与文化保护传承

门、各大新闻媒体、外来专业人士、大众游客群体等的交往交流交融，这无形中增加了整个社区的学习机会和提升了村民们在新时代背景下的产业发展能力及其自身的社会属性。

其次，社区人际关系的重塑。在旅游展演运营之前，因为贫穷，老达保村的一些村民因为生计问题而选择外出打工，一年到头在村子里的时间并不多，慢慢地，族群成员之间的联系日益疏远，且有时候还会因为经济收入低而常常会发生一些矛盾。但是，随着歌舞表演的兴起，村民们如今因为参与旅游展演而选择返回和持留，也因参加排练、演出、旅游经营等活动而增加了很多交往互动的机会，以前已经疏离的人际关系开始得到改善，"集体"的概念再次在村民们心中得以加深。由于村里旅游展演的收入分配，从演艺公司的董事长到普通村民都是一个标准，平均分配。无论是参加一两个节目的配角，还是多场节目都表演了的主角，收入都相同。"就算有些老人已经跳不动芦笙舞了，只要他参加唱一唱，都会有一份收入，这是我们拉祜族的传统"，村民们告诉我们。因此，老达保村的村民之间又重新拥有了一种紧密的联结感和彼此扶持的信任感。彭娜儿告诉我们："老达保现在只有6人在外打工，更多的人都选择回来了。因为老达保是一个充满歌声和快乐的村子，村里人干活、唱歌、跳舞，还有收入，大家都留恋这个村子。"与此同时，由于旅游展演的内容主要是唱歌跳舞等娱乐性活动，这不仅丰富了村民们的日常闲暇时间，也充实了族群成员的精神生活，让他们能够从充满乐趣性且又能挣钱谋生的歌舞表演中找到自我的价值感与存在感，从而减少沉迷于不良爱好或者无所事事的状态概率，甚至于对家庭结构的稳定也起到了一定的作用。在老达保的旅游展演队伍中，很多演员都是一家一家地齐上阵。已经36岁的张娜儿告诉我们，今天不仅她和丈夫要登台献艺，两个孩子也参加，"看到个子高的女孩了吗？是我的大女儿，正在省城读高中；旁边那个小的是我儿子，现在读初中。一家人现在都跟着我唱歌跳舞。"与以往外出打工相比，旅游业可以让这些飘零在外的身体重新回归，并能持续性地留在村里。因此，无论是节目排练，还是上台表演，家庭成员都可以拥有更多"在一起"的机会，并因为参与"同一件事"而比以往有了更多的共同话题，从而使得家庭结构趋向稳定与和谐。正如李娜倮每次创作出新的歌曲时，都会最先找她的丈夫来分享、聆听，并和家人一起讨论、修改新曲新歌。同时，他们两个常为游客共同弹唱《真心爱你》这首代表作，也让他们之间的情感更亲近深厚。在访谈中，我们还知道，村民李保以前曾是村里有名的刺头。他经常喝酒，常在村里撒泼耍浑。他的妻子是艺术团里的女高音，常年在外演出。李保时常在酒后，以不照顾家里为由训斥妻子，甚至动手打人。后来，在彭娜儿等人的动员下，李保主动要求加入了艺术团，还成了村民小组的副组长。由于展演的管理机制是采取"党支部+公司+农户"的形式，加入演艺公司的村民都是股东。每个季度，公司统计演出次数，党支部考核参与公共事务的积极性，然后根据得分进行分红，表现不好的就会被公司除名。因此，李保对待妻子的态度也有所变化，开始学会尊重和沟通，夫妻关系明显好转，家庭结构也趋于稳定和健康，有利于恢复和巩固拉祜族人独特的"两性合一"文化价值观，即"世间万物成双对，形单影只不存在"，即成双结对的理念贯穿于拉祜族生活的各个领域，男女同做主，夫妻共掌权。

再次，村民受教育机会的增加。民族文化扶贫也带来了教育机会的增加，尤其是为年轻一代的拉祜族村民，提供了更坚实的受教育平台。曾经的老达保村山路崎岖，很多人一辈子都没有走出过大山。玉米、水稻等农作物，是唯一的经济来源。人均年收入不足一千元。因为贫穷，很多人没有机会读书。但是，随着旅游业的开发，演艺公司与外面的联系交往频繁了，也不断有走出去的机会。因此，眼界的开阔与交流的增加，都让老达保村的村民们对教育有了更深刻的认识，尤其是与外界各

第六章 社会认同：旅游展演的效应与文化保护传承

方人士的接触，无形中是为村民们提供了一个良好的社会教育平台。由于展演的声名鹊起且游客增多，很多企业、高校和社会资本都把眼光投向老达保村，重新规划老达保村寨旅游空间，并拓展性地进行开茶室、建客栈、高校科研基地等实践。对此，李娜倮等人带领村民通过歌舞表演、旅游特色商品点，开客栈、精英管理演艺公司，商演对接、成立农产品合作社，负责统一收购农户手工品销售全国各地等。这些都让村民们深感与外界合作时语言吃力、能力不够、知识欠缺、思维保守等涉及教育层次的问题。正如老达保村村民小组会计、快乐拉祜演艺公司董事长张扎阿感叹的："我们这代人没文化，很多人小学都没读完，连账都算不清楚。""现在旅游业来了，要想把产业做大做好，没文化不行啊！""老达保过去一直没有大学生，现在终于有了！"据了解，直到2016年，寨子里一次就有四名学生考上了大学，周满玉就是其中之一。周满玉和哥哥一起考上了昆明的学校，可一年上万元的费用让父母犯了难。母亲长年有病在身，父亲每天天不亮就得起床蒸馒头卖，满玉家的日子过得紧紧巴巴。"我想去外面的世界看看。"正当满玉愁眉不展时，村里人向她伸出了援助之手。老达保村村民小组会计、快乐拉祜演艺公司董事长张扎阿召集寨子里德高望重的村民商议决定，从演艺公司的收入里拿出一笔钱来补助孩子们读书。如今，20岁的满玉已在昆明读书两年多，每到寒暑假她都会回到家乡，在寨子里当演员、导游，还负责卖门票。"现在经常有外国人来寨子里游玩，我可以给他们用英文讲解。"满玉自豪地说。民族文化扶贫，不仅让老达保村的村民深刻认识到了教育的重要性，也变得有经济实力来帮助村里的孩子们实现受教育的梦想，为老达保村日后的持续发展提供相应的人才储备。

最后，族群成员对国家认同的增强以及社会认同的映射。在调研中，我们发现无论是作为演艺公司负责人的张扎阿、李娜倮、彭娜儿等,还是村里老一辈的文化精英分子李扎戈、李扎倮、李石开等,还是普通村民李玉兰、张扎思、李扎努、张扎丕等,只要村里有大型演出、活动或传统节庆等,他们无论在哪里,有多忙,都会选择回到当地,组织和参与节目排练,积极参与集体演出。在村民的眼中,老达保村能够发展至今,是在党和政府的领导与支持下,全体村民共同努力的结果,也与党和国家的政策好分不开。因此,当外来游客想了解拉祜族文化时,他们都会用"我们拉祜人""我们拉祜族"这些字眼来描述自己。同时,面对媒体时他们又会强调"没想到唱唱跳跳都能致富""这是党和国家的关怀""是国家政策好,让我们过上好日子""我们应该感党恩、跟党走、听党话"等充分体现政党认同、国家认同等层面的认知话语。由此可见,在这里,族群认同已借助文化认同而产生出与国家认同、政党认同的统一性,也充分体现了认同产生的情境性与社会性,即"社会认同"这一概念的本质内涵。

社会认同理论是由英国学者塔杰费尔(Tajfel)在1986年提出,是指"个体认识到自己属于特定的社会群体,并认识到其群体成员身份所带来的情感和价值意义"。它用以解释个体获知所在群体成员身份如何影响个体的社会知觉、社会态度和社会行为,是群体关系研究中最有影响力的理论。[1] 这一理论实际上体现了发轫于欧洲的群体心理学研究范式,即不再局限于对个体自我的关注,而是转向对群体水平上的心理机制的探讨,包括群体认同、群体性自我等内容。社会认同理论认为,社会认同是由三个过程实现的:首先,个体把自己归类到某一群体,认为自己拥有该群体成员的普遍特征;其次,把自己所在群体如权利、声望、社会地位等方面与其他群体进行比较;最后,调整自己的社

---

[1] Tajfel H., *Human Groups and Social Categories: Studies in Social Psychology*, Cambridge: Cambridge University Press, 1981, p. 31.

会认同，如果个体不满意所处的群体会采取行动，寻求实现积极认同的途径。① 此外，社会认同还包括认知、评价和情感三个成分。其中，认知成分是指个体对自己属于某个群组的身份意识，即自我分类；评价成分是指个体对这一身份的正面或负面的评价，即群体自尊；情感成分是指个体对于群体及其他成员的感情，即情感上的归属感。总体来说，社会认同理论的基本观点指出了社会群体的成员身份和群体类别是一个人自我概念的重要部分，因此在与人交往时，他们往往是作为一类人的代表与人交往。同时，在社会交往中，人们总是努力去获得或维持积极的社会认同，在此过程中，他们的认同感源于内群体和相关外群体的比较。②

对于老达保村的村民而言，他们不仅是一群来自具有地理单元意义的"老达保村"的原住民，更多的还是在旅游展演舞台上代表着"拉祜族"这一民族身份和族群形象的文化群体。在老达保村寨还未完全向外界打开时，他们对于自我身份的评价更多的是"拉祜族""达保人"，其民族传统文化保存得较为完整。随着全球化、现代化和旅游化的浪潮涌入，老达保村传承的拉祜族传统文化也面临着被消解的危机。因此，如何有效保护与传承民族传统文化？这不仅是摆在老达保村民面前的一道难题，也因为传统文化的经济价值、社会效益和意识形态等属性而被党和国家、地方政府、新闻媒体、社会组织、大众游客等不同利益主体所看重而参与进来。于是，以老达保村为地理载体的拉祜族传统文化对外展示和传播开始出现，用活态化的展演性生产方式来对民族传统文化进行保护与传承，也成为民族村寨采用的惯常做法。这样的旅游展演实

---

① 林燕霞、谢湘生：《基于社会认同理论的微博群体用户画像》，《情报理论与实践》2018年第3期。

② [澳]迈克尔·A. 豪格、[美]多米尼克·阿布拉姆斯：《社会认同过程》，高明华译，中国人民大学出版社2011年版，第25—36页。

践，是否有利于民族传统文化的保护与传承？是否有利于民族文化的创造性转化与创新性实践？以往的研究大多从"真实性"这一角度对其进行解析和评论，答案不一而足。本书不再执着于民族传统文化在旅游展演语境中是真还是假的争论，因为从调研的过程来看，无论是国家、市场、社会哪一方群体，其实都在推动着旅游展演的生产和形成。特别地，本书中的案例对象老达保村的旅游展演，不仅在旅游市场中声名鹊起，也成为云南省少数民族地区文化扶贫的典范，颇受当地政府和新闻媒体的青睐。那么，老达保村的旅游展演，对于所呈现的拉祜族传统文化保护与传承有何作用和意义？我们不妨借用上述的社会认同理论来对其审视。从社会认同角度而言，通过社会比较，我们了解了自己，获得了关于信念真实性和有用性的信心。也就是说，我们做社会比较的动机是为了要确认我们对于自身、他人和整个世界的感知是正确的。在进行群际社会比较的时候，即在作为内群成员的自己和作为外群成员的他者之间（或者在内群和外群的整体之间）进行比较的时候，有将群际特异性最大化的趋势，且这种自动增强效应受一种重要的动机考虑的影响，即获得积极自我评价的动机。这种动机的满足是通过个体自我价值和自尊的提升，以及群体行为的效用价值来实现的。它会带来一种相对积极的自我评价，并赋予个体一种心旷神怡之感，从而再返回对产生自尊和价值之物的反哺情节，即自我认同感开始产生。在社会心理学中，自我认同可以被划分为两个相对独立的有关自我概念的亚系统：社会身份或个人身份。社会身份包括社会认同：与身份一致的自我描述，这种自我描述来自社会范畴中的成员资格，如国家、性别、民族、职业等群体资格。个人身份包括个人认同：这时的自我描述"在性质上是更加个人的，并且通常标示个人的具体特质"。但是，社会认同路径主要关注的是社会认同而不是自我认同，它主张在特定的情况下，社会认同比个人认同对自我描述的影响更显著。社会认同路径对于理解群体关系的动

第六章 社会认同：旅游展演的效应与文化保护传承

态变化作出了重要贡献，凸显了社会过程与个体行为之间的关系（即由社会认同起中介作用的社会与个人之间的辩证关系）。在一定的社会结构中，某个（或多个）支配群体有实际的权力去宣扬它对于社会、社会中的群体以及它们之间关系的阐释，也就是说，他们会审慎地建构起主导的价值系统和意识形态，从而有利于支配群体自身的利益且持续存在。相应地，人类个体出生于一定的社会结构当中，由于出生地点、族群、身份等不同，他们会落入某些范畴而不是另一些范畴。在他们的社会化过程中，一些居支配地位的价值观会内化其身，认同这些外界划定的范畴，结果他们获得了一些独特的社会认同，这些认同也会最终影响他们获得积极的或消极的评价性自我感知。[1] 因此，从老达保村案例中国家对民族文化的政策及其地方政府的开发利用策略来看，村民们的自我认同更多的是一种社会认同反馈的结果。在党和国家战略性政策意见的指导下，在地方政府和主管部门的大力支持和帮扶下，老达保村的村民已借助旅游展演产生出来的"脱贫致富""文化旅游""社会名气"等系列效应而逐渐接受和认可了党和国家建构起来的主导价值系统和意识形态，并因此受到了地方政府、新闻媒体、大众游客、社会人士等族群外部的社会认同，这些认同无形中扮演了镜子的角色，所产生的镜像效应也就最终影响到村民们获得的积极的或消极的自我评价感知。在这里，自我认同与社会认同自然地联系在一起了，而且也因为对个体自我评价的内部视野而获得了与政党认同、国家认同相互衔接的一致性。所以，我们才能获得老达保村的村民在国家政策和地方政府、新闻媒体、现代旅游业等外部因素共同建构下之后产生的文化认同以及在"中华民族共同体"这一大框架之下的族群认同。这样的文化认同和族群认同，

---

[1] ［澳］迈克尔·A. 豪格、［美］多米尼克·阿布拉姆斯：《社会认同过程》，高明华译，中国人民大学出版社2011年版，第70—73页。

其产生是有着深刻的现实基础，并不是无源之水、无本之木。也正因为此，民族传统文化保护与传承才会有着由认同方面产生的动力及其主体意愿，这在后续调研中可以获知。

第三节　民族传统文化保护与传承的开展

一　族群的文化自觉与保护传承

正因为有老达保村文化资源价值与效应的产生，所以本土民族的文化自觉意识得以被激发。费孝通先生曾对"文化自觉"做了如下解释：一是确立民族主体意识和认同感；二是定位自己的文化。[①]这说明"文化自觉"需要大致经历两个步骤，一是民族对于自身文化元素的认可；二是民族在认可自身文化元素存在优劣势的基础上，主动重构自身的文化元素使之符合时代发展的潮流。[②]对于第一个层面，拉祜族族群成员在长期的生产生活中已经形成了自己独具特色的传统文化，且因为在相对封闭的环境中，受限于教育机会的缺乏和文字知识的困难等因素，使得少数民族歌舞成为民族主体个体之间、个体与群体之间"关系"认知和沟通的基本手段。同时，随着现代社会文化空间的开放，传统民族歌舞也成为民族标识，区别于其他民族、其他地域甚至其他生产生活方式的品牌，也是认识世界、与外部社会沟通的有效桥梁。在这个认知外界的过程中，民族歌舞的发展成了向外"文化自觉"的重要内容和手段。[③]

[①] 方李莉：《"文化自觉"视野中的"非遗"保护》，北京时代华文书局2015年版，第304页。

[②] 方李莉：《"文化自觉"视野中的"非遗"保护》，北京时代华文书局2015年版，第356页。

[③] 王佳：《传统民族歌舞的现代走向——对云南峨山彝族花鼓舞及其他个案的理论考察》，博士学位论文，云南大学，2011年，第118页。

第六章　社会认同：旅游展演的效应与文化保护传承

在拉祜族族群社会中，族群成员用歌声传递历史，将采茶、犁地、插秧等日常劳作，变成男人跳的芦笙舞，女人的摆舞。他们歌唱祖先、天地，跳质朴而充满生命感的舞蹈。其中，芦笙舞可以说是该族群最具代表性的歌舞文化。拉祜族芦笙舞作为一种特质意向，是在民族群体中固化和传承的村寨文化元素。据历史记载，拉祜族把葫芦视为祖先诞生的母体，把它作为图腾来崇拜，因此用葫芦制作的芦笙成为拉祜族人最喜爱的民间乐器之一。由于芦笙的声音非常纯净，所以它被拉祜族誉为"通天通人之神器"。一般而言，大芦笙音色柔和，色彩稍暗；小芦笙音色透亮，清澈，可由一人单独演奏，也可多人一起演奏；可吹奏单旋律，也可吹奏和声；其曲调有很多，或慢或快，传承了丰富的芦笙舞艺术。因此，以芦笙吹奏为伴奏，以芦笙曲调为导舞的拉祜族芦笙舞蹈的内容丰富、形式多样，在拉祜族社会中占有相当重要的位置，流行于拉祜族聚居区，并于2008年入选第二批国家级非物质文化遗产名录。

由于"芦笙舞"是从民间发展而来，作为舞蹈本身，它带有很大的娱乐性，因而很受拉祜族人的喜爱。芦笙舞，根据表现内容可分为表现生产生活、模拟动物习性和祭祀礼仪三种类型；根据表演功能性质可以分为自娱性、表演性和祭祀礼仪三种类型。具体而言，拉祜族的"芦笙舞"按曲调分为五种，即嘎祭舞曲、生活舞曲、混合舞曲、芦笙舞曲、闷葫芦舞曲。按动作分为五类，即祭祀礼仪舞、模拟动物舞、生产劳动舞、生活舞、情绪舞。对于如此丰富的芦笙舞，村民李石开因为能够熟练掌握并擅长跳各种套路而被选为第五批国家级非物质文化遗产代表性项目《芦笙舞》的代表性传承人。访谈李石开有关他学习、传承芦笙舞的历程，总体表现了族群成员的一种"文化自觉性"和自发的"保护传承性"。

李石开，男，拉祜族，1963年5月出生，澜沧县酒井乡勐根村老达保寨农民。2000年担任老达保寨文艺队队长。2007年被推荐为澜沧首个民间艺术团——"雅厄"艺术团副团长，2006年被评为"云南省杰出乡土人士"，2013年被推荐为澜沧县拉祜族自治县第十三届政协委员，2011年1月进入普洱市第一批非物质文化遗产传承人名录，2018年5月8日，被评定为第五批国家级非物质文化遗产代表性项目《芦笙舞》的代表性传承人。李石开从小就与拉祜族芦笙舞结下不解之缘。他出生在澜沧县拉祜族文化浓郁的酒井乡勐根村老达保寨，从小深受家人和拉祜族文化环境的影响，非常喜爱本民族传统文化，特别是拉祜族特有的舞蹈——芦笙舞。逢年过节，看到长辈们吹起悠扬的芦笙，舞出各种动作，心里对这种舞蹈充满了好奇，也想一试身手。12岁开始，跟在父亲和本寨芦笙舞师傅李扎戈、张扎尔等长辈后面学习芦笙舞步伐和套路，通过20多年的学习和潜心钻研，到35岁时，他不但承袭了拉祜族民间传统芦笙舞83个套路的全部内容，并且大胆地创新发展，跳出自己独特的风格，创作了20多套模拟动物习性的动物舞和表现舞者喜怒哀乐的情绪舞，如《老鹰舞》《螃蟹舞》《蜻蜓舞》《麂子舞》等。

　　从上述简短的访谈记录中可以看出，李石开对芦笙舞的学习传承，是从他的父亲和一些本寨长辈处获得的。李石开的父亲叫李倮宝，他是1970年带着一家老小从酒井乡岩因村搬到了现在的老达保村。11岁时，他开始学吹芦笙，13岁时开始跳芦笙舞，前后共有4个老师，分别是李扎莫、李扎海、李扎发、李扎约。在他们小的时候，有几个小伙伴一起跟着老师学习，但后来有的伙伴没有坚持下去就中断了学习，只有他和另一位伙伴坚持学下去，跳得不错。因为他们喜欢跳芦笙舞，而长辈们也不收任何费用，只要有空，在田间地

第六章 社会认同：旅游展演的效应与文化保护传承

头、房前屋后、院落坝子等地方都可以跟着学。白天如果干农活没有时间，则利用晚上的空闲学跳。尤其是逢年过节时，更可以看到很多人跳芦笙舞，这个时候更是学习的好机会。而李石开，与他父亲李保宝相比，其性格更为开朗外向，喜欢表达和交流，对于芦笙舞有着"信手拈来"的舞动感。据调查显示，李石开从13岁开始跟着父亲吹芦笙，14岁时和儿时的小伙伴李扎莫、李扎儿一起随着父亲和舅舅学跳芦笙舞。学会之后，他开始在村寨免费教村民学跳芦笙舞，只要愿意学的，都无偿性地教授，发展到后来大概有20多个学生。从1988年到澜沧拉祜族自治县成立50周年大庆再到现在，李石开还是经常去澜沧县各个乡镇教拉祜族成员跳芦笙舞，有些人坚持，有些人半途而废了。当然，相比较别人跳芦笙舞，李石开教得更多的是后来的吉他弹唱，并和他的女儿李娜倮迅速将全村近400人都教会了弹吉他，经常聚集欢唱，且发展到现在的旅游演艺业。

从"文化自觉"的第二个层面来看，族群成员常常会在认可自身文化元素的基础上，主动重构自身的文化元素使之符合时代发展的潮流，也即完成对民族传统文化的创造性转化和创新性发展。这个阶段的实践，其实是既肯定父辈们的传统文化又增加了自我创新型文化元素的传承性行为。不可否认，李石开的儿女们从小耳濡目染长辈们对芦笙舞和吉他弹唱的热爱，受父辈的熏陶，拉祜族的文化，在年幼的后生们心里扎下了根，形成了一种自发性传承的文化基础。李石开的大女儿李娜倮，对拉祜族传统文化的传承学习，主要不是在芦笙舞方面，而是在吉他弹唱方面。她不仅从小跟着父亲学会了吉他弹唱，也热衷于自己创作歌曲，将现实生活中的拉祜族族群成员的情感表达和生活场景记录和寄情于吉他弹唱中。当她带领全体村民脱贫致富之后，她也开始关注拉祜族传统文化其他方面的传承保护，正符合"人们的物质生活条件具备一定的基础之后，必然要表达精神文化生活的要求。因此，寻找文化传统，保护文化遗产，也会逐渐成为人们的一种自觉追求"①。当吉他弹唱和拉祜族传统歌舞艺术组合而成的《快乐拉祜》实景演出为村寨带来了实实在在的社会经济效应之后，李娜倮更是充分认识到文化的价值，激发了她对本族文化保护传承的考虑："我从小就生活在拉祜族山乡，我很热爱家乡，作为少数民族文化的传承者，我希望通过自己的力量让拉祜族文化得到传承与发扬，用文化来建设自己的家乡，让大家日子越过越好。"正因为此，李娜倮还被特聘为酒井乡勐根村完全小学的双语教师，教一至五年级的学生跳芦笙舞、摆舞、弹吉他。每周五下午四点是李娜倮义务教学生拉祜族歌曲的固定时间，用于传授和传承拉祜族文化。

另外，李石开的两个儿子因为都在澜沧县城工作，无法在他身边利用空闲时间学跳芦笙舞。但是，他们因为受家庭氛围影响，对音乐有着浓厚兴趣，在闲暇之余仍会创作歌曲，比如大儿子李扎努创作的《澜沧——我的家乡》就被拉祜族地区人民广为流唱。小儿子李扎思常常下乡演出，并进行民族文化研究工作。对于芦笙舞的学习和传承，反而在李石开的小外孙张如达身上得到传承。因为从小就跟着外公、外婆和妈妈、爸爸唱唱跳跳，张如达从3岁开始就跟着外公李石开学习芦笙舞。有时候外孙不想跳了，李石开就会拿零食去激励他。教的时候，也是一个舞步一个舞步去教，常常通过打比喻、讲解舞步背后的动作含义来形象教学。因此，张如达后来也常常在村寨《快乐拉祜》实景演出中跟着外公和叔叔们跳芦笙舞、唱吉他歌曲，并在4岁半的时候第一次去北京参加了《民歌中国》栏目表演芦笙舞，以及后面也跟着大人受邀外出参加演出，如北京、香港等地，不知不觉地也成为拉祜芦笙舞传承的新生代

---

① 王文章主编：《非物质文化遗产概论》，文化艺术出版社2006年版，第13页。

力量。① 由此可以看出，族群的文化自觉导致的保护传承行为，更多的是一种家庭、家族式的传承模式，呈链条式传递。实际上，在老达保村里，并不只有李石开、李娜倮他们家是这样，在村里其他一些文化精英、非遗传承人、演艺骨干家里也是如此。同时，他们会横向地相互交流学习，在邻居、亲戚、长辈和后辈之间进行文化传承和保护发展，受力于民族村寨里的社区网络结构，如图6-6和图6-7所示。

图6-6 村里老人带着小孩跳芦笙舞　　图6-7 村里举行的拉祜儿童健身操

图片来源：2019年田野调查自摄。

二 地方的非遗管理与保护传承

历史上的拉祜族没有文字，传统文化大多依靠口耳相传，在长期的生产生活中习得。这些文化形式的存在，与某个地域、族群乃至社会结构体系的建构和延续有着必然联系，而其中作为无形文化表达的非物质文化遗产，其重要特征是通过艺术表达出来的理念或信仰，能够有效表达它们的技艺。② 一方面，随着国家对民族文化保护的重视，

---

① 黄振娟：《澜沧老达保拉祜族芦笙舞传承考察记》，《民族音乐》2019年第2期。
② 麻国庆、朱伟：《文化人类学与非物质文化遗产》，生活·读书·新知三联书店2018年版，第4页。

在国家、省市政府及各种组织的大力推动下，各种级别的非物质文化遗产传承基地和传承人的授予和选定工作，为民族地区特色传统文化的保护与传承提供了国家框架下的行政权威和制度保障。另一方面，如何真正有效落实国家对非遗文化保护与传承的实践精神？不得不说，作为非物质文化遗产，对其"活态保护"是核心原则之一，即通过各种方式，为非物质文化遗产传承人营造出一个个更加合适于他们传承的环境。① 特别地，对于那些仍然生存于社区空间内的民族传统文化，除借助政府的相关措施外，民族文化的守护者、承载者和实践者，在获得自身文化认同的同时，也需要适当地进行文化的调试和重新建构，使得文化的表达和文化的内涵在非遗中迸发出活力，即非物质文化遗产的传承和保护要让看得见的文化展示场景进入看不见的文化的心态世界，并将二者有机结合起来，达到文化形态和文化心态的统一。②

在这种大背景下，老达保村寨以其原本就保存完好、类型丰富的拉祜族传统文化资源而获得了国家非遗评定话语的青睐。2006 年，该村被列为第一批国家级非物质文化遗产传承基地。2011 年，老达保村又成为澜沧县新建的第一批国家级非物质文化遗产保护名录《牡帕密帕》保护传承基地之一。作为非遗文化"传承主体"的非遗传承人，老达保村共拥有 6 个非遗传承人——国家级传承人 3 人，省级传承人 1 人，市级传承人 2 人。其中，2007 年，该村的李扎戈、李扎倮进入国家级非物质文化遗产传承人名录，成为《牡帕密帕》的传承人；2018 年，李石开也进入国家级非物质文化遗产传承人名录，成为国家级非物质文化遗产项目《芦笙舞》的传承人。如此众多的非遗传承人，集中在同

---

① 苑利、顾军：《非物质文化遗产学》，高等教育出版社 2009 年版，第 60—61 页。
② 麻国庆、朱伟：《文化人类学与非物质文化遗产》，生活·读书·新知三联书店 2018 年版，第 18—19 页。

第六章 社会认同：旅游展演的效应与文化保护传承

一个村寨里，这不仅反映了该村的拉祜族传统文化底蕴深厚，也为拉祜族非遗文化的有效保护与传承提供了契机和平台。

首先，澜沧县政府高度重视非物质文化遗产的保护工作，在整个普洱市率先颁布实施了《澜沧县非物质文化遗产项目和传承人管理办法》，使非遗保护工作沿着"政府主导、社会参与、职责明确、合力协作"的路径发展。例如，对于老达保村的文化保护，当地政府先从整修道路、改造寨子、卫生清理等硬件方面入手，并出资给老达保村修建非遗文化传承馆、训练场所和观众席位等，为非遗文化的传承保护提供物质承载空间和人才培训基地。同时，为了促进非遗中的拉祜族民间歌舞活态化发展，澜沧县文化主管部门还特地委派歌舞团、文化馆、拉祜文化协会等组织的专业老师对老达保族的男子芦笙舞和女子摆舞进行培训设计，根据老达保村的特色编排舞蹈，形成老达保村的民间舞蹈特色。近年来，在每年9月至10月，澜沧县财政拨付近20万元经费，由澜沧县文化馆举办"全县农村文艺骨干培训班"，主要传授拉祜族传统舞蹈套路，其重点还是对拉祜族摆舞进行集中培训和推广。

其次，非遗传承体系的构建也可以增强村民们对本族文化价值的认知，并有利于促进非遗文化保护传承的具体落地。对于老达保村而言，最直观的非遗传承表征是如今旅游展演舞台中心背后的"《牡帕密帕》非遗传承馆"。在没有修建非遗传承馆之前，拉祜族社会里的"传"和"承"都是简单自由也比较随意的，并没有明确和规范的师徒、家族传承体系。据芦笙舞传承人李石开介绍，只要有谁想学，掌握传统技艺的老人便会传授，但希望学习者持之以恒。关于传承场所和时间，并没有统一规定，只要有空，在火塘边、田地里、路途中等地方均可。传承方式通过老者言传身教，学习者通过自然记忆、模仿学习。但是，在村里非遗传承馆修成之后，《牡帕密帕》的传承得以在固定的场所进行，便于大家约定好的时间给予保证。根据《澜沧笙歌：拉祜族》一书记载：

"在传承馆没有建成之前,在国家级传承人的称号没有批下来之前,李扎戈也教年轻人学习《牡帕密帕》,在自己家里,在火塘前。当时,自愿来学习的年轻后生不多,只有五六个,这五六个年轻人还都是他的侄子、孙子们。自从《牡帕密帕》被批准为国家级非遗项目后,村里年轻人主动来找李扎戈老人学习《牡帕密帕》的多了,现在已经有四十多人了。而李扎戈作为文化部认定的国家级非物质文化遗产《牡帕密帕》的传承人之一,每年享受国家津贴8000元,不但感受到了莫大的荣幸,而且也觉得自己肩负的重担更重了,他决心要好好地把《牡帕密帕》传授给下一代,不但要让他们能完整地把《牡帕密帕》唱出来,不断地唱下去,而且还要让他们真正地理解《牡帕密帕》的文化精髓。""一个半小时后,礼拜结束了,一些年轻的村民们并没有从教堂直接回家,而是来到了《牡帕密帕》传承馆。在传承馆里,李扎戈老人已经等着大家,看到年轻的后生们已经到了三十多个,他就开始给这些后生们上《牡帕密帕》的传承课了。""今天的课程,扎戈老人先是给年轻后生们讲'划分季节'那一段故事的来龙去脉,结合他们的生产生活讲那段故事的内涵,然后才带着这些年轻人一句一句地吟唱这段内容。尽管文化馆的老师已经整理出了《牡帕密帕》拉祜文版,但在扎戈老人教年轻人的过程中,仍然沿袭着传统的传承方式:口传心记。也许是因为老人和年轻人都不太认识拉祜文字,也许是因为《牡帕密帕》是口传文学,口传的过程加入了传唱者自己对文化的理解,整理出的版本老人不太适应。总之,他喜欢一句一句地教给年轻人,而年轻人也喜欢一句一句地跟着学唱。"

再次,对于非遗文化的传承和保护,老达保村并不只局限于某一个人,而是已形成了村寨里特有的非遗传承人团队,且具有明显的家族传承特征。比如,就上述《牡帕密帕》的传承记录而言,在现实中并不只有李扎戈一人,还有他的亲弟弟李扎倮、李扎莫,以及后来唯一的女性传承人李娜努,再加上《芦笙舞》传承人李石开,他们又被称为老达保"五宝",如图6-8所示,具体身份又见表6-1。

图6-8 老达保村非遗传承人中的"五宝"
(从左到右分别是:李石开、李扎俫、李扎戈、李扎英、李娜努)

图片来源:拉祜雅微博,《老达保"五宝"——收录拉祜族创世史诗〈牡帕密帕〉随记》,https://www.sohu.com/a/291920695_664750,2019年1月28日。

表6-1　　　　　　老达保村"五宝"非遗传承人谱系表

姓名	类别
李扎戈	国家级非物质文化遗产保护项目拉祜族创世史诗《牡帕密帕》代表性传承人
李扎俫	国家级非物质文化遗产保护项目拉祜族创世史诗《牡帕密帕》代表性传承人
李扎莫	非物质文化遗产保护项目拉祜族创世史诗《牡帕密帕》云南省级代表性传承人
李娜努	非物质文化遗产保护项目拉祜族创世史诗《牡帕密帕》普洱市级代表性传承人
李石开	国家级非物质文化遗产保护项目拉祜族《芦笙舞》代表性传承人

资料来源:根据2019年田野调查材料整理而成。

据传承人李扎莫介绍,在澜沧县文化馆组织下,传承《牡帕密帕》的足迹遍布二十余个乡镇的拉祜族聚居村。目前整个澜沧县共有120人能完整吟唱《牡帕密帕》,其中,老达保村的"五宝"里李扎戈和李扎倮是第四代传唱者代表,而李扎莫和李娜努作为李扎戈和李扎倮的学生,年纪相对较小。通过访谈得知,李扎倮先后追随五位师傅学习《牡帕密帕》,十几岁开始学习,至四十岁出头,师傅李扎阿曾拉起他的手向村民们公开宣布:"从今往后就让扎戈扎倮兄弟俩来唱《牡帕密帕》。"对此,李扎倮表示当时听到这句话时非常激动,因为之前跟随扎阿师傅学习受阻,曾被李扎阿往他和哥哥脸上吐口水,还讽刺道:"《牡帕密帕》像那江边的沙子那么多,哪是你们哥俩能学会的……"一般而言,口述史诗的传承,有所遗漏是比较正常的,毕竟有那么多的内容要记忆,完整吟唱需要七天七夜。于是,在拉祜族群成员日常生活或仪式场景中,常常可以见到几个人同唱一部史诗,你唱一段,他唱一段,或者一起唱的场景,和大家一起分享自己记忆的内容。从家里到山里,哪里都是歌唱的场地;在火塘边,在野外的田间地头,在放牛的途中吟唱;从春天唱到冬天,在喜庆的婚宴中,在乔迁新居热闹的氛围里,在享用新米的时节里,在盛大的春节里吟唱。尽管因为传唱者的不同而出现内容和细节的不同,甚至在同一章节上一次唱的和这一次唱的细节也有所不同,再加上后来变为国家级非遗文化之后,政府、专家、学者等其他主体的加入,使得《牡帕密帕》并非一成不变,但是这种世代相传和国家非遗的助力,使得《牡帕密帕》作为拉祜族文化重要载体和拉祜族人精神生活支柱的功能并没有消失,较完整地诠释了拉祜族传统文化的根本内涵。

最后,非遗文化的管理体制增加了非遗传承人参与各类社会活动的机会,让他们可以和不同教育水平、职业背景和社会阶层的人群接触交流,这也让他们更深刻地意识到自己所传承文化的价值和"传承"的意义。因此,"教授""学习""培训"等一系列活动随之展开,而这些非遗传承人成了将民族文化遗产由"年长"至"年轻"赋予和传递的主要中介者。据李扎戈介绍,自从史诗《牡帕密帕》成为国家级非物质文化遗产,其传承受到重视之后,村里的相关非遗传承人就承担起教授其他村民演唱。因为,政府要求他们教其他村民唱《牡帕密帕》,其他寨子的人也会来学,学好以后再去其他地方教授和传播。在多次教授演唱《牡帕密帕》的过程中,李扎戈对《牡帕密帕》的熟练程度和传承意义不断加深。此外,在国家级以下的非物质文化遗产传承人方面(包括省、市、县级),一些传承人到各地去教习传统技艺。例如,老达保村附近的糯福乡村民娜格从2013年开始到2017年连续5年在糯福乡年度文艺骨干培训中传授拉祜族摆舞,先后培训学员200多人,2017年和2018年连续两年在南段村拉祜族传统文化保护区非物质文化遗产项目技能培训中,她作为拉祜族步伐型摆舞传承师傅向来自全省各州市非遗调查业务骨干展示步伐型摆舞的所有套路。2015年12月进入县级传承人名录,2019年1月进入市级传承人名录。不可否认,这些非遗传承人及非遗管理体制对挽救即将消失的拉祜族传统文化发挥了主导作用,也为民族传统文化的重现与重构提供了重要基础。

三 展演式保护传承与价值认同

由上述对族群文化自觉和非遗保护传承的调研可知,"人"在民族传统文化保护与传承中的重要性。人在生产生活中承载、传承和延续的各种传统习俗、技艺、知识和艺术等,都是以一种相对温和的、贴近生活的方式呈现在人们的世界中,从而有别于那些毫无生气的历史建筑、遗址、聚落遗存等。① 然而,随着人们生产生活环境的改变,这些活态文

---

① 麻国庆、朱伟:《文化人类学与非物质文化遗产》,生活·读书·新知三联书店2018年版,第39页。

化也会面临着衰退、瓦解、消亡的困境。如何让后来者再次看到已经消逝的传统文化、感受少数民族的价值内涵呢？旅游展演化的兴起，为这一问题的解决提供了新的视角。如果说族群的文化自觉可以保持民族传统的基础性，地方的非遗管理能够体现传承人的播撒功能，那么，对民族传统进行旅游展演化，则是对民族文化"活态化"要求的直接兑现。

从老达保村的旅游展演实践来看，其向外界展示的内容主要是拉祜族的传统文化及其在此基础上的重构性文化，其形式以歌舞表演为主，辅之以史诗片段吟唱、主客游戏互动、日常生活场景再现等内容。对于出现在舞台上的歌舞文化，主要也是一种集体性的族群形象呈现，其内容大多反映拉祜族人日常生产劳动、生活娱乐方式和心理情感表达等。由前面"主客互动和文化共享"章节分析可知，老达保村旅游展演之所以能够得到大部分游客的好评，就在于它已经从"情景式展演"转向了"情感式展演"，从本质上说，它的出现恰巧符合西方旅游人类学家麦肯奈尔（MacCannell）提出的从"舞台真实性"向"舞台亲密性"转变的过程。在麦肯奈尔的《舞台真实性：旅游环境中的社会空间安排》一文中，他针对戈夫曼著名的"前后台"理论，从"神秘化"和"社会团结"的双重角度重新解读"后台"存在的意义，即在于"即使后台实际上没有秘密，但它总给人以无限遐想的空间，被人们普遍认为是秘密之所在，是一种神秘的存在"。每个人都在警惕和关注陌生人突然闯入后台区域的可能性，这也是日常生活中产生社会关注的一个主要来源。与此相悖的是，每个人又都在等待这种"入侵"不要发生，因为陌生人之间缺乏社会联系和彼此之间的信任。在此基础上，如果有人被允许进入后台区域，则被认为是"亲密的"和"真实的"，有利于社会团结与和谐。因为，在我们的社会中，"亲密"和"亲近"是非常重要的，它们被视为社会团结的核心，也被一些人认为在社会关系中，它们更优于理性和距离，显得"更真实"。对此，"成为他们中的一员"，

第六章 社会认同：旅游展演的效应与文化保护传承

或者"和他们在一起"，在某种程度上就意味着被允许与"他们"共享后台区域。这样看来，这种共享也是一种分享，它允许一个人看到他人"表现"的背后，感知并接受"他们"的真实面目。

与此同时，旅游环境本身具有的"舞台化""展演性"以及"互动性"等性质，就让学者们曾苦苦追求的客观主义真实性在旅游目的地无处可待。与其纠缠于旅游产业是否削弱了"本质主义视角下的真实性"，还不如将精力投放在如何提升旅游目的地环境中的"舞台化"水平，以便让游客获得他们认可的真实性体验，从而为民族文化的保护传承提供现实性的动力。正是因为此，让旅游体验的每一个细节都呈现出一种明显的"后台"风格，一种"明知是假却愿意信以为真"的感受，从而让游客乐于在最后获得某种"转瞬即逝"的时刻就罢了，进而让旅游"前台"和"后台"形成连续统一体。而此时，旅游目的地的居民也并不太在乎真实性这一问题，随着他们旅游经营生意的年年进行，他们早已习惯将游客视为地方风景的一部分。所以，无论游客是否在追求真实性，他们对旅游目的地的探索始终是在一个个舞台化空间中进行的，以从前台到后台的通道中呈现出来的"舞台性"为标记，并形成最终的连续体。这种舞台空间呈现出来的"连续性"，其实在无形中有助于打破前台与后台之间的隔阂，增进社会结构性团结，促使舞台布景的无限回归。最终，正是因为有着无限回归的舞台布景和社会结构性团结这样的发展目标，才使得无论是前台化的后台，还是后台化的前台，都需要我们将研究视点从"舞台真实性"转向"舞台亲密性"，亦即从对"旅游地舞台化中的真假呈现辨析"转到"为亲密人际关系的产生提供旅游舞台化营造"这一方向。

对此，仔细分析老达保村的旅游展演，再将他们的节目展演与其他民族旅游村寨的歌舞表演相比较，会发现他们之所以能够抓住游客的心，就在于他们无形中已在完成从"舞台真实性"到"舞台亲密性"

这一过程的蜕变，或者说是对"舞台真实性"最高级的表达，即以旅游村寨前后台的统一性作为赢得游客好感的直接依据。所以，当游客从进入村寨到离开村寨这一过程中，随时都可以在吉他弹唱的音乐声中度过。音乐，不仅是老达保村向外宣传的口号，也是游客们来到村寨后实实在在感受到和体验到的真实场景。更重要的是，他们不仅有"前台"表演可欣赏，也有"后台"互动可体验；同时，即使形式上依然是"主客对峙"式的"看"与"被看"，但因为是没有被有意过滤、选取的村民演员，也没有过分的浓妆艳抹或矫揉造作，更让人惊喜的是拿着锄头的手还可以弹吉他，还可以自我创作，还可以在自我创作的歌曲中如此直接地表达情感，这让久处现代社会中的大众游客获得了一种"在一起""成为其中一员"的共享感，也让长期被理性秩序统治已久的现代人突然之间得到了一种感性情感自然释放、表达甚至宣泄的机会与空间，并以这种情感共鸣为媒介在那一瞬间得到了久违的联结感和信任感，完成了从独立个体到展演共同体的转变，不仅实现了主客之间的情感互动，也增加了"社会团结"的又一时刻，从而自然地促成"中华民族共同体"中共同感和认同感的产生，产生了"我认可你的文化""你接受我的文化""你我文化尽管形式不同，但本质上是相通的——一种基于人类日常生活、情感需求和娱乐休闲之共有本性的交流交融"。这种共鸣感和团结感，无形中促成了主客双方对彼此文化价值的认可，为民族传统文化的保护传承提供了另一种展演化、娱乐化和休闲化的实践路径，在一种"非常规"的情境下得以被认知、了解和肯定。尽管，这种借由市场化、客体化视角的保护传承方式，并不完整且略显简单，但它毕竟是在以一种乐于被大众接受的方式在传播民族文化，也是以"展示人性中的真善美"和"符合主客双方生活节奏"来安排有关文化内容，可以让大众游客通过"旅游"这一富有诗意的休闲方式来体会民族传统文化对现代人的心灵按摩和精神洗礼的功效。此时此刻，文化

第六章　社会认同：旅游展演的效应与文化保护传承

上的"价值认同"就会在主客之间产生。这将更激励东道主更用心地去保护传承自己的文化，无论是历史文化地再现，还是传统文化的创新，都将促进其"被保护传承"的持续性和长期性。

在老达保村的舞台展演和日常交流中，这样的场景随处可见。特别地，作为老达保村旅游展演核心产品的《快乐拉祜》实景演出中，除了常规的歌舞表演之外，东道主还会有意向游客展示拉祜族传统文化的某些内容。例如，李石开和他的妻子专门在某个节目中向游客介绍拉祜族传统乐器芦笙、响篾和赶鸟乐器，他会用并不标准的普通话大声介绍："芦笙，是用葫芦制作的，是我们拉祜族男子的乐器。芦笙舞，是我们拉祜族传统男性舞蹈。这个有几千年历史了，有我们拉祜族了，就有了芦笙和芦笙舞。一开始，一代传一代，一代传一代，传到现在。如果我们拉祜族人上山去干活，就会把芦笙装在包包里面，走路时拿出来一边吹一边走路。下地干活也是这样子。"说完，他就拿起手上的芦笙随意地吹了几句。然后，再接着继续介绍响篾和赶鸟乐器，并和妻子即兴现场表演。此外，在拉祜族男子集体舞《芦笙舞》表演中，会向游客呈现拉祜族老一辈带着几个拉祜族小孩吹芦笙、跳芦笙舞，小孩与大人在悠扬的芦笙舞曲中欢快共舞，而当音乐声在最后快要结束时，大人和小孩一起边跳着芦笙舞，边从舞台后面走向前面，由拉祜族大人将小孩一起向上托起，意欲表现拉祜族芦笙舞传承的画面。当然，除了节目中以演员们的身体表演来展现拉祜族传统文化传承的场景外，主持人也会在某些节目开始之前，向游客介绍这个节目蕴含的文化内容与大致含义。这些节目片段虽然不占整个表演太大比例，但依然反映了村民想借旅游展演这一娱乐化形式向大众介绍拉祜族传统文化。在这些行为策略之下，原本面临衰退甚至消失危机的拉祜族传统文化又重新在现实中找到了用武之地，并激励族群成员对民族传统文化进行重新认知和保护传承。

第七章　旅游展演与民族文化保护、传承意义的关系探析

第一节　旅游展演对于民族文化保护传承的影响机理

一　民族传统文化保护与传承的社会实践活动

在全球化、现代化和城市化的影响下，地方性的传统文化正经历着一系列新的变迁，面临着如何保持自身特色的挑战。随着我国各少数民族地区经济社会的突飞猛进、迅速发展，作为各民族群众在长期社会历史发展进程中创造出来的民族传统文化，也受到了非常明显的影响，一些不可再生的民族传统文化资源正面临着日益减少乃至逐渐消亡的危局。因此，究竟应当如何应对这一重要问题，对我国少数民族传统文化进行有效地保护与传承，是摆在我们面前的一个不容忽视的时代课题。回顾近些年国内已开展的民族文化保护与传承的工作实践，其主要特征是在国家、市场、社会、民间等多维框架下进行的，大致经历了从国家意志主导到民间各种力量的参与，从最初仅强调资源调查的抢救性保存到后来更注重"开发"和"利用"的生产性保护，再至当前倡导的以"民族文化创造性转化和创新性实践"为主要特征的民族文化现代化发

第七章 旅游展演与民族文化保护、传承意义的关系探析

展趋势。

  首先，国家层面上的民族识别和对群众文化工作的重视，这两种行为为民间民族文化的保存、延续提供了基础性条件。尽管民族识别在本质上是一种政治实践，但是它在组织全国范围内少数民族和个别族群调查的同时，也对各地区不同少数民族的社会文化、风土人情进行了整理记录，这为我国少数民族文化的保存和延续提供了契机。民族传统文化的产生，必然与某个地域、族群乃至社会结构体系的建构和延续有着密不可分的联系，而且与地方社会的发展脉络是同步进行的。由于历史和社会发展的原因，一些地域性的传统文化在中华人民共和国成立之初已面临失传和传承中断的危机，政府此时的首要任务是对失落于民间、面临消亡困境的传统文化遗产资源进行抢救性保护，尽力减缓传统文化消亡的速度。何谓"保护"呢？就是尽力照顾某一事物并使其免受损害。[①] 一般而言，对于民族传统文化的保护，主要是针对那些有价值、有特色的文化内容进行完整性和真实性的保护，常常被置于国家行政体系之中进行。从20世纪50年代以来，我国政府就做了相关的民族文化保护工作，包括前期持续20多年的社会大调查，对少数民族的社会状况、宗教、语言、文字、民间工艺等文化内容进行了大量的普查、抢救、整理、记录等保护工作。20世纪70年代前后，文物保护工作开始逐步恢复并取得了一些重大进展。[②] 改革开放以后，特别是随着全球化和现代化浪潮的迅速涌入，国家对少数民族地区的文化保护也越来越重视，文化保护也成为理论和实践研究的热点问题。20世纪80年代末特别是90年代以后，非物质文化遗产概念被引入我国，中国"申遗"热

---

  ① 光映炯：《文化与旅游：东巴文化的旅游展演与活态保护》，中国社会科学出版社2019年版，第29页。
  ② 刘建美：《20世纪70年代前后中国文物保护工作述略》，《当代中国史研究》2013年第4期。

迅速兴起，非物质文化遗产的保护也被纳入民族地区文化保护工作范围之内，并成为关注焦点。自2003年"中国民族民间文化保护工程"开始对非遗进行真正意义上的全面整体性工作部署以来，国务院相继发布了《国务院关于加强我国非物质文化遗产保护工作的意见》《国务院关于加强文化遗产保护工作的通知》等重要文件，对物质文化遗产保护提出了要贯彻"保护为主、抢救第一，合理利用、加强管理"的方针，对非物质文化遗产保护也要求贯彻"保护为主、抢救第一，合理利用、加强管理"的方针。

其中，对非物质文化遗产的保护与传承成为国家关注的核心话语，其具体思路是"政府主导、社会参与"，体现出强烈的国家权力主导色彩。《中华人民共和国非物质文化遗产法》第三条规定："国家对非物质文化遗产采取认定、记录、建档等措施予以保存，对体现中华民族优秀传统文化，具有历史、文学、艺术、科学价值的非物质文化遗产采取传承、传播等措施予以保护。"因此，在少数民族地区，利用影像、录音、文字记录、数字化建档等手段对不同民族的非物质文化遗产进行抢救性保护，已为民族传统文化保护与传承作出了一定贡献。自2005年至2009年，全国参与非物质文化遗产普查的工作人员达50万人次，走访民间艺人115万人次，收集珍贵实物和资料29万件，普查文字记录量达20亿字，录音记录23万小时，拍摄图片477万张，汇编普查资料14万册，非物质文化遗产资源总量近87万项。[①] 此外，对各地区非遗文化保护项目的评定，包括从国家级、省级到市级、县级四类不同级别的非遗文化保护名录体系的构建，以及相应的不同级别非遗传承人的命名，均将社区、群体与个人纳入国家对非遗文化的保护层级体系之中。

[①] 全国人大常委会法制工作委员会行政法室编著：《中华人民共和国非物质文化遗产法释义及实用指南》，中国民主法制出版社2011年版。

第七章 旅游展演与民族文化保护、传承意义的关系探析

当然,这样的保护方式是明智所为,也是无奈之举。例如,原国家文化部在《关于开展国家级非物质文化遗产代表性传承人抢救性记录工作的通知》中明确提出:"截至 2015 年 1 月底,文化部公布的四批 1986 名国家级非物质文化遗产代表性传承人中已有 235 人离世,在世的国家级非物质文化遗产代表性传承人中超过七十周岁的已占到 50% 以上,开展传承人抢救性记录工作已刻不容缓。"过去数十年间,在全球化、现代化和城市化的冲击之下,已经有越来越多的走向濒危和消亡境地的民族传统文化让我们采取了抢救性保护的方式,希望能够尽最大力度挽回损失,帮助民族传统文化重新焕发生机与活力。

其次,对于国家政策话语的执行,常常是由一整套完整的文化机构和制度体系来实现的。其中最具有典型性的就是各地文化馆(站)的设置。文化馆,是指县级以上人民政府设立的、提供公共文化产品和公共文化服务的公益性文化事业机构,为人民群众免费提供文化场所,提供无偿或低偿的文化服务。① 在某种意义上,文化馆(站)是社会主义体制中文化行政的产物,它的职能主要是宣传、娱乐、教育、保护非物质文化遗产和指导、交流等,在实践中承担了政府的群众文化工作。一般而言,我国的文化馆(站)常被划分为省(自治区、直辖市)、地区市(地、州、盟)、县(市、区、旗)三级,但也衍生了街道(乡镇)文化站、社区(村)级文化站(文化活动室)等更为基层的文化机构。其中,县级文化馆是区、街道、社区三级基层文化设施的核心环节,因为其接近民众,容易获得第一手的民间资料,往往成为最能生产艺术创作、最富生活气息的层级馆。在现实中,大多数需要被保护与传承的民族传统文化是产生和扎根于村寨、社区、乡镇等基层行政体系之中,更

---

① 王婧:《论免费开放背景下文化馆发展研究》,硕士学位论文,广西艺术学院,2013 年,第 4 页。

多实际性的文化工作都与县级文化馆紧密相连，如本书中老达保村旅游展演节目内容的编排，就离不开澜沧县文化馆的帮助和指导。澜沧县文化馆建于1954年，是一个专门从事辅导、指导、研究和组织全县群众文化艺术活动的公益性事业单位，主要承担着满足澜沧县社会公共文化需求，宣传党的路线、方针、政策，宣传科技知识，弘扬先进文化，陶冶人们精神生活、道德情操，满足人民群众精神文化需求，并承担着抢救、保护和传承非物质文化遗产的重要职责。文化馆内设调研部，文艺辅导部，美术、书法、摄影部，非物质文化遗产保护部。馆内拥有多功能活动室、舞蹈排练室、美术工作室、民族音像工作室、少儿音乐培训中心等各种活动室，为记录、收集、整理、抢救许多当地民族传统文化发挥了重要作用。可以说，正是有了国家权力对群众文化的认知，才使得文化馆（站）体系成为必然。1982年，我国公布实施的《中华人民共和国宪法》的总纲中第一次明确提出"国家要发展文化馆事业，开展群众性的文化活动"，将发展文化馆事业和开展群众文化活动同时写入国家根本大法。由此可见，在我国文化行政体系中，文化馆建设是与群众文化活动的开展挂钩的。这使得文化馆成为社会主义体系下实施群众文化工作的主体，也是地方政府对民族传统文化保护与传承的执行主体。

最后，随着消费社会的兴起以及国家对民族地区经济发展、文化产业、乡村振兴等政策话语的指导，各种社会力量也相继参与民族文化开发与利用的实践活动之中，包括民族文化扶贫效应的发挥、民族传统文化的产业化发展以及民族文化的创造性转化与创新性活动等。对此，有关民族文化的开发利用是否能够有助于民族传统文化的保护与传承，出现了两种不同的声音：一种是民族传统文化需要随着社会的发展而发展，只有逐步适应和融入群众的社会生活中去，才能实现其保护与传承，并在注重保护和有效传承的前提下，可以对民族传统文化资源进行

第七章 旅游展演与民族文化保护、传承意义的关系探析

开发和利用。二是秉持完整性和真实性原则，认为民族传统文化是各个少数民族在历史社会发展过程中形成的物质和精神成果，应该更尊重其原生文化环境的保护与文化内容的完整真实性，因而提出不应将开发利用作为保护传承工作的内容。其他一些观点则是对这两种观点进行综合分析，或者是从实用主义角度进行阐释。在此基础上，国家和部分专家提出了"生产性保护"这一概念，用以试图平衡民族传统文化的开发利用和保护传承之间的关系。生产性保护的根本目的就在于有效保护民族传统文化资源，通过生产、流通、销售等手段来将民族文化遗产及其资源转化为文化产品的保护方式。[①] 不得不承认，早期国家和地方政府实施的抢救性保护和非遗文化保护，对于我国民族传统文化的保护与传承有着重要的作用，但这样的社会实践活动更多的是从国家和行政的角度来对民族文化保护工作重要性进行强调和解读，在一定程度上也确实能够唤醒社会的责任感和使命感。然而，对承载着民族传统文化的村寨社区、族群集体或个人而言，如果这些文化不能发挥出可以帮助他们解决生计问题的效用和价值，那么文化所具有的族群、社会和国家的意义也就无从谈起。因此，生产性保护的提倡，一方面是反映了民族传统文化只有随着社会的发展而发展，逐步适应和融入族群社会生活之中，才能实现其保护与传承；另一方面意味着可以对民族传统文化进行适当的开发利用，以便让民族传统文化能够在新的生产性语境中获得其生存性的持续动力。换言之，就是提倡将过去的"输血式"发展模式改为"造血式"和"内源式发展"模式。在此理念指导下，除了国家行政力量之外，市场、资本、社会、民间、个人等不同主体都参与了这种保护实践，常常采用"政府+公司+农户""产业+社区+村民""项目+

[①] 麻国庆、朱伟：《文化人类学与非物质文化遗产》，生活·读书·新知三联书店2018年版，第110页。

传承人+基地"等多种方式，注重引导社区、村寨、族群、乡民等文化主体的充分参与。这对于充分发挥文化主体的能动作用，反映传承群体的意愿，以更加贴近实际的方法和途径来实现对民族传统文化资源的有效利用和现实转化，具有重要的意义。

二 旅游开发背景下的民族传统文化保护与传承

在生产性保护模式下，最显而易见的一种方式就是旅游业的介入。由于民族地区传统文化资源的丰富性和独特性，使得民族传统文化最容易成为旅游开发利用的对象，通过文化生产和再生产成为旅游产品供大众游客消费体验。"文化再生产"这一概念，是由法国社会学家布迪厄在20世纪70年代初提出的，主要说明文化通过不断地再生产进行传承并从而使社会延续，表现出社会文化的动态性发展过程。在社会学中，"再生产"意味着重复、复制和再造，它可以提供改变和新生的可能性。① 因此，将社会学中的"再生产"概念用于文化论中，也说明了文化生命相对于自然生命的最根本特点是它在原有旧秩序的肯定和维持之上的自我创造性。在某种意义上，文化传承本身就是一个再生产的过程，它主要与文化资本相关。按照布迪厄的说法，文化资本主要指标志一个人的社会身份的、世代相传的、被视为正统的文化趣味、消费方式、文化能力和教育资历等的价值形式。② 对于民族传统文化而言，文化资本的再生产通常都是通过继承的方式进行的，其最主要的再生产场所是家庭或家族。一代代的族群成员通过父子、母女、舅甥、师徒等代际传承而成为民族传统文化再生产的主要力量。不管是出于社会本身的需求，还是传统习惯的影响，民族传统文化就是在不断分

---

① Jenks Chris, *Cultural Reproduction*, London: Rutledge and kurgan Paul, 1993, p. 5.
② 宫留记：《布迪厄的社会实践理论》，河南大学出版社2009年版，第147页。

第七章 旅游展演与民族文化保护、传承意义的关系探析

化出来的家族支系中传承与发展的——社会单体的结构被不断分裂、复制、重构,从而保证了传承的可持续性,也就成为今日旅游开发利用的"原材料"。

当这些作为"原材料"的民族传统文化被旅游业中的权力、资本、知识、消费等诸多外力再生产之后,就成了一种典型的重构后的文化。这种重构过程包括文化的符号化生产、舞台空间的呈现、日常生活的展演化以及不同程度的商业化包装营销等。于是,这种经由旅游产业打造后的民族文化,其实已不同于家庭成员通过自身的文化再生产而代际传承下来的原生文化,它更多的是一种脱离了原生环境而出于满足大众游客消费需求的商业性文化,因此,也被学界称为"文化的商业化"。文化的商业化是否会引起文化真实性的丧失,从而妨碍了民族传统文化的保护与传承?对这一问题的讨论,主要是从客观真实性的角度对民族文化的演变进行本体论意义方面的探索,并因此引发出旅游商业环境中的民族传统文化是真还是假的质疑。与此同时,由于"真实性"这一概念本身具有的动态性、语境性和不稳定性,使得这种非此即彼的发问很难有最终的统一答案,因为,真实性在不同文化中的多样性表现及其影响效应均不同。相反,正因为真实性有如此多变的形貌,才使得美国著名社会学家麦肯奈尔(MacCannell)提出的"舞台真实性"成为探讨旅游世界中的文化商品化与文化真实性矛盾关系的经典视角。在麦肯奈尔看来,"舞台真实性"这一概念的提出,主要是想表现现代社会中一种无所不在的、浩大的文化建构事实,[1] 反映的是旅游舞台文化背后的社会建构原理及其社会运行机制,这在某种程度上与前述的"文化再生产"概念有着异曲同工之妙。因为,它们要揭示的都是旅游开发背景下

---

[1] Dean MacCannell、赵红梅:《〈旅游者:休闲阶层的新理论〉与现代性的民族志者:Dean MacCannell 访谈录》,《旅游学刊》2018 年第 12 期。

那些传统的、原生性文化被"再造"或"建构"背后的各种力及其关系运转，包括政治权力、经济资本、消费市场、地方知识、民族形象等，而这些因素均会造成民族传统文化在旅游场域中的变迁与发展，也就直接造成了对民族传统文化保护与传承能否有效开展的各种影响。

在此背景下，学界对于这些经由旅游业"再生产"和"社会建构"之后的新生文化，赋予了"表演性"和"舞台化"的标签，并认为这类被建构后的文化对于文化保护与传承有着正反两方面的影响：一是肯定论，认为旅游开发和利用，赋予了民族传统文化在新时代背景下得以重现的机会，也有利于民族传统文化的保护与传承。因为，这种积极的影响既包括对文化本体的保护、传承和创新，也包括对文化赖以生存的环境的保护，如民族文化村寨旅游。于是，有学者指出民族旅游有助于民族传统文化的传播和交流，有助于民族传统文化的保护，有助于民族地区社会环境和生态环境的改善，有助于提高少数民族人民的社会生活质量[1]；并且以云南为例，认为民族旅游推动着各少数民族传统文化的复兴和民族身份、民族精神的再建构，而且为族群文化的复制、再造和再生产提供了前所未有的场景和舞台[2]。究其原因，有认为旅游业带来的经济效益能够为文化保护提供经济动力，并进一步催发民族文化的自豪感，为民族文化传承提供社会文化动力；[3] 也有认为旅游开发使得东道主对本民族传统文化有了整体性的重新认知，民族意识增强，民族认同强化，传统优良价值观得以发扬[4]。

---

[1] 田敏：《民族社区社会文化变迁的旅游效应再认识》，《中南民族大学学报》（人文社会科学版）2003年第5期。
[2] 杨慧：《民族旅游与族群认同、传统文化复兴及重建——云南民族旅游开发中的"族群"及其应用泛化的检讨》，《思想战线》2003年第1期。
[3] 杨桂华：《民族生态旅游接待村多维价值的研究——以香格里拉霞给村为例》，《旅游学刊》2003年第4期。
[4] 高婕：《民族旅游发展背景下的民族文化变迁与保护研究——以黔东南苗寨为例》，硕士学位论文，华中农业大学，2009年。

第七章 旅游展演与民族文化保护、传承意义的关系探析

因此,少数民族社区旅游的舞台化不仅有利于族群文化在空间特质和精神特质上的分区保护,有利于提高当地居民参与社区旅游意识和保护民族传统文化意识,也有利于借助旅游发展契机积极发掘、保护和传承发展民族文化,挽救濒临边缘化的民族文化。二是否定论。这类观点主要是从内涵、真实、认同、空间等不同角度对旅游开发引起的负面影响给予阐述。有学者忧虑民族地区的旅游开发会给民族社区文化带来一系列问题,如民族文化认同感失落,传统民族文化走向衰退和消亡,价值观的改变和传统社会结构的崩溃,民族传统文化的粗俗化[1];也有人发现旅游活动中民族文化的表演倾向容易把传统文化的生活内涵置换掉,使其变成纯粹的商业活动而对村民自身失去了意义,从而影响文化在社区内部的传承,造成民族文化传承机制的破坏[2];并且,旅游的进入,还可能导致民族价值观的蜕变和民族传统文化的肤浅化和庸俗化,甚至是"麦当劳化",即在经济利益的驱使下,旅游展演情境下的民族文化的选择主要是以符合麦当劳化的元素为主,缺乏创新,缺乏人性化、地方化、个性化的发挥和创造;而那些不适合商业化、商品化和麦当劳化的,具有地方性、个别性和原生性的元素被弱化或取消了。这种依照市场需求批量生产的民族文化表现出单一性和同质化的特征,其真实性大打折扣,是一种依照固定的模式和标准生产出来的加工修饰之后的"商业文化"[3]。此外,民族地区的旅游开发与利用,不仅会引起传统文化本体的变迁,也在改变着民族文化空间的发展轨迹,引起公共空间内的文化变迁,忽视了东道主在公共空间中作为文化传承者的作用,将当地居民排除在公共空间之外,使得文化持有主体缺失,这不仅削弱了文化

---

[1] 罗永常:《民族村寨旅游发展问题与对策研究》,《贵州民族研究》2003年第2期。
[2] 徐赣丽:《民俗旅游的表演化倾向及影响》,《民俗研究》2006年第3期。
[3] 刘志扬:《民族旅游的麦当劳化——以白马藏族风情游为例》,《旅游学刊》2012年第12期。

的原生性，也不利于民族传统文化的保护与传承。当然，也有一些学者将这两种截然相反的声音给予了融合，提出应当两面性地来看旅游开发对民族传统文化造成的影响，既承认其优势，又要警惕其不足之处，从而能够科学客观地看待旅游业对民族传统文化保护与传承的影响效应。

　　由此，一些学者也对旅游开发背景下的民族传统文化保护路径给予了探索。有关民族文化保护的观念认知问题，大致有文化整体观、主体观、本体论、环境论、品位观等。第一，对于文化整体观，认为"文化都看作是一个整合的统一体或系统，在这个统一体或系统中，每一个元素都有与整体相联系的特定功能"。[①] 因此，我们在保护和传承民族传统文化时，不应该将其碎片化、肢解化、狭窄化，而应该从文化的多维角度去进行整体性保护，包括物质的文化载体和非物质的文化内蕴。同时，也颇为实际地提出了对文化的保护与传承，不应仅是将其简单地陈列在博物馆中进行展示、保存，还应该以"区域性整体保护"思路指导工作。"区域性整体保护"的理念是建立在文化整体观之上的，因为民族文化的产生并非无根无源的，而是深深植根于社会文化传统的积淀之中，与族群的生存环境、历史发展脉络、经济生产方式、社会关系和日常生活形态等有着密切的联系。因此，对民族传统文化进行保护时，不能再将其从社会文化背景中抽离出来，文化内容应该和所依附的文化空间一起保护，如从2007年至2017年全国共设立的21个国家级文化生态保护实验区，就是这种观念的实践反映。当然，"区域性整体保护"的理念侧重点还在于如何体现保护的"区域性"，实现民族文化保护与地方社会协调发展。一般而言，当"发展"和"保护"相遇时，它们之间必然会产生矛盾，如何把握两者之间的"度"，一直以来都是

---

① ［美］拉德克利夫－布朗：《社会人类学方法》，夏建中译，华夏出版社2002年版，第67页。

一个非常棘手的问题，还需要未来更多的探索。第二，文化主体观的理念是明确指出要确立文化拥有者的主体地位。因为，对于少数民族地区旅游业的发展，它不仅是一个经济性的产业，也是文化产业的发展、社区的建设和人的发展。与此同时，文化是人的文化，民族文化是"活"的文化，要靠人去传承和发展。如果没有人，没有传统文化的持有者和承载者，那么一切都无从谈起。从某种程度上来说，所谓的文化保护，除了尽力照顾某一事物免受其伤害之外，还应该保持和提升它的活力与生命力，而这又都是由人所带来的。因此，贯彻以人为本，保证原住民的参与权和利益主体权，促成他们的文化主体自觉，才是民族文化传承的关键。同时，还要重视对传承人、传习人的保护与培养，激发他们带动其他村民保护与传承的积极性和能效性，从而促进文化的创造性转化与创新性实践，方可做到可持续发展。第三，文化本体论。这一观点要求必须牢固树立民族文化的保护与传承本身就是根本目的这样一种"本体论"观念。本体论，在哲学中意为关于"存在"的学说。简单来讲，文化是一种传统的存在，深具传统性。尽管文化的传统存在是与文化的历史性相契合的，但传统并不完全等同于历史，传统的承继并非简单重复历史上遗留下来的文化，它也是一种选择和创造。因此，保持民族文化空间的多维性，既有历史遗留又有新兴创造，更有属于后代的发挥余地。人们在这样的文化空间中，才能解读出这个民族的过去、现在和未来，能够感觉到文化的变迁、发展和传承。①

对此，民族文化保护与传承的根本目的在于以下三方面。第一，能够充分保护与传承民族传统文化的特色，力促经济社会与文化建设之间的协调发展，让文化与经济自觉融合，为文化的保护与传承提供坚实的物质基础，从而使得各民族的文化得到健康有序的发展和世代延续传承

---

① 苗伟：《文化时间与文化空间：文化环境的本体论维度》，《思想战线》2010年第1期。

下去，而当地少数族群成员也能从中真正体验到生活的乐趣。① 第二，要大力培育各民族群众的"文化自觉"意识，认识到我们每个人在现行民族政策体制下具有的双重"民族身份"，即既是作为"国家民族"的中华民族的一员，又属于国家正式识别的56个民族中的某一个民族的一分子，因而在民族文化保护与传承中，除了要大力培育各民族自身民族意识与价值观，还要培育中华民族的"国家民族"意识以及社会主义核心价值观以外，帮助铸牢少数族群成员的"中华民族共同体意识"，为民族文化的保护与传承提供可靠的思想保障。第三，文化的品位观也很重要。品位，其实更多的是一种软实力，对内表现为主体精神状态、意志品格、凝聚力；对外表现为文化精神、价值资源、文化风格、活力和吸引力。② 这是在文化保护与传承中容易忽视的一点，也是用以抵抗文化过度商业化和媚俗化的有效策略。

三 旅游展演对民族文化保护传承的影响机理

（一）旅游展演与民族文化的关系

旅游展演，作为旅游业对民族文化资源进行开发利用的主要形式之一，已在我国少数民族地区不断涌现，并对民族传统文化产生了诸多影响。在漫长的历史过程中，各少数民族用他们自己的勤劳和智慧创造了独具特色的文化资源，是他们世代相传并深刻影响民族自身生存、交往以及发展的宝贵财富，也是人类社会可持续发展的文化资源。这些民族传统文化资源丰富多彩，具有多样化特征，包括建筑、服饰、语言、饮食、宗教信仰、村规民约和音乐舞蹈艺术等内容。21世纪以来，随着

---

① 和少英：《民族文化保护与传承的"本体论"问题》，《云南民族大学学报》（哲学社会科学版）2009年第2期。
② 郑一民：《提高城市文化品位 传承民族历史文化》，《群言》2009年第12期。

消费社会的形成和世界旅游产业的迅猛发展，少数民族独特的文化成为旅游消费热点，而经济较为落后的民族地区也需要依靠出售自身的文化特色而实现脱贫致富的目标，使其成为带动民族地区经济发展的新增长点。因此，民族传统文化成为国家政府、外来资本、消费社会、现代经济等不同力量青睐和开发的对象，其原本单一的"资源"属性也就具有了"资本"潜能，只要通过适当的市场机制运作，就有可能获得经济效益。此时，少数民族村寨作为民族文化的原生地，集物质文化遗产和非物质文化遗产于一体，具有丰富的文化内涵，是一个能够对外展示地方性、民族性和文化性的空间场域。因此，民族村寨作为民族文化旅游最好的物质载体，其独特的民族文化是大众游客最为向往和期待体验的对象，而民族村寨旅游开发，也是希望借助民族村寨的文化旅游资源发展经济并以期促进社区的全面发展。

在此背景下，对民族文化资源的旅游开发利用，已成为生产者和消费者的共同诉求。但是，怎样对民族传统文化进行旅游化的开发和利用？这是许多少数民族村寨面临的首要任务。由于民族传统文化内容庞杂且因为现代经济的影响有些已在日常生活中衰退或消亡，而前来旅游的游客在时间方面也是较为短暂，所以，如何让游客们在最短的时间内可以拥有最丰富和印象深刻的文化感知，是旅游产品设计者需要重点考虑的问题。与此同时，对于各个民族村寨而言，旅游业的发展不仅是服务他人，更是解决当地村民的生计问题。这样，在生产旅游产品时，生产者一般都会注意将村民们也纳入村寨的旅游就业体系之中，让村民们能够因为参与社区旅游而获得一定的经济收入。然而，在旅游业进入各个民族村寨之前，这些村民们大多因贫穷而受教育程度不高，对于"旅游""旅游业""旅游服务"等概念基本上是缺乏认知的。所以，让村民们尽量能够从事他们在日常生活中比较熟悉的事物，才是较为理性的选择。而相应地，大多数少数民族都擅长歌舞表演，因此，以歌舞表演的形式来向外界游客进行民族传统文化的展示和呈现，就成为众多少数民族村寨供给旅游产品的主要形式之一。歌舞形式的旅游展演，在此成为连接东道主与游客之间的文化媒介，也使得原本产生于传统社会结构中的民族传统文化走向被舞台化生产包装的阶段，并以艺术性的展示方式给予形象美化和场景营造。此时的民族传统文化，在旅游展演空间中已然脱离了原有的文化生境，而进入了多元资本形式与权力关系互动的新场域之中，其功能、属性、价值和意义等均发生了变化。总体而言，旅游展演正如旅游业在少数民族村寨发展的一个缩影，它由于天生的"形象性"和"活态化"而成为当地旅游产品体系中的一种显性景观，能够让大众游客借此更直接便捷地了解和认知民族传统文化。与此同时，旅游展演又与一般的舞台表演不同，它更多的是借助舞台表演形式来向大众游客展示东道主社会的传统文化，是借助原生村落文化空间向游客呈现该村寨所在区域某一民族的传统文化内容的形象载体。通过我们在第三章至第六章对老达保村旅游展演实践的系统性分析，可以发现旅游展演的形成和经营等实践，更多的是一种对民族传统文化进行社会空间生产之结果，其间蕴含了深刻的过程、关系、表征、影响等含义。

在20世纪70年代，面对现代化和城市化带来的现代性空间焦虑及异化，以列斐伏尔为首的学者们提出了"社会—空间辩证法"，认为每一种空间都意指一种特殊的社会实践，不同的历史阶段，不同的生产方式，会产生不同的社会空间，[1] 即将关注视角由空间中"事物的生产转向了空间本身的生产"。[2] 列斐伏尔在他的《空间的生产》一书中提出，"（社会）空间是社会的产物，而社会关系是社会空间的具体体现"[3]；

---

[1] Henri Lefebvre, *The Production of Space*, Oxford: Wiley‐Blackwell Ltd., 1991, p.16.

[2] 包亚明主编：《都市与文化（第二辑）：现代性与空间的生产》，上海教育出版社2003年版，第47页。

[3] Henri Lefebvre, *The Production of Space*, Oxford: Wiley‐Blackwell Ltd., 1991, p.26.

第七章 旅游展演与民族文化保护、传承意义的关系探析

"它们一方面作为一种社会存在或者说是一种空间存在被历史生产出来，继而将自身投射到空间里并留下痕迹，反过来其本身又生产着新的关系和空间"①。由此，"每个社会，每种生产方式与其特定的生产关系，都会形成自己特殊的社会空间"。② 在此基础上，列斐伏尔提出了三重性空间辩证法：空间实践或感知的空间，"包含着任何具有社会构成物之特征的特定的地点和空间位置"③；空间表征或构想的空间，"是在任何社会（或生产方式）中都占据统治地位的空间"④；表征的空间或生活的空间，"包含复杂的以相关意向和符号为代表的象征系统，它们与社会暗中反对现存体制的方面或艺术相联系"⑤。

首先，列斐伏尔认为："每个社会，每种生产方式与其特定的生产关系，都会形成自己特殊的社会空间。"⑥ 就本书中的老达保村案例而言，在旅游展演进入之前，村寨的生活空间与生产空间是截然分明的。因为，那个时候老达保村的村民大多依靠农业生产和种植业，其生产空间多在田间地头、茶园瓜地等村寨周围的农业区。但是，后来随着旅游展演的对外开放，旅游展演空间开始被嵌入村寨原有的生活空间，如村寨上方的舞台中心坝子，还有在经营旅游客栈、餐饮等服务业的村民家户。此时，村寨的生活空间因为旅游业的介入而催生出新的生产空间，且与原有的生活空间发生了部分交叠和融合。社区的生活空间也开始向着多功能转变，既承载了本地人的生产与生活功能，也承载了游客的休

---

① Henri Lefebvre, *The Production of Space*, Oxford: Wiley - Blackwell Ltd., 1991, pp. 154 - 155.
② Henri Lefebvre, *The Production of Space*, Oxford: Wiley - Blackwell Ltd., 1991, p. 31.
③ Henri Lefebvre, *The Production of Space*, Oxford: Wiley - Blackwell Ltd., 1991, p. 33.
④ Henri Lefebvre, *The Production of Space*, Oxford: Wiley - Blackwell Ltd., 1991, pp. 38 - 39.
⑤ Henri Lefebvre, *The Production of Space*, Oxford: Wiley - Blackwell Ltd., 1991, pp. 16 - 33.
⑥ Henri Lefebvre, *The Production of Space*, Oxford: Wiley - Blackwell Ltd., 1991, p. 31.

闲游憩功能，当然还有主客互动交流产生的交融性空间。

其次，随着生产方式的转变以及旅游展演空间的渗入，村寨居民在当地政府的带领下通过新的"空间实践"完成了对民族传统文化的"空间表征"，进而产生出非常明显的"表征的空间"，这也符合列斐伏尔的三重性空间辩证法。一方面，澜沧县政府为了扶持老达保村发展旅游演艺业，专门拨款用于改造村寨的建筑、道路、厕所等公共空间和基础设施，并对部分空间进行了专业的旅游规划布局；另一方面，生产方式的展演性，也衍生出更多的旅游商业活动，不断地拓展村寨的文化空间范围和功能，进而村寨空间也被纳入生产过程之中，成为生产力和旅游供给体系的一部分；此外，游客的到来也改变了村寨文化空间的性质，导致社区内日常生活的改变。总之，无论是向游客正式营业的舞台展演空间，还是随意向游客敞开的村民家户空间，都成了空间生产后的文化表征，都统筹于社区生产和生活空间从分离到融合的过程之内。

最后，伴随着民族村寨社区生产与生活空间的演变，以及舞台空间、建筑景观、规划控制、文化符号等新内容的生产，社区的社会关系也发生着重组与再生产，主要体现为集体网络关系的加强和经济网络关系的延伸。一方面，由于村民往往是旅游展演队伍中的演员，因此无论是在表演前的节目排练，还是表演中的舞台展示，或者表演后的经验交流等，都为族群成员之间的交往互动提供了更多的机会和空间，也由此加强了社区内的集体网络关系。但是，这种集体网络关系也并不仅限于社区内部，也指本族群成员因对党和国家的认同而产生的中华民族共同体关系和意识。另一方面，旅游展演的进入带给村民更多的挣钱养家的机会，如由最初的舞台表演到表演和旅游服务兼营，也让他们有更多外出演出的机会，由此而产生出更为广泛的社会交往关系，包括线上和线下的合作关系网络。随着各种经济关系网络的不断变化，一些旧的关系发生断裂，新的关系正在形成，个人关系网络得以不断拓展和延伸。例如，作为村寨精英的李娜倮，她在成长为党和国家重视的拉祜族文化代言人之前，其社交关系主要局限于家庭和村寨，再多也就是和邻近村寨的村民交往。但是，在地方政府将村寨旅游展演管理权和经营权委托给她和其他几位村民之后，她的社会关系网络得以迅速拓展，其个人的社交范围主要是围绕着旅游展演实践，并从村寨扩展至县、市、省乃至国家层面。当然，也正是民族村寨空间的生产方式和社会关系的演变，才使得空间表征和文化事象也得以重塑和再造，其村寨里衍生出来的民族传统文化也就在新的社会空间中得以重现和展示，并以"旅游展演"这一艺术性较强的表现形式来完成对民族文化商业化的过程。

（二）情境认同：旅游展演对民族文化保护传承的影响

民族文化的保护传承，就是通过各种内外力作用使得民族传统文化免受损害，能够在社会文化变迁相当剧烈、全球一体化潮流席卷世界的今天，保存和维持住民族传统文化的特色原貌，并在适应新时代环境下，通过融入和创新来实现对其的有效传承。那么，旅游展演的兴起，对于民族传统文化保护与传承又有着怎样的影响呢？我们通过对本书案例对象老达保村旅游展演的系统性分析，尝试总结出旅游展演对民族传统文化保护与传承的影响机理，主要内容有以下四方面。

第一，利益相关性的影响。本书第三章从身体的角度出发，对承担民族传统文化展演任务的村民身体进行了跟踪和调查，通过对身体在参与展演之前和之后两个不同阶段的具体表现和变迁性的对比，发现民族传统文化的保护与传承，在现实生活中必然要与文化持有者的生存需求挂钩，才能真正激发族群成员对民族文化保护与传承的文化自觉和内在驱动力。换言之，也只有当在民间已经因现代经济发展而迅速衰退甚至消亡的民族传统文化向文化持有者凸显了它的经济效益，能够通过市场机制的运作激发出民族传统文化的生计功能，才能获得当地族群成员对民族传统文化资源的重新审视和价值认同。因此，我们不能避谈商业化、市场性来空谈对民族传统文化的保护与传承。相反，在当今全球经济一体化的新语境中，单纯地将民族传统文化进行静态式的展示和封闭式的保护，这种思路并不可取，也不现实。因此，随着国家和地方政府对民族文化现代化发展的重视，权力、资本、产业、消费等不同要素开始转向民族传统文化资源，利用旅游展演化的手段对其进行活态化的展示和呈现，已成为各地少数民族村寨中的一股热潮。旅游展演，在这里成了族群成员获得商业收入和大众游客获得文化体验的物质载体，它因为给当地村民带来了脱贫致富的实效和让民族文化得以向外传播的功能而逐渐获得了东道主社区居民对自我这一民族的文化认同，进而在内心激发出对民族传统文化保护传承的"文化自觉"意识。费孝通先生曾对"文化自觉"的基本理念做了阐发和宣传，他指出，"'文化自觉'指生活在一定文化中的人对其文化有'自知之明'，明白它的来历、形成过程、所具有的特色和它的发展趋向"，即弄明白"我们各民族的文化是哪里来的？怎样形成的？它的实质是什么？它将把人类带到哪里去？""文化自觉"的目的不是别的，而是"文化主体性"，即对现代化的"自主的适应"。这种"适应"，既可以理解为发掘本土文化中与现代化规律相契合的要素，依据本土文化来重建现代化道路，亦可以理解为在本土文化与现代化要求无法结合的情境下，主动参与、学习和适应现代化的基本规则和技术，在参与中重建自身文化个性。[①] 由此可见，旅游展演利益性方面的影响，其实是为激发当地族群成员的文化自觉意识和文化主体性提供契机，让族群成员于本民族或地方文化在面对现代

---

① 李友梅：《文化主体性及其困境——费孝通文化观的社会学分析》，《社会学研究》2010年第4期。

第七章　旅游展演与民族文化保护、传承意义的关系探析

化诉求时能够产生能动性的理性认知，转而从以前国家政策话语的被动执行者变为从事民族文化保护与传承事业的主体。这是从利益获取方面产生的现实性来对"旅游展演对民族传统文化保护传承的影响"进行阐述。

第二，情感联结性的影响。本书第四章从关系的角度出发，重点调查了老达保村的村民与大众游客之间的主客互动场景，包括场景中产生的身体交往、文化交流、情感共鸣和价值共享等方面。著名社会学家柯林斯曾提出经典的"互动仪式链理论"，认为共同在场、互相认识、共同关注的焦点、节奏同步以及团体的象征激发了情感。当个体参与集体活动或参与同一个事件时，互动仪式就产生了。互动仪式的核心就是一个过程，在该过程中参与者发展出共同的关注焦点，并彼此相应感受到对方身体的微观节奏与情感。同时，仪式还是通过多种要素的组合建构起来的，它们形成了不同的强度，并产生了团结、符号体系和个体情感能量等结果。在互动仪式过程中，前提是两个或两个以上的人聚集在同一场所，通过身体在场影响对方；然后对局外人设定了界限，参与者知道谁在参加，谁又被排除在外，如只有征得东道主同意了的主客互动；最后是人们将其注意力集中在共同的对象或活动上，并通过相互传达该关注焦点，而彼此知道了关注的焦点；以及人们分享共同的情绪或情感体验。[1] 对此，柯林斯探究了迫使他们去参加或不去参加互动仪式的情感能量的堆积。随着情感能量的堆积，仪式就呈现出更大的价值。在柯林斯看来，情感能量带给参与者"自信、快乐、力量、热情和行动时的主动"，这也是情感传染机理和情感共鸣所产生的深层次原因。因为，亲身在场能够使人们更容易察觉他人的信号和身体表现；进入相同的节

---

[1] [美] 兰德尔·柯林斯:《互动仪式链》，苏国勋主编，林聚仁、王鹏、宋丽君译，商务印书馆2009年版，第86页。

奏，捕捉他人的姿态和情感；能够发出信号，确认共同的关注焦点，从而达到主体间性状态。[①] 根据这个理论，情感机制涉及一套情感，这套情感的养成和表达，必须符合一定的规则，并通过一定的仪式和实践予以强化。因此，任何一个社区结构都包含着情感的积淀，也诱发着情感的产生，旅游展演恰好为此创造了条件。在老达保村寨里，无论是舞台上正式的主客互动，还是舞台下随机的主客交流，都有东道主与游客之间因为某一首歌、某一个故事、某一段旋律和回忆等内容媒介而产生情感共鸣。有必要说明的是，在旅游展演这种东道主为游客提供服务的场合中，大多数的情感共鸣主要体现为游客对东道主文化的认同，表现为游客被东道主文化中的某些价值观、生活理念和情感模式所吸引和感动，其关键过程是参与者情感与关注点的相互联结，从而产生了共享的情感/认知体验。这种体验也是主体间性瞬间的微观情境的产物，其实质是对游客身处的现代社会结构的反叛与无声的抗议，即对现代性带来的情感疏离、异化甚至扭曲变态等负面情感的否定与排斥……由此，生活在民族村寨的少数族群成员，作为迎接游客的东道主，他们对自我情感的真实表达、对幸福快乐生活的欢畅演绎以及族群成员之间的共享感和团结感，给了游客更多的情感能量和符号效能。基于此，当老达保村的旅游展演对民族文化的情感性方面凸显得越明显和越到位，那么无论是东道主还是游客，对于展演的民族传统文化更为认可，尤其是东道主还会因为游客的认同而强化对自身文化的认同，由此为民族传统文化的保护与传承增强了情感性影响动力因素。换言之，当旅游展演赋予主客双方更多的情感能量和情感共鸣时，主客之间就形成了一种"情感共同体"，这种"情感共同体"就源自对旅游展演表现出来的文化内涵的认

[①] [美] 兰德尔·柯林斯：《互动仪式链》，苏国勋主编，林聚仁、王鹏、宋丽君译，商务印书馆2009年版，第105—106页。

第七章　旅游展演与民族文化保护、传承意义的关系探析

可，也是主客之间情感性联结的具体体现。一旦产生这种情感性联结，民族传统文化的保护与传承就有了与利益性现实动力并行的情感性心理驱动因素，从而可进一步助推民族传统文化保护与传承工作的深入开展。

第三，集体效能性的影响。从第五章的调研内容可知，老达保村旅游展演之所以能够获得许多来自旅游者的肯定和赞赏，民族文化保护与传承也正日益被重视，是因为旅游村寨中的舞台"前台"展演和日常"后台"的生活实践具有连续统一性，并非如同很多之前出现的民族村寨旅游展演那样，"舞台"与"日常"是两张皮，截然分离的。舞台上的演员就是村寨的村民，没有外来者，也没有受过太多专业训练，给游客一副"天然""纯真""真实"的印象。更重要的是，整个村寨都营造了一种音乐小镇的氛围，村民们无论是在舞台上，还是在舞台下都会挎着吉他，随时随地进行歌曲弹奏。此时的音乐，已经成为族群成员向外推介本民族文化最突出的符号载体，不管这种音乐是否传递了拉祜族所有的歌舞文化信息。对于游客而言，很多人其实并不熟知"拉祜族"的传统文化，但他们和东道主通过"音乐"这一媒介进行文化交往交流，是一种群体性的行为，也表现出民族传统歌舞与西洋乐器弹奏相融合之后的市场吸引力，是一种民族文化创新实践的结果。这种富有创意的文化展示方式，一方面让游客不再觉得民族传统文化那么陈旧和遥远，更容易对民族文化产生兴趣和理解力；另一方面也让村民们乐意接受，将其融入自身的日常生活中去，成为当地人的一种娱乐休闲习惯和民俗文化活动。当然，这种外来文化符号的引入，无形中培养了村民们新的休闲旨趣，并激发了族群成员对民族传统音乐艺术的重新学习热情。因此，老达保村的村民将舞台与日常自然地联系在一起，构筑起一个全域式的旅游展演空间，以集体性的展演效能为民族传统文化保护传承提供了赖以生长发育的土壤和环境，即"文化生境"。文化生境指

出，任何一个民族及其文化都处于相对的社会文化环境之中，反之，生存环境对民族文化的发展和变迁也会产生巨大的影响。[①] 老达保村村民这种"农活+表演"的双重生活模式，已经成为当地民族文化生存和发展的社会土壤和文化生境——村民们能够从唱歌跳舞、吉他弹唱、音乐谱写中感受到生活的愉悦、快乐和乡情亲情，也能够在这种娱乐化的民俗文化活动中感受到独特的民族文化魅力与情致，感受到传统文化与他们的生活是密不可分的。因此，有了这一点，以音乐歌舞来展演的民族传统文化内容就理所当然地进入族群成员的日常生活中，并变成他们生活不可或缺的一部分。在老达保村，过去的集体劳作、现在的集体表演，都让族群成员体会到团结互助、齐心协力的凝聚力和集体效应，并因为"前台"与"后台"之间界限的消弭而成为最受游客欢迎的"原生态"实景演出，这为民族传统文化的再现和重构生产了一个与文化主体日常生活相融的集体性社会环境结构，有利于保证民族传统文化艺术在自然的文化生境中扎根生长发展。相反，如果村民们没有被培养起这种音乐爱好和演艺习惯，那么消失的民族传统或被外来文化同化的民族文化就无法在村民的日常生活中立足，因为人们对传统文化没有什么特别的需求，当然也就失去了保护与传承民族文化的动力因素。

另外，通过对老达保村的个体精英和普通村民两方面的发展轨迹来看，旅游展演的实践，其实还为其族群性的成长和变迁创造了条件。族群性是20世纪50年代在民族——国家视域下族群关系日益复杂化的产物，其内涵被西方学者归纳为：族群性与文化差异相关；族群性根植于社会互动，且在某种程度上是社会互动的产物；族群性与其构成要素——文化，一样是不稳定的、可变的；族群性既是集体又是个体的一

[①] 光映炯：《文化与旅游：东巴文化的旅游展演与活态保护》，中国社会科学出版社2019年版，第42页。

第七章 旅游展演与民族文化保护、传承意义的关系探析

种社会认同,在社会互动中具体化,在个人的自我意识中内在化。[①] 1963 年,哈佛大学社会学教授内森·格莱泽和丹尼尔·莫尼汉又将族群性描述为"族裔集团的性质和特点",即族群的文化特点。他们认为族群的文化特点与世系在一个多族群杂居的社会体系中服务于维系与凝聚自己群体的目的时,这些才是重要的。[②] 其中,"服务于维系与凝聚自己群体的目的",其实就言指集体效能性。在族群之间交流与互动日益频繁的今天,族群生计方式的形成常常与其他族群有着或多或少的联系,这时候,族群性的成长变迁将会关系到集体效能性的发挥,从而对民族传统文化保护与传承产生深层次的影响。比如,无论是作为民族精英的李娜倮、彭娜儿、张扎阿等,还是作为普通村民的张扎丕、李娜克、李扎努等,他们通过组织、领导和参与旅游展演活动,包括在村寨内的和赴外演出的,都让他们的个人能力得以迅速提升,也通过与外界社会的交流而开阔了眼界和视野,改变了一些传统的思维方式,让参加展演的村民们无论是自我效能还是凝聚在一起的集体效能都得以强化,并借此产生了民族文化保护与传承能力的获得。

第四,社会认同性的影响。在本书的第六章调研内容中,旅游展演实践引发的民族传统文化保护与传承,在现实中已成为一种社会性活动,具有多主体参与的特征。通过老达保村的案例分析可知,旅游展演实践中蕴含着权力、资本、市场、利益等更为深层次的因素,而且是生产和协商多种形式的认同与经验的地方。在老达保村这样的民族村寨中,为旅游业而产生的文化展演实际上展示了个人和集体对于文化和社会的观念,表演空间也是由各种社会力量共同建构而成。在旅游消费力的作用下,文化展演可以说是对民族传统文化的一种"升华的表达",

---

[①] 赵红梅:《国外旅游族群性的研究及其方法探讨》,《旅游学刊》2015 年第 1 期。
[②] 马戎:《西方民族社会学的理论与方法》,天津人民出版社 1997 年版,第 8 页。

它展示了不同主体对于社会和认同的观念，是一种"旅游现实主义"的产物，也是真实的生活情境和表演者遭遇的现实复杂性的产物。① 于是，这些不同社会主体对于旅游展演实践产生的认同感，尤其是因旅游展演的多重效应产生的认同感，就形成了旅游展演的社会性认同。这种社会性认同，反映的是社会中不同利益主体对当地旅游展演实践产生的各种效应作用的认同，是来自多元社会主体形成的外部性合力，这种合力的作用在某种程度上推动了民族传统文化持有主体的文化认知意识，包括对民族传统文化保护与传承的认知重要性和实践落地性。因为，身为民族传统文化的主体拥有者，当文化没有被外界所识别其重要性并带动他们进行开发利用时，文化更多的是族群成员的一种生产生活方式，也是集体性生产生活的经验产物和表现形式，但被享用的范围仅限于族群成员生活的内部社区结构。然而，当民族传统文化借助旅游展演实践被彰显出其经济价值和社会文化效益时，也因此得到外界不同社会群体的重视和利用时，这样的结果就会产生"镜像效应"，让东道主社区成员开始意识到自身持有的文化的价值及其意义，从而对其文化产生文化认同，并进而发展到族群认同。由此可以看出，这种源自文化认同和族群认同的认同性，它本质上是产生于一种来自社会评价体系的心理认同感，是通过旅游展演运营强化的"我者"和"他者"之间的身份区分意象，并在此基础上衍生出对自己所属群体的认同。这种认同带有明显的社会情境性，可产生内群体偏爱和外群体偏好倾向，从而产生出对自身文化的新认知与再表征。如此，这样的认同心理可被称为是一种超越了传统型族群认同的"情境认同"，它的产生，更多的是与民族传统文化所依存的社会语境性相关，即来自不同社会群体运用的权力、资本、

---

① ［美］杰茜卡·安德森·特纳：《旅游景点的文化表演之研究》，杨利慧译，《民族艺术》2014年第1期。

第七章 旅游展演与民族文化保护、传承意义的关系探析

市场、利益等资源要素而对民族传统文化进行的开发利用和改造重构，进而产生相应的经济、文化、社会等综合性效益，且因为这些效应作用的出现而让族群成员对其自身拥有的民族传统文化有了新的意义认知与文化认同感。这种源自社会情境性产生的文化认同，既是一种社会认同性，也是一种情境认同感；它在社会发展叙事框架下，其实已经超越了传统的"族群认同"的心理范式，并对民族传统文化保护与传承的影响发挥了新时代背景下的重要推动力。

在国家和民族话语叙事框架下，"情境认同"这一概念，实际上是对传统"族群认同"定义的重新审视和再次定义，它主要指一个族群的认同构建更易受到不同情境的影响和制约，从而也影响到本族群成员对于自身文化的认同感。① 换言之，族群文化虽然有悠久的历史，但族群认同是否发挥社会效应，又发挥何种社会效应，取决于个人或集体根据情境做出的理性选择。一般而言，族群认同是指被血缘和历史传承下来的文化界定的人群。从这个定义视角出发，通常认为民族团结的基础是共同的血统和文化，民族身份是先天赋予的而不是选择。但是，早在20世纪60年代，有学者发现族群认同并不像想象的那样因为血缘和文化纽带牢不可破。在克利福德·格尔茨（Geertz）、米歇尔·福柯和皮埃尔·布尔迪厄（Bourdieu）引领的"文化转向"的影响下，文化在态度和行为中的表达（不同于文化内容本身）被认为是社会关系和社会认同的本质组成部分，族群认同是需要被分析和解释的社会过程而非既定的社会事实。民族和族群认同应被看作由实践体现的类别、情境中的行为、文化符号、认知模式、话语框架、组织惯例、制度形式、政治方案或偶然事件。因此，以所谓客观标准（如文化、习俗、语言、宗教、

---

① 吕钊进：《超越"族群—民族"二元框架：边界建构范式和认同情境论对中华民族共同体研究的启示》，《民族学刊》2021年第9期。

肤色、血统等）为基础的定义无法解释认同的流动性。要把握认同的流动性，关键在于将已有的族群类别看作社会行为的结果，而不是断言外界定义的标准就是某群体的共同特征。① 由此可见，族群认同是个人选择和外界力量共同作用的结果，并由此形成了对民族传统文化保护与传承的情境性新动力机制。在这种新动力机制下，不仅有外部社会力量对民族传统文化保护与传承工作产生着推动作用，也让本族群成员产生了对民族文化保护传承实践的主观能动性，并能够与外部力量一起形成合力来对民族传统文化保护与传承进行着协同性行为实践，最终为铸牢中华民族共同体意识提供文化工作方面的现实性来源和支持性力量。

综上，旅游展演对于民族传统文化保护与传承的影响机理通过本书的调查研究发现，主要是从旅游展演实践产生的利益相关性、情感联结性、集体效能性和社会认同性四个方面进行影响效应的发挥，且最终演变为一种"情境性认同"这一中介维度，从而反映出旅游展演对民族文化保护和传承意义的影响机理和路径，形成对民族传统文化保护与传承工作有效开展的社会性动力机制，如图7-1所示。

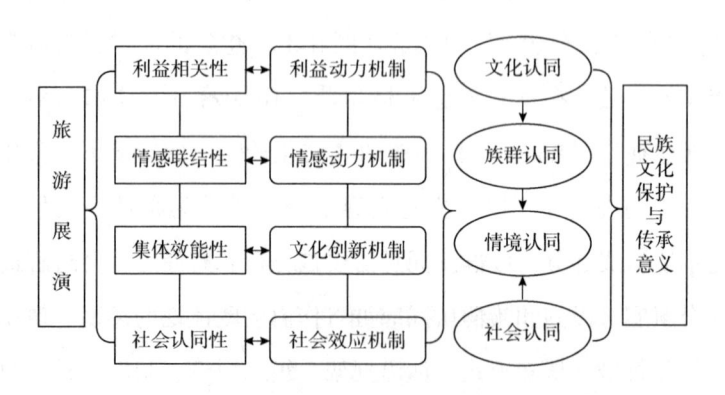

图7-1 旅游展演对民族文化保护传承的影响机理

---

① 吕钊进：《超越"族群—民族"二元框架：边界建构范式和认同情境论对中华民族共同体研究的启示》，《民族学刊》2021年第9期。

第二节　旅游展演视域下民族传统文化保护与传承的问题分析

本章第一节的内容是借助老达保村旅游展演的实践逻辑来提炼出少数民族村寨中旅游展演对于当地民族文化保护与传承意义的影响机理，并由此创新性地总结出旅游展演与民族传统文化保护与传承之间的中介变量——"情境认同"。这一"情境认同"变量，主要包括利益相关性影响、情感联结性影响、集体效能性影响和社会认同性影响四个方面，旅游展演的实践也是通过这四个方面的强弱程度来影响民族传统文化的保护及其传承工作绩效。但是，老达保村的旅游展演也存在一些问题，这些问题在其他经营旅游展演活动的少数民族村寨也同样存在，如单一的民族文化展演模式、展演文化内容的有限性及过度艺术化表征、旅游展演总体收入结构占比率较低以及传承与创新之间的协调性问题等。此外，在不同地区的不同民族村寨中，由于旅游展演实践的生产过程、展示成效、利益分配、外部介入等程度不同，会产生出不同的展演实践绩效。特别地，在这一过程中，旅游展演对于民族传统文化保护与传承的影响效应更是具有很大的差异性，从而造成了旅游展演视域下民族传统文化保护与传承的相关问题出现，影响了民族地区本土文化保护的正面推进与传承意义的有效呈现。基于此，本节就旅游展演实践对民族传统文化保护与传承的负面影响及其存在的相关问题进行重点分析，以便更为全面、客观和深刻地看待旅游展演与民族传统文化保护与传承之间的关系。

一 "有限"与"无限":旅游展演对于民族传统文化的内容呈现问题

由前述有关老达保村的案例调研可知,旅游展演实践,其主要目的是以旅游消费的形式来为外界大众提供可以接触、体验、了解和认知某一地域的民族传统文化的机会和渠道。对于前来消费的大众游客而言,民族传统文化的特色展示,必定是离不开该文化主体的形象展示及其所创造的相关物质、行为、制度、心理、精神等文化事象。换言之,作为东道主的族群成员,他们应该生产出文化边界清晰的展演产品,从而构建起自我与他者之间的文化差异性。但是,当面对内容如此繁复众多的民族传统文化时,如何才能让大众游客在短暂的游览时段中体验到东道主的文化特色和吸引力?这离不开行动者利用不同文化工具去建构族群成员的文化身份及其相关物象的展示。其中,最常采用的工具就是符号化生产方式。这在本书的第三章已有阐述。不得不说,无论是受游客消费时间有限所致,还是东道主民族文化依赖的原有社会结构变迁使然,在地方发展旅游业的大环境中,以"展演"的方式来将民族传统文化的部分特色内容搬上舞台,再经过相关行动者的重新编排设计及其符号工具的运用,那么,在"旅游展演"语境中,尤其是舞台表演空间中被选取和保留下来的民族文化内容,是极为有限的。尽管旅游展演与一般的艺术表演不同,它更多的是侧重于以歌舞表演的艺术形式来对特定的民族文化内容进行展示,也会包括某一地区或某一少数民族的生产生活相关文化内容,但不得不承认的是,短暂的一至两个小时的舞台化表演,毕竟容纳时空有限,因此,对于民族传统文化的内容呈现也就只能以符号化的生产方式来进行片段式的展演。

例如,就老达保村旅游展演中的内容来说,节目单上显示的大多数都是拉祜族的歌舞文化,兼有少量的口头文学吟唱、拉祜族传统服饰和

第七章 旅游展演与民族文化保护、传承意义的关系探析

乐器介绍等内容。总体而言，老达保村的旅游舞台表演从歌舞内容、旋律曲调到舞蹈动作、演唱方式等，都根据现代游客的大众审美标准重新进行了修改、编排和组合，基本上形成了程式化的"开场迎宾客、中场歌舞表演和游戏互动、末场吉他弹唱欢送"三部曲，呈现出传统、创新与互动等不同特质的文化符号片段组合的特征。由于旅游展演自身的时空属性所限，这就使得村寨不可能将所有的民族文化内容都搬到舞台上来。在对节目内容进行再生产的过程中，如何选择和利用民族文化资源，并对其进行重构以迎合大众旅游消费需求，这是旅游展演生产需要考虑的重点问题。以老达保村《快乐拉祜》实景演出中的《牡帕密帕》创世纪史诗吟唱节目为例，它在旅游舞台上呈现的时间仅为 3 分钟左右，且仅节选了其中的几个片段进行非遗传承人吟唱展示。实际上，作为拉祜族文化之源的《牡帕密帕》一共由《勐呆密呆》（意为"造天造地"）、《雅卜与乃卜》（意为"两兄妹打猎"）、《勐属密属》（意为"寻找肥沃的土地"）三部分组成，讲述了造天地日月、造万物和人类以及人类初始阶段的生存状况等，是拉祜族人民传承历史悠久的口述文学精品。这部被称为"拉祜族的百科全书"的《牡帕密帕》共有 17 个篇章 2300 行的诗体文学，要唱三天三夜才能唱完。它常常由"嘎木科"（会唱诗的人）和"魔巴"（宗教活动主持者）主唱，也可有多人伴唱或多人轮唱。调式会因地域不同而有差异，在拉祜族的传统节日、宗教活动或农闲期间说唱，唱者声情并茂，听者如痴如醉，说唱往往通宵达旦，参加者无不兴致盎然。因此，旅游舞台上的《牡帕密帕》表演确实是更侧重于让游客在短暂的时间内感受一下拉祜族人民精神遗产的"原生态"味道而已，如虽然仍将《牡帕密帕》各种级别的非遗传承人作为吟唱演员让他们站在舞台上，但吟唱的时间大为缩短，且仅是表演式的吟唱几句。当然，这样的问题在《快乐拉祜》实景演出的其他节目中也可以看出来，包括具有代表性的芦笙舞，它在现实中有 100 多个

套路，现已收集记录的共 83 套。按表现内容，可分为宗教祭祀、生产生活、模拟动作和嘎调子 4 种类别。但是，舞台上的芦笙舞表演其实也就只有 5 分钟时长，主要是由男性村民演员们模拟生产生活与动物动作编制而成的节目内容。此外，还有很多关于拉祜族传统文化精神价值的文化并未被搬上舞台，如反映拉祜族曲折迁徙史的《根古》和原始宗教信仰理念的《页尼阿·母调》这两部著名的口头文学吟唱作品，仅在舞台旁边的小店铺有出售关于它们的书籍，但常常被游客忽视而未让它的文化传播效应被发挥出来。

　　当然，借助"旅游展演"这一实践方式来向游客推介民族传统文化，自然有它天生的生动形象、丰富多彩、视觉和听觉冲击力较强等优势，确实能够让民族传统文化在"旅游展演"这一活态化的生产方式中得以重新焕发生命力。但是，我们不得不看到，由于旅游展演依存的时空范围均有限，它至多可以作为开启大众游客对民族文化认知兴趣的引擎，成为游客了解民族传统文化内容的一道微缩景观，而非全部。也就是说，旅游展演对民族文化内容的有限呈现，使其无法完全覆盖民族传统文化保护与传承的范围。只要民族传统文化是以旅游展演这种形式来进行再现，它必然要受到舞台展演有关时间与空间有限性的影响，仅能选择民族传统文化中的少部分内容加以呈现。由于是面向大众旅游市场，消费力的作用自然会让生产者选取更具视觉形象、更有凝视吸引力的内容给予重构式传承展现。这样一来，很容易让游客误认为舞台上的演员和节目内容就是某一民族文化的本来形态，从而造成受众群体的认知偏差。相应地，被选中放置于舞台表演空间中的那些民族文化内容，也就进入了当地以旅游展演这一活态化方式来给予生产性的保护传承路径，从而成为所谓的"旅游展演式文化保护传承"模式。这种"旅游展演式文化保护传承"模式，在最初的时候曾受到过一些学者的质疑，其主要着眼点就在于对旅游展演造成的民族文化客观真实性受损的问题。然而，随着我国少数民族地区，包括各个发展旅游业的少数民族村寨涌现出越来越多的旅游展演实践活动，旅游展演对于民族文化保护与传承的作用显而易见且逐渐被更多的人接受。因为，当全球化、现代化与旅游化的浪潮不断扩大与进入我国各少数民族地区时，传统的民族文化内容其实早已随着不同文化之间的传播、涵化、变迁等现象而发生了衰退甚至消解。客观来讲，当少数民族村寨曾经依存的传统农业社会结构发生了变迁，逐渐被现代农业、旅游业、工业等新型社会结构替代时，民族传统文化原来依存的生境性土壤也就受到了现代性的挑战甚至面临瓦解的危机。原来作为民族传统文化主要身体性载体的族群成员，也不得不因为生计问题而背井离乡，远赴原生地之外的城市社会中去谋生挣钱，民族文化的持有者更是日趋减少。所以，即使我们不采用旅游展演这一实践形式来帮助当地重现昔日传统和文化事象，那某一地域的民族传统文化也有着被全球性和现代性逐渐吞噬的危险。从这个意义上来说，旅游展演，其实反而为民族传统文化在现代化潮流中的保护与传承提供了一种崭新的、可行的路径方式。这种方式也从另一方面为民族文化的现代化发展创造了属于它的空间与平台，从而让民族文化的传承与创新、再现与交融、创造与转化等议题不断在此上演。只不过，作为东道主的民族旅游村寨，应该意识到，旅游展演中呈现的民族文化内容，确实只是民族文化的冰山一角，而且也可能因为过于注重表演节目的艺术性和形象化而趋向于以"形式"取胜，而非"内容"和"内涵"。这一点，对于民族传统文化保护与传承是具有负面影响的。

二 "传承"与"创新"：旅游展演对于民族传统文化的利用方式问题

对于民族传统文化的保护与传承，前提是应该搞清楚"为谁保护和传承"以及"怎样保护与传承"这两个重要问题。

第一，为谁保护与传承的问题。习近平总书记强调："'十四五'时期，我国将进入新发展阶段，人民对美好生活的向往呈现多样化、多层次、多方面的特点。切实解决好人民最关心最直接最现实的利益问题，更好满足人民对美好生活的向往，才能推动人的全面发展、社会全面进步，不断提高人民群众的获得感、幸福感、安全感。"最根本的就是，让老百姓过上好日子是我们党一切工作的出发点和落脚点。[①] 据此，民族传统文化的保护与传承，也就应该坚持以人民为中心，以时代为背景，必须以满足人民群众对美好生活的向往为目标，准确把握人民群众的要求，不断促进人的全面发展。因而，针对当前我国少数民族村寨的发展现实，如何让正在经历"背井离乡""在外奔波"的族群身体回归，才是保护与传承民族文化的根本性问题。同时，也要想办法让留在村寨中的族群成员身体不仅能够感受到物质财富的增长，也要能体会到精神财富的富足，这样才能真正夯实民族文化生存的群众基础和主体载体，以文化的诸多价值来打动人心，为民族文化的发展提供必要的社会空间。正如本书案例中老达保村寨的做法，充分发挥民族传统文化的市场价值和社会效应，利用"文化扶贫""乡村振兴"等新时代政策话语来进行民族文化的开发利用和创新性发展，并在此过程中推动了民族传统文化的保护与传承工作。该村寨值得借鉴学习的做法之一，就是以激发民族传统文化的经济效益和认同心理，来吸引在外务工的族群成员自愿回归村寨。同时，也在民族精英分子的带动下，不断借助旅游展演的参与而促进族群个体的各方面成长和发展，让本土文化持有者不仅能够通过旅游展演解决挣钱养家的生存性问题，同时也通过唱歌跳舞、吉他弹奏这些旅游展演中的身体行为而获得了精神需求方面的满足，丰富

---

① 《中共中央关于制定国民经济和社会发展第十四个五年规划和二〇三五年远景目标的建议》，新华社，2020年11月3日。

第七章 旅游展演与民族文化保护、传承意义的关系探析

了东道主成员的精神文化生活,让他们可以在"唱唱跳跳中赚到钱、收获到自身的成长和发展,也感受到生活的快乐与幸福"。当然,对于少数民族地区而言,旅游展演的演员群体大致可分为两类:一类是土生土长的本地族群成员,这类主要是在少数民族村寨中的旅游展演;还有一类是外地聘请来的艺术专业演员,这类多分布在移植型的民俗文化村、民族旅游园区等资本打造的综合性旅游文化园区。由于本书的研究对象是少数民族村寨,所以讨论的重点也就限于民族村寨中的旅游文化展演及其表演者。在众多少数民族村寨中,由于村寨先天具有的文化原生性和集中性较强,又因为民族文化可借助旅游业而具有脱贫致富的功用,所以,少数民族村寨中的表演者一般都是由本村的村民担任,既能够体现文化主体的真实性,也符合当地进行旅游扶贫的目标实施。对于这些本来就是当地民族传统文化主体的村民而言,他们对于自身持有的本族文化,无论是认知意识还是应对能力,包括对传统文化的保护与传承,都还存在一定差距。换言之,虽然他们拥有"民族文化传承主体"这一身份界定,但由于历史发展、教育水平、社会认知等原因而对本民族文化的保护与传承很难真正独立完成。民族文化传承的主体这一问题,在现实中不仅面临着本族成员文化权利难以自控的问题,也因为某一族群集体内部成员认知与能力的差异性问题而导致了对民族文化保护传承的动力和效度的不均衡。

第二,"怎样保护与传承"的问题。根据新时代中华文化的传承之策,在维持传统文化基本形态的基础上,要与时俱进、创新发展,才能为传统的文化形态注入新的生命力,创新和发展中华文化,塑造更强大的民族精神。[①] 由此可见,真正意义上的民族文化保护与传承,并不是

---

① 潘雁:《新时代民族文化的传承与弘扬》,人民论坛网,http://www.rmlt.com.cn/2019/0813/554322.shtml,2019 年 8 月 13 日。

要传统文化一成不变，静态性地继承下来。相反，能够结合原生文化，主动地用现代表达来传承和展示民族文化，将传统与现代相融合，对其进行创造性转化和创新性实践，才是民族文化现代化发展的根本内涵。在发展旅游业的少数民族村寨里，不同民族群体在生产旅游展演产品时，对民族文化的创新性传承行为和绩效也是不一样的，这往往视当地族群的历史传统、发展历程、行为习惯、思维方式以及集体效能等不同而显现出差异性。但是，从总体来看，大多数少数民族村寨的旅游文化展演，更多的是侧重于民族文化形式方面的创新，而对民族文化内涵的创新有所忽略。在当今人们普遍注重"颜值"和"审美"的时代，东道主常常会为了迎合游客消费偏好而特意选取民族歌舞表演作为本族文化对外展示的主要模式之一，多以艺术性的风格包装歌舞表演的民族文化内容，包括村民演员的身体修饰、传统服装的精美化与定制化、舞台空间的艺术化造型与歌舞表演时的队形、场景、氛围等方面的设计与安排等。在少数民族的历史发展过程中，歌舞也类似于族群成员所使用的语言、文字等符号性工具，常被用在族群内部的知识传播、信息交流和历史文化记录等地方知识生产体系之中，这就导致了少数民族民间歌舞普遍流行的历史现象。在族群成员的日常生活中，他们习惯用歌舞的唱词、动作和传统乐器、道具等来总结和传播先辈们的生产生活知识和经验，并在人们之间的情爱表达、征询事情、记录历史等方面扮演着最具代表性的信息传播媒介角色——"或以唱歌表达爱情；或以歌唱抒发喜悦之情；或以唱歌进行节日庆祝、丧事悼念；或以唱歌传授某种知识"。因此，少数民族歌舞作为向外界展示民族传统文化的主要载体是有一定历史依据和合理性的。

然而，在族群成员以往的日常生活中，唱歌或跳舞大多是用于抒发自我情感、排解烦闷情绪、促进人际交往等自娱功效的，内容的丰富性往往要大于形式的呈现性。所以，当这些少数民族歌舞文化资源将被用于旅游展演场域中时，出于增强吸引力的考虑，东道主往往会在地方政府和相关主管部门的帮助支持下，接受一些具有艺术专业背景人员的指导和传授，将原有的民族歌舞文化素材进行艺术化的加工与生产，从而提升民族传统歌舞在大众游客面前的视觉效果与审美价值，以凸显少数民族传统歌舞文化的娱人功能。最终，这种偏艺术性的生产方式，虽然可以满足游客的感官享受，但是若操作过度，不免会让传统民族歌舞文化重形式而轻内涵，更多的是在游客面前凸显传统歌舞文化的审美形象表征，而遮蔽了传统歌舞文化本身应向外界传递的族群特性、行为规则、宗教信仰和思维方式等内涵信息，以至于容易让民族传统文化在现代旅游展演语境中的创新性传承走向艺术化呈现的固有模式，在窄化了展示文化内容的同时让少数族群成员的形象载体显得过于精致化和美观化，而与历史传统中和现实生活中的族群形象相去甚远。

三 "断裂"与"联结"：旅游展演与文化主体日常生活的关联性问题

旅游展演，尽管在许多少数民族村寨不断涌现，但常常因为其"表演性"和"虚假性"而受到质疑和批判，尤其是它对于民族传统文化真实性的损害问题。一场短暂的舞台文化展演，是否可以让游客真实地体验到民族传统文化的价值？被搬上舞台的民族文化元素，包括表演主体和表演内容，它们是否就是民族传统文化的真实写照？以往的学者们更多的是将关注点投射在旅游展演中的文化真实性问题方面。然而，因为旅游展演场域中的"真实性"，无论对于生产方还是消费方来说，它都是动态性的、不断变化的和难以稳定的。由老达保村旅游展演案例的调研可知，当然也包括其他很多民族村寨的旅游展演生产过程来看，一旦民族传统文化被选择并搬上旅游展演舞台空间时，它随着新的旅游消费语境而发生变迁是必然的，无论是从身体转换还是内容生产两方面来看，都是一种被各种外部力量和内部需求共同改变之后的产物。对于旅游消费者群体而言，因为大众游客来自不同的客源地及其拥有的不同文化背景、不同个体特征等，使得旅游者对民族文化在展演场域中的呈现真实性及其体验感知也具有多元化的评价，"因人而异"在此体现得非常明显。因此，如果我们仍然坚持以具有不稳定特征的"真实性"这一视角去看待旅游展演及其他对民族传统文化保护与传承的影响，可能难以得出统一且具有现实指导性的答案。

在此前提下，我们通过对老达保村案例的系统调研，并再与其他惯常模式的民族村寨旅游展演相比较，发现老达保村之所以能够在大众旅游市场中赢得一定的美誉度，最主要的原因在于游客们大多认为老达保村民的歌舞表演表现出了"简单直接""真挚动人""热爱生活""自然随意"等风格。这些评价的背后其实映射了老达保村旅游展演对外呈现民族传统文化时的"真实性"和"情感性"。为什么游客会感到真实？是因为作为东道主的老达保村的村民不仅在舞台上表演，也在舞台下的日常生活中随时弹唱，甚至可以这样说，当游客们进入老达保村时，最先听到的和看到的反而是村民们在自家房前屋后、在村寨任一公共空间里都背着吉他，穿着民族服饰，随时随地可以即兴弹唱，而且弹唱的都是民族特色浓郁的歌曲。此后，当游客穿过村寨来到正式的旅游舞台空间时，才是付费欣赏民族歌舞表演的时刻。这样，游客在舞台上看到的少数民族歌舞表演，就有了来自族群成员日常生活中的"真实性"作为依据和衬托，心中的文化真实感自然会衍生，对于以旅游展演来呈现民族传统文化的做法也就不会觉得有一种断裂感和饰演感。因此，作为东道主的少数族群成员，如果能够把村寨的"前台"表演与"后台"日常联结起来，形成舞台上的表演文化与舞台下的日常生活一体化，让村民演员在舞台上的歌舞唱跳不再只是一份谋生的工作，而是"挣钱"与"爱好"融为一体的行为实践，那么，如果民族传统文化在

第七章 旅游展演与民族文化保护、传承意义的关系探析

旅游展演场域中存在，就会有游客所追求的所谓"真实性"的基础和缘由，也会让游客在获得满意体验之后主动通过博客、微博、微信等网络媒体向外传播旅游目的地的民族传统文化信息，这其实就是一种来自游客大众层面的文化保护与传承实践行为。

相反，如果我们没有将民族传统文化的"前台"展演与"后台"生活融为一体，形成文化在两个不同空间区域内的断裂性，这不仅会让游客觉得文化失真，也会让担任表演者角色的东道主社区居民除了将舞台表演视为只是一份"养家糊口"的工作之外，并不能感受到文化的情感性功能和精神性价值。因此，当他们每次来到舞台展演空间时，更多的是在表演文化的形式，而不是文化的内在。作为少数民族传统艺术最为重要的歌舞表演，如果唱歌跳舞时的身体动作、面部表情以及各种肢体语言没有情感性和自娱性的成分在里面，那么，向外界呈现出来的效果必然是没有多少生命力和吸引力的。这种机械式的表演与情感性的表演，对民族传统文化的传承与展示，其效果当然是截然不同——当东道主感受不到民族传统文化能够带给自身的情感性价值时，他们在表演时也就只会将这种文化展演当作"多挣一份收入"的渠道，而非发自内心的主观能动性；同样地，当游客接收到这样的表演及其所带来的各种内隐性信息时，自然也会以"是否产生共鸣"作为体验质量好坏的评判标准。为什么会这样呢？我们可以从游客所处的社会结构环境中入手进行简单分析。对于来观看旅游展演和体验民族文化的大众游客来说，他们以来自现代城市社会的居多，其身心长时间处于一种由"理性"和"秩序"主导的现代性影响之中。从情感社会学的角度来看，这些游客作为现代人拥有的自然情感常常会受到"职业角色""家庭关系""人际交往"等日常现实所压抑与改变，从而产生出工作领域中的"整饰性情感"与人际交往中的"表演性情感"，都带有强烈的"表演性"和"紧张性"。因此，他们需要在旅游消费中获得"体验性情感"，

让其自身身心能够在与日常不一样的环境中收获自由自在和快乐愉悦等"自由性情感"和"真实性情感"。如果我们的旅游文化展演只是在游客到来时才模式化地上演，那么游客除了能从文化展演中获得一些肤浅的、碎片化的文化感知和娱乐性的感官享受之外，上述想要获得的"体验性情感"（包括"自由性情感"和"真实性情感"）均很难实现。由此，民族文化的"表演性"和"虚假性"则会自然在游客心中浮现。因为，这些在舞台上向外展示的民族文化，在彰显自我身份和族群形象的同时，因为脱离了原有社会支持系统而显得孤单和虚假。旅游者在这样的脱嵌性文化展演环境中，体验到的更多是离散和脱域的情感——这恰恰就是游客认为的不真实、不舒心的文化体验感，所以，旅游展演要谨防"离散"和"脱域"，而是要"集中/共同/体系"和"内嵌/内化"等，形成舞台展演与日常生活融为一体的"展演共同体"。

四 "真实"与"虚假"：旅游展演与民族传统文化保护的整体性问题

上面我们已经从文化空间的统一性来讨论了民族文化在旅游展演场域中的真假问题，但其视角主要是在旅游展演形成的舞台"前台"和"后台"空间的断裂与联结方面。在民族地区的旅游展演实践中，如果舞台上呈现的民族文化内容，在舞台之下的东道主日常生活中仍然存在且发挥着一定作用，那么舞台的"前台"与"后台"就有一种连续统一性。当游客们来到村寨看到舞台表演中的文化内容在村民的现实生活中也能够被看到时，那么游客对由旅游展演带来的文化体验真实感就会增强很多，对于民族文化在日常生活中的认知也会深刻得多。例如，老达保村村民的吉他弹奏行为，无论是游客在进入村寨观看表演之前，还是在《快乐拉祜》舞台实景演出中，或者在观看完表演又开始闲逛村寨时，他们都会发现老达保村的村民几乎每人都有

第七章 旅游展演与民族文化保护、传承意义的关系探析

一把吉他斜挎在身上，无论何时何地都可以即兴弹奏拉祜族风格的音乐曲调。与此同时，当有些游客选择在村民家留宿和吃饭时，也会体验到当地村民热情友善地为客人表演拉祜族歌舞文化，为他们讲述拉祜族人的日常生活故事等。因此，舞台"后台"与"前台"的展演就自然地成为一个统一体，"前台"的文化表演因为"后台"村民与之相呼应的日常演绎而具有了真实性的依据，"后台"的日常习惯也因为"前台"的旅游展演而更具美感和活态化。然而，这种以艺术性歌舞文化为主要内容的旅游展演实践，如果只在"前台"有限的一两个小时内让游客体验观赏，而相应的"后台"区域鲜有任何与之相关的文化呈现，自然会让游客产生一种舞台质疑或对当地民族传统文化丰富性体验的遗憾。特别地，当舞台上旅游展演与舞台下日常生活之间的民族文化内容呈现出明显的背离现象时，无论是当地村民还是外来游客，均会产生一种倾向，即把民族传统文化视为一种工具，而非生活的必要部分。对于当地村民来说，民族传统文化的保护只是一种临时性的表演，是"游客来了我们就穿上民族服饰，拿起乐器开始唱唱跳跳""游客走了之后我们就脱下表演服饰，转向各家各户真实的日常生活"中的场景。这样的话，那些不适合纳入舞台表演空间中的民族文化内容游客就无法接触到；舞台上的文化展演内容又大多限于歌舞欢唱，这在一定程度上也会限制游客对民族文化深刻内涵的进一步认知。此外，即使舞台上的旅游展演可以让游客暂时体验到民族文化的一些吸引力，但如果舞台之下的"后台"区域里出现的是与舞台上展演内容相反的场景，如与纯朴善良相反的商业揽客、与热情活力相反的冷漠待客、与浪漫诗意相反的势利实际等，这些反而会更容易造成一种民族文化保护与传承的断裂感，一种展演"前台"与生活"后台"相背离的虚无感。因此，旅游展演对民族传统文化保护与传承的作用，不只是在舞台上，更重要的还在于舞台上和舞台下之间的

连续统一性，应该是一种整体性的保护与传承。

此外，民族传统文化一旦被纳入旅游展演空间之后，必然会离不开商业化的操作和设计安排。"商业化"，也是民族传统文化保护与传承面临的最大难题，以往的诸多研究成果就"旅游开发利用""文化的商业化"和"传统文化失真"等问题进行了系列讨论，常常表现出对民族传统文化在旅游展演空间中被商业化所导致的文化失真的担忧。由于旅游展演不可避免带有商业盈利的目的，因此在利用民族传统文化生产过程中，有时候会为了迎合大众游客的求新求异等感官需求而刻意在原生的民族文化中加入更多现代性和虚构性的要素，从而造成民族传统文化的过度商业化与失真现象。譬如，有些民族艺术村里的旅游展演，其演员的着装虽然也自称是某民族传统服饰，但是已改变许多，裁剪过度只为追求时尚与新潮。又如，有些节目中的文化展演内容，基本上是由不同民族文化的符号碎片拼凑而成，让游客在一种感官性的浅层享受中去了解认知民族文化，但丧失了对民族传统内涵的体悟机会。因为，就其"文化"这一概念本身来说，它主要指凝结在物质之中又游离于物质之外的，能够被传承和传播的国家或民族的思维方式、价值观念、生活方式、行为规范、艺术文化、科学技术等。[①] 其中，物质文化层、行为制度层和精神信仰层共同构成文化的基本内涵。如果生产者不遵循客观事实和基本规律，随意篡改和移植文化要素，则容易让游客误读其民族文化内涵，不利于民族传统文化的保护与传承。当然，这种生产原则并非要求东道主原封不动地将民族传统文化搬上舞台，这在实际操作中并不容易实现。对于一个地方的少数民族群体，如果他们想要发展旅游业，并欲借助旅游展演实践来向游客展示本族文化的特色与精华，那么，"舞台化的生产"必不可少。也就是说，民族传统文化的商业化过

---

① 张文勋主编：《民族审美文化》，云南大学出版社1999年版，第181—187页。

程在当前民族文化现代化发展潮流中是不可避免的。因为，在现代旅游消费凝视力的作用下，旅游者对民族文化的体验期待主要还是建立在一些媒体所宣传的"热情好客、纯朴善良、美丽健壮、异域风情"等印象上，而随着全球经济一体化的发展，许多地方性的民族传统文化生存语境已然改变，其真实面貌也被现代化改变很多。于是，为满足游客对民族文化体验的想象性需求，各个旅游目的地的东道主只能以"舞台化的生产"和"文化的商业化"来对民族传统文化进行再现和重构，从而使得民族地区旅游业发展语境中的一个个"舞台化空间"不断出现，导致不同类型的"舞台化真实"也随之衍生。所以，我们要明确的一点是：在如今"文化扶贫""文旅融合""乡村振兴"以及"文化产业化发展"等一系列国家倡导的重要战略思想指导下，少数民族村寨的传统文化也必然会经历商业化和现代化这一历程，因为，民族文化一旦与消费、市场、扶贫和产业等目标要素相结合时，大多会出现文化商业化的发展轨迹。也因为此，我们如果一味地批评"文化的商业化"现象其实是没有太多意义的，并且，在此基础上又对民族传统文化的"真实"和"虚假"作"非此即彼"的质疑和否定也是不切实际的。当然，对于民族传统文化的"过度商业化"现象，我们必须警惕并关注，所以，重点不是"商业化"，而是"过度商业化"。如何把握这一"过度"的标准？通过对老达保村的案例调研，可以得到一点启发，那就是如果东道主社区能够为游客提供一种和谐优质的主客关系，那么，即使民族传统文化被旅游展演而演变为商品进行对外销售，也并不妨碍游客对民族传统文化的体验质量。这种和谐优质的主客关系，实际上就是向游客传达一种信息：作为东道主的"我们"，不仅自身内部拥有人际关系黏性较强的社会网络，也对外表达了"我们"的"真诚"和"信任"，群际信任与社会认同会在这里的文化展示中得以体现。不得不说，这对于来自现代主流社会的游客们而言，会具有很强的吸引力。文化，在此凸显了它的情感性功能和价值观效应，同时发挥了文化的社会治理功能。因为，在这种和谐的主客关系中，游客通过体会"他者"文化带来的身心涤荡和人性中的真善美等共性因素而缓解了现代人的孤独感和空心感，也让不同地区、不同民族和不同价值观的群体在这种文化交流场景中获得了更多的信任和团结，有利于族际交流、民族团结和中华民族共同体意识的现实培育。

值得一提的是，无论是老达保村的旅游展演，还是其他民族旅游村寨的文化展演，它们作为东道主社区旅游产品体系中的一个微观景观，对于当地民族传统文化的展示也只能是其中很小的一部分内容，难以表现出文化整体性。同时，如老达保村这样最先是专因旅游展演而兴起的民族村寨其实并不太多，更多的民族村寨是在发展旅游业的过程中开始出现旅游展演这一产品类型，希望以活态化的文化展示增加村寨的旅游吸引力。事实上，村寨居民能够从旅游展演中获得的经济收入是十分有限的。一是因为参与旅游展演的村民并非村寨里的全部成员，有些因为对于表演并没有太多兴趣而拒绝参演，也有的认为表演和排练等活动容易打乱原有的生产生活节奏而不愿参加。所以，从旅游展演的文化主体来看，仅是数量上都没有达到整体性的要求。二是，许多民族村寨里的旅游展演收入分配，都是按照平均主义原则来进行的，这是沿袭了少数民族传统社会中的"人均有份"的思想。一般而言，村寨里的旅游展演大多由村民们自发组织的演艺公司负责组织管理，这些演艺公司的成立和经营管理常常是在当地政府和基层党组织的带领下进行的，或者是由政府所成立或引入的某个更大的旅游公司管理。于是，旅游展演的门票收入常常会有一部分比例放入公司资金中，用以维持公司运转管理。剩下的旅游展演收入按照村民演员出席的人数和次数给予平均分配，年均收入约几千元到万元不等。这部分收入对于村民的家庭收入来讲，也只是一小部分，属于增收部分，并非支柱性收入。所以，当每天一场或

第七章　旅游展演与民族文化保护、传承意义的关系探析

两场的表演结束之后，村民们便会迅速散去而忙着从事其他生计方式，如利用旅游展演带来的游客量而出现的手工艺品制作、售卖以及部分村民家里增设的餐饮、住宿、运输等旅游经营业务。与此同时，由于旅游业的淡旺季较为明显，地方村民的生计方式也并不会完全依赖旅游展演及其他旅游经营活动，而是保持原有的农业、种植、手工等生产方式，包括传统的线下和新兴的线上销售。现实中，这种多元的生计方式其实已在很多民族村寨开始蔓延开来，尤其是发展了旅游业的村寨更是明显。所以，此时的旅游展演虽然在一定程度上可以有助于保存和恢复已在现代化语境中消失了或不用的民族传统文化，但也容易让文化成为谋生的工具而成为与当地文化持有者真实生活平行发展的另一幅图景，致使村民们为了获得更多的经济收入而忙于进行现代化生产而忽略了民族传统文化的整体性保护与传承。

当然，至于旅游展演中的"真实"与"虚假"之争，还在于文化转译和共享的问题。因为文化包括的内容很多，有有形文化和无形文化，如看得见的吃穿住行等物质文化，也有语言风俗、文学艺术、哲学观念、理想信念、伦理道德、情感意志、宗教信仰等在内的社会意识，以及与之相适应的政治制度、仪式活动、生活习俗等制度体系。因此，如何将一整套具有价值、观念、判断和规范、调节、控制方式的整体性文化进行转译和共享，是民族村寨在借助旅游展演形式来进行文化再生产时需要考量的问题。不同地区的不同村寨因为历史发展、社区结构、生产主体和转化能力等因素的不同，造成了民族文化容易因舞台化生产方式和展演性空间的存在而偏向于重形式而轻内涵，从而给外界一种旅游展演对于民族传统文化呈现出"模式化"和"肤浅化"的印象。当然，在实际运营中，确实有一些旅游展演产品存在这种问题，因为东道主社区为了迎合消费社会中的"娱乐至上"的风潮而专门选择趣味性、审美性、形象性等较为突出的感官文化符号，而忽略了民族传统中更具

有内涵意识和心理建设的精神文化元素,致使民族文化保护与传承的整体性明显不足。

第三节 旅游展演与民族文化保护传承协调发展的对策建议

一 公共人类学和政策人类学的相关借鉴

(一)公共人类学的兴起及其对"公共性"的关注

20世纪中叶以后,世界格局发生了巨大变化,人类社会文化发生了急剧变迁,这给传统人类学研究带来了前所未有的挑战与冲击。随着学科的不断发展,人类学的应用研究总体上经历了从殖民地研究到第二次世界大战交战国研究,再到第二次世界大战后对各国社会文化变迁和发展项目的应用研究。由于人类学的核心诉求是对人类及其社会文化发展的深切关怀,因此,从研究对象来看,"人类学研究的每一项计划都构成了一个特定的接受公共领域,相当于与研究计划同时存在的各类支持者中的一个政论场所"①。很显然,人类学在自己的研究计划中形成了自己特定的公共受众群体,以至于罗伯特·博罗夫斯基(Robert Borofsky)于2000年为公共人类学做了如下定义:"人类学和人类学家超越学科边界,有效地提出并参与更广泛社会问题,推动公共讨论以促成社会变化这个目标的能力。"② 这其实反映了人类学"从公众中来"再"回到公众中去"的一个往返互动过程。一方面,人类学不断深入

---

① Robert Borofsky, "Public Anthropology. Where to? What next?", *Anthropology News*, Vol. 41, No. 5, 2000, p. 16.
② Robert Borofsky, "Public Anthropology. Where to? What next?", *Anthropology News*, Vol. 41, No. 5, 2000, p. 10.

第七章　旅游展演与民族文化保护、传承意义的关系探析

社会公众，广泛参与公共事务，将公众作为研究对象进行调查研究并给予文化图景的展示；另一方面，开放更多的渠道吸纳公众参与，包括让普罗大众和其他学科参与人类学的学科建设，了解人类学的学科价值和意义，从而通过双向、良性的互动，促进学科与社会的共同发展。基于此，也有学者将公共人类学简单明了地概括为"走向公共领域的人类学"[1]。由此可见，作为应用与实践人类学的拓展，公共人类学的兴起，主要是针对过往人类学研究在公共领域中鲜有话语发表的窘境而提出来的，以便加强人类学与公众和公共领域的自然联系。它"不仅强调人类学知识如何在经验世界中得以实践，更将人类学知识带到公共领域加以审视与分析，以期获得更为广泛的回应，进而更具批判意识地与人类学之外的他者对话，并以此反观自身"[2]。

在公共人类学中，公共的含义包括"公共领域、公共空间"，包括"国家和人民共有的空间"，同时也意味着"价值、利益以及目的等都归国家和人民所共有"，[3] 其本质乃是一种公共精神、沟通理性及"共善"（commond good）的追求[4]。这种"公共性"和"共善性"，折射了公共人类学的核心内涵在于"与大众就他们广泛关心的问题展开对话，让更多的人看到人类学家为解决这些问题所做的努力"[5]。同时，也反映了"为社会公众服务、为广大人民服务"的思想宗旨，符合21

---

[1] 周大鸣、段颖：《公共人类学：21世纪人类学发展的新趋势》，《民族研究》2012年第3期。

[2] 陈兴贵：《公共人类学的兴起及其在中国的理论与实践》，《广西民族研究》2016年第3期。

[3] 杨圣敏主编：《纪念费孝通先生民族研究70年论文集》，中央民族大学出版社2009年版，第68页。

[4] 周大鸣、段颖：《公共人类学：21世纪人类学发展的新趋势》，《民族研究》2012年第3期。

[5] Robert Borofsky, "Public Anthropology. Where to? What next?", *Anthropology News*, Vol. 41, No. 5, 2000, p. 10.

世纪初期我国著名人类学家费孝通先生提出的"科学必须为人类服务"的观点。费老认为,"真正的应用人类学必须是为广大人民利益服务的人类学"①。因此,他呼吁"建立起一门为人民服务的人类学"或"迈向人民的人类学",该学科的目的是"使广大的人民对自己的社会具有充分的知识,能按照客观'人民的人类学'存在的社会规律来安排他们的集体生活,去实现他们不断发展的主观愿望",从而实现其"各美其美,美人之美,美美与共,天下大同"之人文理想。② 当下,伴随着全球化的扩展加速和网络媒介时代的兴起,个人、群体、社会和国家等都已相互联系和内嵌交融,形成了一种命运共同体,彼此之间的界限逐渐被打破且日益模糊,其公共空间、公共事务和公共活动等公共性话语世界日益增多。于是,对于公共人类学而言,"其主要目的就是探索这些公共话语领域,并为实现这些领域的目标,提供知识上、视角上和技术上的可行性方案"③。正如马库斯所指出的:"对公共人类学的期待暗示出,这门学科将在它的研究努力中更关注它的责任、它的伦理和它对各种他者的义务,而不是关注将它作为一门学科进行推动的行会是封闭的,对辩论、模式和理论传统的痴迷。"④ 因此,作为新兴学科,公共人类学的学科内涵基本形成共识,即人类学的知识和成果要面向社会公众,人类学者要站在公众的立场为公众思考和服务,为民众的福祉进行呼吁和辩护,进而为人类社会的健康发展做出实质性贡献,人类学者要主动走进公共领域,参与并领导公共事务管理,与其他学科共同探讨和

---

① 费孝通:《费孝通全集》(第八册)1957—1980,内蒙古人民出版社2009年版,第371页。
② 费孝通:《费孝通全集》(第八册)1957—1980,内蒙古人民出版社2009年版,第372页。
③ 杨圣敏主编:《纪念费孝通先生民族研究70年论文集》,中央民族大学出版社2009年版,第68页。
④ [美]詹姆斯·克利福德、[美]乔治·E. 马库斯编:《写文化——民族志的诗学与政治学》,高丙中等译,商务印书馆2006年版,第15页。

第七章　旅游展演与民族文化保护、传承意义的关系探析

解决与公众生活密切相关的公共问题。①

（二）政策人类学及其公共治理倾向

正是因为有公共人类学提出的对"公共性"的关注，政策人类学才得以有用武之地。政策人类学，作为跨学科交叉研究的一门新型学科，发端于20世纪六七十年代，它主张运用人类学理论和方法为公共政策的制定与评估服务，为公共政策的制定和社会问题的解决献计献策。② 这一主张实际上揭示了人类学和公共管理学之间的关联性。人类学关注的是文化，研究文化的差异性和多元性，也关心不同差异的人群怎么相处；公共管理学关注的是人的共性，坚持找到共性才能够制定公共政策。虽然两者看似不一致，但其最终指向都是人类群体的和谐建设以及对多元文化的尊重和保护。

一方面，在人类学中，文化这一概念的结构主要是从物质文化、制度文化、心理文化这三个层次来讲的。相应地，与物质文化相关的是技术系统，与制度文化相关的是社会系统，以及与心理文化相关的是观念系统。从文化的使用角度来看，技术系统可以看作一种文化使用的结果，社会系统可以看作一种文化使用的机制，观念系统则是文化使用的策略。从某种意义上说，技术系统是工具，供应某一群体的生存生活需要之用，如食物、服饰、建筑等物质文化，这些可以随着时代的发展而发生变化。制度文化，其功能主要是将千差万别的人群聚在一起生活，如婚姻制度、家庭制度、亲属制度等，也包括血缘、亲缘和地缘等组织形式。至于心理文化反映的观念系统，其实反映的

---

① 陈兴贵：《公共人类学的兴起及其在中国的理论与实践》，《广西民族研究》2016年第3期。

② 陶庆主编：《政策人类学：新政治人类学与公共服务》，上海社会科学院出版社2016年版，第2页。

是人类自身与动物不同的精神世界，包括价值观、宗教观、信仰观、宇宙观等。[①] 由此可见，文化是人们终日浸润极其平常但又终身携带无法隔离的生活方式，是对自身社会风俗与生活方式的提炼和凝聚。随着历史社会的发展，文化依存的生活环境也在发生变迁，文化就不再是某种静态的物品或风俗，而是一种流变的并且与当代某一地域发展相结合的生活方式。因此，流变性和动态性是文化的主要特征之一，它会随着社会环境的不断演变而发生变迁，其自身原有的生存空间会被打开，从仅供内部成员使用到成为外界各种力量开发利用的公共产品，公共性、公众化等特征日益明显，逐渐成为国家、社会、市场和群体共同凝视的公共话语载体，包含着利益、价值、观念、目标等诸多要素。在这样的背景下，当全球化、现代化和旅游业等浪潮席卷某一地域性的传统文化时，包括本书主要讨论的民族传统文化，它们的变迁是毫无疑问的，并且引发的文化保护与传承等问题也成为我国民族地区文化建设工作中重点考虑的对象。对此，我们理应考虑到文化具有的公共属性，从"公共性"的角度去思考它的保护与传承的系列策略，包括参与制定相关的人文政策，参与跨学科研究及其公共文化事业，以及处理文化创造性转化、文化现代化发展等问题。

另一方面，人类学要服务的公共政策制定和社会问题解决，离不开政策人类学中的公共治理视角。自20世纪70年代以来，西方发生的社会、经济和管理危机，推动了公共管理和公共行政理论研究的范式变革。以"治理"为代表的新理论范式提出了多元的、自组织的、合作的公共治理模式，被称为"公共治理"。公共治理，其主要视点是重视政府和企业、团体、个人的共同作用，强调如何将不同利益相关者如政

---

① 陶庆主编：《政策人类学：新政治人类学与公共服务》，上海社会科学院出版社2016年版，第3—4页。

第七章 旅游展演与民族文化保护、传承意义的关系探析

府、企业和服务对象等各方的需求和意见协调起来,从而构建网络社会各种组织之间的平等对话的系统合作关系。[①] 在现实中,政府具有复杂的结构,包括地方、中央和不同主管部门共同构成的多层级、多中心的决策体制,众多权威交叠共存是这一体制的主要特征;非政府组织(如企业公司、第三方机构等)治理的主体包括政府,但又不限于政府。只要两类不同性质的组织行使的权力得到公众的许可,这些组织就可能成为不同层面上的权力中心,即可成为社会治理的主体。因此,公共治理的主体具有多元化组成的特征,它来自政府但又不限于政府的社会公共机构和行为者。在解决相关社会问题的过程中,这些不同主体各自都不拥有充足的能力和资源来独自解决一切问题所需的充足知识和充足资源,必须相互依赖和交易,在实现共同目标的过程中实现各自的目的。于是,他们之间就形成了各种合作与互动,也由此建立了各式各样的合作伙伴关系。最终,这样的依赖关系就必然推动公共管理朝着一种自主自治的网络化的方向发展,即近十年来一种颇受关注的公共治理模式——网络化治理。网络化治理是"为了实现与增进公共利益,政府部门和非政府部门等,众多公共行动主体彼此合作,在相互依存的环境中分享公共权力,共同管理公共事务的过程"[②]。它是一种与等级制和市场化相对的新型治理机制,来自政府、市场和市民社会的参与者,在一个制度化的框架中相互依存,并为实现一定的公共价值而展开联合行动。[③] 事实上,网络化治理模式是对公共治理理论的一种模式构建和框架解读,它继承多元治理主体的公共治理核心理念,要求各主体之间的有效互动,并强调制度化治理结构和治理机制在网络化治理中的重要

---

① 何翔舟、金潇:《公共治理理论的发展及其中国定位》,《学术月刊》2014年第8期。
② 王诗宗:《治理理论及其中国适用性》,浙江大学出版社2009年版,第12页。
③ [美]查尔斯·沃尔夫:《市场,还是政府——市场、政府失灵真相》,陆俊、谢旭译,重庆出版社2007年版,第114页。

性，最终实现全社会的共同价值和利益。①

然而，作为西方舶来品的公共治理理论，它在被引入中国本土社会环境中时，需要我们注意以下三个问题。其一，公共治理并不等同于政府管理，也并不能代替政府管理。两者各有侧重点，需要协同推进、有机结合才能推动国家治理现代化的步伐。因为，治理与管理分属于体制与机制这两个不同范畴。就中国公共治理体系而言，是公共治理体制与政府管理机制的建设，两者紧密联系、有机统一。在新时代发展背景下，我国公共治理体制表现为经济、政治、社会、文化和生态文明"五位一体"的体制建设，并非单一的经济体制建设；政府管理机制是通过政府内在的管理行为对社会各方面进行调节，对于确保政府管理职能的发挥，行政管理体系的建立以及经济、社会和文化的全面协调，可持续发展具有重要的意义。② 其二，从内涵上讲，公共治理主要强调的是多元主体的共治，包括政府治理但又不限于政府，市场、公众和非政府组织等都是治理主体之一。当然，政府治理是其中非常重要的部分，其关键性的主导作用不可否认，尤其对于处在转型关键期的中国和文化更为多元的民族地区来说更是如此。然而，在政府长期作为管理社会公共事务绝对主导力量的过程中，市场经济和社会组织未能充分发挥其主体作用，较难与政府形成互动均势而促进当地的经济社会发展，包括对民族传统文化的保护与传承。因此，本书借鉴公共治理模式中的多元主体互动协作思想，希望超越政府本位，树立社会本位的理念，推动民族文化保护与传承事务中的政府管理走向社会治理，政府不再超负运行，也不再是推动公共事务和政策实施的唯一主体，应该随着社会的发展，让政府的作用从"划桨"到"服务"的转变，政府更多的是从宏观上为民

---

① 何翔舟、金潇：《公共治理理论的发展及其中国定位》，《学术月刊》2014年第8期。
② 何翔舟、金潇：《公共治理理论的发展及其中国定位》，《学术月刊》2014年第8期。

族文化保护与传承创建法治民主环境，而市场的活力和社会力量反倒应该被充分激发，从而共同促进民族传统文化保护与传承的有效开展。其三，国家、市场与社会治理应该是公共治理的有机统一体，其中的网络治理模式可有助于改变传统中国"大政府、小社会"体制的重要特征。当下，中国社会结构处于剧烈分化、重组的状态，社会力量未能在国家和地区对诸多公共事务管理中充分发挥，包括本书主要讨论的民族传统文化保护与传承问题。从本书的调研分析可知，民族传统文化的生存与发展，它是扎根于不同时期的社会经济环境之中，也受制于各种社会力量和政治、经济等权威话语的影响。如果我们对民族文化的保护与传承，总是依赖于"政府本位"的行政管理方式，那不仅很难让社会活力得到根本性释放，也容易让文化的保护与传承工作绩效发挥有限且容易流于形式。因此，若能形成政府、市场与社会三者的有效互动，发挥三者合力带来的治理效应，那么，各主体就可以依靠自己的资源和优势，通过对话来增进理解，树立共同目标并相互信任，以建立更为长期的合作，从而相互鼓励并共同承担风险，确保社会公众事务目标的有效完成，包括民族传统文化的保护与传承。

二 新西兰毛利人旅游展演中"文化和旅游的融合"之经验借鉴

旅游展演对于民族文化保护与传承的影响，最容易让人联想到其负面性，如过度商业化、文化失真、传统变味等，因此，旅游展演对于民族文化保护与传承的正向作用较容易被忽视。但是，随着旅游展演在不同国家、地区的兴起，它实际上对于民族传统文化在全球化、现代化的转型发展起到了不可否认的作用。因此，借鉴其他国家类似的成功经验，对于我国利用旅游展演实践来促进民族传统文化的创新性发展和创造性转化，具有重要的意义。鉴于此，利用课题实施期间赴新西兰访学所获成果，将该国少数民族毛利人的旅游展演及对传统文化的作用机理进行了梳理总结，期望能在此帮助我们更深刻地理解文化和旅游之间的关系。

从可持续发展的角度来看，民族传统文化的保护与传承并不能存在于真空之中。唯有赋予它持续的经济发展性，才能获得文化发展的可持续性。因此，文化的保护与传承，并不能离开商业经济基础的支持而空谈。只不过，如何在文化和商业之间进行"度"的把握和平衡，如何在民族传统文化中有效地表达出"商业"这一维度的性质，使得民族旅游商业活动实践与少数民族传统文化之间实现真正的融合，这才是我们应该重点考虑的问题。

首先，旅游展演的呈现性问题。旅游业本身就是商业活动中的重要组成部分。民族传统文化借助旅游业的发展重新获得新生和再现的机会，现在已成为各地普遍采用的方式。新西兰毛利人在文化旅游发展过程中，普遍会进行旅游展演的实践活动，并通过旅游展演提供的活态化呈现让游客的体验质量得以提升。但是，就其整个旅游历程来看，旅游展演活动只是毛利人民族旅游产品体系中的一个环节，在其中起着承上启下的重要作用。当游客进入某个民族村寨之后，迎面而来的通常并不是旅游歌舞表演，反而是当地毛利人（包括他们的村主任）亲自前来迎接，并用东道主的热情和优质的讲解来为各国游客进行毛利文化认知服务的提供。当游客们基本上体验完了当地毛利村寨文化之后，最后才是旅游展演节目的出现。在当地的旅游展演活动中，主角仍然是毛利人，而这些毛利人并不只是用身体来表演的"无声载体"，而是他们在表演之前就已经和游客亲密接触，为其提供了良好的讲解向导服务。因此，当游客们再次看到他们时，其真实感自是油然而生，且连同对于他们的展演也就有了更贴近的接纳度。旅游展演不仅让游客温习了之前在村寨里了解和认知到的有关传统文化知

第七章 旅游展演与民族文化保护、传承意义的关系探析

识,也让游客对文化的体验上升到一种多媒介感官享受的程度,从而破解了以前许多地方旅游展演与族群成员日常生活相脱节的难题。当然,毛利人演员在旅游展演中的身体姿势、行为动作、表情面相等都与本书的老达保村村民类似,能够让游客感受到他们自身的投入和热爱,也可以让游客产生更多的文化认同和情感共鸣。因此,对于自身的身体管理和情感展示,毛利人和老达保村村民的做法都可以给予我们更多的启示。

其次,旅游企业式管理制度的运用。在少数民族地区,旅游企业式的管理制度近年来已经出现不少,且也和当地政府、村民构建了合作关系,共同推动民族地区旅游业的发展。对于旅游展演而言,它本身就是一种以盈利为目的的商业活动,同时要为保护与传承民族传统文化担责的公共性实践。因为,旅游企业作为一种商业力量介入少数民族文化开发,它享受了从旅游环境中各种资源(包括少数民族文化)获得大量经济利益的权利,自然也就应该承担保护、开发、传承这些文化资源的义务,并因为这些开发、传承、保护活动而获得了再生产的各种资源,为自己的可持续发展提供了可靠的保障条件。[①] 但是,目前我国少数民族地区,尤其是一些少数民族村寨,旅游企业的投资者和管理者的身份是多样的,有外来资本入驻的,有当地政府下设的相关机构,还有当地村民共同组成的董事会,等等。对于外来资本和政府下设机构,他们委派的管理者和经营者的身份大多不是本地少数民族成员,因此,在以展演的手段来生产和创新民族传统文化时,大多依据的仍然是商业获利标准,其审美观、价值观仍根源于城市文明和现代文化体系。在这种情况下,他们对少数民族文化资源的

---

① 魏佳等:《旅游企业对少数民族文化的保护责任——以西部旅游景区为例》,《社会科学家》2012 年第 1 期。

挖掘、整理和开发利用，也就会带有过度商业化的痕迹，对民族传统文化的解读和转化，更多的是停留于歌舞、服饰、妆容等浅层次的内容呈现上，而对生活方式、支系风俗、仪式制度、宗教信仰等更具丰富内涵的文化要素绕道而行，因为其无形性和阐释性的难度而搁置一边。相对而言，新西兰毛利人的民族文化旅游（包括旅游展演），它们的产生、呈现和经营等，都是由毛利人自己持有的旅游企业来进行统一管理。在这里，"自己持有"，并不只是名义上的持有，更多的是指是否拥有成熟而有效的企业文化和精神，而这又决定了企业对民族文化开发利用和运营管理的绩效，从而最终关系到民族传统文化的保护与传承的有效性。

再次，成熟有效的企业文化与精神从哪里来？当然应该从企业主人——少数族群成员的传统文化中去寻找，利用具有深厚积淀的民族"根系文化"帮助形成民族旅游企业的文化伦理精神。由于民族地区的旅游业主要是依靠少数民族传统文化的生产与销售。因此，能否有效地保护与传承民族传统文化，势必应该反向地审视民族文化在旅游业中被开发利用的程度和结果，进而考虑到民族传统文化被本民族成员所掌握的情况。客观来讲，一个民族的传统文化走向，既要遵循国家宏观层面上的战略指导，又要体现本民族成员对于自身文化的话语权。从老达保村的案例来看，村民们之所以能够依靠旅游展演走上脱贫致富的道路，又能够衍生出对民族文化保护传承的自觉意识和相关行为，最重要的还在于离不开国家和地方政府对少数民族成员的指导和帮扶。但是，在国家和政府支持协助之后，少数民族群体对于自己所持有的传统文化应该如何进行保护与传承？可以从新西兰毛利人的一些做法中进行参考性借鉴。

新西兰毛利人在进行文化和旅游融合的策略构建方面，最为突出的一点就是形成了以本民族传统文化价值为根系的企业制度精神，即坚持

第七章 旅游展演与民族文化保护、传承意义的关系探析

在国家宏观政策指导下的"以毛利人为中心的旅游"价值体系。对于国家、社会和少数民族共同提倡的"文化保护与传承",其根本性在于保护与传承什么样的文化。毫无疑问,无论文化的生境如何变化,但文化的内核不能被消解,否则,传统文化的"传统"二字就无法体现,当然更不必说对于一个民族形象的展示了。所以,保护与传承文化,当然是保护与传承具有本民族特色风格的文化,而这,自然需要依赖于文化的生产者和创造者——本民族成员来给予诠释与解读,并保障和监管其文化发展的动向。至此,"文化的自决权"这一命题被提上议程。新西兰林肯大学戴维·西蒙斯(David Simmons)教授和他的毛利文化旅游研究团队关于"以毛利人为中心的旅游发展"价值体系研究成果,就是对这一问题的理论探索。

戴维·西蒙斯教授和他的研究团队首先借鉴杜里(Durie)的观点,坚持从可持续发展这一角度出发,认为"发展"这一概念不仅是指经济上的发展,还应该包括社会和文化的福祉、生活方式和环境质量的综合性发展。相应地,对于毛利人的自我发展,也应该是整个少数族群成员经济生活水平的提高、社会文化福利的获得、生活方式和社区质量的提升等综合性指标的实现。然而,在以往的研究中,大多学者认为"社会—文化"这一维度内容因为无形性而难以实现,选择暂时性忽略。而戴维·西蒙斯教授和他的团队始终坚持社会/文化资本是毛利人的一种重要的资源,可以用于完成自决式发展的最终目标。在此基础上,他们提出了一种"以毛利人为中心的旅游"(Maori - centred tourism)发展方式,旨在从毛利人自身视角出发,尝试在毛利人的传统文化资源中挖掘出以精神性为核心的毛利文化价值体系,并从"原则"和"结果"两个维度来指导毛利人如何更好地将民族旅游商业经营与传统文化相融合这一实践活动,见表7-1。

表7-1　　　　　"以毛利人为中心的旅游"价值体系

1. 精神存在状态(state of being spiritual)
原则:
◆在产品中表达精神元素
结果:
◆精神价值的承认和保护

2. 关系、亲属关系(relationship, kinship)
原则:
◆为毛利人自决式旅游发展作出贡献
◆培育家庭(式)—工作环境
◆成为毛利人旅游网络的一部分
结果:
◆经济的、社会的和文化的可持续性
◆员工的文化骄傲
◆归属感和支持感

3. 毛利人的多样性(Maori diversity)
原则:
◆从属于传统的和/或非传统的毛利旅游组织
◆在毛利旅游产品中,呈现毛利文化的多样性
◆承认毛利旅游发展具有特定的部落性和地域性
结果:
◆对毛利人结构多样化的认识
◆旅游产品中更具反映性的毛利文化
◆发展于不同社会/商业现实的毛利旅游,对其中多元化的部落性和地域性的认可

4. 保护(guardianship)
原则:
◆履行环境保护和智慧守护的责任
◆承认毛利人与环境的密切关系
结果:
◆在环境方面的可持续性旅游发展
◆保护与促进毛利人与自然形成的亲密关系产品

5. 热情好客(warm hospitality)
原则:
◆培养知识与信仰的分享
◆对游客们热情好客
结果:
◆对毛利人与游客互动方式的认知

第七章 旅游展演与民族文化保护、传承意义的关系探析

续表

6. 自我决定(self-determination)
原则：
◆控制旅游发展的过程(如决策过程)
◆控制商业的/经济的独立
◆控制旅游中毛利文化的表征
◆坚持《怀唐伊条约》中对旅游发展资源的所有权
结果：
◆商业的所有权(或与非毛利人的合伙权)和管理
◆自我决定式的旅游发展
◆旅游产品中文化完整性的保护
◆毛利人旅游产品真实性的决定
◆在《怀唐伊条约》约束下的"宪法所有权"表达

7. 合作(unity, solidarity)
原则：
◆与旅游中其他毛利人建立合作关系和战略联盟
结果：
◆促进旅游商业机会
◆与参加旅游的其他毛利人的合作感和团结感

8. 一致原则(principle of alignment)
原则：
◆与商业的经济、社会和文化、环境目标相一致
结果：
◆综合的、可持续的发展

9. 透明原则(principle of transparency)
原则：
◆表达毛利人和非毛利人的问责和责任
结果：
◆西方人和毛利人的文化商业实践

10. 最佳结果原则(principle of best outcomes)
原则：
◆运用指标/指南，评估旅游商业的礼会、经济、文化和环境
结果：
◆综合衡量商业的"最可能结果"

资料来源：Zygadlo F. K., McIntosh A. and Matunga H. P., et al., "Maori tourism: concepts, characteristics and definition", *Tourism Recreation Research and Education Centre*, Report No. 36, 2003, p. 24。

由上表可以看出,"以毛利人为中心的旅游"价值体系,我们可以看到,这些价值并不是单独的,而是相互关联和具有互动性的。

第一层,是精神性原则,即主张在旅游产品中善于表达少数民族传统文化的精神性,或者是少数族群成员精神存在的状态。这一层次的价值直接指向"我是谁""我与这个世界的关系是怎样的"以及"我如何看待与我相关的事物"等深具哲学意味的问题。若从真实性的角度来看,则是一种对于少数族群成员而言的存在真实性,是族群成员对与他们紧密相连的自然环境、地域状况、祖先崇拜的认同相关。这类价值的解说,通常可以从少数民族传统文化中的神话、历史、故事、格言等去挖掘,用于旅游产品的设计和解说词的创作,让游客在参观某一少数民族时,可以与这些族群的祖先、历史、神话等精神性的事物相遇,与地方和地方上生活的人们——"民族"相遇,强调自然环境、地域特色、传统文化是如何由地方的精神生活力量塑造的,以达到对精神价值的认识与维护的目的。这里必须强调一点,要在民族旅游商业经营中让游客充分体验到精神性,则少数族群成员的语言表达能力和对文化的解说能力是至关重要的。充分领悟本民族文化的精神性,阐释自己的民族与天、地、人之间的关系,分享本民族的人生观、价值观、世界观,简明扼要地解说其宗教与信仰要义等行为实践,均能很自然地向游客展示"传统文化"的含义。

第二层,是"自我决定"原则。既然想要充分向游客展示"自我"(也即传统文化)的含义,那么决定自我的权利就相当重要了。换言之,如果第一层面是关乎传统性展露的理想状态,那么,第二层面的"自我决定"原则就是关系到这一理想状态能否实现的关键点。"自我决定"其实是少数族群成员对于他们自己的文化、社会和经济优势资源的控制,包括对将这些资源转化为旅游(展演)产品这一过程决策权的控制。在旅游展演实践中,如果少数族群成员对于民族传统文化的开

第七章 旅游展演与民族文化保护、传承意义的关系探析

发利用并不具有主导性的话语权,那么,传统文化的变迁与走向就很难被真正地掌握在自己手中,其文化的表演性运作就会出现低效的状态。任何拥有控制权的人或组织,一般而言,都能够决定一些关键性因素,如本地文化旅游发展的规模、速度和性质,甚至发展的地理区位和管理活动。在这一层次,包含三个方面的内容。其一,对于文化的控制权是至关重要的。在过去的旅游展演实践过程中,少数民族的文化形象很多都已被扭曲地表征,同时获得的商业利润也较低。所以,在此,我们不应该再纠缠于文化是否应该商业化,而是应该强调少数族群成员自己对民族文化商业化的控制权利,这包括在旅游发展过程中,对民族传统文化的定义和利用,都应该坚定地被负责任的少数族群成员掌握,同时有第三方的监管。其二,重视对商业经营所有权和管理权的控制。现实中有很多案例表明,少数民族可以设计自己的产品,也允许参与一些旅游开发阶段,但是,对产品的运营和后续管理,包括对产品的转型升级、对游客的有效管理、对合作伙伴的接受方式等,缺少少数族群成员的自我决断权,让旅游展演很容易趋于外来经济资本的话语表达,呈现出过度的商业化。其三,与其他群体、组织建立合作。"自我决定"并不意味着绝对的排斥,相反,从民族旅游企业组织运营环境的开放性与长远性来看,在确认和规范了少数族群成员对自己文化、商业的控制权之后,应充分考虑到与主流社会建立一定的组织伙伴关系,从而保持民族旅游企业的可持续发展。

第三层,是"文化"和"商业"两个范畴下的具体内容。对于"文化",主要包括某一民族的文化多样性,族群内部之间的亲属关系网络,少数族群成员的热情好客和对少数民族传统文化的保护;对于"商业",包括与外界主流社会组织或资本的合作,民族旅游商业实践与当地经济、社会、文化等目标保持一致,旅游企业对保护传承民族文化的责任并应使其透明化,评估民族旅游商业经营活动的可持续性标

准。其一，关于民族文化的多样性，主要指某一少数民族常被划分为不同支系或不同部落，因此，对于可利用的民族文化旅游资源，并不仅指对某一民族总体文化的开发运用，还应该对这一民族的不同支系文化进行表演性再现，以此确保民族传统文化保护与传承的真实性和完整性。其二，从关系的角度来看，很多少数民族的社会网络关系是基于本族群的亲属宗谱关系形成的。因此，这种亲属关系在与民族旅游企业实践相遇时，也常体现为家庭、家族和集体性的旅游企业经营模式。其中，不同年龄、性别和阶层的参与，可为民族旅游商业活动提供不同角度的诠释，并容易创造一种归属感和联结感，这有利于民族旅游社区的发展，也有益于优质旅游展演产品的构建。特别地，在一个集体式的工作环境中培养本族群工作人员，包括管理人员和服务人员，这实际上是在赋权给少数族群成员，有利于他们自己做出与其族群价值一致的决策。同时，利用这种亲属关系，还可以积极主动地创建属于少数族群成员自己的旅游协会组织。这些地区性的旅游组织，可以在市场信息提供、旅游产品促销、制定商业发展计划等方面给予少数族群成员一定的社会资本支持，为他们创造进入旅游业的商业机会，并提供最新的信息和强烈的归属感。支持少数族群社会的网络关系构建，并为民族旅游社区创造可持续的经济基础，以此促进少数族群成员在经济、环境、社会、文化等方面的总体发展愿景，这是民族旅游村寨或社区重获文化资本主动权、构建优质旅游展演产品的重要方式。

此外，在民族旅游中，热情好客的民族性是吸引游客驻足的一个重要原因，而情感的真实性又是保证旅游展演质量的必备条件。那么，何谓"热情好客？"从某种意义上来讲，首先应该是尊重。只有出自内心的敬意，才会有接下来对他人的关怀与分享。因此，这种尊重，应该是来自民族传统文化中的精神性价值是一种自信、平和、友好的处世态度。其次，关怀与分享。唯有对他人的关爱和对自己文化的喜爱，才会有对游客如家人般的关怀和朋友般的分享之情。让游客一进入民族旅游区域，不仅可以体验到物质层面的传统文化，也能感受到心灵和精神上的文化涤荡，这可为形成平等、健康、可持续性的主客关系提供一种内在性的原动力，从而有利于少数民族传统文化保护和传承意义的兑现。

最后，从商业的维度来看，尤其是基于民族文化保护目标的商业经营活动，在强调掌控商业所有权和管理权的同时，也应注重民族旅游企业与外界主流社会组织机构或资本的合作关系，包括不同地域和不同支系民族旅游商业活动的联盟组织构建，以形成旅游经营关系网络和联盟策略，成为所在地旅游组织或旅游产业发展的一部分，从而保持与当地经济、社会、文化等综合性目标协调发展的一致性。当然，开展这些经营活动的旅游企业应该对少数民族村寨或社区的可持续发展持有责任感，并将这种责任感融入企业文化，以体现少数民族文化价值体系的精神性内涵，也反映了"最佳可能结果"的原则，即一种以提供一系列发展机会如民族文化和价值的保留、就业机会的创设、文化关系的构建、生活水平的提高、社会福利的获取等，以此推动民族地区旅游业的可持续发展和传统文化的现代化发展。

三 旅游展演实践与民族文化保护传承的协调性发展策略建议

（一）对于"旅游展演与民族文化保护传承之间关系"的重新审视

任何一个民族都要生存在一定的生态环境之中，任何民族文化也都在特定的生境中产生与发展。所谓文化生境，就是由特定文化加工，并与特定文化相适应的外部空间文化体系，包括自然和社会两大系统。[①]随着文化生境的不断变化，如全球化、现代化、旅游业等外部社会经济

---

① 罗康隆：《文化人类学论纲》，云南大学出版社2005年版，第161页。

因素的影响，民族传统文化也就会随之发生变迁，如族群传统文化的使用频率减少、消退速度增快、内部传承力度显弱等问题。因此，民族传统文化在新的外界因素影响下面临着衰退甚至消解的危机。对此，国家和地方政府，还有一些事业性单位和团体机构开始重视对民族传统文化保护的工作，如对少数民族的社会状况、宗教、文化、语言、文字、民间文艺等内容进行了大量的普查、抢救、整理、记录等实践活动，并随之出现了文物保护、建筑保护、博物馆保护、非遗保护等更具体的内容。在这些早期的文化保护工作中，所遵循的原则基本上是以"保护为主，抢救第一"，大多是静态性保护。后来，随着旅游业的迅速发展，对民族传统文化的保护就被置于一个更具挑战性的环境之中，即旅游开发利用与传统文化保护这一对二元矛盾冲突问题日渐凸显。在我国许多少数民族村寨，旅游展演对于民族传统文化资源的开发与利用尤为突出，因此，旅游展演对民族传统文化保护的影响及其传承意义也就成为学界和业界关注的焦点。总体而言，从最初对旅游展演负面影响的严厉批评到后来承认旅游展演的正面效应，再至如今的辩证性看待旅游展演实践与民族文化保护传承二者之间的关系，旅游展演与民族文化保护传承之间的协调性发展已成为我们亟待解决的关键性问题。

  不可否认，旅游展演对民族传统文化在现代消费社会中的展示与传播发挥了重要作用，也对东道主民族村寨的脱贫致富、乡村振兴、文化建设等方面产生了实际效用，并因此引来国家、地方、社会和市场、媒体等诸多外部力量对其相关活动实践的关注和重视，使之成为各个少数民族村寨对外推介本土民族传统文化产生的经济、社会、文化、政治等综合性效益的主要载体。一方面，许多少数民族村寨已经消失或正在隐退的传统文化，因为旅游展演实践的开展而得以重现舞台并让世人了解新环境中的民族传统文化，这不仅为文化多样性的保存提供了又一平台空间，也重新激发了东道主居民对自身文化价值的认知，为民族传统文化的保护与传承赋予了主体性回归的动力。另一方面，旅游展演在经营活动中取得的经济性收入，在帮助东道主居民脱贫致富的同时，也为民族传统文化保护与传承工作的资金支持创造了一种新来源，可以用旅游展演总体收入中的一部分来进行民族传统文化的保护与传承工作的开展。同时，旅游展演带给东道主居民的个体和集体效能的增长，也为民族传统文化持有者在保护与传承自己文化的时候具有更深刻的认知与更强的应对能力，并能够通过旅游展演实践活动的对外辐射性而获得比村寨更广范围的社会支持与认同，包括各级地方政府、各种外来社会资本和企业组织以及来自四面八方的游客群体和网络舆情等。这不仅从本书老达保村旅游展演的实践逻辑中可以看出，也反映了旅游展演对于民族传统文化保护与传承的正面影响，所以被称为是民族传统文化在现代化语境下的"生产性保护""舞台化保护""活态性保护"等保护路径。

但是，我们也必须看到，旅游展演犹如一把双刃剑，在对民族传统文化保护传承产生正面效应的同时，也会因为文化生产主体、路径、方式以及认知等不同而产生一些不利于民族传统文化保护与传承的负面影响，比如饱受诟病的"过度商业化""文化肤浅化、快餐化""文化娱乐至上""文化内涵欠缺"等。这些问题的出现，不仅不能让民族传统文化的保护与传承落到实处，还会让其受到更多损害，尤其是在推动民族文化朝着现代化发展的道路上，更是受到许多阻碍。旅游展演，从"旅游"方面来看，它天然与商业消费相连，无可避免会自带商业化色彩，而从"展演"来看，它又会自带"舞台化""表演性"等修饰功能。因此，若仅从"文化商业化"与"文化真实性"两者之间的关系来看，旅游展演确实难以实现客观意义上的"原生态性"，也无法避免商业化。既然如此，那么我们不妨从老达保村旅游展演实践的成功经验中抽取一些可借鉴之处：既然老达保村的旅游展演也有与其他少数民族村寨类似的风格，那为什么它能够获得游客和媒体的好评呢？由前面章节可以知道，正因为老达保村的村民进行的旅游展演实践，它并不仅仅是一种村民用于增加经济收入的手段，同时已成为村民们的一种日常生活形态，一种身体行为习惯，才使得游客所见所闻的歌舞音乐文化具有一致性的真实感。并且，当地村民也以自身在音乐旋律中的情感性展演与文化叙事而赢得了游客的情感共鸣与心理认同。于是，尽管游客观看旅游展演也需要付费，进入村民家中消费餐饮和住宿同样避免不了商业化的活动，但是，只要在游客与东道主交往互动过程中，能够让游客感受到和谐优质的主客关系，那么游客就难以产生东道主所做的一切是"为了钱"，而民族传统文化在这种主客共鸣的场景中也能够得以有效传播与展示。可以说，如果我们的少数民族村寨能够多将民族传统文化展演置于他们自己的日常生活实践中，让游客能够在游览整个村寨时也能时不时地看到舞台上展演的文化内容在东道主日常生活中也同样存在，那么，所谓的"原生态""真实性"也就自然会产生在游客心中。而这样的前台和后台文化场景的统一性，常常也有赖于当地村民们日常民俗活动的开展，为民族传统文化的保护与传承培育现实中的土壤，即向游客展演的民族文化，在东道主日常生活的休闲娱乐、社会交往、民俗活动等方面也有所体现，以舞台上和舞台下的文化统一性展示为文化的真实体验提供现实来源。

如果说旅游展演为大众游客了解各类民族传统文化打开了一扇门，那么，旅游展演对于当地民族传统文化的保护与传承意义更多是具有一种引擎性的作用，即通过对东道主居民身体的改造、对当地族群传统文化的符号化生产以及对主客互动关系的构建等来让内容庞杂的民族传统文化进行展演化和舞台化的生产，力图将民族传统文化中最适合旅游凝视消费的部分进行微缩景观化的打造，从而促成了民族传统文化在现代旅游消费新场景中的重构与变迁。这种重构与变迁，并不是对民族传统文化保护与传承的否定，它是要视重构与变迁的程度和效果而言。在社

第七章 旅游展演与民族文化保护、传承意义的关系探析

会实践中，若旅游展演中的文化与原生文化的内核相差不大，即使文化的外在形态有所变化或融入新的一些文化元素，那么，这样的旅游展演文化可被认为是一种对民族传统文化的"活态"性保护与传承。此处的文化内核，其实可以借鉴上述新西兰毛利人的文化价值体系表，即以某一族群精神性为核心的文化价值体系展示。这种展示可以是舞台化的、艺术性的形象载体，可以将传统文化与现代文化元素相互交融呈现，但在主客互动中一定要让游客能够感受到东道主传统文化体系中透露出来的世界观、价值观、思想性、情感性和日常性等核心要素，即这一族群在特定历史社会时期应对生存、生活和这个世界时的态度认知、技术手段、社会策略、情感心理、精神信仰等自己独有的"语言"与"道具"。唯有这样，才能够满足游客对"文化内涵"的期待，也可避免旅游展演易于倾向空洞化、肤浅化和过度商业化的趋势。当然，从另一个角度来看，如果一个民族村寨的传统文化被保护与传承得较好，那么该村寨才会有生产优质旅游展演产品的基础和条件；否则，他们极有可能因为被保护和传承的民族传统文化资源有限而去生搬硬套、随意拼凑一些文化符号碎片，从而造成旅游展演产品供给质量的低效。因此，如何构建旅游展演与民族文化保护传承的协调性发展机制就显得尤为重要。

(二) 展演共同体：多元治理视角下旅游展演对民族文化保护传承的积极作用机制构建

通过对旅游展演与民族文化保护传承的关系分析，不难看出，如果我们能够充分发挥旅游展演对于民族文化保护与传承的积极作用而规避其消极作用，那么旅游展演实践对于民族传统文化的保护与传承意义不言自明。从政策人类学的公共治理视角出发，会发现少数民族村寨的旅游展演也是一种充满了公共性话语色彩的实践产物，其生成过程主要是

在当地政府的主导下，通过文化旅游主管部门或机构、相关经济资本和社会资本、各类媒体、本地东道主居民和大众游客等多方利益主体共同打造而成。这些不同主体在旅游展演的形成、运营和管理中都发挥着各自不同的作用与影响，所形成的互动关系与合力效应就催生着不同村寨的旅游展演类型出现，并由此对当地民族传统文化产生着不同的变迁影响，包括最终对民族传统文化保护与传承工作的不同作用效应。其中，旅游展演是否对民族传统文化资源的开发利用和重新建构有着过度商业化的痕迹，主要取决于多元主体之间的互动关系和权力维度如何。如果经济资本在此过程中占据主要话语权，那么民族文化的过度商业化就难以避免；如果此时社会资本、文化资本能够进入这一网络运行机制中并拥有一定的决策权，那么，民族文化在旅游展演场域中的表现可能会商业化，但"过度"的痕迹不会那么明显。因此，公共治理的策略思想可为我们构建旅游展演对于民族文化保护传承的积极作用机制提供相应的参考。

首先，民族传统文化资源，由于是本地村民及其祖先世代形成且流传下来的文化遗产，那么它便与文化自身所依存的土地、山川、森林等自然环境资源一样，具有类似的公共属性，即萨缪尔森所说的公共物品。[1] 因此，如何合理而有效率地利用这种公共物品，是决定民族传统文化是否会被过度商业化开发的基础性条件。借鉴公共人类学的"公共性"视角与新西兰毛利人的"文化自决权"这一思路，可以尝试在坚持党和国家的领导地位前提下，构建地方政府、人类学等专家学者、东道主居民和社会市场等多元主体协调共治的开发机制，共同对话商讨与共同规划调整利益主体间的关系，在找到共同利益基点的基础上，对民

---

[1] [德]维克多·J.范伯格：《经济学中的规则和选择》，史世伟、钟诚译，莫志宏、冯兴元校，陕西人民出版社2011年版，第23页。

族传统文化资源进行共享式开发利用,包括旅游展演产品的相关设计,从而形成一个围绕着旅游展演实践的"展演共同体"。当然,在这一共同体中,其根本目标是充分发挥旅游展演对于当地民族文化的积极作用,避免其消极影响,尤其是要尽量激发出旅游展演对民族传统文化保护与传承的正面效应,而避免经济效益对文化效益的挤压。

其次,在确定了侧重于文化向度的目标之后,东道主居民的文化自决权也应该被提上日程进行重点考虑。因为,要想民族传统文化在旅游展演这一现代消费语境下得以不过度商业化和能够在创新中保持文化内核,那么文化持有者的主体性地位应该得到体现。现有的许多少数民族村寨,由于自身面对旅游市场的经营能力较弱甚至完全是处于认知空白阶段,所以地方政府才会以舵手的角色来帮扶族群成员进行旅游展演式的开发。但是,文化的旅游展演化生产,本身就属于一种市场行为,而且是一种希望在文化保护与商业开发之间找到平衡的双重性实践活动,因此,将文化的开发利用权力还原给原来的主人及其市场机制,而政府的角色就逐渐转向"制度保障者、市场环境缔造者和公正仲裁者",才会充分发挥文化持有者的主体性作用和旅游展演运行的市场环境活力,从而让旅游开发与文化保护这一对传统性的矛盾问题得以解决。当然,这一转移,尤其是将民族传统文化资源的开发利用权力转交给当地村民时,是应该建立在村民的受教育机会增多和集体效能不断提升以至于自身的文化生产能力能够担任此重任的前提之下。如果东道主的文化运用能力还有一定距离,那么,还可以在人类学等专家学者、民族民间各类文化协会等社会组织的帮助下共同进行文化价值的挖掘。所以,这一展演共同体,是要转变以前政府或经济资本占主导地位的传统局面,而在坚持地方政府的引领作用下凸显东道主族群成员的文化主体性地位,并同时用市场化运作机制来保证旅游展演与民族文化保护传承之间的协调发展。

最后，在构建了展演共同体中的根本目标和互动关系之后，结合少数民族村寨惯有的集体主义价值观及其案例地老达保村集体效能增长的经验，还可以考虑为民族村寨的传统文化资源及其产品设计等创建一套有效的集体文化委托管理模式。血缘、地缘、亲缘是旅游展演依托的少数民族村寨一直保持的社会基础性结构要素。民族村寨土生土长出来的传统文化，不仅是现在旅游展演需要利用的原材料，也是这个村寨所属族群成员和他们的祖辈们在历史发展过程中创造和传承下来的，因此，我们若将此视为一个带有股权性质的公共产品的话，那么这个村寨的村民们都应该是这个产品的拥有者和决策者。所以，让当地村民每人都以股民的身份入股，成为旅游展演产品的"股东"，以表示他们和传统文化所具有的天然而紧密的联结，这是一种较合理的治理策略。当然，现在有一些村寨已在这样实施，如本书案例中老达保村旅游展演的经营方式就是"农户+公司"的模式。但是，老达保村，包括其他一些类似的民族村寨，他们设立的旅游演艺公司，其股东主要还是参与了旅游展演的村民们，而没有参与旅游展演的村民被排除在外，这一做法实际上还是没有完全体现"全民皆有"的文化权利性，不利于当地借助旅游展演实现共同富裕的目标实施，也容易造成旅游展演对民族文化的生产权集中在少数几个人手中从而无法体现出集体意志。因此，如果能够在运营旅游展演的民族村寨中成立一个"旅游展演与文化保护"委员会，通过地方法规授权代表该村寨负责管理本村及所代表的本民族传统文化资源的开发利用情况，则可以对民族传统文化资源是否会被旅游展演过度利用或随意滥用而起到监管和规制的作用。如果发现旅游展演运营过程中有过度商业化或随意篡改编造民族传统文化的现象，则有权力制止并要求重新整改，以保证民族传统文化的相对真实与内涵精神。这个委员会的成员，可以包括当地各级政府和文旅主管部门的代表性人员、人类学和文化学等专家学者、文化保护与传承的社会组织机构、族群成员中的精英分子和普通村民代表等（且东道主群体的人员比例应占最大），从而体现出多元治理主体的公共治理倾向。这种集体性的文化资源资产管理组织，可以强化相对传统弱势的东道主社区的话语权能力，同时缓解了当前他们受教育程度较低和技能培训还正在进行中的困境，因为当他们对民族传统文化的认知，尤其是市场化开发利用的评估认知还无法完全把握时，委员会的其他民间组织、专业人士会提供相应的智力支持。这样，原本在经济上和文化上处于相对弱势的族群成员个体就可以通过这种网络治理式的组织团体中找到内生性的制度保障，从而保证族群内部与外部之间的信任机制与信息共享得以成型，为少数民族村寨传统文化在旅游展演实践中的合理开发利用提供了有效的制度保障。

（三）展演新场域：文化整体观视角下旅游展演对民族文化保护传承的空间重塑策略

在文化人类学中，文化整体观是其最基本的理论视角和核心概念。它认为任何文化都是一个整合的系统。在这一系统中，每个文化元素都与整个文化相联系。也就是说，一切文化都具有一定的功能，无论是整个社会还是社会中的某个社区，都是一个功能体系。在此功能体系中，各个组成部分之间相互联系、相互补充、协调一致。[1] 这种文化整体观意味着人类文化的世界并不是杂乱纷离的事实之单纯集结，而是试图把这些事实理解为一种体系，理解为一个有机的整体。[2] 那么，少数民族村寨中不断兴起的旅游展演，作为一种艺术符号表征的产物，其文化的

---

[1] 吉国秀：《功能、文化整体观与田野作业——读拉德克利夫-布朗〈社会人类学方法〉》，《民俗研究》2003年第1期。

[2] ［法］亚历山大·柯瓦雷：《从封闭世界到无限宇宙》，张卜天译，北京大学出版社2008年版，第281页。

整体性又是怎样呢？由于旅游展演多是借助歌舞艺术表演形式向大众游客展示某一地域、某一民族的传统文化，其生产手段也大多是用生产者抽取的艺术符号片段来进行组装设计，因此，更多的旅游展演产品常常会不自觉地一味强调艺术符号形式，而忽略了"艺术符号形式的逻辑决定于生命过程的逻辑，生命作为文化的一个形式，它的符号功能包含在一个同时性的整体意象之中"[1]。因此，旅游展演对于民族传统文化呈现的"碎片化""空洞化""模式化"等负面影响常常被学界批评。在这里，旅游展演之所以会对民族传统文化的传承保护产生这些不良影响，其原因不在于它使用了符号化方式，而是在于将本来为一个整体的文化事象给予随意切割和拼凑，从而对文化整体性进行了破坏和割裂。因为，正如卡西尔认为的那样，"人与动物的区别就在于人具有符号系统。与动物相比，人不再生活在一个单纯的物理宇宙之中，而是生活在一个符号宇宙之中。语言、神话、艺术和宗教等都是这个符号宇宙的各个组成部分，它们是织成符号之网的不同丝线，是人类经验的交织之网。人类在思想和经验之中取得的一切进步都使这符号之网更为精巧和牢固"[2]。由此可见，卡西尔的符号论思想已经为我们揭示了一种文化符号整体观之含义：人类文化的各个维度在符号活动中都体现了人的创造本性，而在这个人类文化创生过程中，事实在被化为各种形式过程中假定了一种内在的统一，从而映射了人不断自我解放的历程。[3] 在此基础上，对于其中的艺术符号而言，同样有着艺术符号文化整体观的参照——追求完整性，是艺术理解的出发点，只有将艺术看作一个整体，

---

[1] 王志德：《文化整体观下的艺术哲学——苏珊·朗格美学思想新探》，《东南大学学报》（哲学社会科学版）2012年第6期。
[2] [德]恩斯特·卡西尔：《人论》，甘阳译，上海译文出版社2003年版，第41页。
[3] [美]苏珊·朗格：《情感与形式》，刘大基等译，中国社会科学出版社1986年版，第357页。

第七章 旅游展演与民族文化保护、传承意义的关系探析

才能产生意义；而艺术符号只有当它显现出整体意蕴的时候，才能给我们创造出一个新质的世界。①

借助文化整体观及其中的艺术符号文化整体观的理论视角来重新审视少数民族村寨的旅游展演，会发现大多数旅游展演都违背了这一原则。因为，东道主自身作为文化展演者和本民族一些被挑选的文化符号，主要是艺术歌舞符号一起被生产者安排在作为"前台"的舞台上专为游客表演文化。这些专为游客表演的歌舞文化，虽然也以艺术符号的形式展现了部分民族传统文化，但作为文化中的思维方式、价值观念、精神信仰及其规章制度、交往行为等内容难以通过表演呈现，不免让旅游展演中的文化内容过于窄化。从调研中可以发现，旅游展演尽管可以让已经在现代经济社会中消失了的一些民族传统文化记忆再现，对于少数民族传统歌舞和民间文艺发挥了一定的保护传承作用，然而，它给予游客的文化体验更多是在民族形象、艺术技艺、歌舞传唱、集体合作等方面，表现出一定的"重艺术形象，轻文化叙事"展示风格。为什么会产生这种现象呢？原因就在于旅游展演本身的时效性导致其承载的民族文化内容十分有限，再加之舞台表演对艺术性和形象性的根本性要求，就让旅游展演中展示的民族文化更多是与形象价值、审美价值、艺术价值和技术价值相关的内容。同时，因为大众旅游消费的需求偏好，使得具备"新奇有趣、丰富多彩、好看好玩"等特征的民族歌舞文化更是其主要载体。但是，民族文化保护的范围并不仅只有这些，还有更多的文化内容亟须保护与传承。因此，跳出旅游展演这一局部性的展示平台，转而充分利用民族村寨这一原生地从整体性的视角来构建民族文化保护与传承空间，则可以把更多的文化内容纳入保护体系之内，

---

① 王志德：《文化整体观下的艺术哲学——苏珊·朗格美学思想新探》，《东南大学学报》（哲学社会科学版）2012年第6期。

同时会极大地提升游客对民族文化体验的真实感。

基于此，构建旅游展演视域下民族文化保护的互嵌机制是比较合理的。什么是互嵌机制呢？其实就是将整个民族村寨视为一个整体性的文化保护场域，但这个文化保护场域并不是封闭的，而是以旅游展演空间形式对外开放的。在这个空间里，并无截然的舞台化前台和日常性后台之分，而是一个连续性的文化展示空间。在这个大的空间场域里，本土民族的传统文化内容可以被分为若干个不同的文化单元而给予既独立又互嵌地对外展示文化。这些不同文化单元划分的依据，主要以这一族群的建筑、服饰、饮食、手工艺、组织制度、宗教信仰等不同主题文化为标准给予建立。当游客按照一定的游览路线依次参观体验完这些互嵌性的文化单元空间之后，最后才来到旅游舞台表演区域欣赏文化的歌舞式展演。特别地，这些不同文化单元内部，应该以场景式的空间布置来给予打造和设计，尽量重现某一主题文化的物质化载体，并在每个文化单元空间里安排一位本土村民作为民族传统文化的解说者，以做到族群成员"自己讲述自己的文化"，同时设计一些以该单元文化内容为主题的旅游体验式活动，以主客之间的互动来加深游客对民族文化的理解。当游客通过对这些不同文化单元的参观体验和听取讲解之后，再来到舞台下观看被编排好的旅游展演节目，他们才会对展演节目中展示的民族传统文化有着认知基础，也容易对文化展演产生心理共鸣。此时此刻，整个民族村寨的后台日常展演与前台舞台展演成为互嵌式结构，彼此之间并无明显的界限与区分，这就可以为游客的文化体验提供一个连续、统一和真实的场景世界。并且，这种先让游客进入民族传统文化的"后台"区域，再接触到"前台"式的旅游舞台展演，就不会让游客感到突兀与刻意，而是为最后观看旅游舞台表演节目时做了一些文化认知预热活动。这样的前、后台文化空间互嵌机制，就可以弥补原来只有旅游舞台展演的文化活态展示场景，而无其他主题内容的文化体系呈现的不足，从而让民族传统文化的活态化保护与传承尽量体现出"整体性"和"连续性"，有利于提升游客的文化体验质量和民族传统文化的感知效应。

（四）情感性机制：文化交融视角下旅游展演对民族文化保护传承的情感共鸣性激发

在调整了旅游展演的空间布局与功能策略之后，对于旅游展演中的"柔性"因素，我们也应该给予重点关注。由于旅游展演更多是用艺术语言来包装，因此，这种不同于日常语言的形象语言有时候容易因情感表现力不足而形成一种片面机械的美学展演，无形中割裂了观众与文化之间的内在联系。因此，文化整体观的另一个视角就是主张将情感、直觉和艺术的符号创造性统一起来进行展示。符号主义美学的重要代表人物朗格在她的《情感与形式》中提到，艺术是人类情感符号，它表现着艺术家的情感想象而不是他自身的情感状态，表现着他对所谓"内在生命"的理解。这些可能超越他个人的范围，因为艺术对他来说是一种符号形式，通过艺术，他可以了解并表现人类的情感概念。[1] 类似地，卡西尔也在他的最后一本著作《人论》中提道，"艺术使我们看到的是人的灵魂最深沉和最多样化的运动。但是这些运动的形式、韵律、节奏是不能与任何单一情感状态同日而语的。我们在艺术中所感受到的不是那种单纯的或单一的情感性质，而是生命本身的动态过程，是在相反的两极——欢乐与悲伤、希望与恐惧、狂喜与绝望——之间的持续摆动过程。使我们的情感赋有审美形式，也就是把它们变为自由而积极的状态"[2]。因此，作为表现性符号的艺术所指向的是"内部的主观现实"，

---

[1] ［美］苏珊·朗格：《情感与形式》，刘大基等译，中国社会科学出版社1986年版，第315页。

[2] ［德］恩斯特·卡西尔：《人论》，甘阳译，上海译文出版社2003年版，第189页。

即在显现人类主观情感的形式中创造人的内在文化世界,"使人类能够真实地把握到生命运动和情感的产生、起伏和消失的全过程"。①

作为表现性符号艺术特征明显的旅游展演,传播性与共享性是其本质特征。不同文化背景的各路游客来到少数民族村寨观看旅游展演,这一行为本身就是文化交融的例证。作为大众游客群体,汉族占大多数,他们通过旅游展演的体验活动而完成对少数民族文化的了解和认知,形成了一种互嵌式的民族交流结构。彼此之间的文化交融是这种互嵌式结构中最显著、最重要的类型,"其内生动力是在民族成员承认他者民族文化的相对独立性,即民族文化认同的基础上,才能释放民族文化熏陶、整合与凝聚的力量"②。那么,如何才能让这种民族认同得以产生,从而形成民族文化交融的良好状态?老达保村的旅游展演实践给了我们一种很好的经验借鉴,即如果旅游展演中的艺术表现性符号能够在主客之间产生情感共鸣和心理认同,那么游客对东道主的文化认同也就会自然生成,从而会激发起东道主对其自身文化价值的认同与保护传承的动力。而那些被称为"过度商业化"的少数民族村寨旅游展演节目,常常会因为情感共鸣性效果的缺乏而让游客对所观看的民族文化未能产生太多认知和喜爱,自然也很难激发起东道主对自身文化的热情和拥护,进而对其民族文化保护与传承的动力也就比较弱。因此,如何通过少数民族村寨的旅游展演激发出外界大众对民族传统文化的情感共鸣和心理认同,从而因游客的文化认同而激发起东道主对自身文化保护与传承的主观能动性?这需要我们构建起旅游展演对民族传统文化保护与传承的情感性机制。本书认为可从民族传统文化的创新发展及新兴的场景营

---

① [美]苏珊·朗格:《艺术问题》,滕守尧等译,中国社会科学出版社1983年版,第162页。
② 徐俊六:《边疆民族地区构建民族互嵌型社区的现实基础与路径选择》,《广西民族研究》2017年第5期。

第七章 旅游展演与民族文化保护、传承意义的关系探析

造、文化叙事等理念来进行尝试性构建。

按照国家对传统文化"创造性转化和创新性发展"的科学指引，如何保护传承和转化利用民族传统文化，以期真正实现可持续性的"活态化"保护传承方式，这是当前新时代背景下亟待思考探索的问题。旅游消费，其实是促进民族文化保护与传承的一大动力，尤其是游客的文化参与、消费与娱乐等对文化发展的影响。因此，将民族传统文化放在公共文化空间、演艺活动与游客消费体验等元素共同组成的场景视域中来审视，能推动"文化"与"场景"的内在关联融合，进而通过重建某族群传统的文化场景来实现传统文化的价值更新与传承转化。对于民族传统文化而言，它本身就具备"文化空间"和"场景性"的特征，即"它既有一定的物化的形式（地点、建筑、场所、实物、器物等），也有人类的周期性的行为、聚会、演示，而且这种时令性、周期性、季节性、时间性的文化扮演和重复反复，才是一种独特的文化空间或文化形式"[①]。与此同时，"场景"也包含着三个方面的含义：一是强调对特定活动的共同兴趣；二是强调特定地点的特质；三是强调焦点在于某个地点的美学意义。[②] 因此，场景可以被理解为一个地方或场域蕴含的整体性文化特征，以及可感知的美学风格。在实践中，文化因场景产生的影响力和吸引力可被视为驱动民族传统文化保护与传承的重要因素。因此，如何对旅游展演视域下的民族文化保护进行场景营造，是我们应该努力探索的新方向。有别于传统意义上的"文化展演场所"，"传统文化场景"应该是将民族艺术深度融入村寨公共空间，与生活性设施、多元化参与群体、文化活动、消费行为等场景要素紧密协同、充分互动，实现从"演出场所"到"文化场景"的转化以及文化价值的时代更新。

[①] 向云驹：《论"文化空间"》，《中央民族大学学报》（哲学社会科学版）2008 年第 3 期。
[②] ［加］丹尼尔·亚伦·西尔、［美］特里·尼科尔斯·克拉克：《场景：空间品质如何塑造社会生活》，祁述裕、吴军等译，社会科学文献出版社 2019 年版，第 1—2 页。

一般而言，场景被描述得越明确，其影响力就越大。结合上述对民族传统文化互嵌机制中的不同文化单元的设置，其实就是可以用场景营造的思路来实现不同单元主题的突出，从而增强民族文化与旅游消费者的关联互动。值得一提的是，场景营造的目的，不仅是吸引那些对民族文化有认知体验兴趣的游客，还要吸引那些对此兴趣不太大的游客，以便通过场景营造产生的驱动效应去有效激活民族传统文化的生命力，使得消费群体有鉴赏渠道、有消费意愿去体验感知当地民族传统文化的魅力和价值，唤起游客群体的价值认同。对此，具体的路径可以借用"融入生活性体验场景""营造沉浸式体验消费场景""构建多元化文化传播场景"等方式。

首先，对于"融入生活性体验场景"，就是将歌舞表演等民族民间艺术这类文化与社区、村寨、公共设施、村民、艺术活动等因素有机融合，创造出民族歌舞表演与村寨公共文化互动共生的日常图景，让旅游舞台表演融入村民的日常生活中，演变为一种充满烟火气的生活表达方式。例如，本书调研中的老达保村，它的旅游舞台展演内容，包括村民演员的妆容服饰、吉他弹唱、芦笙欢跳、摆舞共庆等节目展演，在离开舞台之后仍然可以在村寨的公共空间中感受到。舞台上的节目表演，并非只是表演，而是已经融入村民日常生活中的一种习惯和常态。所以，才会有村民演员们刚放下茶田里的农活就可以登台演出，也才会有拉祜族妇女一边背着竹篓一边挎着吉他的和谐组合画面。此时的旅游表演，只不过是村民们日常生活的延续，而不是专门被区隔出来的艺术展演，舞台与日常的交融性较强，体现了旅游展演融入生活性体验场景的示范作用。

其次，"营造沉浸式体验消费场景"的探索。"沉浸式体验"是当下旅游行业流行词之一。游客的期望不断增长，他们要求更多的情境互动，与文化对象有情感性的交流，创造自己的体验。因此，随着叙事世

第七章　旅游展演与民族文化保护、传承意义的关系探析

界内容的演变，旅游者对构建出来的场景世界本身并不会投入太多关注，而是对场景营造中的文化设计带来的意象与情感较为敏感，并且会形成与旅游场景相关的文化阐释、价值承载、情感体验等集体性叙事结构，从而提高游客的感官参与度、建立起对民族传统文化更深刻的认知。在此过程中，原创性营造和衍生性营造是两条主要路径。对于民族传统文化中的一些必须忠实于原貌的内容，如宗教仪式、集体组织、民间制度、风俗习惯等，我们应该坚持原貌建构，以叙事故事和新媒体技术相结合的方式创造出一种天然的文化体验场景，让游客和其中的文化进行交流与互动，完全沉浸其中。这种原貌，并不是排斥创新性手段，而是指对文化内容的展示要尽量与传统要义相符。但是，在让游客体验这些文化内容时，可以借用当前新兴的虚拟现实技术（VR）和增强现实技术（AR）等最新的沉浸式媒体技术，以数字文旅融合的方式来加以实现。另外，对于衍生性营造，主要指在传承民族传统文化基础上，以现代人的消费需求偏好为设计方向，尝试对民族传统文化要素进行创造性转化和创新性发展，从而构建出可以为现代游客服务的沉浸式体验消费场景。例如，老达保村里已形成的良好主客互动关系。这种互动关系之所以能够受到游客的喜爱和欢迎，最主要的原因之一在于它诠释了一种"气氛美学"的概念，即不再认同自然世界主客二元论的观点，认为在二者之间存在一种空间状态，叫作气氛。换言之，旅游者在旅游地的感知不仅局限于主客观的人与物，还包括场景营造出来的气氛，它会影响主客之间的互动及人对客体的认知。[①] 这种氛围营造美，更多是以情境、物境、意境等要素来促成人与人之间的交流与联结，最终借助旅游展演之渠道将民族传统文化的情感价值、身体势能和精神意义等效用发挥出来，让民族传统文化在参与产业化进程中重新焕发生机与

[①] 李志飞、张晨晨：《场景旅游：一种新的旅游消费形态》，《旅游学刊》2020年第3期。

活力。

最后,"构建多元化文化传播场景"的尝试。在文化创意时代背景下,民族传统文化的保护与传承也离不开创意的介入。通过创意的点拨,民族传统文化才能在新的社会发展环境中获得新生与活力,也才能吸引更多的创意人才汇聚。创意,不但在旅游展演领域可以被激发出来,而且可以通过旅游展演与动漫、游戏、时尚、美学等其他文化产业的深度融合而展现出来,从而为旅游展演的行业链接能力生成提供条件和平台。在这样的多元化文化传播场景中,民族传统文化的创意场景、内容创新与消费者参与行动才能形成良性互动,并产生更广更远的影响力和辐射力,从而带动民族传统文化衍生产品和场景的营销,延长民族文化"活化传承"的产业链条,让民族传统文化不仅在村寨的旅游展演空间中可以被体验到,也能够通过线上和线下多元化的传播路径而为不同文化之间的交往交流交融创造更多条件。

第八章 结语

第一节 研究结论

  旅游展演,作为我国众多少数民族村寨日渐兴起的一个个文化消费景观,它不仅是一般性的民族歌舞表演艺术,更多的是借助民族歌舞表演形式来向大众游客展示和宣传本地传统的民族文化。因此,从这个层面上来讲,旅游展演更像一道微缩景观,让我们可以借此透视我国民族传统文化在现代化消费社会语境中的变迁情况及其对民族文化保护与传承的影响效应。一般而言,旅游展演常常作为发展旅游业的少数民族村寨中的一个主要产品类型而存在,也为游客能够方便快捷地体验到民族传统文化提供了一个形象化展示的特有空间。当游客们兴致勃勃地来到民族村寨之后,热情洋溢的少数民族歌舞表演常常会让他们能够快速地与东道主建立起一种联结感,即使这种联结感会因不同村寨的旅游展演生产效果不同而具有差异性,但至少它已在不知不觉中承担起了旅游地主客互动的文化媒介角色任务。当某个村寨的旅游展演让游客感受到其中的商业化味道太过浓郁时,该地方的旅游展演就会被批评为对当地民族传统文化的展示是"过度商业化"和"空洞模式化",缺乏文化内涵而显得过于肤浅虚假。于是,已有的研究大多从文化的真实性和商品化之关系辩论来探讨旅游展演对于民族传统文化保护与传承的影响这一关键性问题。孰真孰假？孰优孰劣？一些学者为此争论不休并由此延伸出两种不同的声音：一为否定派，认为旅游展演不利于民族传统文化的保护与传承，其过度商业化的操作路径让原生性文化变得碎片化和机械化，且文化的真实性和内涵精神丧失不少。二为肯定派，认为旅游展演的开展有助于民族传统文化的"活态化"保护，也因为其自身的经济效益而反哺于民族传统文化的传承。当然，后来一些研究综合了上述两种声音，变得更为客观和辩证性地看待这一问题。因此，旅游展演在我国少数民族村寨中的实践行为，到底对当地民族传统文化产生了怎样的影响？尤其是对于民族传统文化的保护与传承意义，其影响路径又是怎样？进一步地，在我国民族地区，旅游展演不只是一般性的对外文化展示，它还因有助于少数民族的脱贫致富、乡村振兴、文化繁荣和族际交流等功能而成为各地政府和当地群众响应党和国家重要政策精神的路径选择。在这一过程中，旅游展演对于村寨居民而言，不再是自娱性的休闲解闷工具，而是可以增加家庭收入的另一份新型工作。这份工作具有服务性，是长期从事农业劳动的村民们从未尝试过的，但现在因为旅游业的进入而使得他们的日常生活结构被分为两部分：一部分仍然遵循原来传统社会的农业劳动节奏，继续保持农业生计方式；另一部分是新增的旅游展演活动（当然不是全部村民），必须在规定的时间段里放下手中的活，然后穿上表演服饰，登上舞台或来到广场进行歌舞表演。通过参与旅游展演，村民演员们带给家庭的收入又增长不少，这让他们看到了本民族传统文化的市场价值和社会效益，也开始让他们对已经在消失的民族传统文化进行重新学习与自觉认知，从而产生了对民族传统文化保护与传承的动力。另外，他们自身通过参与旅游展演而发生的变化，包括身体和内心的变化，个人和集体的能力发展以及社会交往、文化交流和国家认同等方面的演变，其实也蕴含着作为文化持有者和文化形象

第八章 结语

载体的变迁过程。这些变化也为他们改编、调整和创新自身的民族传统文化创造了主体性效能发挥的条件，通过旅游展演产品的设计而引导着本民族传统文化的变迁，从而影响着传统文化保护与传承工作的有效开展。

基于此，本书特地将调研对象选定为能够充分体现旅游展演对于民族传统文化保护传承具有反哺性效益的民族村寨地，侧重于从旅游展演对民族传统文化保护与传承意义产生的正面效应这一角度来系统解析旅游展演的实践逻辑及其对传统文化的影响路径，以便我们可以更清楚地发现旅游展演对于民族传统文化保护与传承的积极作用机理，为其他正在受"过度商业化"和"肤浅模式化"指责的旅游展演提供一些启发性思路。同时，在此基础上，对少数民族村寨旅游展演存在的一些普遍性问题给予重新审视，尤其是结合旅游展演产生的社会、政治、经济等"超文化因素"来思考这些问题所产生的更深层次原因及其对民族传统文化保护与传承意义的影响效应，以期能够通过这种"自下而上"和"自上而下"的双重结合视角来全面客观地帮助厘清我国少数民族村寨旅游展演的实践逻辑及其对民族传统文化保护与传承工作的影响机理，从而有针对性地提出一些参考性策略来帮助推进国家有关民族传统文化的保护与传承工作进度以及民族文化现代化发展目标的真正落实。

第一，旅游展演已成为国家和地方政府帮助少数民族地区实现脱贫致富和文化建设等重要目标的又一新路径，其产生的综合性效益让展演本身成为国家、民族、市场和社会共同关注的公共性话语对象。在这一过程中，旅游展演带来的"文化扶贫"效应促进了当地少数民族村寨的经济增长、文化建设和社区进步等多方面的发展，反映了国家对少数民族地区经济发展的扶持成效；同时得到了少数族群成员对这些成效的普遍认可，并由此增强了当地少数民族对党和国家的认同意识，有利于铸牢中华民族共同体意识。事实证明，从老达保村寨的案例调研可知，正是因为前期有国家和地方政府对老达保村的政策扶持和战略性方向带领，包括国家与政府对村寨基础设施、公共服务、非遗传承人培养等方面的政策支持和资金投入，才启发了老达保村民发展旅游业的意识，为族群成员们的文化创新实践搭建了自身价值外溢和兑现的产业空间。从这一点来说，旅游展演不仅是单纯的"唱唱跳跳"，它还与国家的政策话语、地方的目标发展和族群成员自身生存水平的提高紧密相连，从而成为国家、民族、市场和社会共同关注的又一个公共性话语对象。

第二，旅游展演的公共性话语属性使得它在进入少数民族村寨时不可避免地会对当地的民族传统文化产生影响，其影响效度和价值判断成为争论的焦点，并逐渐让人们意识到展演影响本身所具有的双刃性，从而促使其正面效应的积极发挥。

只有发展旅游业的少数民族村寨，才会有旅游展演这一产品类型的出现。相反，也只有文化资源丰富而有特色的地方，才能够生产旅游展演产品来吸引大众游客前往消费。因此，旅游展演与民族传统文化的开发利用自然就具有一定的关联性。对此，民族传统文化的保护与传承就会面临着旅游展演进入之后的挑战与影响，这也引起了学界和业界对于旅游展演在民族传统文化保护传承中影响效应的热烈探讨，发展为从"否定"到"肯定"再至"双刃性"的理性认识历程。客观来讲，即使如本书案例对象老达保村那样备受外界好评的旅游展演实践活动，它对当地民族传统文化保护与传承的影响也并非全部都是正面的、积极的。在旅游展演对村寨脱贫致富、文化建设、乡村振兴等目标实现作出贡献的同时，对于民族传统文化保护与传承的影响也有一些需要注意改进的，如要预防"重形式轻内涵""重片段轻整体""重歌舞轻内容""重艺术轻文化"等方面。当然，老达保村自身摸索出来的成功经验是本书研究的重点内容，其目的是借助对这一村寨的展演实践逻辑调查，解析出旅游展演对当地民族传统文化保护传承的影响机理及其功能意义，以便探索出如何激发旅游展演对于民族传统文化保护与传承的积极作用，为我国少数民族文化保护与发展服务。

第三，旅游展演实践中产生出来的"情境认同"被认为是影响民族传统文化保护与传承的重要因素，它主要包括村民从农民转变为演员的身份利益、主客文化共享之间的情感共鸣、族群成员个体和集体效能的获得以及各种不同利益主体对民族传统文化保护与传承的社会认同等。在这里，旅游展演实践对于当地民族传统文化保护与传承工作的推动，让我们发现只有当"民族文化保护与传承"这一被国家和政府重视和要求的工作目标，与当地各个不同利益主体之间的共同利益点紧密相连时，才能从根本上获得真正推进民族文化保护与传承的内生性动力。其中，作为文化持有者的东道主社区居民，他们应该是从事民族文化保护与传承活动的主体。实践经验证明，只有当民族文化保护与传承活动能够产生出相应的生存性效益时，东道主居民才会真正有动力去进行推动和实施。正如老达保村里的村民们一样，当旅游展演没有正式开始之前，村民们因为生计问题而选择外出务工，自身承载的民族传统文化也随之流失和淡忘。即使有少数村民在以吉他弹唱和拉祜族音乐作为日常休闲娱乐之手段，但对于整个民族的传统文化其兴趣并不太大或是无奈于它的衰退。只有当旅游展演激发出民族文化的市场价值和社会吸引力之后，村民们才纷纷选择身体回归并产生文化自觉，从而开始出现一些文化精英分子带领的文化保护与传承活动。由此可见，对于地处偏远、经济较为落后的少数民族地区，其文化的保护与传承发展，如果要落到实处被真正对待和执行，那么，构建文化保护发展的利益捆绑机制是最根本性的。另外，除了让村民们能够感受到旅游展演带来的经济价值之外，还应该通过旅游展演这类的实践活动激发东道主居民对本民族文化的情感意识。这种情感既包括个体对于自身文化价值的重新认识又包括对集体性的民族文化情感培育。值得一提的是，旅游展演带给东道主社区的游客评价，无论是面对面的还是来自网络的，都对居民的文化自尊感、自豪感和自信感产生了镜像效应，也因为他者的评价而产生了对比性的认知，尤其是主客之间的情感共鸣和心理认同感，也有助于催生出良好和谐的主客关系，从而让不同地区、不同民族的群体在通过旅游展演进行文化共享和文化交流时，获得对彼此更深入的了解，从而会从情感层面激发出不同群体对民族文化保护与传承的心理性因素。

如果说上述利益因素和情感因素可促使东道主社区保护与传承民族文化的意愿产生，那么旅游展演引起的东道主集体效能增长和社会认同增强则为民族文化保护与传承提供了主体执行能力条件。一方面，东道主集体效能的增长，是建立在个体自我效能获取基础之上的，且在社区内部呈现出民族精英个体带领普通成员集体性成长的规律。研究显示，旅游展演确实可以为东道主社区成员带来更多对外学习、社会交往、经济交易和开阔眼界的机会，这其实就在为东道主成员个体及其集体源源不断引入主流社会的信息、资金、思想、知识、技术、认知等新经济文化因素，加快少数民族村寨改革开放的步伐，也促进了少数民族文化与现代文化之间的交流与融合。这些有助于少数民族成员以自身能力的增长和主体性的增强而从内部推动民族文化保护与传承工作的进行。另一方面，由于旅游展演是一种公共性话语载体，它不仅面对来自不同文化背景的大众游客，也是由权力、资本、价值、观念等不同外来要素相互博弈、共同形成的合力生产而成。因此，在这一过程中，不同的社会性力量对于东道主的民族传统文化给予了共同关注和重新审视，并基于对民族传统文化的开发利用而产生出对文化价值的认可，于是出于保护文化多样性的目的也参与到民族传统文化保护与传承实践中来，并由此让东道主社区居民对帮助他们保护与传承文化的主体产生了社会认同，这种认同既强化了少数民族成员对自我文化身份的认同，也增进了他们对帮扶自身发展的外来组织或群体的认同，如党和国家、地方政府、高校机构、社会组织等，显现出正向的社会认同。由此可见，这种认同的产生其实具有情境性，它已经超越了传统的族群认同而具有更广范围的认同度，是因为族群成员自身受益而产生的一种对不同社会力量的认同，包括政党认同和国家认同，这被视为"情境认同"。正是因为有情境认同这一重要变量的存在，才能够体现出旅游展演对民族传统文化保护与传承的影响机理。对于这种影响机理，我们在实际工作中要善于利用，从而激发出旅游展演对民族文化保护与发展的积极效应。

第四，旅游展演作为一种体验消费品，它对民族传统文化的开发利用必然离不了商业化和市场化。如何防止旅游展演的过度商业化对民族传统文化造成损害，具有情感共鸣性的主客关系构建可作为尝试性解决策略之一给予考虑，这也是引导大众对旅游展演的关注点从"舞台真实性"向"舞台亲密性"转变，有利于文化交往交流交融和民族平等团结政策的推进。现实中的旅游展演大多被批评为具有"空洞化""模式化"和"缺失文化内涵"等特征，对于民族文化的保护与传承也因为这些负面因素而备受质疑。但是，在很多的民族村寨中，旅游展演还是因为其"活态化"的文化展示而受到游客的欢迎。只不过，当旅游展演给予游客更多的是一种模式化的表演时，旅行经验越来越丰富的游客也就自然能感受到，如表演内容的程式化、表演动作的机械化和表演主体的冷漠化等，都让游客无法从中感受到民族传统文化的更多内涵和魅力。本书通过对老达保村旅游展演的成功经验分析发现，具有情感共鸣性的主客关系可以让游客体验到东道主传统文化的特色价值。当然，老达保村旅游展演中的情感共鸣性产生，主要依赖于东道主族群成员对于本民族传统文化较好的传承与创新实践，也是借助自创的音乐和真实的情感叙事打动了游客的心，并因对真善美的呈现而引起了人性中对快乐幸福的追求共鸣和浪漫性的心境想象满足。当然，不同的民族村寨，采用的策略也会不同。无论采用何种符合自身地域和民族特色的策略方式，其目的应该在主客之间构建和谐优质的主客关系，通过东道主与游客在展演空间中的自如交流和平等对话，找到不同文化之间的交融点和共鸣处，形成主客之间的联结感和亲密性，这才会让游客这一来自主流社会的庞大群体感受到民族传统文化的精神性和内涵性，从而成为通过口碑、网络、新媒体等渠道来主动宣传、推介和倡导民族文化保护与传承的又一主要力量，为落实国家关于民族平等团结的政策精神尽献应有之责。

第五，方寸舞台和艺术训练，对于舞台上呈现的民族文化更多的是一种修饰化、精致化和审美化的结果，是用于满足大众游客休闲需求的产物，无论是内容还是形式都过于狭窄化和类型化。因此，建议以全景式的村寨展演空间重塑策略来改变目前"游客看完表演就散、民族文化认知寥寥"的遗憾局面，可在一定程度上避免民族文化被断裂式地保护与传承。民族传统文化一旦进入旅游舞台被用于展演保护与传承，就容易与村寨中舞台之外的空间和日常生活图景脱嵌分离，成为一种"表演"而不是"日常"。同时，现代性对民族文化的日常性传承已剥夺太多，如果我们还只是注重舞台上的文化展演而忽视村寨舞台外的空间打造，就很容易让游客产生怀疑也不利于民族文化保护与传承的完整性和一致性。因此，构建起民族传统文化"前台"展演与"后台"传承之间的统一体是必要的。对此，借助旅游展演的对话属性，以原生文化底蕴浓郁的少数民族村寨空间为依托，打破舞台表演"前台"与日常生活"后台"的二元对立，构建良好的主客互动机制和情感共鸣机制，以不同文化背景的游客话语作为村寨与外界社会沟通交流的媒介，构筑起线上和线下的文化交流与互动场景，在旅游展演视域下的民族文化保护中应坚持以国家政府为主导、村民演员为主体、公司化经营管理为手段、产业融合链接为方向，构建起"前台"的民族文化展演营利性机制与"后台"的民族文化保护非营利性机制双轨运行制，从而以"前台"的展演盈利机制为"后台"的文化保护传承体系构建提供诸多的经济资本、社会资本和文化资本。同时，以"后台"对民族文化保护与传承的良好效应为"前台"的文化展演不断提供新的素材和创意来源。最终，这种"前台—后台"连续统一体的民族文化保护传承体系的构建将会最大限度地发挥旅游展演对于民族传统文化保护与传承的积极作用而规避其消极影响，促成两者之间的协调性发展。

第六，从严格意义上来讲，旅游展演对于民族文化保护与传承的作用比较有限，这是因为它的首要功能还是满足大众游客的消费需求，本质上仍是一种旅游商品。因此，对于更多的民族文化保护与传承，我们仍需依靠其他社会体系来协同完成，为铸牢中华民族共同体意识添砖加瓦。旅游展演之外的社会体系主要包括国家制定的非遗保护传承体系、地方民间协会组织的民族传统文化保护与传承活动、人类学家等专业人士参与的民族文化保护与传承法规条例的制定和修订以及各种各样在进行着民族文化保护传承的线上线下活动等。从旅游展演的形成过程来看，当前民族传统文化已经是被置于一种公共开放的社会空间之中，对文化的开发利用也是呈现多元化的，包括国家话语引领、地方政府主导、村民组织参与以及其他社会团体的加入等。这种多元一体的操作模式不仅让民族传统文化从族群的历史记忆和日常生活中走向舞台表演的"前台"，也让民族传统文化被置于一个公共性的社会环境之中。因此，民族文化不可能静态的、封闭式的保护和传承，它需要一种"多元一体化"的合作策略来指导其现代化发展。对此，我们应该在坚持党和国家的正确领导下，对民族传统文化采取"旅游展演反哺式"的实践活动来为文化保护与传承提供资金来源和动力支持，包括来自社会多元主体提供的权力、资本、价值、市场和理念等资源要素，为民族传统文化的创造性转化和创新性实践提供更多的机会条件，让丰富多元的主客共享文化符号在旅游展演场域中能够被优质地呈现出来，有效推动少数民族文化与主流社会文化之间的交往交流交融，助力民族传统文化在新时代语境下的保护与传承发展。

第二节　研究不足

第一，本书的理论探索和实践调查都还处于一种初级阶段的探索。为了以具体而微、自下而上的深描方式来系统探讨旅游展演与民族文化保护传承的关系，本书仅选取了云南省老达保村的旅游展演实践作为调查对象进行研究。这虽然能够更为细致深入地解析旅游展演对民族文化变迁发展、保护传承的影响机理，但缺乏更多实证案例的比较分析，其研究对象的特殊性和局限性，使得所得出的结论在应用范围上有待商榷。

第二，由于是首次从实证研究中尝试性地提出"情境认同"这一概念，在概念的内涵和外延上把握还很难精准，需要对概念进一步探讨和细化。

第三，由于是首次运用身体分析法、情感社会学等跨学科方法来对旅游展演的实践逻辑进行分析，分析力度方面还有待提升。

第四，在研究方法和推理过程中，本书是以定性分析为主，辅之以定量方法，对于旅游展演对民族传统文化保护与传承的影响机理却因分析问题的复杂性而难以建立起一个系统的模型，这需要根据研究方法的创新而对其进行修正。

第三节　未来展望

第一，旅游展演对于民族传统文化保护与传承的影响是多方面的，既有正面作用又有负面效应。如何积极发挥其在民族传统文化保护与传承中的正面作用而规避负面效应，是我们未来应该继续探讨的重要问题。未来的实证研究可遵循"多点民族志"的方法，从正反两个不同的方面来对旅游展演实践逻辑进行比较研究，以期挖掘出更多具有实证说服力和理论深度性的素材和内容，从而形成对旅游展演和民族传统文化保护传承这一主题研究的补充完善。

第二，旅游展演涉及的利益主体和行动者很多，这些利益行动者之间的互动博弈关系值得深入探讨，尤其是他们之间形成的社会网络性对于民族传统文化保护与传承的影响，对于分析旅游展演对民族文化保护与发展的影响机理更具有理论解析力，但目前研究者较少，在后面我们将继续深入研究，让研究结论更具可信性。

第三，旅游展演引发的情感机制也是一个更具研究价值的内容。本书借助情感社会学理论视角对旅游展演中的主客互动和关系构建进行了浅层次的分析，至多只能算作一个引入，还未能形成系统全面的研究。在未来的研究中，若我们可以进一步深入探究，可以获得文化交往交流交融研究的实证材料，也为解读旅游展演背后的社会结构、转型、变迁等深层次的现代性、流动性和后现代性问题提供新的研究内容。

第四，少数民族村寨的旅游展演实际上还与我国当前少数民族地区的"脱贫攻坚与乡村振兴的有效衔接""民族地区的传统文化创新性实践和现代化发展""不断满足人民日益增长的美好生活需要"以及"铸牢中华民族共同体意识"等国家战略性目标话语紧密相连，因此，如何从宏观、中观与微观这三个尺度层面来把握旅游展演在少数民族地区的实践意义和理论价值，将是我们未来应该继续努力探究的方向。

参考文献

一 中文专著

《马克思恩格斯文集》第1卷,中共中央马克思恩格斯列宁斯大林著作编译书编译,人民出版社2009年版。

包亚明主编:《都市与文化(第二辑):现代性与空间的生产》,上海教育出版社2003年版。

毕剑:《基于空间视角的中国旅游演艺发展研究》,中国经济出版社2017年版。

车文博主编:《弗洛伊德主义原著选辑》,辽宁人民出版社1988年版。

陈庆德等:《人类学的理论预设与建构》,社会科学文献出版社2006年版。

陈向明:《质的研究方法与社会科学研究》,教育科学出版社2000年版。

方李莉:《"文化自觉"视野中的"非遗"保护》,北京时代华文书局2015年版。

费孝通:《费孝通全集》(第八册)1957—1980,内蒙古人民出版社2009年版。

高宣扬:《布迪厄的社会理论》,同济大学出版社2004年版。

宫留记:《布迪厄的社会实践理论》,河南大学出版社2009年版。

光映炯：《文化与旅游：东巴文化的旅游展演与活态保护》，中国社会科学出版社2019年版。

郭景萍：《情感社会学：理论·历史·现实》，上海三联书店2008年版。

侯湘华、马文辉：《联合国教科文组织〈保护非物质文化遗产公约〉基础文件汇编》，外文出版社2012年版。

刘劲荣、张锦鹏主编：《澜沧笙歌：拉祜族》，上海锦绣文章出版社、上海文化出版社2017年版。

刘利群、傅宁：《美国电视节目形态》，中国传媒大学出版社2008年版。

罗康隆：《文化人类学论纲》，云南大学出版社2005年版。

吕琪：《真实的建构与消解——美国电视真人秀中的身体与社会》，四川大学出版社2016年版。

麻国庆、朱伟：《文化人类学与非物质文化遗产》，生活·读书·新知三联书店2018年版。

马戎：《西方民族社会学的理论与方法》，天津人民出版社1997年版。

邱皓政：《量化研究与统计分析——SPSS中文视窗版数据分析范例解析》，重庆大学出版社2009年版。

全国人大常委会法制工作委员会行政法室编著：《中华人民共和国非物质文化遗产法释义及实用指南》，中国民主法制出版社2011年版。

孙家正：《人类口头与非物质文化遗产丛书·总序》，载王文章主编《人类口头与非物质文化遗产丛书》，浙江人民出版社2005年版。

陶庆主编：《政策人类学：新政治人类学与公共服务》，上海社会科学院出版社2016年版。

汪民安、陈永国编：《后身体——文化、权力和生命政治学》，吉林人民出版社2003年版。

王宁：《消费社会学（第二版）》，社会科学文献出版社2011年版。

王诗宗：《治理理论及其中国适用性》，浙江大学出版社2009年版。

王文章主编：《非物质文化遗产概论》，文化艺术出版社2006年版。

魏美仙：《生活与舞台的互文——云南沐村旅游展演艺术的个案研究》，云南大学出版社2009年版。

杨圣敏主编：《纪念费孝通先生民族研究70年论文集》，中央民族大学出版社2009年版。

苑利、顾军：《非物质文化遗产学》，高等教育出版社2009年版。

张国洪：《中国文化旅游：理论、战略、实践》，南开大学出版社2001年版。

张少微：《序》，载陈国钧编著《贵州苗夷歌谣》，文通书局1942年版。

张文勋主编：《民族审美文化》，云南大学出版社1999年版。

周凯模：《祭舞神乐——宗教与音乐舞蹈》，云南人民出版社2000年版。

周星：《民族政治学》，中国社会科学出版社1993年版。

二 中文译著

[美] 安东尼·西格尔：《苏亚人为什么歌唱：亚马孙河流域印第安人音乐的人类学研究》，赵雪萍、陈铭道译，陈铭道校订，上海音乐学院出版社2012年版。

[美] 查尔斯·沃尔夫：《市场，还是政府——市场、政府失灵真相》，陆俊、谢旭译，重庆出版社2007年版。

[加] 丹尼尔·亚伦·西尔、[美] 特里·尼科尔斯·克拉克：《场景：空间品质如何塑造社会生活》，祁述裕、吴军等译，社会科学文献出版社2019年版。

[德] 恩斯特·卡西尔：《人论》，甘阳译，上海译文出版社2003年版。

[日] 富永健一：《社会学原理》，严立贤等译，社会科学文献出版社1992年版。

[澳] 迈克尔·A.豪格、[美] 多米尼克·阿布拉姆斯：《社会认同过

程》，高明华译，中国人民大学出版社 2011 年版。

[英] 凯西·卡麦兹：《建构扎根理论：质性研究实践指南》，边国英译，陈向明校，重庆大学出版社 2009 年版。

[美] 克利福德·格尔茨：《文化的解释》，韩莉译，译林出版社 2008 年版。

[英] 拉德克利夫 – 布朗：《社会人类学方法》，夏建中译，华夏出版社 2002 年版。

[美] 理查德·鲍曼：《作为表演的口头艺术》，杨利慧、安德明译，广西师范大学出版社 2008 年版。

[法] 罗兰·巴尔特：《符号学原理》，李幼蒸译，中国人民大学出版社 2008 年版。

[法] 罗兰·巴尔特：《符号学原理》，王东亮等译，生活·读书·新知三联书店 1999 年版。

[美] 兰德尔·柯林斯：《互动仪式链》，苏国勋主编，林聚仁、王鹏、宋丽君译，商务印书馆 2009 年版。

[法] 马塞尔·莫斯：《人类学与社会学五讲》，林宗锦等译，梁永佳校，广西师范大学出版社 2008 年版。

[法] 马塞尔·莫斯：《社会学与人类学》，佘碧平译，上海译文出版社 2003 年版。

[美] 迪恩·麦坎内尔：《旅游者：休闲阶层新论》，张晓萍等译，广西师范大学出版社 2008 年版。

[法] 米歇尔·福柯：《规训与惩罚》，刘北成、杨远婴译，生活·读书·新知三联书店 2019 年版。

[法] 米歇尔·福柯：《临床医学的诞生》，刘北成译，译林出版社 2011 年版。

[美] 欧文·戈夫曼：《日常生活中的自我呈现》，冯钢译，北京大学出

版社 2008 年版。

［法］让·鲍德里亚：《物体系》，林志明译，上海人民出版社 2019 年版。

［法］让·鲍德里亚：《消费社会》，刘成富、全志钢译，南京大学出版社 2014 年版。

［英］斯图尔特·霍尔编：《表征：文化表象与意指实践》，周宪、许钧主编，商务印书馆 2003 年版。

［美］苏珊·朗格：《情感与形式》，刘大基等译，中国社会科学出版社 1986 年版。

［美］瓦伦·L. 史密斯主编：《东道主与游客——旅游人类学研究》，张晓萍等译，云南大学出版社 2007 年版。

［德］维克多·J. 范伯格：《经济学中的规则和选择》，史世伟、钟诚译，莫志宏、冯兴元校，陕西人民出版社 2011 年版。

［美］小卡尔·迈克丹尼尔、［美］罗杰·盖茨：《当代市场调研》，李桂华等译，机械工业出版社 2012 年版。

［法］亚历山大·柯瓦雷：《从封闭世界到无限宇宙》，张卜天译，北京大学出版社 2008 年版。

［英］约翰·厄里：《游客凝视》，杨慧等译，广西师范大学出版社 2009 年版。

［美］詹姆斯·克利福德、［美］乔治·E. 马库斯编：《写文化——民族志的诗学与政治学》，高丙中等译，商务印书馆 2006 年版。

三　中文期刊

安学斌：《21 世纪前 20 年非物质文化遗产保护的中国理念、实践与经验》，《民俗研究》2020 年第 1 期。

巴莫曲布嫫、张玲译：《联合国教科文组织：〈保护非物质文化遗产伦理原则〉》，《民族文学研究》2016 年第 3 期。

曹端波、王唯惟：《为何而舞：中国苗族舞蹈艺术的展演与族群认同》，《贵州大学学报》2015 年第 3 期。

陈兴贵：《公共人类学的兴起及其在中国的理论与实践》，《广西民族研究》2016 年第 3 期。

陈修岭等：《民族旅游对族群认同影响的测定与调查——以大理双廊白族村为例》，《旅游研究》2014 年第 1 期。

陈亚矍、马黎：《西双版纳傣族民间舞在旅游中的消费与重构》，《经济问题探索》2007 年第 10 期。

陈莹盈、林德荣：《旅游活动中的主客互动研究——自我与他者关系类型及其行为方式》，《旅游科学》2015 年第 2 期。

邓永进等：《基于云南普洱老达保音乐乡村建设的公益性旅游扶贫致富案例分析》，《安徽农业科学》2021 年第 9 期。

方李莉：《中国艺术人类学发展之路》，《思想战线》2018 年第 1 期。

方清云：《民族精英与群体认同——当代畲族文化重构中民族精英角色的人类学考察》，《中南民族大学学报》（人文社会科学版）2013 年第 6 期。

冯智明：《"凝视"他者与女性身体展演——以广西龙胜瑶族"六月六"晒衣节为中心》，《民族艺术》2018 年第 1 期。

盖媛瑾：《传统节庆仪式：从民族村落公共文化空间到舞台化展演——以雷山县郎德上寨"招龙"仪式为例》，《贵州师范学院学报》2020 年第 4 期。

高婕：《身体是真实的吗——旅游凝视与东道主多元身体实践》，《中南民族大学学报》（人文社会科学版）2020 年第 5 期。

光映炯：《认识"旅游展演"：基于"行为—文化—场域"的阐释路径》，《广西民族研究》2017 年第 5 期。

光映炯等：《旅游展演·行为实践·社会交流——以丽江玉水寨"东巴

法会"为例》,《广西民族研究》2014 年第 4 期。

郭文:《空间的生产与分析:旅游空间实践和研究的新视角》,《旅游学刊》2016 年第 8 期。

郭纹廷:《乡村振兴背景下西部民族地区脱贫攻坚的路径优化》,《中南民族大学学报》(人文社会科学版)2019 年第 3 期。

何翔舟、金潇:《公共治理理论的发展及其中国定位》,《学术月刊》2014 年第 8 期。

和少英:《民族文化保护与传承的"本体论"问题》,《云南民族大学学报》(哲学社会科学版)2009 年第 2 期。

黄振娟:《澜沧老达保拉祜族芦笙舞传承考察记》,《民族音乐》2019 年第 2 期。

吉国秀:《功能、文化整体观与田野作业——读拉德克利夫-布朗的〈社会人类学方法〉》,《民俗研究》2003 年第 1 期。

姜辽等:《21 世纪以来旅游社会文化影响研究的回顾与反思》,《旅游学刊》2013 年第 12 期。

李祥福:《城镇化情景中的族群认同——以云南省元阳县彝族为例》,《中南民族学院学报》(人文社会科学版)2003 年第 1 期。

李友梅:《文化主体性及其困境——费孝通文化观的社会学分析》,《社会学研究》2010 年第 4 期。

李志飞、张晨晨:《场景旅游:一种新的旅游消费形态》,《旅游学刊》2020 年第 3 期。

林燕霞、谢湘生:《基于社会认同理论的微博群体用户画像》,《情报理论与实践》2018 年第 3 期。

刘德鹏:《基于仪式展演理论的景颇族"目瑙纵歌"旅游化探析》,《云南地理环境研究》2010 年第 3 期。

刘建美:《20 世纪 70 年代前后中国文物保护工作述略》,《当代中国史研究》2013 年第 4 期。

刘晓春：《当代民族景观的"视觉性"生产——以黔东南旅游产业为例》，《社会学评论》2021 年第 3 期。

刘欣：《阶级惯习与品味：布迪厄的阶级理论》，《社会学研究》2003 年第 6 期。

刘彦随等：《中国乡村地域系统与乡村振兴战略》，《地理学报》2019 年第 12 期。

刘志扬：《民族旅游的麦当劳化——以白马藏族风情游为例》，《旅游学刊》2012 年第 12 期。

刘祖云、黄博：《村庄精英权力再生产：动力、策略及其效应》，《理论探讨》2013 年第 1 期。

罗永常：《民族村寨旅游发展问题与对策研究》，《贵州民族研究》2003 年第 2 期。

吕钊进：《超越"族群—民族"二元框架：边界建构范式和认同情境论对中华民族共同体研究的启示》，《民族学刊》2021 年第 9 期。

马振：《旅游对舞蹈类非物质文化遗产传承的影响——以土家摆手舞为例》，《中南民族大学学报》（人文社会科学版）2018 年第 5 期。

Dean MacCannell、赵红梅：《〈旅游者：休闲阶层的新理论〉与现代性的民族志者：Dean MacCannell 访谈录》，《旅游学刊》2018 年第 12 期。

苗伟：《文化时间与文化空间：文化环境的本体论维度》，《思想战线》2010 年第 1 期。

石莲凤：《在"生活"与"舞台"中传承非物质文化遗产——以澜沧县老达保寨拉祜族非物质文化遗产传承为例》，《知识文库》2016 年第 6 期（上半月）。

石晓惠、李启栋：《歌舞文化对拉祜族地区旅游业发展影响研究》，《旅游纵览》2020 年第 5 期（下半月）。

孙九霞、王学基：《民族文化"旅游域"多元舞台化建构——以三亚槟榔谷为例》，《思想战线》2015 年第 1 期。

孙九霞：《族群文化的移植："旅游域"视角下的解读》，《思想战线》2009 年第 4 期。

孙九霞等：《旅游背景下传统仪式空间生产的三元互动实践》，《地理学报》2020 年第 8 期。

孙岿、田文霞：《少数民族文化创造性转化与创新性发展的新路径》，《贵州民族研究》2017 年第 8 期。

孙晓娥：《扎根理论在深度访谈研究中的实例探析》，《西安大学学报》（社会科学版）2011 年第 6 期。

田里、光映炯：《旅游展演与活态保护的互动与发展路径——以云南纳西族东巴文化为例》，《广东社会科学》2015 年第 5 期。

田敏：《民族社区社会文化变迁的旅游效应再认识》，《中南民族大学学报》（人文社会科学版）2003 年第 5 期。

王敏等：《传统节庆、身体与展演空间——基于人文地理学视觉量化方法的研究》，《地理学报》2017 年第 4 期。

王晴锋：《身体的展演、管理与互动秩序——论欧文·戈夫曼的身体观》，《西华大学学报》（哲学社会科学版）2019 年第 4 期。

王权坤等：《身份、流动与权力：街头摊贩的空间实践》，《人文地理》2020 年第 6 期。

王生鹏、钟晓焘：《全域旅游背景下民族文化重构与保护——以北川羌族自治县为例》，《西北民族大学学报》（哲学社会科学版）2018 年第 4 期。

王志德：《文化整体观下的艺术哲学——苏珊·朗格美学思想新探》，《东南大学学报》（哲学社会科学版）2012 年第 6 期。

魏佳等：《旅游企业对少数民族文化的保护责任——以西部旅游景区为

例》,《社会科学家》2012 年第 1 期。

魏美仙、蒋少华:《多元文化背景下少数民族艺术的生存与传承——基于云南彝族、傣族两个村落的田野考察》,《云南艺术学院学报》2009 年第 4 期。

魏美仙:《旅游展演艺术研究述评》,《学术探索》2009 年第 1 期。

魏美仙:《民族村寨旅游展演艺术的文本建构与解读——以云南新平县大沐浴村为例》,《思想战线》2008 年第 2 期。

魏美仙:《民族村寨旅游展演艺术的意义阐释——以大沐浴为例》,《云南艺术学院学报》2008 年第 1 期。

魏美仙:《他者凝视中的艺术生成——沐村旅游展演艺术建构的人类学考察》,《广西民族大学学报》(哲学社会科学版)2009 年第 1 期。

吴惠敏、李槐:《澜沧县拉祜族聚居地社会经济状况分析》,《云南教育学院学报》1998 年第 1 期。

吴炆佳等:《商品化民族节日中表演者的角色认同与管理——以西双版纳傣族园泼水节为例》,《旅游学刊》2015 年第 5 期。

吴晓:《景观凝视与民间艺术旅游展演的意义生产》,《民族艺术》2010 年第 4 期。

吴晓:《旅游展演与民间艺术审美主体的复杂性——湘西德夯苗寨的个案分析》,《青海民族大学学报》(教育科学版)2010 年第 6 期。

吴晓:《民间艺术旅游展演的研究视角与问题意识》,《兰州学刊》2010 年第 6 期。

吴晓:《民间艺术旅游展演文本的文化意义——基于湘西德夯苗寨的个案研究》,《民族艺术》2009 年第 2 期。

吴晓:《艺术人类学视域中的民间艺术旅游展演》,《内蒙古社会科学》2011 年第 1 期。

吴忠才:《旅游活动中文化的真实性与表演性研究》,《旅游科学》2002

年第 2 期。

向云驹：《论"文化空间"》，《中央民族大学学报》（哲学社会科学版）2008 年第 3 期。

谢冰雪、胡旭艳：《"舞台真实"理论在民族旅游文化保护策略中的运用误区——基于对"前台、帷幕、后台"开发模式的反思》，《云南社会科学》2019 年第 4 期。

谢菲：《民族传统音乐旅游化生存构建与运作——以广西七玄乐府项目为例》，《民族音乐》2016 年第 5 期。

徐赣丽：《民俗旅游的表演化倾向及其影响》，《民俗研究》2006 年第 3 期。

徐赣丽：《体验经济时代的节日遗产旅游：问题与经验》，《青海社会科学》2014 年第 5 期。

徐俊六：《边疆民族地区构建民族互嵌型社区的现实基础与路径选择》，《广西民族研究》2017 年第 5 期。

薛婷等：《社会认同对集体行动的作用：群体情绪与效能路径》，《心理学报》2013 年第 8 期。

杨桂华：《民族生态旅游接待村多维价值的研究——以香格里拉霞给村为例》，《旅游学刊》2003 年第 4 期。

杨慧：《民族旅游与族群认同、传统文化复兴及重建——云南民族旅游开发中的"族群"及其应用泛化的检讨》，《思想战线》2003 年第 1 期。

杨杰宏：《多元互动中的旅游展演与民俗变异——以丽江东巴文化为例》，《民俗研究》2013 年第 2 期。

杨杰宏：《展演与再造：海南黎族口头传统传承现状及思考——基于五指山市"三月三"的考察》，《广西民族师范学院学报》2012 年第 5 期。

杨柳：《民族旅游发展中的展演机制研究——以贵州西江千户苗寨为例》，《湖北民族学院学报》（哲学社会科学版）2010年第4期。

姚慧：《何以"原生态"？——对全球化时代非物质文化遗产保护的反思》，《文艺研究》2019年第5期。

张道建：《异化与抵抗：西方"日常生活理论"的两种路径》，《湖北社会科学》2018年第7期。

张剑：《他者》，《外国文学》2011年第1期。

张举文：《民俗研究视域下的身体与性别民俗实践》，《中国传统文化研究》2021年第8期。

张文馨、叶文振：《旅游地女性表演者身体的社会形塑——基于广西L演出剧场的考察》，《妇女研究论丛》2014年第3期。

张晓萍等：《从经济资本到文化资本和社会资本——对民族旅游文化商品化的再认识》，《旅游研究》2009年第1期。

张再林、鲁杰：《物·符号·身体：鲍德里亚〈物体系〉的关键词解读》，《中南民族大学学报》（人文社会科学版）2014年第3期。

赵红梅：《国外旅游族群性的研究及其方法探讨》，《旅游学刊》2015年第1期。

赵红梅：《民族旅游：文化变迁与族群性》，《旅游学刊》2013年第11期。

赵树冈：《文化展演与游移的边界：以湘西为例》，《广西民族大学学报》（哲学社会科学版）2014年第6期。

郑一民：《提高城市文化品位　传承民族历史文化》，《群言》2009年第12期。

郑震：《论日常生活》，《社会学研究》2013年第1期。

周大鸣、段颖：《公共人类学：21世纪人类学发展的新趋势》，《民族研究》2012年第3期。

周大鸣：《论族群与族群关系》，《广西民族学院学报》（哲学社会科学版）2001年第2期。

周大鸣：《人类学与民族旅游：中国的实践》《旅游学刊》2014年第2期。

周宪：《视觉文化的转向》，《学术研究》2004年第2期。

四　中文译刊

[美] 杰茜卡·安德森·特纳（Jessica Anderson Turner）：《旅游景点的文化表演之研究》，杨利慧译，《民族艺术》2014年第1期。

[澳] 朱煜杰：《表演遗产：旅游中真实性地再思考》，邵媛媛译，《西南民族大学学报》（人文社会科学版）2015年第6期。

五　学位论文

彭莉：《云南民族村"村民"的文化展演和族群认同研究》，博士学位论文，云南大学，2015年。

高婕：《民族旅游发展背景下的民族文化变迁与保护研究——以黔东南苗寨为例》，硕士学位论文，华中农业大学，2009年。

和爱红：《香格里拉"藏民家访"研究》，博士学位论文，云南大学，2016年。

胡会丽：《一般自我效能感训练对农村留守初中生心理弹性的影响》，硕士学位论文，西南大学，2009年。

姜晓霞：《少数民族村寨旅游融合发展研究——以西双版纳傣族村寨曼掌村为例》，硕士学位论文，云南艺术学院，2019年。

罗峰：《身体、空间与关系：大都市底层群体日常生活政治研究——以上海为例》，博士学位论文，华东师范大学，2014年。

孙立青：《侗族大歌旅游展演中的文化折扣研究——以黔东南州小黄侗寨侗族大歌为个案》，硕士学位论文，吉首大学，2018年。

王佳：《传统民族歌舞的现代走向——对云南峨山彝族花鼓舞及其他个案的理论考察》，博士学位论文，云南大学，2011年。

张晗：《舞台展演视野下泸沽湖摩梭家访文化商品化研究》，硕士学位论文，四川师范大学，2019年。

张玙麟：《解读昆明"云南民族村"民间歌舞的市场化传播——在回望中比照》，硕士学位论文，上海音乐学院，2014年。

赵红梅：《旅游情境下的文化展演与族群认同——以丽江白沙乡为例》，博士学位论文，厦门大学，2008年。

郑佳佳：《哈尼梯田景观标识的人类学研究》，博士学位论文，云南大学，2018年。

周莹：《意义、想象与建构》，博士学位论文，中央民族大学，2012年。

钟丽娟：《蒙自彝族"祭龙"习俗中的舞蹈形态研究》，硕士学位论文，云南艺术学院，2019年。

翟媛丽：《人的文化生成》，博士学位论文，北京交通大学，2017年。

方昌敢：《少数民族节庆旅游表演性研究》，博士学位论文，华南理工大学，2009年。

王婧：《论免费开放背景下文化馆发展研究》，硕士学位论文，广西艺术学院，2013年。

《走向国际市场的云南演艺产业——民族歌舞的"场域"转换与"话语"调适》，博士学位论文，云南大学，2015年。

六　中文报纸

李胜、邓小海：《文旅深度融合　自然文化共美》，《光明日报》2021年3月1日。

郑茜：《一个历史时刻，重启与再造》，《中国民族报》2020年12月28日。

郑茜：《无处不在的消失与重现——2016 中国少数民族文化现象观察》，《中国民族报》2016 年 12 月 30 日。

七　中文网站

中华人民共和国国家民族事务委员会：《［政策解读］国务院关于进一步繁荣发展少数民族文化事业的若干意见》，国家民族事务委员会网站，https：//www.neac.gov.cn/seac/xxgk/200909/1073906.shtml，2011 年 3 月 31 日。

新京报：《2021 年中央一号文件提出全面推进乡村振兴》，新京报网站，https：//baijiahao.baidu.com/s?id=1692302271860796763&wfr=spider&for=pc，2021 年 2 月 21 日。

中华人民共和国中央人民政府：《国家民委印发少数民族特色村寨保护发展规划纲要》，中国政府网，http：//www.gov.cn/gzdt/2012-12/10/content_2287117.htm，2012 年 12 月 5 日。

中华人民共和国中央人民政府：《国务院关于加强文化遗产保护的通知》，中国政府网，https：//www.gov.cn/zhengce/content/2008-03/28/content_5926.htm，2008 年 3 月 28 日。

中华人民共和国中央人民政府：《国务院关于进一步繁荣发展少数民族文化事业的若干意见》，中国政府网，https：//www.gov.cn/gongbao/content/2009/content_1383261.htm，2009 年 7 月 23 日。

中华人民共和国国家民族事务委员会：《民族文化保护传承进入"黄金时代"》，https：//www.neac.gov.cn/seac/c100474/201710/1083763.shtml，2017 年 10 月 24 日。

王艺霖：《习近平对中国传统文化的创造性转化和创新性发展——以知行关系为例》，人民网-中国共产党新闻网，http：//theory.people.com.cn/n1/2016/0203/c40531-28108648.html，from=timeline&isapp-

installed＝02016年2月3日。

《云南省2020年"文化和自然遗产日"国家级非遗代表性传承人记录成果展播》,"云南省非物质文化遗产保护中心"微信公众号,http://www.ihchina.cn/news2_details/20971.html,2020年6月8日。

中华人民共和国中央人民政府:《中共中央办公厅、国务院办公厅印发〈关于实施中华优秀传统文化传承发展工程的意见〉》,2017年第6号国务院公报,中国政府网,http://www.gov.cn/gongbao/content/2017/content_5171322.htm,2017年1月25日。

《中华人民共和国非物质文化遗产法》,中华人民共和国文化和旅游部官网,http://mct.gov.cn/whzx/bnsj/fwzwhycs/201111/t20111128_765151.html,2011年6月1日。

中华人民共和国中央人民政府:《2019年文化和旅游发展统计公报》,中国政府网,http://www.gov.cn/xinwen/2020-06/22/content_5520984.htm?utm_soufce=ufqiNews,2020年6月22日。

牛锐:《奋斗百年路 启航新征程丨铸牢中华民族共同体意识:新时代民族工作的主线》,中国民族宗教网,http://www.mzb.com.cn/html/report/210732948-1.htm,2021年7月21日。

潘雁:《新时代民族文化的传承与弘扬》,人民论坛网,http://www.rmlt.com.cn/2019/0813/554322.shtml,2019年8月13日。

中华人民共和国中央人民政府:《国家级非物质文化遗产代表作申报评定暂行办法》,国务院公报,2005年3月26日,https://www.gov.cn/gongbao/content/2005/content_63227.htm。

八 外文专著

Anderson K., Domosh M. and Pile S., et al., *Handbook of Cultural Geography*, London: Sage, 2003.

Arjun Appadurai, "Introduction: Commodities and the Politics of Value", in *The Social Life of Things: Commodities in Cultural Perspective*, Cambridge: Cambridge University Press, 1986.

Davidd J. Greenwood, "Culture by the Pound: An Anthropological Perspective on Tourism as Cultural Commoditization", in Valene L. Smith ed., *Hosts and Guests (first edition)*, Philadelphia: Pennsylvania University Press, 1977.

Goffman E. *The Presentation of Self in Everyday Life*, New York: Anchor Books, 1959.

Henri Lefebvre, *The Production of Space*, Oxford: Wiley-Blackwell Ltd., 1991.

Jane Feuer, "Genre Studies and Television", in *Channels of Discourse, Reassembled: Television and Contemporary Criticism*, Chapel Hill and London: the University of North Carolina Press, 1992.

Jenks Chris, *Cultural Reproduction*, London: Rutledge and kurgan Paul, 1993.

Kirshenblatt-Gimblett and Barbara, *Destination Culture: Tourism, Museums, and Heritage*, Berkeley: University of California Press, 1998.

Murphy P. E., *Tourism: A Community Approach.* London: Routledge, 1985.

Ni Made R. and GYK P., "The ideology behind Sesandaran Dance show in Bali". *J Sociol-ogy Soc Anth*, 2020.

Nick Lacey, *Narrative and Genre: Key Concepts in Media Studies*, New York: St. Martin's Press, 2000.

Smith V., *Hosts and Guests: The Anthropology of Tourism*, Philadelphia: University of Pennsylvania Press, 1989.

Tajfel H., *Human Groups and Social Categories: Studies in Social Psychol-*

ogy, Cambridge: Cambridge University Press, 1981.

九 外文期刊

Bandura A., "Self - Efficacy Mechanism in Human Agency", *American Psychologist*, Vol. 37, No. 2, 1982.

Bandura A., "Social Cognitive Theory: An Agentic Perspective", *Annual Review of Psychology*, Vol. 52, 2001.

Bruner E. M. and Kirshenblatt - Gimblett B., "Maasai on the Lawn: Tourist Realism in East Africa", *Cultural anthropology*, No. 4, 1994.

Clendinning E. "Learning in the 'Global Village': Performing Arts Edutourism in Bali, Indonesia", *Music cultures*, Vol. 43, No. 2, 2016.

Daniel Y. P., "Tourism dance performances authenticity and creativity", *Annals of Touris - m Research*, Vol. 23, No. 4, 1996.

Dunbar - Hall P., "Culture, tourism and cultural tourism: boundaries and frontiers in perfor - mances of Balinese music and dance", *Journal of Intercultural Studies*, Vol. 22, No. 2, 2001.

Edensor T., "Staging tourism: Tourists as performers", *Annals of Tourism Research*, Vol. 27, No. 2, 2000.

Giovanardi M., Lucarelli A. and Decosta P. L. E., "Coperforming tourism places: The 'Pink Night' festival", *Annals of Tourism Research*, No. 44, 2014.

MacCannell D. "Staged authenticity: Arrangements of social space in tourist settings", *American Journal of sociology*, Vol. 79, No. 3, 1973.

MacDonald S M., "Sentinels by the sea: keeping as an alternative tourism performance", *Text and Performance Quarterly*, Vol. 38, No. 1 - 2, 2018.

Maoz D., "The mutual gaze", *Journal of Travel Research*, Vol. 33, No. 1, 2006.

Mordue T. "Tourism, performance and social exclusion in 'Olde York'", *Annals of To-urism Research*, Vol. 32, No. 1, 2005.

Ning Wang, "Rethinking Authenticity in tourism experience", *Annals of Tourism Research*, No. 2, 1999.

Ohn J., "Dalit Art Forms and Tourism Promotion: Case Study of They yam Dance", *Atna Journal of Tourism Studies*, Vol. 10, No. 2, 2015.

Oliver R. L. A., "Cognitive model of the antecedents and consequences of satisfaction decisions", *Journal of Marketing Research*, Vol. 17, No. 4, 1980.

Pradana G. Y. K. "Implications of commodified Parwa Shadow Puppet performance for tourism in Ubud, Bali" *Journal of Business on Hospitality and Tourism*, Vol. 4, No. 1, 2018.

Regina Bendix and Bendix R., "Tourism and Cultural Display: Inventing Tradition for Whom?", *Journal of American Folklore*, No. 4, 1988.

Richard Bauman, "Verbal Art as Performance", *American Anthropologist*, Vol. 77, No. 2, 1975.

Robert Borofsky, "Public Anthropology. Where to? What next?", *Anthropology News*, Vol. 41, No. 5, 2000.

Sarkissian Margaret, "Tourism and the Cultural Show: Malaysia's Diversity on display", *Journal of Musicological Research*, No. 2, 1998.

Subir K. Kole, "Dance, representation, and politics of bodies: 'thick description' of Tah-itian dance in Hawai'ian tourism industry'", *Journal of Tourism and Cultural Change*, Vol. 8, No. 3, 2010.

Theodor Adorno, "Cultural Industry Reconsidered", Trans. Anson Rabinbach, *New German Critique：1975*, No. 6, 1975.

Tuchman – Rosta C., "From Ritual form to tourist attraction：Negotiating the transformatio – n of classical cambodian dance in a Changing World", *Asian Theatre Journal*, Vol. 31, No. 2, 2014.

Walter P., "Culinary tourism as living history：Staging, tourist performance and perceptions of authenticity in a Thai cooking school", *Journal of Heritage Tourism*, Vol. 12, No. 4, 2017.

Philip Feifan Xie, Bernard Lane., "A Life Cycle Model for Aboriginal Arts Performance in Tourism：Perspectives on Authenticity", *Journal of Sustainable Tourism*, Vol. 14, No. 6, Vol. 39, No. 3, 2012.

Zhu Y., "Performing heritage：Rethinking authenticity in tourism", Annals of tourism Research, Vol. 39, No. 3, 2012.

Zygadlo F. K., McIntosh A. and Matunga HP., et al., *Maori tourism：concepts, characteristics and definition*, Tourism Recreation Research and Education Centre, Report No. 36, 2003.